Herausgegeben in Verbindung mit
der Heinrich-Heine-Gesellschaft

# Heine-Jahrbuch 2013

52. Jahrgang

Herausgegeben von Sabine Brenner-Wilczek
Heinrich-Heine-Institut
der Landeshauptstadt Düsseldorf

Verlag J. B. Metzler
Stuttgart · Weimar

Anschrift der Herausgeberin:
Sabine Brenner-Wilczek
Heinrich-Heine-Institut
Bilker Straße 12–14, 40213 Düsseldorf

Redaktion: Christian Liedtke

Bibliografische Information der Deutschen Nationalbibliothek
Die Deutsche Nationalbibliothek verzeichnet diese Publikation in der
Deutschen Nationalbibliografie; detaillierte bibliografische Daten
sind im Internet über <http://dnb.d-nb.de> abrufbar.

ISBN 978-3-476-02497-8
ISBN 978-3-476-01198-5 (eBook)
DOI 10.1007/978-3-476-01198-5

Dieses Werk einschließlich aller seiner Teile ist urheberrechtlich geschützt. Jede Verwertung außerhalb der engen Grenzen des Urheberrechtsgesetzes ist ohne Zustimmung des Verlages unzulässig und strafbar. Das gilt insbesondere für Vervielfältigungen, Übersetzungen, Mikroverfilmungen und die Einspeicherung und Verarbeitung in elektronischen Systemen.

© 2013 Springer-Verlag GmbH Deutschland
Ursprünglich erschienen bei J. B. Metzler'sche Verlagsbuchhandlung
und Carl Ernst Poeschel Verlag GmbH in Stuttgart 2013
www.metzlerverlag.de
info@metzlerverlag.de

Inhalt

Siglen IX

Aufsätze

I.

Wolfgang Ranke · »Die Götter Griechenlands«: Heines Replik
auf Schiller und die Romantik 1
Georges Felten · Odysseus am Rhein. Heines »Ich weiß nicht,
was soll es bedeuten« als poetologische Selbstverortung 24
Hans Kruschwitz · Kämpe und Gourmand der Revolution.
Zur Genussdoktrin in Heines »Deutschland. Ein Wintermärchen« 42

II.

Leslie Brückner · »Der Sumpf, der in der Mitte liegt«. Darstellungen
der Julimonarchie bei Heinrich Heine und Adolphe-François Loève-
Veimars 54
Michael Perraudin · Heine's Byron-Translations: How Good are
They, and How Proficient was Heine's English? 74
Andrea Schäpers · Die »Harzreise« auf Spanisch. Was bleibt von Heines
Deutschlandbild? 91
Christoph auf der Horst · Heinrich Heine und die pathographische
Illusion 116
Norman Kasper · Hotho und Schnaase lesen Tieck: Proto-Ästhetizismus –
Ironie(kritik) – kunstgeschichtliche Begriffsarbeit 142

Kleinerer Beitrag

Arno Pielenz und Christian Liedtke · Die Wehrmacht
  singt die »Loreley« 173

Reden zur Verleihung des Heine-Preises 2012

Alexander Kluge · Laudatio auf Jürgen Habermas 179
Jürgen Habermas · Zeitgenosse Heine. Endlich ist er »unser« –
  aber was sagt er uns noch? Dankrede 187

Heinrich-Heine-Institut. Sammlungen und Bestände. Aus der Arbeit des Hauses

Christian Liedtke · Kommentiertes Bestandsverzeichnis der Düsseldorfer
  Heine-Autographen. Neuerwerbungen: 1999–2013 201
Karin Füllner · Von Skandalen, Positionen, Politik und Poesie.
  15. Forum Junge Heine Forschung 2012 mit neuen Arbeiten
  über Heinrich Heine 227

Reden

Joseph A. Kruse · Spiegelbilder. Gedanken zum Düsseldorfer
  Heine-Denkmal 2012 233
Arie Hartog · Rede zur Einweihung des Bremer Heine-Denkmals
  am 1. Oktober 2010 240
Manfred Windfuhr · »Generalschlüssel zum Verständnis der ›Lutezia‹«.
  Volkmar Hansens Heine-Studien 245
Manfred Windfuhr · Deutsch-französische Symbiose: literarisch,
  sprachlich und optisch. Bernd Kortländer zum Abschied 249
Joseph A. Kruse · Astrid Gehlhoff-Claes (1928–2011). Gedanken zu ihrem
  85. Geburtstag 253

Inhalt VII

Buchbesprechungen

Ralf Georg Czapla / Franca Victoria Schankweiler (Hrsg.) ·
»Meine liebe Marie« – »Werthester Herr Professor«. Der Briefwechsel
zwischen August Wilhelm von Schlegel und seiner Bonner
Haushälterin Maria Löbel (Robert Steegers) 257
Christian Friedrich / Ulf Jacob / Marie-Ange Maillet (Hrsg.) · Fürst
Pückler und Frankreich. Ein bedeutendes Kapitel des deutsch-
französischen Kulturtransfers (Norbert Waszek) 260
Lydia Fritzlar · Heinrich Heine und die Diaspora. Der Zeitschriftsteller
im kulturellen Raum der jüdischen Minderheit (Rolf Hosfeld) 263
Georg Herwegh · Werke und Briefe. Kritische und kommentierte
Gesamtausgabe. Hrsg. v. Ingrid Pepperle in Verb. m. Volker Giel
u. a. Bd. 4: Prosa 1849–1875. Bearb. von Ingrid u. Heinz Pepperle
(Bernd Füllner) 265
Yvonne Joeres · Die »Don Quijote«-Rezeption Friedrich Schlegels
und Heinrich Heines im Kontext des europäischen Kulturtransfers.
Ein Narr als Angelpunkt transnationaler Denkansätze
(Jan von Holtum) 269
Hartmut Kircher · Heinrich Heine (Sandra Heppener) 272
Hilde Winter · Heinrich Heine und »das Buch«. Funktionen
der Bibelzitate und -anspielungen in seinen Werken und Briefen
(Joseph A. Kruse) 275
Simon Wortmann · »das Wort will Fleisch werden«. Körper-Inszenierungen
bei Heinrich Heine und Friedrich Nietzsche (Anne Stähr) 277

Heine Literatur 2012 mit Nachträgen 281

*Veranstaltungen des Heinrich-Heine-Instituts und der Heinrich-Heine-
Gesellschaft e. V. Januar bis Dezember 2012* 301

Ankündigung des 17. Forum Junge Heine Forschung 313

Abbildungen 315

Hinweise für die Manuskriptgestaltung 317

Mitarbeiterinnen und Mitarbeiter des Heine-Jahrbuchs 2013 319

Siglen

B	= Heinrich Heine: Sämtliche Schriften. Hrsg. von Klaus Briegleb. Bd. 1–6. München 1968–1976.
DHA	= Heinrich Heine: Historisch-kritische Gesamtausgabe der Werke. In Verbindung mit dem Heinrich-Heine-Institut hrsg. von Manfred Windfuhr im Auftrag der Landeshauptstadt Düsseldorf. Bd. 1–16. Hamburg 1973–1997.
Galley/Estermann	= Heinrich Heines Werk im Urteil seiner Zeitgenossen. Hrsg. von Eberhard Galley und Alfred Estermann. Bd. 1–6. Hamburg 1981–1992.
Goltschnigg/Steinecke	= Heine und die Nachwelt. Geschichte seiner Wirkung in den deutschsprachigen Ländern. Texte und Kontexte, Analysen und Kommentare. Hrsg. von Dietmar Goltschnigg und Hartmut Steinecke. Bd. 1–3. Berlin 2006–2011.
HJb	= Heine-Jahrbuch. Hrsg. vom Heinrich-Heine-Institut Düsseldorf. (bis 1973: Heine-Archiv Düsseldorf) in Verbindung mit der Heinrich-Heine-Gesellschaft. Jg. 1–32 Hamburg 1962–1994; Jg. 33 ff. Stuttgart, Weimar 1995 ff.
Hirth	= Heinrich Heine: Briefe. Erste Gesamtausgabe nach den Handschriften. Hrsg. und eingel. von Friedrich Hirth. Bd. 1–6. Mainz, Berlin 1949–1950.
Höhn	= Gerhard Höhn: Heine-Handbuch. Zeit, Person, Werk. Stuttgart, Weimar ^{1}1987, ^{2}1997, ^{3}2004.
auf der Horst/Singh	= Heinrich Heines Werk im Urteil seiner Zeitgenossen. Begründet von Eberhard Galley und Alfred Estermann. Hrsg. von Christoph auf der Horst und Sikander Singh. Bd. 7–12. Stuttgart, Weimar 2002–2006.
HSA	= Heinrich Heine: Werke, Briefwechsel, Lebenszeugnisse. Säkularausgabe. Hrsg. von den Nationalen Forschungs- und Gedenkstätten der klassischen deutschen Literatur in Weimar (seit 1991: Stiftung Weimarer Klassik) und dem Centre National de la Recherche Scientifique in Paris. Bd. 1–27. Berlin, Paris 1970 ff.
Mende	= Fritz Mende: Heinrich Heine. Chronik seines Lebens und Werkes. 2. bearb. u. erw. Aufl. Stuttgart, Berlin, Köln, Mainz 1981.
Werner/Houben	= Begegnungen mit Heine. Berichte der Zeitgenossen. Hrsg. von Michael Werner in Fortführung von H. H. Houbens »Gespräche mit Heine«. Bd. 1, 2. Hamburg 1973.

Aufsätze

I.

»Die Götter Griechenlands«
Heines Replik auf Schiller und die Romantik

Von Wolfgang Ranke, Göttingen

Auch in der Mythologie ging es gut. Ich hatte meine liebe Freude an dem Göttergesindel, das so lustig nackt die Welt regierte. Ich glaube nicht, daß jemals ein Schulknabe im alten Rom die Hauptartikel seines Katechismus, z. B. die Liebschaften der Venus, besser auswendig gelernt hat, als ich. Aufrichtig gestanden, da wir doch einmal die alten Götter auswendig lernen mußten, so hätten wir sie auch behalten sollen [...]. (DHA VI, 189)

Es ist der knapp 30-jährige Heinrich Heine, der da von seinem Schulunterricht redet. Die zitierte Passage stammt aus dem siebenten Kapitel des Reisebilds »Ideen. Das Buch Le Grand« und steht im Zusammenhang einer längeren autobiographisch geprägten Sequenz über die Schulzeit am katholischen Lyceum in Düsseldorf, das der jüdische Bürgersohn Harry Heine von 1809 bis 1814 besuchte. Der Autor des Reisebilds mokiert sich zwar über die Quälerei des am Lyceum erteilten Unterrichts – insbesondere das Griechische nennt er eine »Erfindung des Teufels« (DHA VI, 188) –, gleichwohl ist hier der Grundstock jenes Bildungswissens gelegt worden, das damals für jeden verbindlich war, der sich der gebildeten Oberschicht zuzählen wollte. Und dazu gehörte eben auch ein mehr oder minder umfangreiches mythologisches Wissen – ein Wissen, das nicht nur benötigt wurde, um die klassischen Werke der Antike oder auch die mit mythologischen Anspielungen durchsetzten Dichtungen ihrer modernen Nachfahren zu verstehen, sondern das darüber hinaus auch zur Alltagsrhetorik, zur ›gepflegten Semantik‹ der gebildeten Oberschicht gehörte, wie es Gerhart von Graevenitz anhand der mythologischen Vergleiche in der gehobenen zeitgenössischen Presse – etwa in Cottas »Allgemeiner Zeitung« – nachgewiesen hat.[1] Auch Heine bedient sich später in seinen Artikeln aus Frankreich für Cottas Blatt ganz selbstverständlich dieser Rhetorik, wenn er etwa bekannte Politiker mit griechischen Göttern und Heroen vergleicht.[2] Mythologisches Wissen bedeutet in diesem Zusammenhang im Wesentlichen die Kenntnis eines Codes mit langer Tradition, und die griechisch-römische Götterwelt bildet dabei ein bloßes Arsenal von festliegenden Exempla-Figuren, das zu beliebiger Verwendung bereitsteht. Neben diesem Aspekt des rhetorisch nutzbaren Bildungswissens enthält die eingangs zitierte Passage zum mythologischen »Katechismus«-Unterricht aber noch einen anderen, weiter reichenden Aspekt, der von Heine mit der launigen Bemerkung »so hätten wir sie [die alten Götter – WR] auch behalten sollen« angedeutet wird. Es ist das in den antiken Mythen aufbewahrte und sinnreich aktualisierbare Einspruchspotential gegen die vom Christentum geprägte Kultur und Lebensform, das Heines Interesse an den griechischen Göttern auf sich zieht. 1825 evangelisch getauft, hat Heine sich sein Leben lang kritisch mit der christlichen Religion, ihrer biblischen Überlieferung, ihrer kulturellen Bedeutung und ihrer kirchlichen Praxis in Gegenwart und Vergangenheit auseinandergesetzt – und dies in wechselnden Frontstellungen. Zunehmend wichtiger wird dabei für Heine die Konfrontation der christlichen Welt mit der Welt der heidnischen Antike. Vor allem in den Pariser Schriften der 1830er Jahre profiliert Heine den kulturellen Gegensatz als einen solchen zwischen griechischem Sensualismus und jüdisch-christlichem Spiritualismus. In der Börne-Denkschrift von 1840 geht er darüber noch hinaus und erhebt den kulturellen Gegensatz in den Rang einer generellen anthropologischen Polarität zwischen genussfreudigen ›Hellenen‹ und asketischen ›Nazarenern‹.[3] Goethe ist ihm der Prototyp des Neu-Hellenen, und sich selbst sieht er gelegentlich in der Rolle des »große[n] Heide[n] Nr. II« (DHA XV, 112). Sein spezielles Interesse an den alten Göttern gilt zu dieser Zeit aber nicht mehr eigentlich ihrer klassisch-griechischen Ausprägung, sondern ihrem geheimen Fortleben unter der Vorherrschaft des Christentums. Dokumentiert ist dieses Interesse vor allem in seinen Prosaschriften »Elementargeister« von 1837 und »Die Götter im Exil« von 1853. Anknüpfend an den Volksglauben präsentiert Heine hier die alten Götter in depravierter Gestalt, sei es als dämonische Verführer, sei es als bürgerlich getarnte Exilanten. Implizites Thema ist dabei die Kehrseite der geistigen Disziplinierung menschlicher Natur im Christentum als »Wiederkehr des Verdrängten« – so Norbert Altenhofers Formel.[4]

Die hier nur stichwortartig angedeuteten Schwerpunkte des Heine'schen Interesses an der heidnischen Antike und ihrer Götterwelt sind in der Heine-Forschung ausgiebig und differenziert behandelt.[5] Ich will mich hier dagegen auf die genaue Analyse eines einzigen frühen Textes zum Thema beschränken, dessen raffinierte Replikenstruktur in der Forschung m. E. noch nicht weit genug ausgeleuchtet worden ist – auf Heines Gedicht »Die Götter Griechenlands« aus dem zweiten Zyklus der »Nordsee«-Gedichte, 1827 im »Berliner Conversations-Blatt« veröffentlicht und im selben Jahr auch in den zweiten Band der »Reisebilder« und das »Buch der Lieder« aufgenommen.

Die »Nordsee«-Gedichte unterscheiden sich schon darin von allen anderen Gedichten im »Buch der Lieder«, dass Heine hier zum ersten (und einzigen) Mal freie Rhythmen verwendet. Auch finden sich verstärkt Bezugnahmen auf die antike Mythologie und die Sprache Homers. Das Gedicht »Die Götter Griechenlands« nimmt jedoch auch innerhalb der »Nordsee«-Zyklen eine Sonderstellung ein: Es wird in der neueren Forschung durchweg als erste bedeutende Stellungnahme Heines zu seinem großen Thema der Opposition von heidnischer und christlicher Welt angesehen.[6] Dies ist jedoch nicht die einzige Opposition, die für Heines Gedicht bestimmend ist. Sein Titel ist ein für den zeitgenössischen Leser unmissverständliches Signal: Er verweist zurück auf das berühmte titelgleiche Gedicht Schillers, das in seiner Wirkungsgeschichte paradigmatische Bedeutung für den Griechenkult des Weimarer Klassizismus gewonnen hat. Wenn Heine den Titel dieses berühmten Vorgängers zitiert, dann ist das zugleich eine Aufforderung an den Leser, das eigene zum Schiller'schen Gedicht ins Verhältnis zu setzen.[7] Daher vorab einige Bemerkungen zu diesem Vorgänger-Gedicht.

I.

Schillers »Die Götter Griechenlandes« ist in zwei Fassungen überliefert. Die erste, 25 Strophen umfassende Version erschien im März 1788 in Christoph Martin Wielands »Merkur« und war zugleich Schillers poetischer Einstand in Weimar. Die zweite, auf 16 Strophen reduzierte ›klassische‹ Version erschien erst zwölf Jahre später und repräsentiert einen veränderten Standort der poetologischen Reflexion, der vor allem in der neuen Schlussstrophe zum Ausdruck kommt. Die Neubearbeitung ist nicht zuletzt auch der Kontroverse geschuldet, die die erste Version auslöste.[8] In dieser ersten Fassung konfrontiert der lyrische Sprecher die eigene neuzeitliche Gegenwart mit einer griechischen Antike, die als Epoche der Heiterkeit, Sinnenfreude und heroischen Vitalität präsentiert wird – ein Jugendzeitalter der Menschheit, der mythischen Naturbeseelung, der direkten Kommunikation zwischen Göttern und Menschen – erotisch, kultisch und künstlerisch –, auch der Grenzaufhebung zwischen heiterem Diesseits und elysischem Jenseits. Dem Anthropomorphismus der Götter entspricht ein menschliches Selbstwertgefühl, das der lyrische Sprecher in der 24. Strophe auf die chiastisch geprägte Formel bringt: »Da die Götter menschlicher noch waren, / Waren Menschen göttlicher.« (F1, V. 191 f.).⁹ Im Gegensatz dazu ist das Bild der neuzeitlichen Gegenwart, das Schiller malt, ein Bild der ›entzauberten‹ Welt (um mit Max Weber zu sprechen): Das mechanistische Naturverständnis neuzeitlicher Wissenschaft hat die mythische Naturbeseelung abgelöst, und an die Stelle der lebensnahen polytheistischen Vielfalt ist die abstrakte Vorstellung des einen, unerreichbar fernen Gottes getreten. Der religiös begründeten Diesseitsverachtung entspricht eine Lebensweise der Menschen, deren kennzeichnendes Merkmal das ›Entsagen‹ ist. Der lyrische Sprecher sehnt sich nach der ›schönen Welt‹ der griechischen Frühzeit zurück mit dem Wissen, dass diese unwiederbringlich dahin ist.

Diese erste Version des Schiller'schen Gedichts hat massiven Einspruch hervorgerufen, namentlich von Seiten Friedrich Leopold Stolbergs, der darin einen Angriff auf die christliche Religion erblickte. Schiller habe den wahren Gott zugunsten der »blühenden Fiktionen« der Mythologie herabgesetzt – so sein Vorwurf.[10] Nun ist zwar in den Neuzeitstrophen des Schiller'schen Gedichts ohne Frage die Vorherrschaft des Christentums – vor allem in den Hinweisen auf unsinnliches Jenseits und entsagende Diesseitsverachtung – vorausgesetzt, aber die ›Gottheit‹, von der da die Rede ist, repräsentiert eher die aufklärerische Schwundstufe der jüdisch-christlichen Gottesvorstellung: den fernen, unsichtbaren, allem menschlichen Leben gegenüber indifferenten Gott des Deismus. Als »Werk und Schöpfer des Verstandes« (V. 194) wird er in der letzten Strophe der ersten Fassung apostrophiert, und ihm als Verstandes-Gott ist die Entmythologisierung der Natur durch die neuzeitliche (newtonsche) Physik zugeordnet. So ist der von Schiller ins Licht gestellte Gegensatz von Neuzeit und griechischer Antike – trotz mancher später gestrichener Anklagen gegen den herrschenden Gott[11] – nicht so sehr einer der Religionen, sondern der *Weltsichten* – der prosaischen unter der Herrschaft des Verstandes einerseits, der mythischen unter der Herrschaft der poetischen Einbildungskraft andererseits. Die griechischen Götter nämlich sind ihrerseits »schöne Wesen aus dem Fabelland« (V. 4) der Poesie, sowie auch die mythische Naturbeseelung eine Leistung der wirklichkeitsverwandelnden »Dichtkunst« (F1, V. 9) ist – darauf weisen bereits die ersten beiden Strophen des Gedichts hin. Schiller imaginiert eine griechische Frühzeit, in der die Mythen schaffende Phantasie der Dichtung maßgeblich Weltbild und Lebensform bestimmt hat. Diese Position nimmt in der neuzeitlichen Gegenwart die prosaische Wissenschaft ein. Verdeutlicht wird das im Bild der ›Heimkehr der Götter ins Dichterland‹. In der 22. Strophe der ersten Fassung (die der vorletzten Strophe der zweiten Fassung entspricht) heißt es:

> Müßig kehrten zu dem Dichterlande
> Heim die Götter, unnütz einer Welt
> Die, entwachsen ihrem Gängelbande
> Sich durch eignes Schweben hält.
> (F1, V. 173–176 / F2, V. 117–120)

Die Götter kehren dahin zurück, woher sie ihren Ausgang nahmen: ins Gebiet der Dichtung; denn für die neuzeitliche Welterklärung sind sie funktionslos geworden. Entsprechend verändert sich nun aber auch die Rolle der Dichtung in der Neuzeit. Dieser poetologische Aspekt ist Leitgesichtspunkt der neuen Schlussstrophe, mit der Schiller in der zweiten Fassung des Gedichts an die gerade zitierten Verse anschließt:

> Ja sie kehrten heim und alles Schöne
> Alles Hohe nahmen sie mit fort,
> Alle Farben, alle Lebenstöne,
> Und uns blieb nur das entseelte Wort.
> Aus der Zeitflut weggerissen, schweben
> Sie gerettet auf des Pindus Höhn,
> Was unsterblich im Gesang soll leben,
> Muß im Leben untergehn.
> (F2, V. 121–128)

In dieser Schlussstrophe der neuen Version findet ein überraschender Perspektivenwechsel statt, der die neue poetologische Pointe enthält. Die ersten vier Verse sind noch ganz aus der elegischen Perspektive des Verlustes gesprochen. Deutlich ist: Neuzeitliche Dichtung vermag die Lebenswelt nicht länger mythisch zu ›beseelen‹, ihr bleibt nur »das entseelte Wort«. Die Logik der letzten vier Verse weist jedoch in eine andere Richtung: Gerade *weil* die griechischen Götter keine lebensbestimmenden Mächte mehr sind, können sie in der Dichtung ewig leben, nämlich als zeitloses Ideal.[12] Die Schlusszeilen sind so zugleich als Kommentar zu Schillers eigenem Gedicht zu lesen. In ihm nämlich *ist* die antike Götter- und Menschenwelt bereits zum Ideal eines goldenen Zeitalters erhoben, das es in Wahrheit so nie gegeben hat – ein idealisiertes Griechenbild aus der Perspektive des sentimentalischen Elegikers, wie man unter Bezugnahme auf Schillers Abhandlung »Über naive und sentimentalische Dichtung« sagen kann.[13] Programmatisch gewendet, lautet die Schlussfolgerung aus den letzten Versen des Gedichts in seiner endgültigen Fassung: Der Ort, wo das menschliche Bedürfnis nach erfahrbarer Sinnfülle befriedigt wird, ist fortan die ästhetisch-idealisierende Kunst und *nur* sie, nicht die Religion, auch nicht die Lebenswirklichkeit.[14]

Heine hat die zitierten Schlusszeilen von Schillers Gedicht später in seinem Versepos »Atta Troll« in sarkastischer Weise parodiert[15], sein 16 Jahre früher entstandenes »Nordsee«-Gedicht »Die Götter Griechenlands« ist jedoch keine Schiller-Parodie. Es handelt sich vielmehr um einen selbständigen Gegenentwurf[16] unter veränderten Voraussetzungen.

II.

Heines Gedicht unterscheidet sich in der Form, in der Tonlage und in der vorgeführten Konstellation derart weitgehend von Schillers Werk gleichen Titels, dass frühe Interpreten wie Gerhard Storz oder Benno von Wiese kaum Anlass für Rückbezüge gesehen haben.[17] In der Tat sind Heines freie Rhythmen nicht mit Schillers trochäischen Fünfhebern, seine Unterteilung des Gedichts in sechs ungleich lange Abschnitte nicht mit Schillers strenger Form in achtzeiligen kreuzgereimten Strophen vergleichbar. Die freien Rhythmen ermöglichen Heine eine weit größere Variabilität des Tons sowie überraschende Haltungswechsel des lyrischen Sprechers – ganz im Gegensatz zur weitgehend einheitlich elegischen Haltung bei Schiller.[18] Dem entspricht die veränderte Grundkonstellation: Bei Heine wird nicht wie bei Schiller die große Vergangenheit der griechischen Götter in wehmütiger Erinnerung heraufbeschworen, sondern die Götter erscheinen dem lyrischen Ich selbst – eingebettet in eine rahmengebende Naturszenerie – als Gespensterzug, so dass der Kontrast von Gegenwart und Vergangenheit, der bei Schiller den Aufbau des Gedichts bestimmt, bei Heine in die Erscheinung der Götter selbst verlagert werden kann. Daraus gewinnt Heine den Ansatz zur entscheidenden Umakzentuierung dieses Kontrastes. Ich gehe im Folgenden die einzelnen Abschnitte des Gedichts schrittweise durch.

Ausgangssituation ist eine mitternächtliche Naturszenerie, die deutlich romantische Züge trägt:

> Vollblühender Mond! In deinem Licht,
> Wie fließendes Gold, erglänzt das Meer;
> Wie Tagesklarheit, doch dämmrig verzaubert,
> Liegt's über der weiten Strandesfläche;
> Und am hellblau'n, sternlosen Himmel
> Schweben die weißen Wolken,
> Wie kolossale Götterbilder
> Von leuchtendem Marmor.

Heinrich Heine, »Die Nordsee. Erster Zyklus.« Holzschnitt von F. W. Bader (1886)

> Nein, nimmermehr, das sind keine Wolken!
> Das sind sie selber, die Götter von Hellas,
> Die einst so freudig die Welt beherrschten,
> Doch jetzt, verdrängt und verstorben,
> Als ungeheure Gespenster dahinziehn
> Am mitternächtlichen Himmel. (V. 1–14)[19]

Werner Bauer hat in diesem Zusammenhang überzeugend auf das romantische Motiv des ›Mondzaubers‹ hingewiesen, wie es etwa in Tiecks berühmten Prologversen zum »Phantasus« – »Mondbeglänzte Zaubernacht« – erscheint.[20] Nur lässt der Mondzauber hier nicht wie bei Tieck die »wundervolle Märchenwelt« entstehen, sondern den Gespensterzug der griechischen Götter. Dies geschieht durch Wechsel der Wahrnehmungsperspektive zwischen dem ersten und zweiten Abschnitt des Gedichts. Werden die Götter zunächst noch durch bloßen Vergleich der vom Vollmond erhellten Wolken mit »kolossalen Götterbildern aus leuchtendem Marmor« in direkter Anbindung an die Naturerscheinung eingeführt, so fällt sich gleich darauf das lyrische Ich selbst ins Wort, und die Wolken verwandeln sich in die gespenstischen Wiedergänger der ›verstorbenen‹ und ›verdrängten‹ Götter selbst. Auch das Wiedergänger-Motiv – von Heine im »Buch der Lieder« mehrfach verwendet – entspricht der romantischen Szenerie des Beginns.

Tonlage und Atmosphäre ändern sich jedoch mit der nun folgenden Götterrevue im dritten Abschnitt (V. 15–63): Heine nutzt die freien Rhythmen hier durch den verstärkten Einsatz des Daktylus zur Annäherung an den homerischen Hexameter.[21] Sprache und Welt Homers werden evoziert durch Zitierung typisch homerischer Komposita (nach der Voß'schen Übersetzung) wie ›olymposerschütternd‹ (V. 21), aber auch durch deren gewagte Nachbildung wie ›gottbefruchtet‹ (V. 40). Überdies wird in den Versen 59–63 direkt auf eine burleske homerische Szene angespielt.[22] Das Gestaltungsprinzip, das dieser Götterschau zugrunde liegt, besteht einerseits aus dem Kontrast zwischen ›Einst‹ und ›Jetzt‹, andererseits aus der Anwendung eines mythischen Modells zur Erklärung der Situation. Heine wendet das Modell der so genannten Titanomachie (des Kampfes der olympischen Götter gegen die Titanen), wie es aus Hesiods »Theogonie« bekannt ist[23], auf die olympischen Götter selbst erneut an: Wie diese einst ihre Vorgänger nach langem Kampf aus der Herrschaft verdrängten und in den Tartarus verbannten, so sind sie nun selbst verdrängt und entmachtet worden von ihren Nachfolgern. Daher der traurige Anblick, den sie jetzt als gespenstische Wiedergänger im Kontrast zur einstigen Herrlichkeit bieten. Gleich bei der Vorstellung des Zeus Kronion wird das der Götterrevue insgesamt zugrunde liegende Gestaltungsprinzip exemplarisch durchgespielt:

> Staunend, und seltsam geblendet, betracht' ich
> Das luftige Pantheon,
> Die feierlich stummen, grau'nhaft bewegten
> Riesengestalten.
> Der dort ist Kronion, der Himmelskönig,
> Schneeweiß sind die Locken des Haupts,
> Die berühmten, olymposerschütternden Locken.
> Er hält in der Hand den erloschenen Blitz,
> In seinem Antlitz liegt Unglück und Gram,
> Und doch noch immer der alte Stolz.
> Das waren bessere Zeiten, o Zeus,
> Als du dich himmlisch ergötztest
> An Knaben und Nymphen und Hekatomben;
> Doch auch die Götter regieren nicht ewig,
> Die jungen verdrängen die alten,
> Wie du einst selber den greisen Vater
> Und deine Titanen-Oehme verdrängt hast,
> Jupiter Parricida! (V. 15–31)

Zunächst wird der Anblick des Entmächtigten beschrieben – pars pro toto angedeutet durch die bleich gewordene Lockenpracht und den erloschenen Blitz –, dann wird in der Anrede an Zeus die glorreiche Vergangenheit als Zeit höchster Sinnenlust durch Anspielung auf dessen zahlreiche Liebschaften und die großen Opferfeste (›Hekatomben‹) in Erinnerung gerufen. Schließlich wird Zeus als Vatermörder (»Parricida«) apostrophiert und damit an jenes Gesetz erinnert, nach dem er einst durch Beseitigung der Titanenverwandtschaft angetreten war und von dem er dann selbst eingeholt worden ist: »Doch auch die Götter regieren nicht ewig, / Die jungen verdrängen die alten«. Dieses Gesetz reicht nun aber selbst über die olympischen Götter noch hinaus: Indem Heine das mythische Schema der Titanomachie prolongiert und zum allgemeinen Gesetz erhebt, bindet er gleichzeitig die siegreichen *christlichen* Nachfolger in das mythische Schema mit ein.[24]

Dieses Verfahren markiert eine entscheidende Differenz zu Schillers strikter Entgegensetzung von mythischer Vergangenheit und neuzeitlicher Gegenwart. Wo in dessen »Göttern Griechenlandes« überhaupt einmal vom Übergang des antiken Polytheismus zum neuzeitlichen Monotheismus die Rede ist, da geschieht es metaphorisch durch Verwendung des Bildes vom winterlichen Nordwind, der die schönen Blüten des griechischen Frühlings vertrieben hat.[25] Und dennoch gibt es in Schillers Gedicht einen Anknüpfungspunkt für Heines Umakzentuierung, den man bisher übersehen hat. In der (später gestrichenen) 23. Strophe der ersten Fassung heißt es von dem in der neuzeitlichen Gegenwart herrschenden, allein regierenden Gott:

> Freundlos, ohne Bruder, ohne Gleichen,
> Keiner Göttin, keiner Irdschen Sohn,
> Herrscht ein andrer in des Äthers Reichen
> Auf Saturnus' umgestürztem Thron.
> (F1, V. 177–180)

Im Bild des umgestürzten Throns Saturns (der hier als römisches Äquivalent für Kronos steht) sind zwei verschiedene mythologische Traditionen miteinander verknüpft: Kronos ist ja in der antiken Mythologie nicht nur der Titanenherrscher, der seine Kinder verspeist und dann von seinem Sohn Zeus entmachtet wird. Nach anderer – ebenfalls bei Hesiod überlieferter und von Ovid in den »Metamorphosen« popularisierter – Tradition repräsentiert die Epoche der Kronos-Herrschaft das ›goldene Zeitalter‹ der Welt.[26] Darauf spielt Schiller an: Die schöne Welt der griechischen Götterherrschaft *insgesamt* erscheint in seinem Gedicht als ›goldenes Zeitalter‹, dessen Beendigung durch den Thronwechsel signalisiert wird. Doch das Bild des ›umgestürzten‹ Throns verweist zugleich auf einen *gewaltsamen* Umsturz und damit auf den Mythos der Titanomachie. Nur dass bei Schiller eben nicht Zeus, sondern der jüdisch-christliche Gott die Thronfolge Saturns antritt. Hierin scheint mir so etwas wie die Keimzelle für Heines Neubearbeitung des Themas zu liegen. Was bei Schiller nur als Implikation eines mythologisch anspielungsreichen Bildes fassbar wird – und überdies in der zweiten Version des Gedichts entfällt –, das macht Heine zum Antike und Neuzeit verbindenden Grundprinzip der Götterwelt: Auf Kronos folgt Zeus und auf Zeus Christus nach dem gleichen mythischen Modell des gewaltsamen Thronwechsels. Für Heines Neubearbeitung ist nun freilich eine weitere Akzentverschiebung bedeutsam: Während bei Schiller eine protestantisch aufgeklärte Sichtweise der neuzeitlichen Religion vorausgesetzt ist – sogar ein Christentum ganz ohne Christus –, legt Heine in seinem Gedicht eine ausgesprochen katholische Version der christlichen Religion zugrunde, die nun zusätzlich Schillers strikten Gegensatz von Polytheismus und Monotheismus zu Fall bringt. Heine spricht von den neuen Göttern immer im Plural. Der dadurch erzielte Effekt ist die Nivellierung der Differenz von Mythos und Religion bzw. Mythos und Heilsgeschichte.

Wie dieser Effekt des Genaueren erzielt wird, zeigen insbesondere die an Hera bzw. Juno adressierten Verse:

> Auch dich erkenn' ich, stolze Juno!
> Trotz all deiner eifersüchtigen Angst,
> Hat doch eine Andre das Zepter gewonnen,
> Und du bist nicht mehr die Himmelskön'gin,
> Und dein großes Aug' ist erstarrt,
> Und deine Liljenarme sind kraftlos,
> Und nimmermehr trifft deine Rache
> Die gottbefruchtete Jungfrau
> Und den wundertätigen Gottessohn. (V. 33–41)

Das besondere Raffinement besteht hier in der heilsgeschichtlichen Überblendung des antiken Heraklesmythos.[27] Von Maria und Christus, den neuen Herrschern, ist gar nicht in direkter Weise die Rede. Aber die Verwendung christlich-katholischer Hoheitstitel – »Himmelskön'gin« (V. 36) und »wundertätige[r] Gottessohn« (V. 41) – sprechen eine deutliche Sprache. Und natürlich bezieht sich die Wendung »gottbefruchtete Jungfrau« (V. 40) auf das Dogma der Jungfrauengeburt. Zugleich ist aber von der ›zeusbefruchteten‹ Alkmene und dem ›wundertätigen Zeussohn‹ Herakles die Rede. Auf diese nämlich richtete sich einst der vergebliche Racheversuch der eifersüchtigen Hera. Durch diese Überblendung von Mythos und Heilsgeschichte stellt Heine in geradezu blasphemischer Weise einen genealogischen Zusammenhang zwischen Christus und Zeus her – gewissermaßen in Fortschreibung der mythologischen Genealogie Hesiods. Diese genealogische Fortschreibung entspricht aufs Genaueste der des mythischen

Schemas der Titanomachie, das den Kampf der neuen Götter gegen die alten als Familienangelegenheit – als Kampf der Söhne gegen die Väter – präsentiert.

Die weiteren Teilnehmer der Götterrevue – Athene, Ares, Apollo und Hephaistos – überspringe ich. Nur die der Aphrodite gewidmeten Verse erfordern einen kurzen Kommentar:

> Auch dich erkenn' ich, auch dich, Aphrodite,
> Einst die goldene! jetzt die silberne!
> Zwar schmückt dich noch immer des Gürtels Liebreiz,
> Doch graut mir heimlich vor deiner Schönheit,
> Und wollt' mich beglücken dein gütiger Leib,
> Wie andere Helden, ich stürbe vor Angst –
> Als Leichengöttin erscheinst du mir,
> Venus Libitina! (V. 45–52)

Nach Friedrich Creuzers Erklärung im 4. Teil seiner »Symbolik und Mythologie der alten Völker« von 1821 ist ›Venus Libitina‹ die altrömische »Göttin der Lust und des Todes – Lebensgöttin und Leichengöttin zugleich«.[28] Ich vermute, dass Heine sich bei Creuzer informiert hat. Er selbst verwendet sie hier als Sinnbild der mit dem christlichen Todesfluch belegten freien Ausübung der Sexualität.[29] In der Betonung dieses – wenn auch neuzeitlich pervertierten – sexuellen Aspekts bildet Heines »Venus Libitina« einen deutlichen Kontrapunkt zu Schillers bereits in der ersten Strophe genannten ›Venus Amathusia‹ (F1, V. 8) – benannt nach ihrem alten Kultort auf Zypern –, die in dessen Gedicht als Sinnbild der Schönheit des goldenen antik-mythischen Zeitalters nahezu gänzlich ihre erotische Ausstrahlungskraft eingebüßt hat.[30]

Im vierten Abschnitt des Gedichts wird nun in einer an die Götter insgesamt adressierten Rede die Reaktion des lyrischen Ich auf den Gespensterzug vorgeführt:

> Ich hab' Euch niemals geliebt, Ihr Götter!
> Denn widerwärtig sind mir die Griechen,
> Und gar die Römer sind mir verhaßt.
> Doch heil'ges Erbarmen und schauriges Mitleid
> Durchströmt mein Herz,
> Wann ich Euch jetzt dadroben schaue,
> Verlassene Götter,
> Todte, nachtwandelnde Schatten,
> Nebelschwache, die der Wind verscheucht –
> Und wenn ich bedenke, wie feig und windig
> Die Götter sind, die Euch besiegten,
> Die neuen, herrschenden, tristen Götter,
> Die Schadenfrohen im Schafspelz der Demuth –

> O, da faßt mich ein düsterer Groll,
> Und brechen möcht ich die neuen Tempel,
> Und kämpfen für Euch, Ihr alten Götter,
> Für Euch und Eu'r gutes, ambrosisches Recht,
> Und vor Euren hohen Altären,
> Den wiedergebauten, den opferdampfenden
> Möcht' ich selber knieen und beten,
> Und flehend die Arme erheben – (V. 64–84)

Auch hier ist das Gestaltungsmittel der Kontrast zwischen ›Einst‹ und ›Jetzt‹, doch dieses Mal bezogen auf die Einstellung des lyrischen Ich selbst. Die drastisch formulierte Absage an Griechen- und Römerverehrung zu Beginn ist nicht biographisch – als ein Bekenntnis Heines – zu lesen, sondern gehört als Ausgangspunkt zum eigentümlichen *Konversionsspiel*, das hier vorgeführt wird. Die griechen- und römerfeindliche Einstellung des Sprechers ist die subjektive Entsprechung zur Naturszenerie am Beginn des Gedichts und gehört zur romantischen Vorprägung der Situation.[31]

Nicht die Repräsentanten der alten Götterherrlichkeit, sondern die Entmachteten und Verlassenen rufen beim Sprecher Sympathiegefühle hervor – genauer gesagt: Gefühle, die deutlich zum Umkreis christlicher Tugenden gehören.[32] Das gilt für das »heil'ge[.] Erbarmen« mehr noch als für das »schaurige[.] Mitleid«. Die Situationsironie besteht hier darin, dass die antiken Götter, denen selbst ›Mitleid‹ und ›Erbarmen‹ ganz fremd sind, in die Position der Mitleidsbedürftigkeit und Erbarmenswürdigkeit versetzt werden und daher christlich-humane Gefühlsregungen hervorrufen. Doch diese ironische Seitenverkehrung wird gleich darauf noch überboten durch eine zweite: Die Götter des Christentums (»die neuen, herrschenden, tristen Götter«) zeichnen sich ihrerseits gerade nicht durch christlich-humane Tugenden aus, sondern durch ›Feigheit‹ und ›Hinterhältigkeit‹, durch Schadenfreude und Heuchelei. Spiegelverkehrt ruft der Gedanke an diese neuen Götter beim Sprecher »düsteren Groll« hervor – ein Affekt, der – im Gegensatz zum ›heil'gen Erbarmen‹ – umgekehrt auf die griechische Antike verweist. Der Sache nach entspricht dieser »Groll« dem Affekt der *némesis*, dem gerechten Unwillen gegenüber dem unverdienten Glück Unwürdiger, von Aristoteles in seiner »Rhetorik« – komplementär zum Mitleid – den ehrbaren Affekten zugerechnet.[33] Und aus dieser Affektlage heraus kommt es nun zu einem pathetischen Bekenntnis: Der Sprecher imaginiert sich als Streiter für das ›ambrosische Recht‹ der alten Götter, der die neuen Tempel einreißt, gar vor den wieder aufgerichteten alten Altären kniet und sie anbetet. Die radikale und überraschende Konversion, die hier vorgeführt wird[34], ist als travestierende Anspielung auf das Konversionsparadigma schlechthin – die Bekehrung des Paulus vor Damaskus – zu lesen: Dessen Christusvision[35] entspricht hier die Vision des Gespensterzugs der alten Götter; dessen plötzlicher Umwandlung vom christenverfolgenden Saulus zum christlichen Apostel Paulus entspricht hier die plötzliche Umwandlung des romantischen Griechen- und Römerfeinds zum kämpferischen Streiter für das ›ambrosische Recht‹ der alten Götter. Aber die hier vorgeführte Konversion verläuft gewissermaßen in Gegenrichtung zur paulinischen, auch ist sie nicht durch die Stimme des Herrn von oben, sondern durch den ›Groll‹ gegenüber diesem neuen Herrn von unten veranlasst. Daher spreche ich von ›Travestie‹.

Doch es bleibt nicht bei dieser Emphase des Neu-Bekehrten: Der Gedankenstrich am Ende des 84. Verses deutet es an. Bereits im nächsten Abschnitt wird das Pathos des Konvertiten ironisch relativiert und die scheinbar religiöse Konversion auf ihren politischen Kern zurückgeführt:

> Denn immerhin, Ihr alten Götter,
> Habt Ihr's auch eh'mals, in Kämpfen der Menschen,
> Stets mit der Parthei der Sieger gehalten,
> So ist doch der Mensch großmüth'ger als Ihr,
> Und in Götterkämpfen halt' ich es jetzt
> Mit der Parthei der besiegten Götter.
> * * * (V. 85–90)

Wie bereits erwähnt, hatte Schiller in der ersten Fassung seines Gedichts die ins Licht gestellte höhere Humanität der (idealisierten) Antike in die Formel gefasst: »Da die Götter menschlicher noch waren, / Waren Menschen göttlicher« (F1, V. 191 f.). Diese Sentenz wird hier im fünften Abschnitt von Heines Gedicht einerseits ironisch korrigiert, andererseits subversiv umgedeutet. Zunächst die Korrektur: »Der Mensch« – so heißt es sentenziös zugespitzt im Vers 88 – steht moralisch *über* den Göttern, diese sind auf seine ›Großmut‹ angewiesen. Als Modell für die darin zum Ausdruck kommende Haltung des lyrischen Sprechers hat man in der Forschung hingewiesen auf Goethes »Prometheus«[36], oder auch auf den Lucan'schen Cato, der sich im Bürgerkrieg heroisch gegen die von den Göttern gestützte siegreiche Partei stellt.[37] Doch die ironische Pointe besteht hier nicht im prometheischen oder catonischen Göttertrotz, sondern in der chiastisch angelegten Parallelisierung von *göttlicher* Parteinahme in »Kämpfen der *Menschen*« (V. 86) und *menschlicher* Parteinahme in »*Götter*kämpfen« (V. 89). Ist schon in Schillers chiastisch gebauter Sentenz die Vertauschbarkeit von Gott und Mensch angelegt, so erst recht hier bei Heine, aber – Schiller subversiv umdeutend – in einem ausgesprochen politischen Sinn: als Supponierbarkeit der Götterkämpfe durch menschliche Machtkämpfe. Denn dass die Götter immer auf Seiten der siegreichen menschlichen Partei stehen, spiegelt nur den Sachverhalt, dass es immer die Götter der siegreichen menschlichen Partei *sind*, die sich in ›Götterkämpfen‹ durchsetzen. Gerade dadurch, dass Heine hier den *Ausnahmefall* durchspielt – die menschliche Parteinahme für die *besiegten* Götter aus der Position der moralischen Überlegenheit – lenkt er die Aufmerksamkeit auf die *Regel* und damit auf die machtpolitische Grundlage der Götterkämpfe. Wenn also von alten und neuen Göttern in Heines Gedicht die Rede ist, dann sind diese immer als Repräsentanten menschlicher Parteien zu nehmen. Das gilt insbesondere auch für die *neuen* Götter.[38]

Von dieser Pointe her lässt sich natürlich fragen, was denn nun von der im vierten Abschnitt des Gedichts imaginierten Bekehrung zu den griechischen Göttern noch übrig bleibt.[39] Die Frage stellt sich noch verschärft, wenn man den Schlussabschnitt (V. 91–99) des Gedichts betrachtet, der in die rahmengebende Naturszenerie zurücklenkt: Die gespenstischen Götter erröten beschämt (V. 91) und verschwinden »wie Sterbende« (V. 93). Ins Bild gesetzte ›Götterdämmerung‹ also. »Siegreich« bleibt, was über alle Götterkämpfe erhaben ist: die »ewigen Sterne« (V. 99) – als Inbegriff des unwandelbaren Kosmos.

Was also bedeutet die Parteinahme des lyrischen Sprechers für die »besiegten Götter«, wenn diese Götter so wenig unsterblich sind, wie ihr Gelächter »unauslöschlich« ist? Für die Deutung der im vierten Abschnitt imaginierten Bekehrung entscheidend ist, was unter dem ›ambrosischen Recht‹ der Götter (V. 80) genau zu verstehen ist. Ich verstehe die Wendung nicht im Sinne eines Rechts der Götter auf Unsterblichkeit[40], sondern als unsterbliches Recht der Götter auf *Genuss*.[41] In diesem Aspekt des Sinnengenusses nämlich liegt der Gegensatz zur Tristesse der neuen herrschenden Götter, auf den im vierten Abschnitt des Gedichts abgehoben wird.[42] Die Quintessenz besteht dann darin, dass zwar die religiöse Bekehrung als *religiöse* zurückgenommen wird, nicht aber das Bekenntnis zum unsterblichen Recht auf Genuss; denn dafür kann man selbst dann eintreten, wenn die Götter, denen es einst allein zukam, verstorben sind.

III.

Ich komme zurück zum Ausgangspunkt. Heines »Götter Griechenlands« – so hatte ich gesagt – sind als Gegenentwurf zu Schillers Gedicht unter veränderten Voraussetzungen zu verstehen.

Gegenentwurf ist Heines Gedicht schon dadurch, dass es die letzten Zeilen der endgültigen Version seines Vorgängers dementiert: Heines Götter überleben nicht »unsterblich« im Gesang, sondern gehen, wie einst im Leben, so auch im Gesang am Ende unter. Damit erteilt Heine der poetisch-idealisierenden Verklärung der griechischen Götterwelt eine deutliche Absage. Er verabschiedet so zugleich das Weimarer ästhetische Verständnis der antiken Mythologie als autonome Kunstwelt. Heine reaktiviert stattdessen das religiös-politische Konfliktpotenzial des kulturellen Gegensatzes von griechischer Antike und Christentum, das in der ersten Fassung des Schiller'schen Gedichts noch angelegt war.[43] Er tut dies aber unter *veränderten Voraussetzungen*: Nicht die entmythologisierte unpoetische Welt der Aufklärung, sondern die christlich-ideologische Restauration der ›Heiligen Allianz‹ ist bestimmend für die Gegenwart, von der Heine ausgeht. In diesem Kontext hat auch die Verwendung der gegenüber Schiller rekatholisierten Version des Christentums bei Heine ihren bestimmten Sinn: verweist sie doch sowohl auf neukatholische Tendenzen der Metternich-Ära als auch auf den restaurativen Charakter der Affinität romantischer Dichtung zum mittelalterlichen Christentum, der die religiös-ideologische Hinwendung einiger ihrer führenden Vertreter zum Katholizismus entspricht – was Heine dann später in seiner Schrift über »Die romantische Schule« Anlass zu scharfer Polemik gibt.[44]

Wenn Heine, wie beschrieben, die Differenz von Mythos und Heilsgeschichte nivelliert, so entspricht das einem Verfahren, das in der Romantik bereits mit umgekehrtem Vorzeichen praktiziert worden ist, insbesondere in Novalis' 5. »Hymne an die Nacht«. Dort werden in kühner Konstruktion Christus (und Maria) als neue »herrlicher[e] Gestalten« der in den Schoß der Nacht zurückgekehrten griechischen Götter präsentiert.[45] Die im vierten Abschnitt von Heines Gedicht imaginierte, in Gegenrichtung verlaufende Konversion des Romantikers zu den *alten* Göttern gewinnt erst ihr spezifisches Profil, wenn man sie vor diesem Hintergrund liest. Ein kleiner Exkurs mag das verdeutlichen.

Auch Novalis' 5. »Hymne an die Nacht« repliziert bekanntlich auf Schillers »Götter Griechenlandes«[46]: Wie bei Schiller wird der griechische Menschen- und Götterfrühling, das Zeitalter der »allverwandelnde[n] [...] Fantasie«, abgelöst vom »kalte[n] Nordwind« der Aufklärung durch »dürre Zahl« und »strenge[s] Maaß«.[47] Aber bei Novalis ist der erwachsen gewordene Verstand der »unkindlichen« Menschheit nicht die Wahrheitsinstanz, vor der die Mythen schaffende Einbildungskraft der Poesie die Waffen strecken muss. Es ist vielmehr ein ganz bestimmtes Defizit der antiken Götterwelt, das ihre Ablösung durch ›neue herrlichere Gestalten‹ erfordert: das bei den Griechen ungelöste Problem des Todes. Das von Schiller so gepriesene Bild des griechischen Thanatos als schöner Jüngling mit der Fackel[48] ist bei Novalis bloßer ästhetischer Euphemismus, solange die »ewge Nacht« der Toten noch »unenträthselt« bleibt[49]. Erst Christus bringt des Rätsels Lösung und wird so zum wahren Inhalt der griechischen Thanatos-Gestalt.[50] Im Unterschied zu Schillers Gedicht meldet sich in Novalis' »Hymne« kein lyrisches Ich zu Wort. Die Ablösung der antiken Götterwelt durch das Christentum wird scheinbar als objektiver Vorgang berichtet. Gleichwohl hat Novalis in der Figur des – viel umrätselten – ›Sängers‹ einen poetischen Stellvertreter für die Stimme des lyrischen Sprechers eingeführt, der mit der Identifizierung Christi als wahre Gestalt des Thanatos-Jünglings die entscheidende Deutungsleistung vollzieht.[51] Und dieser Sänger zieht von »Hellas«, unter dessen »heiterem Himmel« er geboren ist, nach »Palästina«, um sein »ganzes Herz« dem »Wunderkinde« zu »ergeben«.[52] Unschwer ist hier der poetische Konvertit erkennbar, der von seiner ursprünglich klassisch gräkophilen Prägung zur christlichen Romantik überwechselt.[53]

Deutlicher noch als bei Novalis ist diese Konversionsstruktur in einem Gedicht Eichendorffs erkennbar, das in veränderter Szenerie die Abfolgelogik der 5. »Hymne an die Nacht« in einer Abbreviatur bietet. Gemeint ist das erste große, zwanzigstrophige Lied des Fortunato aus der Novelle »Das Marmorbild«, das später in Eichendorffs Gedichtsammlung von 1837 den Titel »Götterdämmerung I« erhalten hat.[54] Die griechische Götterwelt ist hier ausgestaltet als Festszene um Bacchus und Venus, die vom lyrischen Ich aus imaginärer Höhe betrachtet wird.[55] Ähnlich wie später in Heines Gedicht spricht das lyrische Ich die Götter direkt an: »Ja, Bachus, Dich seh' ich / Wie göttlich bist Du!« (Str. 3).[56] Die identifikatorische Anteilnahme des lyrischen Sprechers kommt überdies in dessen ›herzinnigem‹ Gruß an die Frühlingswelt der antiken Lebenslust (»Was schön auf der Welt«, Str. 2) zum Ausdruck. Die Wende in der Mitte des Eichendorff'schen Gedichts erfolgt durch den Auftritt des Thanatos-Jünglings auf dem Fest als »Stillste[r] der Gäste« (Str. 13), der durch Senken der Fackel das Ende der heidnischen Götterwelt herbeiführt (Str. 17–18)[57], selbst aber – in Anlehnung an Novalis – zur christlichen Erlösergestalt (als »Jüngling vom Himmel«) umgedeutet wird. Statt des Novalis'schen Sängers ist es bei Eichendorff der lyrische Sprecher selbst, der diese Deutung vorträgt, und zwar in einem Bekenntnisakt, der geradezu als Bekehrungserlebnis ausgestaltet ist: »O Jüngling vom Himmel, / Wie bist Du so schön! / Ich laß das Gewimmel, / Mit Dir will ich gehn!« (Str. 19).

Solcherart sind die lyrisch-religiösen Konversionen, die Heine vorfindet und gegen die er seine – gespielte – Umkehrung im vierten Abschnitt setzt.[58] Zusätzlich pointiert wird dieses Verfahren der gezielten Gegenläufigkeit noch durch die an Schiller anknüpfende, aber zum grundlegenden Prinzip erhobene Einbindung des Christentums in das mythische Paradigma der Götterkämpfe. Die damit festgeschriebene Verzeitlichung der Götterherrschaft (»die jungen verdrängen die alten«) enthält als implizite Pointe die Botschaft des absehbaren Endes auch der neuen christlichen Götter. Tatsächlich hat Heine später auch diese Konsequenz in leicht chiffrierter Weise unter Anspielung auf sein Gedicht als Vision ausgestaltet, nämlich im fünften Helgoländer Brief der Börne-Denkschrift: Wieder ist es ein »luftiger Zug von weißen Wolkenbildern«, der die Vision veranlasst, nur sind es dieses Mal nicht traurige Götter, sondern trauernde »Mönche«, die einer »Leiche« zu folgen scheinen – wie es heißt (DHA XI,47). Im sechsten Helgoländer Brief wird dann angedeutet, um wessen Leiche es sich handelt: Den alten Göttern unter der Erde wird ein neuer Todesgenosse angekündigt: »Ihr kennt ihn gut, ihn, der Euch einst hinabstieß in das Reich der ewigen Nacht...« (DHA XI, 50).[59]

Schließlich die politische Pointe der scheinbaren Bekehrung zu den alten Göttern: Auch wenn Heine in seinen »Göttern Griechenlands«, anders als Schiller, die goldene Zeit der Götter nur *e contrario* mehr andeutet als ausmalt, so lässt sich doch von einer *handlungsmotivierenden* Bedeutung der Erinnerung daran – in signifikanter Differenz zu Schillers rein ästhetischer Lösung – sprechen: eben durch das Bekenntnis des lyrischen Sprechers zum ›ambrosischen Recht‹.[60] Was im Gedicht keimhaft angedeutet ist, hat Heine später in seinem viel zitierten Bekenntnis zum Programm des politischen Sensualismus in der Schrift »Zur Geschichte der Religion und Philosophie in Deutschland« (1835) als Übertrumpfung der republikanischen Revolutionäre in Paris ausgemalt:

> Wir kämpfen nicht für die Menschenrechte des Volks, sondern für die Gottesrechte des Menschen. [...] Wir wollen keine Sansculotten seyn, keine frugale Bürger, keine wohlfeile Präsidenten: wir stiften eine Demokrazie gleichherrlicher, gleichheiliger, gleichbeseligter Götter. Ihr verlangt einfache Trachten, enthaltsame Sitten und ungewürzte Genüsse; wir hingegen verlangen Nektar und Ambrosia, Purpurmäntel, kostbare Wohlgerüche, Wollust und Pracht, lachenden Nymphentanz, Musik und Comödien – Seyd deßhalb nicht ungehalten, Ihr tugendhaften Republikaner! (DHA VIII, 61)

Hier ist die Vertauschbarkeit von Gott und Mensch, die im bereits zitierten Spitzensatz Schillers (»Da die Götter menschlicher noch waren, / Waren Menschen göttlicher«) angelegt war, nun gänzlich ihrer elegisch rückwärts schauenden Perspektive entkleidet und zugespitzt zur Utopie einer vollständigen *Ersetzung* der Götter durch die göttlichen Menschen. Dolf Sternberger hat gezeigt, dass und wie hier das Programm der Saint-Simonisten ins ›Hellenische‹ übersetzt ist, zugleich hat er die politisch-problematischen Aspekte dieser quasireligiösen Utopie ausführlich erörtert.[61] Heine hat später selbstkritisch den triumphalistischen Überbietungsgestus dieser Utopie – insbesondere ihren apotheotischen Aspekt – ironisch relativiert, am ausführlichsten in den »Geständnissen« von 1854. Doch das ist ein anderes Kapitel.

Anmerkungen

1 Vgl. Gerhart von Graevenitz: Mythos. Zur Geschichte einer Denkgewohnheit. Stuttgart 1987, S. 121–131.
2 Vgl. dazu Markus Winkler: Mythisches Denken zwischen Romantik und Realismus. Zur Erfahrung kultureller Fremdheit im Werk Heinrich Heines. Tübingen 1995, S. 72 ff.
3 Vgl. DHA XI, 18 ff.
4 Norbert Altenhofer: Die exilierte Natur. Kulturtheoretische Reflexion im Werk Heines. – In: ders.: Die verlorene Augensprache. Hrsg. von Volker Bohn. Frankfurt a. M., Leipzig 1993, S. 174–206, hier S. 185.
5 Vgl. neben Altenhofer: Die exilierte Natur [Anm. 4] vor allem András I. Sandor: The Exile of Gods. Interpretation of a Theme, a Theory and a Technique in the Work of Heinrich Heine. Den Haag, Paris 1967; Dolf Sternberger: Heinrich Heine und die Abschaffung der Sünde. Frankfurt a. M. 1976; Robert C. Holub: Heinrich Heine's Reception of German Grecophilia. Heidelberg 1981; Robert C. Holub: Heine als Mythologe. – In: Heinrich Heine. Ästhetisch-politische Profile. Hrsg. von Gerhard Höhn. Frankfurt a. M. 1991, S. 314–326; Markus Küppers: Heinrich Heines Arbeit am Mythos. München, New York 1994; Winkler: Mythisches Denken [Anm. 2]; Ralph Martin: Die Wiederkehr der Götter Griechenlands. Zur Entstehung des ›Hellenismus‹-Gedankens bei Heinrich Heine. Sigmaringen 1999; Christoph Bartscherer: Heinrich Heines religiöse Revolte. Freiburg i. Br. u. a. 2005.
6 Zu nennen sind hier vor allem Gerhard Storz: Heinrich Heines lyrische Dichtung. Stuttgart 1971, S. 90 ff.; Joachim Müller: Von Schiller bis Heine. Halle a. d. S. 1972, S. 559–565; Benno von Wiese: Mythos und Mythentravestie in Heines Nordseegedichten und in seinem Gedicht ›Unterwelt‹. – In: Mythos und Mythologie in der Literatur des 19. Jahrhunderts. Hrsg. von Helmut Koopmann. Frankfurt a. M. 1979, S. 123–140; Küppers: Heines Arbeit am Mythos [Anm. 5], S. 26–31; Winkler: Mythisches Denken [Anm. 2], S. 78 ff.; Werner M. Bauer: Der Tod der Götter. Antikenrezeption und Romantik in H. Heines ›Die Götter Griechenlands‹ (1826). – In: Studi Italo-Tedeschi. Deutsch-Italienische Studien. XVIII. Internationales Symposium: Heinrich Heine zur 200. Wiederkehr des Geburtstages. Meran 1997, S. 186–221; Martin: Die Wiederkehr der Götter Griechenlands [Anm. 5], S. 29–45; Olaf Hildebrand: Emanzipation und Versöhnung. Aspekte des Sensualismus im Werk Heines unter besonderer Berücksichtigung der ›Reisebilder‹. Tübingen 2001, S. 293–299; Bartscherer: Heines religiöse Revolte [Anm. 5], S. 492–502.
7 Es handelt sich also um einen Fall von ›markierter Intertextualität‹ nach den Kriterien Ulrich Broichs. Vgl. Ulrich Broich: Formen der Markierung von Intertextualität. – In: Intertextualität. Formen, Funktionen, anglistische Fallstudien. Hrsg. von Ulrich Broich und Manfred Pfister. Tübingen 1985, S. 31–47.
8 Instruktiv dazu Wolfgang Frühwald: Die Auseinandersetzung um Schillers Gedicht »Die Götter Griechenlandes«. – In: Jahrbuch der deutschen Schillergesellschaft 13 (1969), S. 251–271. Eine ausführlichere Vergleichsanalyse der beiden Fassungen von Schillers Gedicht habe ich andernorts vorgelegt. Vgl. Wolfgang Ranke: Dichtung unter Bedingungen der Reflexion. Interpretationen zu Schillers philosophischer Poetik und ihren Auswirkungen im *Wallenstein*. Würzburg 1990, S. 246–255 und 504–510.
9 Ich zitiere die beiden Fassungen (Sigle F1, F2) von Schillers »Die Götter Griechenlandes« durch bloße Versangaben im Text nach Friedrich Schiller: Sämtliche Werke. Hrsg. von Gerhard Fricke und Herbert G. Göpfert. 5 Bde. 8. Aufl. München 1987, Bd. 1, S. 163–169 (1. Fassung); S. 169–173 (2. Fassung).

10 Friedrich L. Graf zu Stolberg: Gedanken über Herrn Schillers Gedicht: Die Götter Griechenlandes [1788]. Zit. nach: Schiller und sein Kreis in der Kritik ihrer Zeit. Hrsg. von Oscar Fambach. Berlin 1957, S. 44–49, hier S. 45.

11 Dazu zählen vor allem die Titulierung des biblischen Richtergottes als »heiliger Barbar« (FI, V. 114), das »Schaudern« des lyrischen Ich vor einem unsinnlichen Jenseits, dessen »Freuden« es für entbehrlich hält (FI, V. 129–136), und die Charakterisierung des jenseitigen Gottes als eines einsamen Narziss (FI, V. 177–184), dessen übermenschliche Vollkommenheit den menschlichen Geist permanent demütigt (FI, V. 185–193).

12 Diese Logik gilt nicht nur, wenn man bei »Gesang« (V. 127) an moderne mythologisierende Dichtung – einschließlich des Schiller'schen Gedichts – denkt, sondern auch dann, wenn man dabei die antike Dichtung – etwa die homerischen Gesänge – vor Augen hat. »Unsterblich« im »Gesang« überleben die griechischen Götter in beiden Fällen nur als ästhetisches Ideal für ein nichtmythisches Bewusstsein, sei es in der modernen Rezeption antiker Dichtung, sei es durch produktive Aneignung der Mythologie in moderner Dichtung.

13 Vgl. Schillers Definition des sentimentalisch-elegischen Dichters: »Setzt der Dichter die Natur der Kunst und das Ideal der Wirklichkeit so entgegen, daß die Vorstellung des ersten überwiegt und das Wohlgefallen an demselben herrschende Empfindung wird, so nenne ich ihn *elegisch*.« (Schiller: Sämtliche Werke [Anm. 9] Bd. 5, S. 728). Wie ein Kommentar zu seinem Gedicht »Die Götter Griechenlands« liest sich dann die nachfolgende Präzisierung: »Der elegische Dichter sucht die Natur, aber als Idee und in einer Vollkommenheit, in der sie nie existiert hat, wenn er sie gleich als etwas Dagewesenes und nun Verlorenes beweint.« (ebd., S. 730). Der Hauptunterschied der zweiten zu der ersten Fassung des Gedichts liegt entsprechend darin, dass in den neuen Schlussversen genau diese sentimentalische Perspektive der Idealisierung des Verlorenen eigens reflektiert wird.

14 In diesem – die Religion *ersetzenden* – Sinn ist die Pointe der Schlussverse durchaus auch mit Helmut Koopmanns Worten formulierbar: »Damit bekommt das Schöne gleichsam einen religiösen Wert, wird die Dichtung in den Rang einer erlösenden Botschaft erhoben.« Helmut Koopmann: Poetischer Rückruf. – In: Interpretationen. Gedichte von Friedrich Schiller. Hrsg. von Norbert Oellers. Stuttgart 1996, S. 70–83, hier S. 80. Das zweifellos Kompensatorische dieser ›erlösenden Botschaft‹ hat Schiller am deutlichsten in dem Gedicht »Das Ideal und das Leben« (1804) zum Ausdruck gebracht, in dem (1795 noch unter dem verfänglichen, gleichwohl sprechenden Titel »Reich der Schatten«) die Welt des schönen Scheins – wiederum mythologisch bebildert – der kruden Lebenswirklichkeit als Erlösungsraum entgegengesetzt wird.

15 Vgl. Atta Troll, Caput XXIV, V. 29–32 (DHA IV, 79). Deutlicher noch die Variante dazu mit expliziter Nennung Schillers (DHA IV, 237).

16 Den Terminus ›Gegenentwurf‹ benutzen ebenfalls Höhn ³2004, 75, und Küppers: Heines Arbeit am Mythos [Anm. 5], S. 26. Martin: Die Wiederkehr der Götter Griechenlands [Anm. 5], S. 36, spricht von »Korrektur«.

17 Wiese schreibt: »Als der junge Heine im zweiten Zyklus seiner Nordseegedichte die Strophen ›Die Götter Griechenlands‹ niederschrieb, da hat er diesen Titel sich in Analogie zu Schillers berühmtem, ja berüchtigtem Gedicht gewählt. Dennoch bezieht sich Heine an keiner Stelle auf diese Schiller'schen Verse: keinerlei Nachahmung oder Parodie ist von ihm beabsichtigt.« Wiese: Mythos und Mythentravestie [Anm. 6], S. 123. Kritische Bemerkungen dazu bei Helmut Koopmann: Heine und Schiller. – In: HJb 46 (2007), S. 90–106, hier S. 97f. Neuere Interpreten stellen dagegen deutliche Beziehungen zu Schillers Gedicht her, am explizitesten Küppers: Heines Arbeit am Mythos [Anm. 5] und Martin: Die Wiederkehr der Götter Griechen-

lands [Anm. 5]. Unergiebig ist hingegen Hermann Friedemann: Die Götter Griechenlands. Von Schiller bis zu Heine. Diss. Berlin 1905, hier S. 53.

18 Die Vereinheitlichung der elegischen Grundhaltung des lyrischen Sprechers ist allerdings erst in der zweiten Fassung von Schillers Gedicht streng durchgeführt, in der ersten Fassung gewinnt gelegentlich der pathetische Anklageton in den Neuzeit-Versen selbständiges Gewicht. Vgl. dazu Werner Keller: Das Pathos in Schillers Jugendlyrik. Berlin 1964, S. 168–174.

19 Ich zitiere Heines »Die Götter Griechenlands« nach der im »Buch der Lieder« abgedruckten Fassung (DHA I, 413 ff.) durch bloße Versangaben im Haupttext.

20 Vgl. Bauer: Der Tod der Götter [Anm. 6], S. 193.

21 Besonders in den Versen 22, 23, und 59–63. Vgl. dazu auch Müller: Von Schiller bis Heine [Anm. 6], S. 562.

22 Die Szene, in der der hinkende Hephaistos der Götterversammlung den »lieblichen Nektar« serviert und damit das »unermeßliche Lachen« der Götter auslöst (Ilias I, V. 596–604), zitiert Heine nach der Voßschen Übersetzung – der »Vulgata« – später wörtlich am Beginn des sechsten Kapitels der »Stadt Lukka« (DHA VII, 172 f.).

23 Vgl. Hesiod: Theogonie, V. 617–728.

24 Das hat bereits Martin herausgestellt. Vgl. Martin: Die Wiederkehr der Götter Griechenlands [Anm. 5], S. 40–42. Eine Parallele dazu findet sich in der Spätschrift »Die Götter im Exil« (vgl. DHA IX, 126).

25 So in der 20. Strophe der ersten Fassung: »Alle jenen Blüten sind gefallen / Von des Nordes winterlichem Wehn. / *Einen* zu bereichern, unter allen, / Mußte diese Götterwelt vergehn.« (V. 153–156).

26 Vgl. Hesiod: Werke und Tage, V. 109–126; Ovid: Metamorphosen, V. 89–112.

27 Schon Martin spricht in diesem Zusammenhang vom »Kunstgriff der Überblendung antiker Mythologeme durch christliche Heilsgeschichte«. Martin: Die Wiederkehr der Götter Griechenlands [Anm. 5], S. 41.

28 Friedrich Creuzer: Symbolik und Mythologie der alten Völker besonders der Griechen. Vierter Theil. Zweite völlig umgearbeitete Ausgabe. Leipzig, Darmstadt 1821, S. 98.

29 Ähnlich Martin: Die Wiederkehr der Götter Griechenlands [Anm. 5], S. 39. Eine andere Auffassung vertritt Hildebrand: Emanzipation und Versöhnung [Anm. 6], S. 239. Er sieht in dem Hinweis auf das im »Buch der Lieder« verbreitete Motiv der »Grausamkeit der schönen Verführerin« einen Beleg für die These, dass Heine das »Götterverderben« »nicht primär als eine Folge der Christianisierung« darstelle, sondern es bereits »aus den ethischen Defiziten der Olympier« erkläre. Doch diese Deutung übersieht den Kontrast zwischen ›Einst‹ und ›Jetzt‹, der gerade bezüglich der Liebesgöttin – in V. 46 (»Einst die goldene! jetzt die silberne!«) besonders hervorgehoben – klarstellt, dass die homerische Göttin (die ›goldene‹) sich grundlegend verwandelt hat.

30 Zwar ist in Schillers Bebilderung der schönen antiken Welt durchaus – wenn auch sehr dezent – von den erotischen Kontakten zwischen Göttern und Menschen die Rede: »Zwischen Menschen, Göttern und Heroen / Knüpfte Amor einen schönen Bund« (F1, V. 37 f.). Aber gerade der Gürtel der Aphrodite, dessen magisch-erotische Kraft Homer im 14. Gesang der Ilias (V. 214–221, 294–296, 312–328) demonstriert und an den auch Heine (V. 47) erinnert, wird bei Schiller in der 6. Strophe der ersten Fassung (V. 41–48) derart eingehegt vom Grazienkult in »Amathunt« (V. 40), dass die Verwechslung einer Venuspriesterin mit einer Vestalin und des erotischen Gürtels mit einem Keuschheitsgürtel (so der Kommentar der benutzten Ausgabe [Anm. 9], S. 874!) geradezu planmäßig suggeriert wird. Dem entspricht die eigentümliche

Dialektik von Reiz und Scham in Schillers späterem Distichon »Der Gürtel« (1796): »In dem Gürtel bewahrt Aphrodite der Reize Geheimnis, / Was ihr den Zauber verleiht, ist, was sie bindet, die Scham.« Schiller: Sämtliche Werke [Anm. 9], Bd. 1, S. 250.

31 Als antiklassisch pointiert, gegen die Weimarer ›Graecomanie‹ gerichtet, lesen Küppers: Heines Arbeit am Mythos [Anm. 5], S. 29, und Hildebrand: Emanzipation und Versöhnung [Anm. 6], S. 293, die Verse 64 ff.

32 Auf diesen – als ›erstaunlich‹ apostrophierten – Sachverhalt hat als erster Wiese aufmerksam gemacht. Vgl. Wiese: Mythos und Mythentravestie [Anm. 6], S. 134.

33 Vgl. Aristoteles: Rhetorik II, 9, 1386b–1387b.

34 Vgl. Martin: Die Wiederkehr der Götter Griechenlands [Anm. 5], S. 35: »Eben noch ein Feind der alten Götter, wird der Sprecher zum eifernden Konvertiten.«

35 Vgl. Apg. 9,1–19; 22,6–16.

36 Vgl. Martin: Die Wiederkehr der Götter Griechenlands [Anm. 5], S. 42 f.

37 Vgl. Storz: Heines lyrische Dichtung [Anm. 6], S. 90 f.

38 Nur unter dieser Voraussetzung sind die Verse 73 ff. adäquat zu verstehen, in denen den ›neuen Göttern‹ des Christentums Feigheit, Schadenfreude und Heuchelei bescheinigt wird. Vom Stifter des Christentums selbst, Jesus von Nazareth, hat Heine hingegen gelegentlich ganz anders gesprochen, etwa in der Börne-Denkschrift (vgl. DHA XI, 39 f.).

39 Hildebrand: Emanzipation und Versöhnung [Anm. 6], S. 295, hat gegen Martin eingewendet, man könne von Konversion des lyrischen Ich gar nicht sprechen. Heine relativiere vielmehr beide Lebensformen, »den antiken Sensualismus ebenso wie den christlichen Spiritualismus.« »Der originelle Ansatz des Gedichts« bestehe »gerade darin, diese alte Polarität in einem Akt ausgleichender Humanität dialektisch aufzuheben.« Einen solchen ›Ausgleich‹ sehe ich nicht. Tatsächlich verändert sich in Heines Gedicht die Haltung des lyrischen Sprechers mehrfach. Das pathetische Bekenntnis des vierten Abschnitts wird im fünften zwar ironisch relativiert, aber die Anspielung auf das Konversionsparadigma ist gerade die Grundlage, auf der die nachfolgende Pointe aufbaut.

40 Entsprechend der Grundbedeutung von griechisch *ambrosía* (Unsterblichkeit) findet sich in Klaus Brieglebs Kommentar zu seiner verbreiteten Heine-Ausgabe der Hinweis: »ambrosisches Recht: Recht auf Unsterblichkeit« (B I, 759). Das scheint mir jedoch im Heine'schen Kontext verfehlt. Denn ›Ambrosia‹ ist ja auch die Speise der unsterblichen Götter, von Homer in der Regel parallel zum Nektar, dem Göttertrank, erwähnt, auf den auch Heine in Vers 62 verweist. Schließlich kann ›Ambrosia‹ auch das duftende Salböl der Götter bedeuten. So wird der Ausdruck von Heine in seiner Schrift über die »Elementargeister« (1837) gebraucht, wenn dort von den »ambrosiaduftenden Bewohner[n] des Olymps« (DHA IX, 47) gesprochen wird.

41 So auch Hildebrand: Emanzipation und Versöhnung [Anm. 6], S. 294, und Küppers: Heines Arbeit am Mythos [Anm. 5], S. 29.

42 Dieser Gegensatz, den Heine später in seinen Pariser Essays unter den Stichworten »Spiritualismus« versus »Sensualismus« diskutiert (vgl. insbes. »Zur Geschichte der Religion und Philosophie in Deutschland«, DHA VIII, 29 und 49) bzw. als Alternative zwischen »trübsinnige[m], magere[m], sinnenfeindliche[m] Judäismus der Nazarener« und »hellenische[r] Heiterkeit, Schönheitsliebe und blühende[r] Lebenslust« (»Elementargeister«, DHA IX, 47) historisch reflektiert, ist am Beginn des sechsten Kapitels der »Stadt Lukka« in einer quasi-mythischen (Montage-)Szene sinnfällig vor Augen gestellt: Christus als »bleicher, bluttriefender Jude« dringt in die (nach Homer zitierte, vgl. Anm. 22) lachende und schmausende Versammlung der olympischen Götter ein, wirft »das Kreuz auf den hohen Göttertisch« und verwandelt den Olymp in ein

»Lazareth wo geschundene, gebratene und gespießte Götter langweilig umherschlichen, und ihre Wunden verbanden und triste Lieder sangen« (DHA VII, 173). Freilich sind auch hier – ähnlich wie in den »Göttern Griechenlands« – überraschende Haltungswechsel des Ich-Erzählers bei der reflektierenden Verarbeitung der Szene zu verzeichnen. Überdies wird die Szene nachträglich kontextualisiert als Tagträumerei während des Orgelspiels in der Kirche. Zur narrativen Komposition der Szene vgl. Wolfgang Preisendanz: Der Funktionsübergang von Dichtung und Publizistik. – In: ders.: Heinrich Heine. Werkstrukturen und Epochenbezüge. 2. Aufl. München 1983, S. 21–68, hier S. 47–54.

43 Dort vor allem durch die Herausstellung des Christentums als einer Religion des unmenschlichen »Entsagen[s]« (F1, V. 104), der Freudlosigkeit im Diesseits (F1, V. 129–136) und der Unterwerfung des menschlichen Geistes unter einen übermächtigen Gott (F1, V. 185–192).

44 Vgl. dazu Bauer: Der Tod der Götter [Anm. 6], S. 217 f.

45 Novalis: Schriften. Werke, Tagebücher und Briefe Friedrich von Hardenbergs. Hrsg. von Hans-Joachim Mähl und Richard Samuel. 3 Bde. Darmstadt 1978, Bd. 1, S. 161–173 (Athenäumsfassung), hier S. 165.

46 Dazu insbesondere Max Kommerell: Novalis: »Hymnen an die Nacht« [1942]. – In: Novalis. Hrsg. von Gerhard Schulz. Darmstadt 1986, S. 174–202, hier S. 188–198; Gerhard Schulz: »Mit den Menschen ändert die Welt sich«. Zu Friedrich von Hardenbergs 5. Hymne an die Nacht. – In: Gedichte und Interpretationen Bd. 3: Klassik und Romantik. Hrsg. von Wulf Segebrecht. Stuttgart 1984, S. 202–215; Gerhard Kaiser: Geschichte der deutschen Lyrik von Goethe bis Heine. Frankfurt a. M. 1988, S. 534–551.

47 Novalis: Schriften [Anm. 45], S. 165.

48 Vgl. Schiller: Die Götter Griechenlandes, V. 105–109 (F1).

49 Novalis: Schriften [Anm. 45], S. 163.

50 Vgl. die Christusdeutung der vierten Stanze (»Der Jüngling bist du, der seit langer Zeit / Auf unsern Gräbern steht in tiefen Sinnen;«) mit direktem Rückbezug auf die dritte Stanze (»Ein sanfter Jüngling löscht das Licht und ruht...«); Novalis [Anm. 45], S. 167 bzw. 163.

51 Ich schließe mich bei dieser Auffassung des »Sängers« Kommerells erhellender Deutung [Anm. 46], S. 197 f. an; vgl. ähnlich auch Kaiser: Geschichte der deutschen Lyrik [Anm. 46], S. 545 f.

52 Novalis [Anm. 45], S. 167.

53 Vgl. dazu auch Kaiser: Geschichte der deutschen Lyrik [Anm. 46], S. 545.

54 Ich zitiere Fortunatos Lied durch bloße Angaben der Strophen (Str.) nach: Joseph von Eichendorff: Ahnung und Gegenwart. Sämtliche Erzählungen I. Hrsg. von Wolfgang Frühwald und Brigitte Schillbach. Frankfurt a. M. 2007, S. 389–392. Die in der Forschung mehrfach registrierten Novalis-Bezüge des Gedichts sind am differenziertesten herausgearbeitet bei Paola Mayer: Reflections on Mythology. Eichendorff's Response to Schiller and Novalis. – In: Euphorion 101 (2007), S. 197–225.

55 Offenbar soll die imaginäre Betrachterposition des lyrischen Ich, das »zu Wolken und weiter« (Str. 1) geführt wird und »Wie auf Bergen hoch« (Str. 2) eine olympische Perspektive einnimmt, zugleich den großen Zeit-Raum überbrücken, der zwischen der Gegenwart und dem Frühling der Menschheit liegt. Die Signalworte »Frühling« (Str. 5) und »Morgenrots Lohe« (Str. 6) verweisen auf die menschheitsgeschichtliche Dimension der Szenerie. Gleichwohl ist die griechische Antike bei Eichendorff im Kolorit eines mittelalterlichen Hoffestes (der »Frau Venus«, Str. 6) gehalten.

56 In Str. 3–5 wird Bacchus angeredet, in Str. 6–8 Venus. Die Betrachterhaltung mit Götteranrede ist bei Heine und Eichendorff – trotz differenter Szenerie – auffallend ähnlich. Dass Heine Eichendorffs 1819 erschienenes »Marmorbild«, das er später in den »Elementargeistern« in einer Variante nacherzählt, bereits zum Zeitpunkt der Abfassung seines frühen Gedichts kannte, ist sehr wahrscheinlich. Möglicherweise hat er sich auch in weiteren Einzelheiten von Eichendorffs Text anregen lassen, etwa von Biankas ängstlicher Wolkenschau im Mondschein (vgl. Eichendorff: Ahnung und Gegenwart [Anm. 54], S. 413) zum Wolkenzug der Götter am Beginn des Gedichts.

57 Der Untergang der heidnischen Antike ist bei Eichendorff in Str. 18 angedeutet durch die Verwandlung der alten Götter (metaphorisch gekennzeichnet als »Blumen zum Spiel« anstelle von Schillers »Blüten«, vgl. Anm. 25) zu ›Sternen‹ am Himmel, anknüpfend an die mythologischen Namen der Planeten, getreu der Devise Max Piccolominis in Schillers »Wallenstein«: »Und an dem Sternenhimmel gehn sie jetzt, / Die sonst im Leben freundlich mitgewandelt« (Die Piccolomini III/4, V. 1639 f.). Dies übersieht Mayer: Reflections on Mythology [Anm. 54], S. 230, und überzeichnet daher die Differenzen zwischen Novalis und Eichendorff in diesem Punkt.

58 Deutlicher erkennbar noch als in Heines »Göttern Griechenlands« – und mit subversiver Umkehrung der Dialektik von Tod und Erlösung bei Novalis – ist die intertextuelle Referenz auf die 5. »Hymne an die Nacht« in der bereits erwähnten Parallelstelle (vgl. Anm. 42) im sechsten Kapitel der »Stadt Lukka« (DHA VII, 172 f.). Martin (Die Wiederkehr der Götter Griechenlands [Anm. 5], S. 49–58) spricht im Hinblick auf die dort dargestellte Situation mit Recht von einer »Kontrafaktur der Hardenbergschen Übergangszene« (S. 52). Vgl. auch im Anschluss an Martins Analyse Bartscherer: Heines religiöse Revolte [Anm. 5], S. 441–447.

59 Zum kompositorischen Zusammenhang der ›Götterdämmerung‹ auch des Christentums im Rahmen der Helgoländer Briefe, unter Einbeziehung der Deutungstradition der von Plutarch überlieferten Sage vom Tod des großen Pan, die Heine leitmotivisch im dritten, fünften, sechsten und siebenten der Helgoländer Briefe verwendet, vgl. Winkler: Mythisches Denken [Anm. 2], S. 160–179.

60 Den politisch-utopischen Aspekt des Heine'schen im Gegensatz zum Schiller'schen Gedicht betont insbesondere Küppers: Heines Arbeit am Mythos [Anm. 5], S. 29 und 31.

61 Vgl. Sternberger: Abschaffung der Sünde [Anm. 5], S. 23–25, 129, 224–228.

Odysseus am Rhein
Heines »Ich weiß nicht, was soll es bedeuten« als poetologische Selbstverortung

Von Georges Felten, Zürich

> [I]ch [bin] überzeugt [...], daß die Menschen erst gesungen haben, ehe sie sprechen lernten, so wie die metrische Sprache der Prosa voranging. [...] Wie die Kanarienvögel zwitscherten unsre Ureltern in den Thälern Kaschimirs. Wie haben wir uns ausgebildet! Ob die Vögel einst ebenfalls zum Sprechen gelangen werden?
> Heinrich Heine: »Briefe aus Berlin«, 1822 (DHA VI, 27)

Heines Lore-Ley wird seit jeher als eine Art Sirene wahrgenommen.[1] Über pauschale Befunde geht man aber in den seltensten Fällen hinaus, sind die einen doch bestrebt, die Figur als Sammelwesen darzustellen – sie sei nicht nur Sirene, sondern auch Undine, Melusine, Echo/Narziss[2], *femme fatale*[3] usw. Andere wiederum versuchen, sie von ihren Vorgängerinnen bei Brentano, Eichendorff und in Aloys Schreibers »Handbuch für Reisende am Rhein« (in dem Heine wohl auf die – kontrafaktische – Sage vom Lurelei-Felsen gestoßen ist)[4] abzusetzen. Bei diesen Bemühungen geht das *tertium comparationis* zwischen der antiken Konstellation und derjenigen bei Heine – ›Schifffahrer erleidet Schiffbruch angesichts des verführerischen Gesangs einer oder mehrerer sagenumwobener weiblicher Figuren‹ – ein wenig unter (um im Bilde des Schiffbruchs zu bleiben), bzw. man scheint dieses *tertium comparationis* schlichtweg für selbsterklärend zu halten. Schon gar keinen Gedanken verschwendet man an die Frage, ob vielleicht auch einer Figur aus dem Gedicht der Part des erfindungsreichen Odysseus zufällt.[5] Zu Unrecht.

Gerade Homers »Odyssee« nämlich führt auf vielfältige Weise ins poetologische Zentrum von »Ich weiß nicht, was soll es bedeuten«: Mit seinen Anklängen an Odysseus' Begegnung mit den Sirenen – aber auch an diejenigen mit Polyphem, Kirke, Charybdis und Skylla – gibt es sich als präzise Standortbestimmung eines jungen, noch kaum bekannten Schriftstellers in der Spätromantik zu erkennen. Durch den Rekurs auf einen Intertext aus der griechischen Antike hinterfragt das Gedicht auf »maliziöse«[6] Art die in der Romantik so hoch geschätzten Traditionen des Volkslieds und des Volksmärchens – und damit die Sagenkomplexe des christlichen Mittelalters –, an denen es sich auf den ersten Blick so eindeutig ausrichtet. Das Neue, die eigene Stimme, kann sich nur – so die zunächst paradox anmutende Grundtendenz des Gedichts – über eine hintersinnige ›Mimesis zweiten Grades‹ vernehmbar machen. Also dadurch, dass sich der Schreiber im Spannungsfeld von träumerischer Melancholie und aufklärerischem Witz am schier unerschöpflichen poetischen Fundus von Volkslied und Volksmärchen abarbeitet: Der Verlockung, die nach wie vor von diesem ausgeht, vorbehaltlos nachzugeben, käme um 1820 einem schriftstellerischen Schiffbruch gleich, bloßem Epigonentum. Der eigentliche Clou dieser Schreibweise besteht darin, die stimmungsvolle lyrische Poesie von innen heraus bis an die Grenze zur berichtenden Prosa zu treiben und damit auf künftige Schreiboptionen Heines vorauszudeuten.

Fauler Zauber: zwiespältige Magie des Lieds (von) der Lore-Ley

Liest man »Ich weiß nicht, was soll es bedeuten« vor der Folie des homerischen Intertexts, muss einem die Lore-Ley nicht bloß als Sirene vorkommen, sondern auch als Replik auf Charybdis und Skylla, die auf einander gegenüberliegenden Felsen hockenden Ungetüme, zwischen denen Odysseus unmittelbar nach dem Sirenen-Abenteuer hindurchnavigieren muss. Von den Sirenen (die bei Homer übrigens wie Charybdis und Skylla als Duo auftreten) kommt in erster Linie die »Melodey« (V.16)[7], vom zweiten Meerwunder dagegen das Setting und die Todesart des Schiffers: Wie die Jungfrau oben auf dem Berg sitzt, so lauert Skylla oben in einer Felsenhöhle; und wie das kleine Schiff bei Heine an Felsenriffen zerschellt, der Schiffer darob von den Wellen »verschl[u]ngen« (V. 21) wird, so »schl[i]ng[t]« die auf einem niedrigen Felsen fetter Beute harrende Charybdis ihre Opfer zusammen mit den Meeresfluten in sich »hinein« (XII, 240).[8] Auf tragische Weise geht in beiden Fällen zudem der Blick der Schiffsinsassen fehl: Von »bleiche[m] Entsetzen ergriff[en]« (XII, 243) schauen Odysseus und seine Leidensgefährten wie gebannt auf Charybdis, sodass es für Skylla ein Leichtes ist, sich sechs Seeleute herauszufischen; umgekehrt schaut Heines Schiffer, den es »mit wildem Weh« »[e]rgreift« (V.18), »nur hinauf in die Höh'« (V.20) und merkt nicht, dass das Unheil von unten kommt. Wie man hört, gibt es bis in den Wortlaut hinein Entsprechungen zwischen Heines Text und der Homer-Übertragung von Voß – ausdrücklich sei neben dem Verb ›ergreifen‹ auch auf das Verb ›schlingen‹ hingewiesen, das Heines Wellen dämonisiert und bei Homer gleich zweimal auf Charybdis bezogen wird (vgl. XII, 236 u. 240).[9]

Dieses intertextuelle Verweisspiel hat durchaus poetologische Implikationen, steht das Verb ›verschlingen‹ in Heines Gedicht doch in engem Bezug zu dem von der Lore-Ley angestimmten »Lied« (V. 14). Genauer: Es offenbart das sprachmagische Moment, das diesem innewohnt, indem die Wellen so qua Verschiebung und monströser Entstellung mit eben dem Organ ausgestattet werden, dem der Gesang entströmt. Dieser animistische Verbund zwischen der »schönste[n] Jungfrau« (V. 9) und dem Wellenungetüm realisiert sich auch auf lautlicher Ebene, insofern in den »Felsen*riffe*[n]«[10] der fünften Strophe der »G*ipf*el des Bergs« aus der zweiten entfernt nachhallt. Die Melodie der Lore-Ley ist dementsprechend auch nicht einfach nur »wunderbar« – wie es noch stereotyp in der dritten Strophe heißt –, sondern buchstäblich »wundersam[e]« (V. 15) Sprach-»[G]ewalt« (V. 16). Sie ist – um einen Begriff aus Heinz Schlaffers kürzlich erschienener Studie über »Mittel und Zweck der Lyrik« zu bemühen – »Sprechhandlung«, die in ihrem Vollzug wirklich ins außersprachliche Geschehen eingreift.[11]

In dem Punkt unterscheidet sich das Lied der Lore-Ley natürlich von Heines Gedicht, das den realen Zauber der ursprünglichen Poesie nur mehr als »innerliterarisches Phänomen«[12] aufruft: Es zielt allein auf die »bezaubernde ›Wirkung‹ von Versen auf Zuhörer und Leser«[13] ab. Der Bezug auf den ursprünglichen Zauber bleibt jedoch nicht zuletzt deswegen virulent, weil das Lied der Lore-Ley mit dem Titel des Gedichtbands zusammenklingt, in dem der Text seit 1827 steht: »Buch der *Lieder*«.[14] Im Zusammenhang seiner auf die moderne Lyrik im Allgemeinen bezogenen Überlegungen erblickt Schlaffer in der Besinnung der Poesie auf ein Vermögen, das sie »einst, an ihrem weit zurückliegenden Anfang besessen hatte«[15], eine allgemeine

> [...] Kritik an der entzauberten modernen Welt der Arbeit, des Geschäfts, des Geldes, der Bürokratie, der Zahl und des Zählens, der starren Objekte und der erstarrten Subjekte, also an dem, was nicht lyrisch ist und nicht dem Wort des Dichters gehorcht.[16]

Nun ist es aber so, dass die bezaubernde Wirkung, die so verstandene Lyrik beim Leser auslösen soll – das träumerische Hinübergleiten ins Reich der Phantasie jenseits von Kommerz und Alltagssorgen –, in Heines Gedicht von Beginn an Teil eines Spiels mit den gängigsten, klischeebeladenen Leseerwartungen des Publikums um 1820 ist. In dem Zusammenhang lohnt ein eingehender Blick auf die Eingangsverse: Dort scheint Heine den »[u]ngemein solide[n] Leute[n]«[17] – wie der von Heine sehr geschätzte E. T. A. Hoffmann[18] den Teil des Publikums einmal genannt hat, dem Kunst nicht viel mehr als angenehmer Zeitvertreib ist – geradezu aus der Seele zu sprechen. In der Tat klingen die Eingangsworte von Heines Gedicht, »Ich weiß nicht, was«, wortwörtlich an den Ausdruck *je ne sais quoi* an. Für die »solide[n] Leute« ist das damit gemeinte diffuse Gefühl zugleich das höchste, das lyrische Produktionen auszulösen vermögen, ja, es fällt für sie mit dem Wesen von Lyrik in eins: »ihnen [würde] ganz absonderlich zumute

[...], sie könnten gar nicht sagen, wie«[19], hört sich das bei Hoffmann an.[20] Dass es sich bei der rätselhaften Befindlichkeit von Heines Sprecher-Ich zudem gerade um Traurigkeit handelt, stimmt das Lesergemüt vollends auf Moll.

Die archaisierend-volksliedhaft wirkende, minimale Umstellung der Wortfolge – »Ich weiß nicht, was soll es bedeuten« anstelle eines prosaisch achselzuckenden »Ich weiß nicht, was es bedeuten soll« – steuert das ihrige zum Gesamteffekt bei[21], fällt angesichts der zwei anderen, ungleich entschiedeneren Verführungsstrategien aber kaum mehr wirklich ins Gewicht. Indes eröffnet gerade dieses Syntagma eine alternative Lesart der Eingangsverse. Indem der Fragesatz so konstruiert wird, als ob er nicht in indirekter, sondern in direkter Rede stünde, wird der Leser diskret nach der Bedeutung der scheinbar gefühlswabernden Einlullungsstrategie des Incipit gefragt: »was soll es bedeuten?«[22] Der vorgebliche Zauber wird zwischen den Zeilen als fauler Zauber entlarvt.

Dazu passt, dass sich die Sprachgewalt der Lore-Ley ihrerseits nicht in nostalgischer Verklärung präsentiert, sondern als durch und durch ambivalente. Schließlich läuft der »Schiffer« (V. 17) deswegen auf Grund und kommt – mutmaßlich – ums Leben. Der Bezug auf den ursprünglichen Zauber der Poesie ist also auch in dieser Hinsicht kein ungebrochener.

Dieser Befund lässt sich präzisieren, wenn wir ein erstes Mal das Verhältnis von Rahmen- und Binnenhandlung ins Auge fassen. Zwischen dem lyrischen Ich, das als namenloser Binnenerzähler auftritt, und dem ebenso anonymen (Binnen-)Schiffer gibt es in der Tat einige auffällige Parallelen: Wird dieser mit »wildem Weh« (V. 18) vom Lied der Lore-Ley ergriffen, sodass er fortan »nur hinauf in die Höh'« (V. 20) zu schauen vermag, so wird das Ich auf ähnlich ausschließliche und schmerzhafte Weise von einem »Mährchen« (V. 3) heimgesucht – es »kommt [ihm] nicht aus dem Sinn« (V. 4) und stimmt es »traurig« (V. 2). Beide Figuren werden also auf vergleichbare Weise von einem bestimmten poetischen Produkt – einem Märchen bzw. einem Lied – in den Bann geschlagen. Auch auf syntaktischer Ebene findet sich diese Entsprechung zwischen Ich und Märchen auf der einen Seite sowie von Schiffer und Lore-Ley auf der anderen. An den drei Stellen des Gedichts, wo eine belebte Figur nicht als grammatikalisches Subjekt, sondern als Objekt auftritt, handelt es sich jeweils um das Ich oder den Schiffer: »Das kommt *mir* nicht aus dem Sinn« (V. 4); »*Den Schiffer* [...] / ergreift es« (V. 17 f.); »die Wellen verschlingen / Am Ende *Schiffer* und Kahn« (V. 21 f.).[23]

Da Lied und Märchen als (kunstvolles) Volkslied bzw. -märchen zwei literarische Genres sind, die gerade in der Romantik hoch gepriesen werden, erweist sich das Gedicht des spätgeborenen Heine – wenn man es denn poetologisch liest – zwangsläufig als Positionierungsversuch im literarischen Feld um 1820.

Bedenkenswert scheint mir in dem Zusammenhang indes auch, dass Märchen und Lied zwar durchaus die gleichen Motive, den gleichen Stoff behandeln können, in formaler Hinsicht jedoch ganz und gar nicht deckungsgleich sind: Lieder präsentieren sich immer in Versform, Märchen in der Regel im Gewand der Prosa. Diese auf den ersten Blick triviale Feststellung wird sich später als entscheidend erweisen.

Die Lore-Ley als Figuration einer Neuen Mythologie à la Heine

Zunächst jedoch möchte ich die Befunde zur Lore-Ley-Figur noch in einen anderen Kontext überführen: Es stimmt zwar, dass Heines Lore-Ley im Gegensatz zu der von Brentano (der die Kunstfigur ja bekanntlich überhaupt erst geschaffen hat) keine Gestalt mit christlich verwurzeltem Sündenbewusstsein ist, sondern primär ein sinnliches Elementarwesen, das in seiner Unbewusstheit mit sich eins ist: Sie scheint sich ja zu keinem Augenblick über die Wirkung des Lieds auf den Schiffer im Klaren zu sein. Zu diesem Effekt trägt maßgeblich die Fokalisierungsstrategie des Binnenerzählers bei, der sich zwar in das Innere des Schiffers versetzt (»Den Schiffer [...] / Ergreift es *mit wildem Weh*«, V. 17 f.), die Lore-Ley dagegen nur von außen beschreibt[24], als ob es dieses Innere gar nicht gäbe. Diese Selbstbezogenheit lässt sich freilich auch modern wenden und als narzisstische Selbstverliebtheit auslegen[25]: Die mehrfach genannten Lichtreflexe (»Der Gipfel des Berges funkelt«, V. 7, und »Ihr goldnes Geschmeide blitzet«, V. 11) fungieren in dieser Lesart als Platzhalter für den Zivilisationsgegenstand Spiegel, vor dem sich – Heine-Leser wissen das – galante Salondamen mindestens ebenso kokett wie die Lore-Ley zu kämmen pflegten.[26]

Aufgrund dieses gedoppelten Darstellungsmodus, der nicht zuletzt dadurch ermöglicht wird, dass Heines Gedicht im Gegensatz zu anderen Lore-Ley-Texten auf charakterisierende Festlegungen à la ›Hexe‹ oder ›Zauberin‹ verzichtet[27], entspricht die Figur der Lore-Ley genau dem, was Heine in einem 1820 entstandenen Aufsatz als die »wahre Romantik« (DHA XX, 195) preist: Sie verkörpert die Synthese von antik paganer Plastizität und ursprünglich auf das Christentum zurückgehender (aber nicht in diesem *auf*gehender) Vergeistigung. Vor dem Hintergrund dieser unverkennbar den Gebrüdern Schlegel entlehnten Argumentationsfigur – August Wilhelm war bekanntlich Heines Lehrmeister in Sachen Metrik – wird die Lore-Ley lesbar als Figuration der vom jungen Friedrich Schlegel programmatisch eingeforderten »Neuen Mythologie«.[28]

Als Heine einige Jahre später in der »Romantischen Schule« einen durchaus ähnlichen Gedanken entwickelt, bedient er sich gerade der Figur des Odysseus, um die Eigenart der heidnisch-antiken Darstellungsweise von der christlich-mittelalterlichen abzuheben:

> Der Unterschied besteht darin, daß die plastischen Gestalten in der antiquen Kunst ganz identisch sind mit dem Darzustellenden, mit der Idee die der Künstler darstellen wollte, z. B. daß die Irrfahrten des Odysseus gar nichts anders bedeuten als die Irrfahrten des Mannes, der ein Sohn des Laertes und Gemahl der Penelopeya war und Odysseus hieß (DHA VIII, 130 f.).

Es ist verlockend, in diesem Passus einen Hinweis Heines darauf zu erblicken, dass die untergründige antike Bezugsebene von »Ich weiß nicht, was soll es bedeuten« nicht nur die Lore-Ley, sondern auch und gerade den Schiffer umgreift. So weit muss man aber gar nicht gehen: Das Gedicht *selbst* lädt bereits zu einer solchen Lektüre ein, steht es doch – noch dazu an prominenter Stelle – in einem mit »Heimkehr« überschriebenen Zyklus, im Zeichen einer Chiffre also, die genauso wie die List zum Kriegsheimkehrer Odysseus gehört.[29] Umso dringlicher wird angesichts dessen die Frage: Wem fällt in »Ich weiß nicht, was soll es bedeuten« denn nun dieser Part zu?

List des Heine'schen Odysseus: Transformation des Märchens in gebundene Rede

Kommen wir noch einmal auf das Verhältnis von lyrischem Ich und Schiffer zurück. Im ersten Teil des Beitrags wurde gezeigt, dass sich das Verhältnis des Schiffers zum Lied der Lore-Ley analog gestaltet zu dem von Ich und »Mährchen aus alten Zeiten« (V. 2). Über die bloße Analogie hinaus scheint das Ich *sich* in der Nacherzählung eben dieses Märchens zu verlieren: Es schaltet sich ja bis zur letzten Strophe nicht unmittelbar als Erzähler-Subjekt ein, sodass sich das Märchen scheinbar von selbst erzählt. Mehr noch: Das Ich scheint in der Position des Schiffers förmlich aufzugehen, versetzt der durchgängige Gebrauch des Präsens die Handlung doch aus den »alten Zeiten« in die Erzählgegenwart, während die beiden räumlichen Adverbialbestimmungen ›dort oben‹ (»Die schönste Jungfrau sitzet / Dort oben wunderbar«, V. 9 f.) und ›hinauf‹ (»Er schaut nur hinauf in die Höh'«, V. 20) ihrerseits suggerieren, der Erzähler erblicke die Lore-Ley durch die Augen des Schiffers unten vom Fuß des Felsens aus. Damit wird die »charakteristische Perspektive des lyrischen Ich im ›Buch der Lieder‹« variiert, »die Blickrichtung von unten nach oben«, die sich bei Heine archetypisch in der Situation des »Liebhaber[s] unter dem Fenster der Geliebten«[30] niederschlägt. Nachdem sich der – mit E. T. A. Hoffmann gesprochen – »solide« Leser gleich eingangs mit dem traurigen Ich identifiziert hat, gleitet er nun, ohne zu merken, wie ihm geschieht, in die Haut des Schiffers, um zusammen mit diesem lustvoll Schiffbruch zu erleiden. Aus sämtlichen Korrespondenzen zwischen Rahmen- und Binnenhandlung ergibt sich in dieser Lesart eine wörtlich zu nehmende *mise en abyme*, als Gang in den Abgrund.

Doch so einfach ist Heines Gedicht nicht gestrickt, wenngleich diese – mit einem Wort von Jocelyne Kolb – ›naive‹ Lektüre[31] durchaus berechtigt ist und in der Rezeption des Textes bekanntlich auch vorherrschend gewesen ist. Die eben erwähnten räumlichen Adverbien ermöglichen nämlich noch eine alternative Lesart, in der sich der *point of view* des Erzähler-Ich nicht mehr als gefühlsselige Mitsicht, als *vision avec*, sondern als weiträumiger Panoramablick präsentiert.[32] In dieser Lesart verlöre das Erzähler-Ich den Über-Blick also gerade *nicht* (ausgeschlossen ist dagegen eine dritte Option: Das Erzähler-Ich kann nicht neben der Lore-Ley oben auf dem Berg positioniert sein, da es dann ja heißen müsste: »Er schaut nur *her*auf in die Höh'«). Entscheidend für die zweite Lesart – die mit dem Panoramablick – ist, dass das Ich erst ganz am Schluss, *in extremis*, auf dem Höhepunkt der dramatischen Spannung, *eindeutig* auf Distanz zum Geschehen geht, als es sich dem Leser über die Modalisierung »Ich glaube« (V. 21) in geradezu aufreizender Lässig- und Nachlässigkeit wieder als Äußerungssubjekt ins Gedächtnis ruft. Interpretationsbedürftig ist dabei zunächst weniger der doch kuriose Umstand, dass dem Ich gerade der dramatische Ausgang des Märchens, das ihm seit geraumer Zeit im Kopf herumspukt, entfallen sein soll, als die eigenartige emotionale Transformation, die das Ich im Lauf der Nacherzählung durchgemacht hat. Aus einem in grübelnder Ungewissheit und in Schwermut gefangenen Ich ist ein Subjekt geworden, das für den mutmaßlich tragischen Ausgang der Märchenhandlung nur noch ein Achselzucken übrig hat, dafür aber umso dezidierter festhält: »Und das hat mit ihrem Singen / Die Lore-Ley gethan.« (V. 23 f.) Punkt. Aus.

Als Interpretationsfolie für diesen Transformationsprozess bietet sich das Auftaktgedicht aus dem »Heimkehr«-Zyklus an – also der Text, der »Ich weiß nicht, was soll es bedeuten« unmittelbar vorangeht (vgl. DHA I, 207). Dort folgt das lyrische Ich dem Beispiel der Kinder, die, wenn »ihr Gemüth« (V. 6) »beklommen« (ebd.) ist, ein »lautes Lied« (V. 8) anstimmen, um so »die eigne Angst zu bannen« (V. 7): »Ich, ein tolles Kind, ich singe / Jetzo in der Dunkelheit; / Ist das Lied auch nicht ergötzlich, / Macht's mich doch von Angst befreyt.« (V. 9–12)[33] Der im Auftaktgedicht behauptete kathartische Effekt des Liedersingens[34] wird in »Ich weiß nicht, was soll es bedeuten« kommentarlos *in actu* vorgeführt: Das Ich überwindet den Sog, den das »Mährchen aus alten Zeiten« in der Art eines Zauberbanns auf es ausübt, indem es dieses als Lyrik, als gebundene Rede durchspielt – ähnlich wie sich Odysseus von seinen Weggefährten an den Mast binden lässt, um den Sirenengesang unbeschadet hören zu können. Im Übergang von der poetischen *oratio soluta* des Märchens zur *oratio ligata* des Heine'schen Lieds bestünde also die spezifische List des Textes.[35]

Damit aber nicht genug, geht diese List doch einher mit einer genuinen Aufhebung des von der Lore-Ley gesungenen Lieds, insofern dem kathartischen, autosuggestiven Effekt der gebundenen Rede *selbst* ein sprachmagischer Zug eignet. Auch hierfür findet sich durchaus eine Entsprechung bei Homer: Die List, die es Odysseus erlaubt, die Sirenen singen zu hören, ohne dabei zugrunde zu gehen, hat er nicht selbst ersonnen. Die *Zauberin* Kirke hat sie ihm in einer schwachen Stunde zugesteckt (vgl. XII, 37–55).

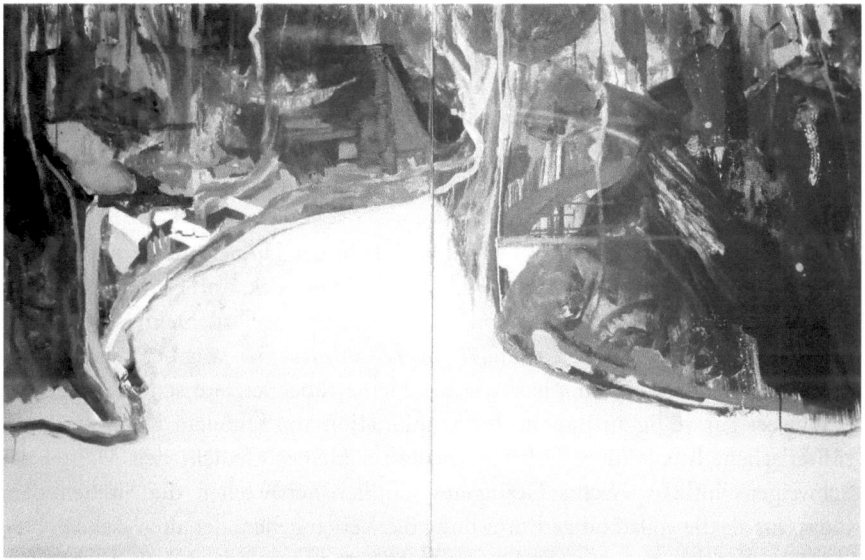

Rudi Kargus: »Loreley« (2011)
Diptychon. Öl auf Leinwand. 2 × 100 × 160 cm

Man mag einwenden, das Wortspiel ›gebundene Rede‹ / ›sich an den Mast binden lassen‹ sei eher dem Interpreten als dem Text zuzuschreiben. Dem wiederum wäre Folgendes zu entgegnen: Zum einen verlangt die Präsenz einer sirenenartigen Figur aufgrund des in jeder Hinsicht außerordentlichen Status des homerischen Intertexts bereits strukturell nach einem Alter Ego des Odysseus – und sei es *ex negativo*, als nicht besetzter, aber nichtsdestoweniger interpretationsrelevanter Leerstelle.

Zum anderen sind sowohl das Dispositiv von Rahmen- und Binnenerzählung als auch der Zusatz »aus alten Zeiten« Versatzstücke aus der »Odyssee«. Bei Homer werden die Sirenen-Episode ebenso wie die Episode mit Charybdis und Skylla ja von Odysseus selbst erzählt, der auf diese Weise sowohl entrinnender Held als sich erinnernder Erzähler ist. In ihrer Lektüre der »Odyssee« insistieren Adorno und Horkheimer insbesondere auf dieser Doppelrolle des Odysseus: Erst im selbstreflexiven Erzählen wird das »geschehene Unheil«[36], das mythische Verhängnis, *auf Distanz* gehalten und zugleich erinnernd *fest*gehalten; als bewusste, ordnende »Zäsur« hebt sich das selbstreflexive Erzählen vom grauenhaften Geschehen ab: »Hoffnung [...] knüpft sich im Bericht von der Untat daran, daß es schon lange her ist. Für die Verstrickung von Urzeit, Barbarei und Kultur hat Homer die tröstende Hand im Eingedenken von Es war einmal.«[37] Gerade einen solchen Einschnitt bewirkt auch das »Ich glaube«, mit dem die letzte Strophe von Heines Gedicht anhebt: Indem sich das Ich hier explizit als Erzählersubjekt einbringt, wird den bis dahin wie von selbst ablaufenden unheilvollen Ereignissen auf der Ebene des *discours* Einhalt geboten. Beredt auch der Gebrauch des Perfekt: »Und das *hat* mit ihrem Singen / Die Lore-Ley *gethan*.« (V. 23 f.) Die Ereignisse werden dadurch wieder in ferne Märchenvergangenheit entrückt, der Wiederholungszwang aufgebrochen.

Um »alte Zeiten« geht es freilich nicht nur in der Homer-Lektüre der beiden Koryphäen der Frankfurter Schule (die, wie Heine, bekanntlich Hegel-Schüler waren), sondern ausdrücklich schon im antiken Epos selbst. Denn dort besteht das Lockmittel der Sirenen weniger im Zusammenspiel von betörendem Gesang und blendender Schönheit wie bei Heine (über letztere schweigt sich die »Odyssee« gar völlig aus) als in der Kombination von schönem Klang und verführerischem Inhalt (über welchen wiederum Heines Gedicht den Mantel des Schweigens hüllt)[38]: Nichts Geringeres nämlich versprechen die Sirenen dem Odysseus als die vollständige Enthüllung des Vergangenen, der alten Zeiten eben: »Uns ist alles bekannt, was ihr Argeier und Troer / Durch der Götter Verhängnis in Trojas Fluren geduldet: / Alles, was irgend geschieht auf der lebenschenkenden Erde!« (XII, 189–191)

Charybdis und Skylla *revisited*:
Vermittlung von romantischer Poesie und aufklärerischer Prosa

Zur literarhistorischen Verortung des Gedichts bieten sich zwei später entstandene Texte an, die sich als Kommentare zur eigentümlichen Konstellation von »Ich weiß nicht, was soll es bedeuten« begreifen lassen. Zunächst ein Abschnitt aus

»Zur Geschichte der Religion und Philosophie in Deutschland«, in dem zu lesen ist, der Aufklärer Nicolai habe in seinem Kampf gegen den Aberglauben manchen Hieb ausgeführt,

> [...] der dem Aberglauben galt, unglücklicher Weise [aber] die Poesie selbst traf. So stritt Nicolai z. B. gegen die aufkommende Vorliebe für altdeutsche Volkslieder. Aber im Grunde hatte er wieder Recht; bey aller möglichen Vorzüglichkeit, enthielten doch jene Lieder mancherley Erinnerungen, die eben nicht zeitgemäß waren, die alten Klänge, der Kuhreigen des Mittelalters, konnten die Gemüther des Volks wieder in den Glaubensstall der Vergangenheit zurücklocken. Er suchte, wie Odysseus, die Ohren seiner Gefährten zu verstopfen, damit sie den Gesang der Sirenen nicht hören, unbekümmert, daß sie alsdann auch taub wurden für die unschuldigen Töne der Nachtigall. Damit das Feld der Gegenwart nur radikal von allem Unkraut gesäubert werde, trug der praktische Mann wenig Bedenken, auch die Blumen mit auszuräuten. (DHA VIII, 70)

Der Passus scheint mir umso bemerkenswerter, als das dort *explizit* vor dem Hintergrund der »Odyssee« verhandelte Problem der poetologischen Fragestellung aus »Ich weiß nicht, was soll es bedeuten« sehr nahekommt: Hier wie dort stehen Relevanz und Stellenwert des Volkslieds für die gegenwärtige literarische Produktion zur Debatte. Doch während der bloß praktisch veranlagte Aufklärer Nicolai das Kind mit dem Bade ausschüttet, geht es rund ein halbes Jahrhundert später bei dem mit allen Wassern von Aufklärung *und* Romantik gewaschenen Heine um einiges gewitzter zu.

Um sich in der spätromantischen Literaturlandschaft, in der »Mährchen aus alten Zeiten« und Volksliedhaftes so hoch im Kurs stehen, als junger Dichter Gehör zu verschaffen, wäre es einerseits geradezu töricht – und denkbar unpoetisch –, sich dem Lockgesang dieses schier unerschöpflichen Fundus verschließen zu wollen. In »Ich weiß nicht, was soll es bedeuten« bezeugt dies nicht zuletzt das viele Gold, das die Lore-Ley nur so um-»funkel[t]« (V. 7): Durch dieses Funkeln bekommt man den Eindruck, die Lore-Ley habe den Nibelungenhort gehoben, der der Sage nach nicht unweit des realen Lurelei-Felsens im Rhein lag.[39] Umso wahrscheinlicher wird eine poetologische Lesart des Nibelungen-Komplexes dadurch, dass das Versmaß von Heines Gedicht das der so genannten Nibelungenzeile ist[40] und dass im romantischen Diskurs eine Verbindung zwischen den Epen Homers und dem Nibelungenlied, wie sie in »Ich weiß nicht, was soll es bedeuten« untergründig aufscheint, durchaus gängige Praxis war. So weist Heine in der »Romantischen Schule« darauf hin, dass die romantischen Lyriker das Nibelungenlied gerne mit der »Ilias« verglichen (vgl. DHA VIII, 207).

Andererseits wäre es aber auch halsbrecherisch, sich diesem Lockgesang vorbehaltlos hinzugeben: Der schriftstellerische Schiffbruch in Form eines Untergangs im Reich der epigonalen, volksliedhaften Lyrik wäre vorprogrammiert.

Für diese zweite Option steht in »Ich weiß nicht, was soll es bedeuten« der »Schiffer«.[41] In dem Zusammenhang erweisen sich Heines Erörterungen aus der »Romantischen Schule« zu Ludwig Uhland, dem romantischen Volksliedichter schlechthin, als höchst aufschlussreich:

> Herr Uhland repräsentirt eine ganze Periode, und er repräsentirt sie jetzt fast allein, *da die anderen Repräsentanten derselben in Vergessenheit gerathen und sich wirklich in diesem Schriftsteller alle resumiren.* (DHA VIII, 237)

Die Stelle ist für uns umso interessanter, als Heine darlegt, wie er selber als »Knabe« (ebd., 231) für den Zauber der Uhland'schen »*Lied*[er] von der *alten Zeit*« (ebd., 234) empfänglich war, in der Schreibgegenwart aber – zu Beginn der 1830er Jahre – »nicht mehr das unnennbare *Weh*« (ebd., 233) empfinde, das ihn einst, d. h. um 1815, »*ergriff*« (ebd.). Durch die zahlreichen wortwörtlichen Wiederaufnahmen aus »Ich weiß nicht, was soll es bedeuten« – so tauchen gar noch »Nixen im Rhein« (ebd., 232) auf – werden diese Ausführungen auch als impliziter Kommentar zu Heines eigenem Gedicht lesbar bzw. reißen dessen literarhistorischen Hintergrund auf.

Angesichts dieses Dilemmas – Nicolai oder Uhland? – besteht Heines Strategie im *plus vrai que nature*, also darin, virtuos sämtliche Register des Volksliedhaften zu ziehen (und sie dabei ein klein wenig zu überdehnen, sie ins Dissonante hinüberspielen zu lassen) und zum Schein auf die Erwartungshaltung des Publikums einzugehen, diese in Wahrheit jedoch immanent auf ihre Voraussetzungen und Konsequenzen hin zu hinterfragen. Bei dieser Mimikry ist in Kauf zu nehmen, dass man von einem flüchtigen Leser nicht als eigenständige Stimme wahrgenommen wird – so wie Polyphem, der zum Lesen nur ein Auge hatte, Odysseus' listiger Selbststilisierung zum Niemand auf den Leim ging.

Im Gegensatz zur heiteren List des Odysseus ist die Heine'sche Spielart stets sentimentalisch (im Schiller'schen Wortsinn) eingefärbt: Zum einen vollzieht sie sich nicht auf der Handlungsebene, sondern auf der der (dichterischen) Reflexion; zum anderen macht die nüchterne Lakonik, mit der »Ich weiß nicht, was soll es bedeuten« ausklingt, die Traurigkeit des Anfangs nicht einfach ungeschehen – sonst wären wir wieder beim allzu praktisch veranlagten Nicolai. Die melancholische Einsicht, dass die Poesie der alten Zeiten in den neuen nicht mehr ungebrochen Bestand haben kann, sowie die Hoffnung, dass der in dieser Poesie vorgeführten Sprachmagie und Allbelebtheit dank aufklärerischer List dennoch so etwas wie ein utopischer Index innewohnt, stehen zueinander in einem unaufhebbaren Bedingungsverhältnis. Sie bilden die Grundkoordinaten, zwischen denen sich Heines Schreiben von Beginn an bewegt.

Das Ende von »Ich weiß nicht, was soll es bedeuten« bildet geradezu das Emblem der eben dargelegten Schreibweise. Denn hier wird in lakonisch-nüchternem Ton und im Rückgriff auf das denkbar prosaische Verb ›tun‹[42] ja eigentlich ein sprachmagischer Tatbestand festgehalten: Das Singen selbst war die Mordwaffe, urteilt der studierte Jurist Heine.

Aus dieser *impassibilité* mag man eine zaghafte Vorwegnahme der kalten Distanz heraushören, durch die sich der Erzählstil der großen Erzähler der zweiten Hälfte des 19. Jahrhunderts (namentlich: Flaubert) auszeichnen wird – für Adorno/Horkheimer ist dies bezeichnenderweise bereits im homerischen Original der Fall.[43] Der zum Prosaischen tendierende Ausklang von »Ich weiß nicht, was soll es bedeuten« ermöglicht es aber auch, einer auf den ersten Blick rein modernistischen Geist atmenden These Agambens literarhistorische Tiefenschärfe zu verleihen: Wenn die *differentia specifica* der Poesie gegenüber der Prosa in der Möglichkeit des Enjambements besteht – also in der Nicht-Koinzidenz von syntaktischer und metrischer Ordnung[44] –, dann beschwört, so Agamben, der letzte Vers eines Gedichts *nolens volens* eine eigentümliche *crise de vers* herauf; er tendiere zwangsläufig zur Prosa, da bei ihm die Möglichkeit eines Enjambements gerade nicht mehr gegeben ist.[45] Agamben zufolge wird in der Lyrik traditionell versucht, der im Schlussvers lauernden Klippe der Prosa dadurch zu entgehen, dass dieser Vers mittels diverser *clausula*-Effekte noch stärker überformt wird als das restliche Gedicht. Am Ende von »Ich weiß nicht, was soll es bedeuten« dagegen gibt es keine solch poetisierenden Kompensationsbemühungen; vielmehr tendiert das Gedicht dezidiert zum Prosimetrum, d. h. zur Mischung von Vers (auf formaler Ebene) und Prosa (hinsichtlich des angeschlagenen Tons).

Prosimetrische Tendenzen nach »Ich weiß nicht, was soll es bedeuten«

Das prosimetrische Moment klingt im »Heimkehr«-Zyklus zwar nur *innerhalb* des formalen Rahmens der Lyrik an. Es ist aber wohl kein Zufall, dass es explizit in den beiden Textkomplexen zur Geltung kommt, die dem »Heimkehr«-Zyklus nachgeordnet sind, als er zum ersten Mal in Buchform veröffentlicht wird: Ich meine nicht das »Buch der Lieder«, das erst 1827 erscheint, sondern den 1826 publizierten ersten Teil der »Reisebilder«. Auf den »Heimkehr«-Zyklus folgen dort »Die Harzreise«, die von den Möglichkeiten des Prosimetrums von Beginn an ausgiebig Gebrauch macht, sowie die Seebilder des »Nordsee«-Zyklus, die auf äußerst originelle Weise ›prosaische‹ freie Rhythmen ausprobieren. Pate gestanden für die metrische Neuerung im »Nordsee«-Zyklus hat ausdrücklich Voß' Übertragung der »Odyssee«, also just der Text, der auch auf so vielfältige Weise in »Ich weiß nicht, was soll es bedeuten« hineinspielt. In einem Brief an den Dichter Wilhelm Müller – in dem Heine übrigens auch auf sein besonderes Verhältnis zum Volkslied zu sprechen kommt[46]– führt Heine diese Hinwendung zur Prosa primär auf die widrige politische und gesellschaftliche Entwicklung zurück, der man nicht tatenlos zusehen könne:

> Mit mir selbst [...] hat es als Liederdichter wol ein Ende, und das mögen Sie selbst fühlen. Die Prosa nimmt mich auf in ihre weiten Arme und Sie werden in den nächsten Bänden der Reisebilder viel prosaisch Tolles, Herbes, Verletzendes und Zürnendes lesen. Absonderlich Polemisches. Es ist eine gar zu schlechte Zeit, und wer die Kraft und den freien Muth besitzt, hat auch zugleich die Verpflichtung, ernsthaft in den Kampf zu gehen gegen das Schlechte, das sich so aufbläht, und gegen das Mittelmäßige, das sich so breit macht, so unerträglich breit. (HSA XX, 250)

Aus der Perspektive des vorliegenden Beitrags wäre diese Entwicklung nicht als etwas grundlegend Neues, sondern als Möglichkeit zu verstehen, die bereits einem Gedicht wie »Ich weiß nicht, was soll es bedeuten« eingeschrieben ist: Gerade in der hintersinnigen Auseinandersetzung mit dem verführerischen Lockgesang des romantischen Volkslieds weist das Lore-Ley-Gedicht auf Heines prosimetrisches Schreiben der zweiten Hälfte der 1820er Jahre voraus.

Ausführlich festmachen ließe sich letzteres insbesondere am Gedicht »Poseidon« aus dem »Nordsee«-Zyklus (vgl. DHA I, 369 u. 371), ist dieses doch lesbar als eine sinnfällige Variation über das Lore-Ley-Thema: So wird das »Lied vom Odysseus« (V. 8) als das »alte, das ewig junge Lied« (V. 9) intituliert; Odysseus' Heimkehr mit der des Ich enggeführt (vgl. V. 25–28) und das »Schiffchen« (V. 34) des »Poetlein« (V. 36) durch heftiges Schaukeln der Wellen fast in Mitleidenschaft gezogen. Zu guter Letzt darf auch ein »plumpe[s] Fischweib« (V. 50) nicht fehlen, sodass das Inventar des Lore-Ley-Komplexes komplett beisammen ist. Über den Wechsel der Schauplätze, Töne und Schreibweisen hinweg kommt dem Schreiber *Heine* das »Mährchen aus alten Zeiten« wohl tatsächlich nicht »aus dem Sinn«.

Anmerkungen

Barbara Naumann und Angela Zoller danke ich sehr herzlich für ihre aufmerksame Lektüre früherer Fassungen dieses Beitrags und ihre wertvollen Anregungen.

1 So liest man z. B. bereits in einer 1840 entstandenen Novelle: »Kennen sie wohl [...] das alte Märchen von Lorelei, der Sirene des Rheins?« Carl Matzerath: Irrungen der Liebe, zit. nach DHA I, 878. Und die aktuelle einführende Biographie Joseph A. Kruses bezeichnet das Lied der Lore-Ley als »Sirenengesang«. Joseph A. Kruse: Heinrich Heine. Frankfurt a. M. 2005, S. 77.

2 Vgl. dazu v. a. die Ausführungen bei Bernhard Greiner: Mythische Rede als Echo-Rede: die Lorelei (Ovid – Brentano – Heine). – In: Mythenkorrekturen. Zu einer paradoxalen Form der Mythenrezeption. Hrsg. von Bernd Seidensticker und Martin Vöhler. Berlin u. a. 2005, S. 243–261, insbes. S. 255–261.

3 Dieser Aspekt steht im Vordergrund bei Johann Jokl: Von der Unmöglichkeit romantischer Liebe. Heinrich Heines »Buch der Lieder«. Opladen 1991, S. 165–174.

4 Vgl. dazu den Kommentar in DHA I, 882 f.

5 Als einzige mir bekannte Ausnahme ist auf einen für die literaturwissenschaftliche Rezeption von »Ich weiß nicht, was soll es bedeuten« sehr wichtigen Aufsatz von Dieter Arendt zu verweisen: »›... Ein Märchen aus alten Zeiten ...‹ Dichtung zwischen Märchen und Wirklichkeit. – In: HJb 8 (1969), S. 3–20, hier S. 17 f. Der Bezug bleibt allerdings kursorisch und ist deutlich als punktuelle Assoziation des Interpreten gekennzeichnet; an keiner Stelle ist davon die Rede, dass der homerische Intertext auf vielfältigste Weise in Heines Gedicht mitschwingt, die Analogie also im Text selbst angelegt ist. Wenn man so will, stellt der vorliegende Beitrag den Versuch dar, Arendts Intuition auszubuchstabieren.

6 Ein Lieblingswort des jungen Heine, wenn er in Briefen auf seine Gedichtkunst zu sprechen kommt. So etwa an Karl Immermann am 24. Dezember 1822 (»meine kleine maliziössentimentale Lieder«, HSA XX, 61) oder an Moses Moser im Dezember 1825 (»eine bloß lyrisch maliziöse zweystrophige Manier«, HSA XX, 229).

7 Das Gedicht wird zitiert nach DHA I, 207 u. 209. Um den Text nicht zu überfrachten, werden lediglich die Versangaben angeführt.

8 Zit. nach Homer: Ilias. – In: ders.: Ilias. Odyssee. In der Übertragung von Johann Heinrich Voß. München ³2004, S. 439–776. Angaben jeweils im laufenden Text: Die römische Ziffer verweist auf den Gesang, die arabische auf den Vers.

9 In einem vielzitierten Brief an Karl Immermann vom 10. Juni 1823 schreibt Heine, er beherrsche die »Kunst des Conzentrirens« (HSA XX, 92) nur deswegen so gut, weil seine bisherige Dichtung immer nur um »ein einziges Thema« (ebd.) gekreist habe – die unglückliche Liebe, in deren Zeichen ja auch »Ich weiß nicht, was soll es bedeuten« bis zu einem gewissen Grad steht. Heine fragt sich, ob ihm dieses »Conzentriren« beim »Troyanischen Krieg« (ebd.) wohl ebenso gut gelingen würde. Angesichts der Art und Weise, wie unser Gedicht, das, so die Herausgeber der historisch-kritischen Ausgabe, »spätestens Anfang 1824« (DHA I, 877) vorlag und – wie eben dargetan – zwei Episoden des Troja-Veteranen Odysseus kunstvoll miteinander vermengt, lässt sich diese Frage getrost mit »Ja« beantworten.

10 Soweit nicht anders vermerkt, sind sämtliche Hervorhebungen in den Zitaten vom Verfasser.

11 Zum Begriff der Sprechhandlung allgemein vgl. Heinz Schlaffer: Geistersprache. Zweck und Mittel der Lyrik. München 2012, S. 19 f.

12 Ebd., S. 138.

13 Ebd.

14 Schlaffer führt Heines Titel übrigens als Beispiel dafür an, dass das Gedicht, insofern es als »Lied« auftritt, auf eigentümliche Weise seine Schriftlichkeit ausblendet; dadurch wahre es »die Erinnerung an den verlorenen Gesang [...] und [wecke] den Wunsch nach einem Ersatz für den Verlust« (ebd., S. 80).

15 Ebd., 138.

16 Ebd.

17 E. T. A. Hoffmann: Lebens-Ansichten des Katers Murr. – In: ders.: Sämtliche Werke. Hrsg. v. Hartmut Steinecke und Wulf Segebrecht unter Mitarbeit v. Gerhard Allroggen u. a. Bd. 5: Lebens-Ansichten des Katers Murr. Werke 1820–1821. Hrsg. v. Hartmut Steinecke. Frankfurt a. M. 1992, S. 9–458, hier S. 135.

18 Vgl. etwa Heines »Briefe aus Berlin« von 1822: »Die Strenge und Bitterkeit, womit ich

über diesen Roman [»Meister Floh« – GF] spreche, rührt eben daher, weil ich Hoffmanns frühere Werke so sehr schätze und liebe. Sie gehören zu den merkwürdigsten, die unsere Zeit hervorgebracht. Alle tragen sie das Gepräge des Außerordentlichen. [...] Der Vorgrund von Hoffmanns Romanen ist gewöhnlich heiter, blühend, oft weichlich rührend, wunderlich-geheimnißvolle Wesen tänzeln vorüber, fromme Gestalten schreiten auf und ab, launige Männlein grüßen freundlich und unerwartet, aus all diesem ergötzlichen Treiben grinzt hervor eine häßlich-verzerrte Alteweiberfratze, die, mit unheimlicher Hastigkeit, ihre aller-fatalsten Gesichter schneidet und verschwindet, und wieder freyes Spiel läßt den verscheuchten muntern Figürchen, die wieder ihre drolligsten Sprünge machen, aber das in unsere Seele getretene katzenjammerhafte Gefühl nicht fortgaukeln können.« (DHA VI, 52)

19 Hoffmann: Lebens-Ansichten des Katers Murr [Anm. 17], S. 136.

20 Paul Valéry wird später schreiben: »La plupart des hommes ont de la poésie une idée si vague que ce vague même de leur idée est pour eux la définition de la poésie.« Tel quel. – In: ders.: Œuvres, II. Hrsg. von Jean Hytier. Paris 1960, S. 547.

21 Stellvertretend für die auf Einfühlung setzende ältere Heine-Forschung erblickt Ursula Jaspersen in diesem »syntaktische[n] Bruch« eine Verstärkung des »Gefühl[s] der Unsicherheit«. Heinrich Heine. »Ich weiß nicht, was soll es bedeuten...«. – In: Die deutsche Lyrik. Form und Geschichte. Hrsg. v. Benno von Wiese. Düsseldorf 1957, Bd. 2, S. 128–133, hier S. 131. Dadurch gerät in den Hintergrund, dass das stimmungshafte Schreiben Teil einer Schreibstrategie ist und nicht Seelenerguss.

22 Im Gedicht, mit dem die Vorrede zur dritten Auflage des »Buchs der Lieder« (1839) einsetzt und das aufgrund dieses paratextuellen Status' durchaus als Leseanweisung *ex post* betrachtet werden kann, wird die gleiche Frage sehr direkt und unmissverständlich gestellt: »O Liebe! was soll es bedeuten, / Daß du vermischest mit Todesqual / All' deine Seligkeiten?« (DHA I, 13). Wie die Erwähnung einer »Sphinx« (ebd.) deutlich macht, steht hier allerdings nicht mehr die Begegnung des Odysseus mit den Sirenen im Vordergrund, sondern ein anderer antiker Intertext: die Abenteuer des Ödipus. Zum Verhältnis von Lore-Ley und Sphinx vgl. Siegbert Salomon Prawer: Heine: Buch der Lieder. London 1960, S. 23 ff. Zu diesem Auftaktgedicht vgl. auch die minutiöse Lektüre von Bernd Kortländer: Die Sphinx im Märchenwald. – In: Interpretationen. Gedichte von Heinrich Heine. Hrsg. v. Bernd Kortländer. Stuttgart 1995, S. 15–31.

23 Ulrike Brunotte weist zu Recht darauf hin, das ›Es‹ in »es ergreift ihn« sei »semantisch wie syntaktisch nicht unbedingt an das Lied gebunden«, sondern könne auch, ohne Substantivbezug, »das gestaltlose Schicksal« meinen. Ulrike Brunotte: Schicksal und Ironie in der »Loreley« Heinrich Heines. – In: HJb 24 (1985), S. 236–245, hier S. 240. Ähnlich verfährt sie mit dem ›Das‹ aus »Das kommt mir nicht aus dem Sinn« und »Das hat eine wundersame / Gewaltige Melodei« (vgl. ebd.). Für sie kommt es dadurch zu einer Überblendung der Obsession des lyrischen Ich aus dem »Buch der Lieder« für abweisende sowie todbringende Geliebte und dem schicksalhaften Balladengeschehen; diese in Selbstzerstörung mündende Zwanghaftigkeit als Signatur moderner Entfremdungsprozesse werde erst mit dem ›Und‹ aus dem vorletzten Vers »Und das hat mit ihrem Singen« ironisch aufgebrochen (vgl. ebd., S. 243 f.). Indem Brunotte solcherart Adornos Heine-Verdikt auf den Text appliziert, übersieht sie, dass im Gedicht selbst eigentlich eine andere Analogie durchgeführt wird.

24 Durch diese externe Fokalisierung eignet sich die Figur natürlich bestens als Projektionsfläche (insbesondere für regressive Männer[bund]phantasien).

25 Es scheint mir zentral, diese beiden Ebenen – das Elementare und das Moderne – auseinanderzuhalten, um zu einer angemessenen Einschätzung der Lore-Ley-Figur zu gelangen.

Gerhard Höhn z. B. übersieht dieses Spannungsverhältnis, wenn er die Lore-Ley als »Elementarwesen, das [...] allein durch seinen sinnlich erotischen Schein wirkt«, deutet und die »selbstverliebte oder narzißtische Geste des anaphorisch betonten Kämmens« einfach als *Attribut* eben dieses Elementarwesens verstanden wissen will. Höhn ³2004, S. 69.

26 In diesem Fall würde der Name der Lore-Ley als *lorette* Ley lesbar. So nannte man in Paris die ›leichten Mädchen‹, von denen ein Großteil in der Umgebung von Notre-Dame de Lorette wohnte. In den Schriften aus der Pariser Zeit greift Heine mehrmals auf diesen Ausdruck zurück (vgl. etwa DHA XIV, 88); für ein Gedicht von 1823/24 kommt das Wortspiel jedoch (leider) nicht in Frage, da der Terminus im Französischen erst ab 1836 nachgewiesen ist (vgl. Le nouveau Petit Robert, Paris 2007, Lemma »lorette«). Am anderen Pol der traditionellen (literarischen) Männerphantasien, im *amour de loin*, das die abwesende Geliebte zur Heiligen stilisiert, erweist sich die unnahbare Lore-Ley als biedermeierlich eingedeutschte Nachfahrin von Petrarcas Laura – als Lore Ley eben. Auf Heines Auseinandersetzung mit dem Petrarkismus hat zuerst Manfred Windfuhr hingewiesen – allerdings ohne auf die Namensspielerei aus »Ich weiß nicht, was soll es bedeuten« einzugehen. Vgl. Manfred Windfuhr: Heine und der Petrarkismus. – In: Heinrich Heine. Hrsg. von Helmut Koopmann. Darmstadt 1975, S. 207–231, v. a. S. 220 u. 227.

27 Peter Christian Giese zufolge trägt diese Nicht-Festlegung in erster Linie zur Rätselhaftigkeit von Heines Lore-Ley bei. Vgl. Peter Christian Giese: Lektürehilfen Heinrich Heine »Buch der Lieder«. Stuttgart, Dresden ³1994, S. 112 f.

28 Das in »Ich weiß nicht, was nicht, was soll es bedeuten« nicht aktualisierte *burleske* Potenzial dieser Konstellation wird deutlich im Ausdruck »Weichsel-Aphrodite« (DHA VI, 669), den Heine in »Über Polen« benutzt, um die dortigen weiblichen Schönheiten zu kennzeichnen.

29 Bei Heine wird dies mitunter auch explizit formuliert, so etwa im Gedicht »Poseidon« aus dem ersten »Nordsee«-Zyklus: »Seufzend sprach ich: Du böser Poseidon, / Dein Zorn ist furchtbar, / Und mir selber bangt / Ob der eignen Heimkehr.« (DHA I, 371) Die Heimkehr-Chiffre bildet sozusagen die Schnittstelle zwischen meiner Lektüre und denjenigen, die »Ich weiß nicht, was soll es bedeuten« im Rückgriff auf die Figur des Ahasverus als Auseinandersetzung Heines mit seinem Judentum und der – christlichen, in Teilen gar antisemitisch angehauchten – Romantik begreifen. Vgl. etwa Jost Hermand: Ahasvers Rheinfahrt. Heines »Loreley«. – In: ders.: Mehr als ein Liberaler. Über Heinrich Heine. Frankfurt a. M. u. a. ²1993, S. 29–36, insbes. S. 34 f.

30 Sämtliche Zitate von Giese: Lektürehilfen [Anm. 27], S. 102. Den Schiffer aus dem Lore-Ley-Gedicht bezeichnet Giese auch als eine Art »Hans Guck-in-die-Luft« (ebd., S. 114) und unterstreicht so das tragikomische Potenzial des Textes.

31 Vgl. Jocelyne Kolb: Die Lorelei oder die Legende um Heine. – In: Kortländer (Hrsg.): Interpretationen [Anm. 22], S. 52–71, hier S. 54.

32 Beide Möglichkeiten erwähnt auch Nikolas Immer. Für ihn bildet diese Doppelperspektive eine der entscheidenden Voraussetzungen dafür, dass Heines Gedicht als Abwandlung des ästhetischen Reflexionsmodells gelesen werden kann, das wie kaum ein anderes die Funktionsweise von Schillers Pathetischerhabenem veranschaulicht: des Schiffbruchs mit Zuschauer. Vgl. Nikolas Immer: Schiffbruch mit Zuschauerin. Spielarten der Ironie in Heinrich Heines »Loreley«. – In: Zeitschrift für deutsche Philologie 129 [2010], S. 157–172, hier S. 193.

33 Bereits Norbert Altenhofer verweist auf die Relevanz dieses Eingangsgedichts für »Ich weiß nicht, was soll es bedeuten«, als er die »Ästhetik des Arrangements« im »Buch der Lieder« herausarbeitet. Vgl. Norbert Altenhofer: Ästhetik des Arrangements. Zu Heines »Buch der

Lieder« [1982]. – In: ders.: Die verlorene Augensprache. Über Heinrich Heine. Hrsg. v. Volker Bohnen. Frankfurt a. M. 1993, S. 154–173; 286–288, hier S. 162. Allerdings ist mir nicht ersichtlich, wie man in der Konstellation des Lore-Ley-Gedichts *selbst* eine »Umwandlung von Angst in Trauer« (ebd.) erkennen kann; und es erscheint mir auch ein wenig ungenau, wenn Altenhofer schreibt, das »Mythische« werde in der Schlussstrophe dadurch depotenziert, dass es »als ›Text‹, als literarische Vorlage« (ebd.) aufgefasst werde.

34 Dies ist durchaus eine Konstante in Heines Werk. Noch im späten »Enfant perdü« aus dem »Romanzero« liest man: »In jenen Nächten hat Langweil' ergriffen / Mich oft, auch Furcht – (nur Narren fürchten nichts) – / Sie zu verscheuchen, hab' ich dann gepfiffen / Die frechen Reime eines Spottgedichts.« (DHA III, 121)

35 In seiner bereits erwähnten Interpretation zeigt Dieter Arendt, dass der ›Märchen‹-Begriff in Heines gesamtem Œuvre jeweils als »ein goldener Rahmen für jedwedes Bild der Phantasie« (Arendt: »… Ein Märchen aus alten Zeiten …« [Anm. 5], S. 17) fungiert und als »Chiffre« für Heines »Verhältnis zur geschichtlichen und übergeschichtlichen Romantik« zu deuten ist; dieses Verhältnis sei »von Anfang an gekennzeichnet durch seine Fähigkeit, sich lyrisch-stimmungshaft zu assimilieren, sich aber gleichzeitig intellektuell-ironisch zu distanzieren« (ebd., S. 18). Abgesehen davon, dass Arendt die Distanzierungsstragien, die in »Ich weiß nicht, was soll es bedeuten« am Werk sind – und die sich m. E. nur sehr bedingt mit dem Ausdruck ›ironisch‹ belegen lassen –, allenfalls andeutet, schenkt er dem Begriff des Liedes keinerlei Beachtung – der wiederum den alleinigen Mittelpunkt anderer Interpretationen bildet (vgl. Ernst Beutler: »Der König in Thule« und die Dichtungen von der Lorelay. Zürich 1947, S. 67 u. 70f.). Indem die Kritik an der generischen Differenz von Lied und Märchen vorbeisieht, begibt sie sich der Möglichkeit, die interne poetologische Dynamik des Gedichts adäquat nachzuvollziehen und den Bezug zwischen Stimmungshaftem und »intellektuell[er]« Distanzierung zu präzisieren.

36 Theodor W. Adorno / Max Horkheimer: Dialektik der Aufklärung. Philosophische Fragmente. – In: Adorno, Theodor W.: Gesammelte Schriften. Hrsg. von Rolf Tiedemann. Bd. 3. Frankfurt a. M. 1981, S. 98.

37 Ebd., S. 99.

38 In diesem nicht mitgeteilten Inhalt des Lieds erblickt Heinz Politzer eine diskrete Vorwegnahme von Kafkas schweigenden Sirenen. Vgl. Heinz Politzer: Das Schweigen der Sirenen. – In: DVjs 41 (1967), S. 444–467, hier S. 461.

39 Explizit gemacht wird der Bezug zwischen Lore-Ley und Nibelungenhort in Brentanos »Märchen von dem Rhein und dem Müller Radlauf« (vgl. DHA I, 885f.). Zu den Rheinmythen aus historiographischer Perspektive vgl. Herfried Münkler: Die Deutschen und ihre Mythen, Berlin ²2009, S. 389–410.

40 Christian Wagenknecht führt gar die erste Strophe von »Ich weiß nicht, was soll es bedeuten« als Beispiel für dieses Metrum mittelalterlicher Herkunft an. Vgl. Christian Wagenknecht: Deutsche Metrik. Eine historische Einführung. 5., erw. Aufl. München 2007, S. 33.

41 In Heines Schreibweise ist ›Schiffer‹ übrigens ein Homograph von ›Chiffre‹, wie ein Brief aus der Entstehungszeit von »Ich weiß nicht, was soll es bedeuten« belegt, der durchaus auch für das in unserem Gedicht verhandelte Problem von Belang ist: Heine zieht dort nämlich in Erwägung, Gedichte, die seinen hohen Ansprüchen eigentlich nicht genügen, nur halbanonym »mit der S c h i f f e r H.« drucken zu lassen, sie also wie den »Schiffer« aus dem Lore-Ley-Gedicht gewissermaßen in der Versenkung verschwinden zu lassen. So schreibt Heine am 27. Mai 1824 an Ludwig Robert, den Mitherausgeber des Almanachs »Rheinblüten«(!): »Apropos! wenn Ihnen die Sonette an Ihre Frau nicht ganz und gar mißfallen, so lassen Sie solche in den Rheinblüthen

abdrucken, mit der Schiffer H. unterzeichnet, und mit einer Ihnen beliebigen Ueberschrift. Wahrlich für mich sind diese Sonette nicht gut genug, und ich darf, auf keinem Falle, meinen Namen drunter setzen.« (HSA XX, 624) Wie man sieht, handelt es sich dabei freilich um Sonette und nicht um ›missglückte‹ Volkslieder.

42 Im Rahmen des »Buchs der Lieder« findet dieses Verb eine Entsprechung vielleicht einzig im saloppen Ausdruck ›Zeug‹ aus dem Gedicht »Wahrhaftig«: »Doch Lieder und Sterne und Blümelein, / Und Aeuglein und Mondglanz und Sonnenschein, / Wie sehr das Zeug auch gefällt, / So macht's doch noch lang keine Welt.« (DHA I, 112)

43 Vgl. Adorno/Horkheimer: Dialektik der Aufklärung [Anm. 36], S. 98f.

44 Vgl. Giorgio Agamben: Idee der Prosa. Übers. von Dagmar Leupold u. Clemens-Carl Härle. Frankfurt a. M. 2005, S. 21–24.

45 Vgl. Giorgio Agamben: La Fin du poème. – In: ders.: La Fin du poème. Ins Frz. übers. v. Carole Walter. Paris 2002, S. 131–138, v. a. S. 134–138.

46 »In meinen Gedichten […] ist nur die Form einigermaßen volksthümlich, der Inhalt gehört der conventionellen Gesellschaft« (HSA XX, 250; Brief vom 7. Juni 1826).

Kämpe und Gourmand der Revolution
Zur Genussdoktrin in Heines
»Deutschland. Ein Wintermärchen«

Von Hans Kruschwitz, Aachen

I.

Der Erzähler des »Wintermärchens« ist ein Gourmand. Wo immer er Station macht, isst er so gerne und viel, dass es scheint, er wolle seine Lehre, es gebe hienieden genügend Schönheit und Lust für alle Menschen, mit dem eigenen Tun beglaubigen. Dieses Bild wird jedoch dadurch getrübt, dass der Genuss, und zwar vor allem der Alkoholgenuss, des Erzählers offenbar dazu dient, jene Rausch- und Traumpassagen im Text vorzubereiten, in denen seine Genussdoktrin unter starker Betonung ihrer Gefahren ausgestreut wird. So ist es in Köln, wo der Erzähler dem Rheinwein zuspricht, bevor er durch die Stadt geht und die Eindrücke empfängt, die im Traum vom Liktor wiederkehren, der das glückenterbte Volk allzu unerbittlich in seine Rechte einsetzt, und so ist es in Hamburg, wo der Erzähler abermals Rheinwein trinkt, ehe er Hammonia begegnet, aus deren ererbtem Nachtstuhl von Karl dem Großen er die Schrecknisse jener Tage herausriecht, an denen das Werk des Liktors nicht nur im Traum verrichtet werden wird. Man wird also sagen können, dass sich die Genussdoktrin in einen – wenigstens scheinbaren – Widerspruch verwickelt. Hier steht die Lehre, nach der alle Menschen genießen können sollen, dort der exzessive Genuss des Erzählers, der zu jener traumhaften Wunscherfüllung führt, in der sich die Widerhaken seiner Lehre offenbaren.

Wir dürfen mit Freud vermuten, dass der Erzähler von der jähen Erfüllung seines Wunsches genau deshalb nur träumt, weil ihm das Jähe nicht behagt. Die Flucht in den Traum gleicht einer Selbstzensur. Denn auch, wenn klar ist, dass Zensur im »Wintermärchen« vor allem eine Sache der Obrigkeit ist – das Bild von der Contrebande, die die preußischen Zollbeamten im Koffer anstatt dem Kopf des Erzählers suchen, ist berühmt –, dann können wir nicht leugnen, dass sich der Erzähler noch im Traum vom Liktor als seinem furchterregenden *alter ego* abzusetzen versucht. Wir erinnern uns, dass er den Liktor schon zu Beginn seines Traums »unheimlich« nennt (B IV, 590) und dass er entsetzt erwacht, als der Liktor auf die Skelette der Heiligen Drei Könige als Repräsentanten jener alten Ordnung einschlägt, die den Anbruch der ersehnten besseren Zukunft verhindern (B IV, 595). Er erwacht, weil die Hiebe des Liktors seine eigene Brust bluten lassen (ebd.). Es ist also gut möglich, dass er sein vernichtendes Urteil über die alte Ordnung, das der Liktor nur vollstreckt, für »ein ungerechtes« hält (B IV, 591). Indes wollen wir die Frage, wie der Traum vom Liktor zu deuten ist, nicht noch einmal aufwerfen. Dirk Dethlefsen hat die Gründe, warum der Liktor allemal ambivalent ist, bereits zusammengetragen.[1] Wir wollen stattdessen fragen, ob uns der so skizzierte Widerspruch zwischen dem Genuss und seinen Widerhaken, zwischen der Verdammung der deutschen Gegenwart und der Scheu, sich vorbehaltlos zur Revolution zu bekennen, tatsächlich dazu berechtigt, mit Joachim Bark und Gerhard Höhn von einer Positionsverweigerung im »Wintermärchen« zu sprechen. Stimmt es, dass Heine die politische Erstarrung Deutschlands anprangert, ohne dass er »eine konkrete Alternative [...] noch einen praktisch gehbaren Weg«[2] aufzeigt, wie diese Erstarrung überwunden werden kann? Wir wollen zumindest Zweifel an dieser Sicht anmelden.

II.

Eine Textstelle, die immer wieder herangezogen wird, wenn es gilt, die angebliche Positionsverweigerung Heines im »Wintermärchen« zu belegen, ist das sogenannte »Apfelsinengleichnis« in Caput XX. Der Erzähler ist zu diesem Zeitpunkt in Hamburg angekommen und lässt sich von seiner Mutter reich bewirten. Ihre offenen Fragen nach seinem nationalen und politischen Bekenntnis lässt er aber unbeantwortet. Statt zu antworten, lobt er ihre Speisen:

> Die Apfelsinen, lieb Müttlerlein,
> Sind gut, und mit wahrem Vergnügen
> Verschlucke ich den süßen Saft,
> Und ich lasse die Schalen liegen. (B IV, 623)

Man ist unwillkürlich geneigt, diese Worte als Hinweis auf die Unlust nicht nur des Erzählers, sondern auch und gerade des Autors zu lesen, sich den politischen »Mühen der Ebene« auszusetzen. Aber gerade bei Heine, der sich diesen Mühen in den »Französischen Zuständen« und in »Lutetia« mit Hingabe aussetzt, wird man diese Neigung wohl zügeln und die Textstelle noch einmal genau lesen müssen. Dient das Ausweichen also wirklich der Positionsverweigerung und nicht der Formulierung einer neuen Position?

Niemand wird bestreiten, dass der Erzähler die Festlegung, auf die seine Mutter dringt, mit dem zitierten Satz vermeidet. Doch dass er dadurch positionslos würde, wird man nur schwer behaupten können, immerhin entspricht sein Beharren darauf, weder den Deutschen noch den Franzosen den Vorzug zu geben, sehr genau jener Position, die Heine im Vorwort zum »Wintermärchen« formuliert, wenn er die Deutschen und Franzosen als die »beiden auserwählten Völker der Humanität« bezeichnet (B IV, 574). Man wird aus Sicht des Autors eher die Mutter wegen der Zuspitzung der Frage als den Erzähler wegen seiner ausweichenden Antwort rügen dürfen. Allenfalls könnte der Erzähler die Frage der Mutter wohl korrigieren, aber das scheint dem Charakter ihres Wiedersehens – der Erzähler sieht seine Mutter wohl das letzte Mal – nicht gerade angemessen. Ebenso konsequent ist sein Ausweichen daher, als die Mutter nach der Partei fragt, der er anhängt, denn seine Position liegt programmatisch zwischen den Positionen der gängigen Parteien, nach denen hier gefragt wird. Er unterscheidet sich von den Liberalen, die längst begonnen haben, der Idee des Nationalismus zu huldigen und sich im Kampf um wirtschaftliche Macht gegen die unteren Klassen abzuschotten, und er unterscheidet sich von den Demokraten, deren Vordenker allzu stark dem Kommunismus zuneigen[3], den er als Sansculottismus erkennt. Mit den Konservativen kann er sich schon gar nicht befreunden.

Wir finden im »Wintermärchen« also eine mehrfache Frontstellung. Der Erzähler kritisiert nicht nur die deutschen Zustände, sondern auch die deutschen Parteien und zwar nicht zuletzt die Demokraten und Liberalen. Meine These ist nun, dass Heine diese Kritik im Zeichen einer Genusslehre vorträgt, die sowohl den Verirrungen der einen als auch der anderen Partei steuern soll, und zwar unbeschadet dessen, dass Nähe zu ihnen besteht. Von der saint-simonistischen »réhabilitation de la chair« unterscheidet sich seine Genusslehre dabei darin, dass der Genuss in ihr nicht das emanzipatorische Antidot gegen jene Passionsnarretei und Sklavenmoral ist, zu der die spiritualistische Verherrlichung des Geistes geführt hat (vgl. B III, 555 f. und 362), sondern vielmehr das Antidot gegen jenen revolutionären Übereifer, der allzu leichtfertig Blut vergießt, sowie gegen jene bourgeoise Saturiertheit, die den Besitz um seiner selbst willen vergöttert. Ein Beispiel dafür finden wir in Caput XII, in dem sich der Erzähler einerseits zur Partei der Wölfe, also der Partei der radikalen Revolution, bekennt und andererseits von ihr distanziert. Winfried Woesler hat die Beziehung des Caputs zu Börnes Klage über die, die mit den Wölfen heulen, ohne sich wie sie zu engagieren, herausgearbeitet.[4] Die Differenz, die der Erzähler markiert, sollte sich mithin an der Unterscheidung von »asketischen Nazarenern« und »lebensheiteren Hellenen« orientieren, die Heine in Auseinandersetzung mit Börne macht. Und tatsächlich: Heine lässt die revolutionären Wölfe mit asketischen, »ausgehungerten Stimmen«

heulen (B IV, 603), den Erzähler aber mit einer lebensheiteren, satten Stimme, denn er isst kurz zuvor nicht nur Sauerkraut, Kastanien, Kohl, Stockfisch und Krammetsvögel, sondern auch Gans und Schweinskopf (B IV, 598 f.). Die »ausgehungerten Stimmen« der revolutionären Wölfe verweisen – wenn man den Bezug zu Börne ernst nimmt – dabei zunächst auf die Verachtung, die die radikalen Revolutionäre dem Besitz entgegenbringen, weil allzu viele Menschen allzu wenig besitzen und der Besitz zudem die Bereitschaft zur revolutionären Tat mindert. Wir erinnern uns, dass Ludwig Börne den Besitz als die »Porzellanfesseln« (B IV, 16) des Revolutionärs bezeichnet hat. Heine lässt ihn in seinen Erinnerungen sagen:

> Sie haben keinen Begriff davon, liebster Heine, wie man durch den Besitz von schönem Porzellan im Zaum gehalten wird. Sehen Sie z. B. mich, der einst so wild war, als ich wenig Gepäck hatte und gar kein Porzellan. Mit dem Besitztum, und gar mit gebrechlichem Besitztum kommt die Furcht und die Knechtschaft. (B IV, 15)

Mit der Verachtung des Besitzes kommt bei den radikalen Demokraten indes auch die Verachtung des Genusses, und spätestens mit der Verachtung des Genusses schlägt die Herzenswahrheit des Revolutionärs für Heine in einen »Geistesirrtum« um (B IV, 71). Marxistisch gesprochen bleibt der Verächter des Genusses nämlich bei der einfachen Negation des Genusses stehen, anstatt zur Negation der Negation des Genusses fortzuschreiten. Er möchte ihn abschaffen, anstatt ihn zu verallgemeinern. Er muss aber das Letztere, er muss den sozioökonomischen Widerspruch des Genusses – den Widerspruch zwischen denen, die erwerben, und denen, die verschlemmen (B IV, 578) – aufheben wollen. Dieser Geistesirrtum macht die Revolutionäre zu »Bachanten des Gedankens, die dem Gotte [der Revolution – HK] mit heiliger Trunkenheit« (B IV, 11), das heißt blind nachtaumeln. Er stürzt sie in den »Sanskülottismus« (B IV, 67). Wir sehen also, dass Heine den revolutionären Rausch als Herzenswahrheit billigt, solange er sich am Bewusstsein ungerechter Güterverteilung entzündet, und als Geistesirrtum verwirft, sobald er von Empörung in blinden Terror überzugehen droht. Ich denke, dass uns diese Analyse helfen kann, das Traumgesicht vom Liktor besser zu verstehen, denn ist es nicht Herzblut (B IV, 593), mit dem der (bacchantisch berauschte) Erzähler in Caput VII die Türpfosten der Häuser bestreicht, in denen der Liktor sein blutiges Geschäft verrichtet? Das Herz des Erzählers billigt die revolutionäre Tat offenbar, indes scheint sich der Verstand des Erzählers nicht darüber hinwegtäuschen zu können, dass ihre Ausführung einen Geistesirrtum darstellt. Unterstützung findet diese Lesart eben darin, dass das Erwachen des Erzählers aus seinem Traum vom Liktor als stärkste mögliche Form der Selbstzensur gelten darf und dass der Erzähler seine Solidarität mit den Wölfen später unter explizitem Hinweis auf sein wölfisches Herz, nicht seinen wölfischen Verstand erklärt (B IV, 604).

Der Genuss des Erzählers würde bei einer solchen Lesart – auch und gerade im »Apfelsinengleichnis« – also nicht der Positionsverweigerung dienen, sondern der entschiedenen Stellungnahme gegenüber einem »Geistesirrtum« bei gleichzeitiger Bekundung einer Herzensnähe, und der Beginn des Caputs, das unmittelbar an das mit den Wölfen anschließt, würde diese entschiedene Stellungnahme nur pointieren. Das folgende Caput beginnt nämlich mit einer Mitleidsbekundung für die Sonne, die – seit jeher ein Bildzeichen für die Leidenschaft des Herzens und den Verstand – die Erde nur beleuchten kann (B IV, 605), indem sie deren eine Seite wieder im Dunkel versinken lässt. Ihr Feuer mag uns begeistern, ihr Licht ist nicht ohne Schatten zu haben. Mag das Herz des Erzählers daher wölfisch sein, mag in ihm die »Liebe für die französische Revolution« (B VI/I, 608) wie die Sonne brennen, er weiß, dass die Passion, das revolutionäre Feuer, wenn es einen Flächenbrand entfacht, nicht nur viel Licht, sondern auch viel Schatten bringt. In den »Memoiren« datiert Heine sein eigenes Entflammen für die Französische Revolution nicht ganz umsonst auf den Tag, an dem er das Sefchen, die rothaarige Scharfrichterstochter, über dem Schwert ihres Vaters küsst, das hundert Menschen vom Leben in den Tod befördert hat und das eigentlich für immer begraben sein sollte (B VI/I, 607).

In den folgenden Capita des »Wintermärchens« spinnt Heine das Sonnenmotiv übrigens fort und verkehrt das Ungleichgewicht von Herz und Verstand, um auch die Liberalen, die Partei der allzu satten Zauderer, zu schelten. »Sonne, du klagende Flamme!« (B IV, 606) lautet der Vers, der nun refrainartig wiederkehrt, und zwar insgesamt sechs Mal. Er stammt aus dem Märchen, das der Erzähler von seiner Amme kennt, von der sagenhaften Vergeltung einer Mordtat handelt und als Bildzeichen für die törichte Annahme der zunehmend nationaler denkenden Liberalen dient, das Heil Deutschlands läge in der Stiftung eines nationalen Kaisertums. Hat er sich eben über die Mitwölfe lustig gemacht, kriegen nun die ihr Fett weg, die immer mehr auf Nationalismus und Besitzstandswahrung als auf konsequenten Umbruch setzen. Man meint fast, in der Aufzählung der Reichtümer, die der Zauderer Barbarossa dem Erzähler zeigt, Börnes Wort von den »Porzellanfesseln« nachklingen zu hören, die den Revolutionär zum Philister machen; und doch ist Barbarossa nicht nur ein Philister. Die Hoffnungen, die auf ihm ruhen, sind – auch in Porzellan geschlagen – immer noch revolutionäre Hoffnungen. Die Anrufung Barbarossas mit den Worten »Sonne, du klagende Flamme« bürgt aller Ironie zum Trotz dafür, dass in denen, die ihn erwarten, ein Rest wölfischen Feuers brennt. Es trifft sich dabei, dass Barbarossa wie das Sefchen, Heines geliebte Scharfrichterstochter und Inkarnation des »furor francese« (B VI/I, 608), flammend rothaarig ist.

Die »flammende Sonne« scheint also die Brücke zu sein, die Demokraten und Liberale verbindet. Jene haben zu viel, diese zu wenig Feuer; jene zu wenig, diese zu viel Verstand. Das richtige Maß läge wohl in der Mitte, denn die Absage an Barbarossa ist ebenso differenziert wie die Parteinahme für die Wölfe. Die Barbarossasage wird nicht, wie man meinte, ohne Rest demontiert.[5] Nachdem der Erzähler von Barbarossa durch seine Höhlen geführt worden ist, er die Reichtümer des Kaisers gesehen hat und zuletzt in Streit mit ihm geraten ist, da er im Zuge seines Berichts über die Zeit, die Barbarossa verschlafen hat, die Guillotine gelobt hat, vor der alle Menschen – selbst gekrönte Häupter – gleich sind, entschuldigt er sich beim Kaiser. Er parodiert damit natürlich auch die Servilität der Deutschen, die vor jedem Thron das Knie beugen, aber nicht nur. Die entscheidenden Verse seiner Entschuldigung sind:

> Ich habe mich mit dem Kaiser gezankt
> Im Traum, im Traum versteht sich, –
> Im wachenden Zustand sprechen wir nicht
> Mit Fürsten so widersetzig.
>
> [...]
>
> Als ich erwacht', fuhr ich einem Wald
> Vorbei, der Anblick der Bäume,
> Der nackten hölzernen Wirklichkeit,
> Verscheuchte meine Träume.
>
> Die Eichen schüttelten ernsthaft das Haupt,
> Die Birken und Birkenreiser
> Sie nickten so warnend – und ich rief:
> Vergib mir, mein teurer Kaiser! (B IV, 616)

Während man die kopfschüttelnden Eichen leicht als Bild für die Scheu der Deutschen wird deuten können, Autorität gewaltsam in Frage zu stellen, scheint das Bild von den Birkenreisern zunächst dunkel zu sein. Ich helle das Bild von den Birkenreisern daher auf, indem ich in ihnen nicht nur das Material erkenne, aus dem man »gewöhnlich Ruten schneidet«[6], sondern auch das, aus dem man »Fasces« macht, die Rutenbündel des Liktors. Meyers Konversationslexikon belehrt uns darüber, dass die Rutenbündel des Liktors entweder aus Ulmen- oder Birkenholz bestanden haben.[7] Ich stelle also eine Verbindung zwischen dem Grauen her, das den Erzähler im Traum vom Liktor erfasst, und dem Grauen, das Barbarossa bei der Erwähnung der Guillotine befällt. Sowohl der Liktor als auch die Guillotine arbeiten mit einem »Beil« (B IV, 590 und 614), und es scheint nicht allzu gewagt, im Nicken der Birkenreiser eine Metapher für den Fall des

Guillotinenbeils zu erkennen. Barbarossas Position würde dann aufgewertet, seinem abgenutzten Sprichwort »Gut Ding will haben Weile« (B IV, 612) würde neue Bedeutung zuwachsen. Der stete Wandel würde dem jähen Wandel vorgezogen. Der Zauderer Barbarossa verträte plötzlich eine ähnliche Position der Gewaltvermeidung wie der Erzähler, wenn er auf seinen Verstand hört.

III.

Die Position, die der Erzähler vertritt, liegt also zwischen der der Wölfe und der Barbarossas. Doch für welchen »gehbaren Weg« tritt er damit ein? Ausgehend von der Differenz der ausgehungerten Wölfe und des satten Erzählers haben wir bis jetzt lediglich die doppelte Frontstellung des Erzählers gegenüber den Demokraten und Liberalen rekonstruiert. Kehren wir also zu unserem Gourmand zurück, und zwar zu seiner Begegnung mit Hammonia, der Schirmherrin Hamburgs, in der deutlich wird, welche Bedeutung Genuss für ihn hat und welchem Zweck er dient.

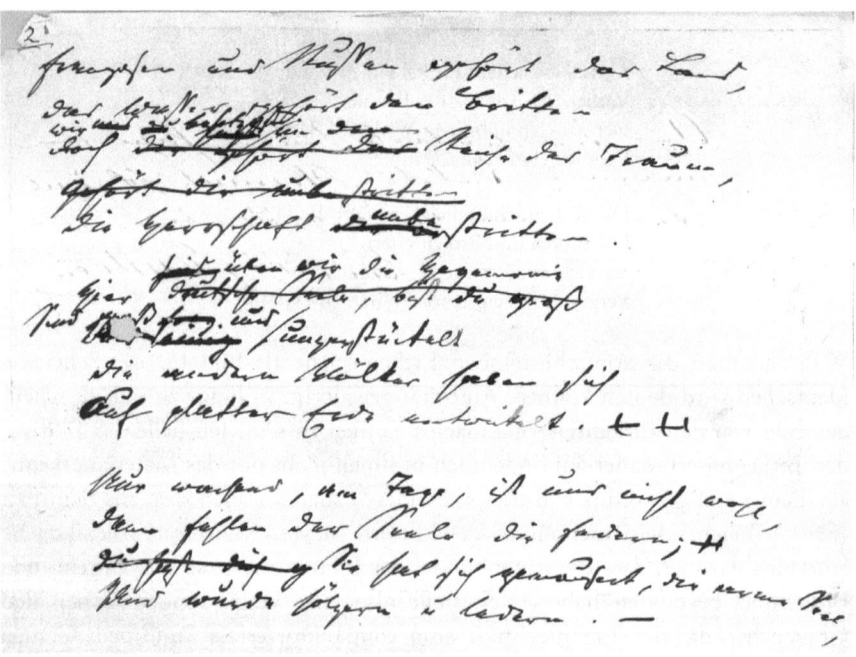

»Franzosen und Russen gehört das Land«
Heinrich Heine: Arbeitsmanuskript zu »Deutschland. Ein Wintermährchen«, Caput VII, Vers 21–28
Heinrich-Heine-Institut, Düsseldorf (Neuerwerbung, s. S. 209 f.)

Die Rückkehr nach Hamburg ist für den Erzähler des »Wintermärchens« die Rückkehr an einen Ort, der nichts Zartes und Poetisches mehr besitzt. Bereits in den »Memoiren des Herrn von Schnabelewopski« hat Heine den Schachergeist als »Geist der Stadt« Hamburg kenntlich gemacht (B I, 508 ff.), selbst die Liebe ist ihren Bewohnern zur Sache des Schachers geworden.[8] Wenn Heine seinen Erzähler deshalb ein Gelage halten und in solchem Maße Rheinwein trinken lässt, dass sich in seiner Brust wieder der »Menschenliebe Bedürfnis« (B IV, 629) entzündet, dann nicht allein, um den übermäßigen und – auch hier der Nachklang von Börnes »Porzellanfesseln« – träge machenden Materialismus der Hamburger Schacherer in die Pfanne zu hauen, der immer mehr zur herrschenden Doktrin wird, sondern auch, um an den Zweck allen Genusses zu erinnern, nämlich: an die Liebe. Es scheint lohnend, an dieser Stelle darauf hinzuweisen, dass Heine das Motiv der Liebe, die zur Einsicht in die Gleichheit der Menschen und damit auch zur Einsicht in die Notwendigkeit der Revolution führt, bereits in der »Harzreise«, seinem ersten großen Publikumserfolg, reich entfaltet hat. Wir erinnern uns, dass sich der Erzähler aus dem Wirrwarr, das dort entsteht, weil die Rechtsgelehrten, die die Gerechtigkeitsgöttin Themis um sich versammelt, keine Antwort darauf finden, wie Prometheus von seinen – übrigens Ungleichheit mit den Göttern markierenden – Qualen zu erlösen ist, zu Venus rettet, der Göttin der Liebe (B II, 108 ff.). Und wir erinnern uns weiter, dass die Rede von Christus als dem »lieben Sohn, der liebend / Uns die Liebe offenbart« (B II, 133), sowie von dem dreifaltig mit ihm verbundenen Heiligen Geist als dem, der die »Zwingherrnburgen« und des »Knechtes Joch« zerbricht (B II, 133) dort dazu dient, den Übergang von der konkreten Liebe zur Liebe der prinzipiellen Gleichheit als unausweichlichen Übergang zu markieren. Liebe und Gleichheitsliebe sind zwei Ansichten derselben Sache.

Der Kämpe der Revolution wird also schon in der »Harzreise« als Liebesritter imaginiert. Das »Schwert«, von dem der Erzähler in der »Reise von München nach Genua« wünscht, dass man es ihm als bravem »Soldat im Befreiungskriege der Menschheit« (B II, 382) auf den Sarg legen wird, stammt offenbar aus derselben Kammer wie das des liebenden Ritters Don Quichote. Es überrascht uns deshalb nicht, wenn Heine den Übergang von der Liebe zur Gleichheitsliebe in den »Englischen Fragmenten« später ganz ausdrücklich als einen unausweichlichen beschreibt. Er schreibt dort:

> Die tiefste Wahrheit erblüht nur der tiefsten Liebe, und daher die Übereinstimmung in den Ansichten des älteren Bergpredigers, der gegen die Aristokratie von Jerusalem gesprochen, und jener späteren Bergprediger, die von der Höhe des Konvents zu Paris ein dreifarbiges Evangelium herabpredigten, wonach nicht bloß die Form des Staates, sondern das ganze gesellschaftliche Leben, nicht geflickt, sondern neu umgestaltet, neu begründet, ja neu geboren werden sollte. (B II, 598)

Folgenreich ist nun, welchen Zusammenhang Heine an anderem Ort zwischen der Liebe / der Gleichheitsliebe und dem Genuss herstellt, nämlich in den »Memoiren«, in denen er seinen Vater einerseits »genußsüchtig, frohsinnig, rosenlaunig« nennt (B VI/I, 583) und ihm andererseits ein vor Einfühlungs- und Liebesvermögen überfließendes Herz zuspricht (B VI/I, 584). Sein genusssüchtiger Vater taugt nämlich zum Gegenbild des Hamburger Schachergeistes. Er ist die »Seelengüte« (ebd.) in Person, und seine Seelengüte führt ihn dazu, so freimütig zu geben und zu helfen, als wäre auf dem Weg von seinem Herzen zu seiner Tasche »gleichsam schon eine Eisenbahn eingerichtet« (B VI/I, 592). Folgen wir dieser Spur, dann bekommt die Begegnung des genusssüchtigen Erzählers mit Hammonia im »Wintermärchen« reicheren Sinn, als sie ohnehin hat. Sie karikiert dann nicht nur die Tendenz der allzu Satten, ihre politische Freiheit gegen Wohlstand zu verschachern und die zunehmenden sozialen Verwerfungen auszublenden, sondern sie weist auch sehr deutlich den Weg, der einzuschlagen ist, dieser Tendenz zu steuern. Während Hammonia den Rum, den sie dem Erzähler in den Tee gießt, pur genießt (B IV, 635) und versucht, die dräuenden Gefahren der Revolution zu leugnen, bleibt das Sensorium des (gleichwohl trunkenen) Erzählers für eben diese Gefahren nämlich intakt, weil der Genuss in ihm der »Menschenliebe Bedürfnis« entzündet (B IV, 629). Mag Hammonia die sichtbaren Zeichen der Gegenwart mutwillig missdeuten (B IV, 635 ff.), der Gourmand weiß sie mit der Nase richtig aufzufassen. Es ist ein Relikt aus den Gründungstagen der Stadt Hamburg, das ihn die Greuel der kommenden Umwälzung ahnen lässt und das wir als deutlichen Hinweis auf den »gehbaren Weg« verstehen müssen. Denn wenn es von der Wurzel der Stadt Hamburg her stinkt, dann ist zu vermuten, dass es der Schachergeist und mit ihm der aufziehende, zur leichtfertigen Billigung von Ungleichheit verführende Konsumfetisch ist, den es nach Heine zu bekämpfen gilt. Der richtige, nämlich der zugleich revolutionäre und unblutige Weg in die Zukunft bestünde dann darin, richtig genießen, richtig lieben und richtig Gleichheit üben zu lernen. Der Adressat dieser Lehre wäre gewiss nicht das Proletariat, sondern die allzu satte Bourgeoisie, und ihr Lehrmeister wäre Heines Vater, der Mensch, den Heine nach eigener Auskunft »am meisten auf dieser Erde geliebt« hat (B VI/I, 586).

IV.

Wir machen einen Sprung. Unter dem Datum des 11. Dezember 1841, also etwa zwei Jahre vor Entstehung des »Wintermärchens«, schreibt Heine einen Korrespondenzartikel für die Augsburger »Allgemeine Zeitung«, in dem er den Widerspruch zwischen den Auslagen für das Weihnachtsgeschäft und den Gesichtern der Armen thematisiert, die die festlich geschmückten Schaufenster betrachten (B V, 373). Er bringt darin zum Ausdruck, dass man kein großer Politiker sein muss, um zu wissen, dass sich dieser Widerspruch irgendwann in einer blutigen Emeute entladen wird, mit der das bourgeoise Regime Louis-Philippes sein »ausgezischt schreckliches Ende nimmt« (B V, 374), und er bezeichnet den französischen Außenminister Guizot als den Mann, »dessen strenges Auge am tiefsten hinabblickt in die Schreckensnächte der Zukunft und dessen hartes Wort vielleicht manchmal zur Unzeit, wenn wir eben beim fröhlichsten Mahle sitzen, an die allgemeine Bedrohnis erinnert.« (B V, 374)

Diese Darstellung der eskalierenden Klassengegensätze ist vor allem wegen des Kontrastes interessant, der im Vergleich mit Heines Zeichnung seines Vaters in den »Memoiren« entsteht. Wir lesen dort nämlich nicht nur, dass sein Vater das Amt des Armenpflegers versah, sondern auch, dass er sich dabei durch den besonderen Takt auszeichnete, niemals zu prunken (B VI/I, 592). Er ergänzte die offiziellen Gelder der Armenkasse wohl öfter, als gut war, durch einen privaten Betrag, der den offiziellen überstieg, und gab beide Beträge an einem Tisch aus, den er zuvor besonders hergerichtet hatte. »[S]tatt der silbernen Leuchter mit Wachskerzen [...] standen jetzt auf dem Tische zwei kupferne Leuchter mit Talglichtern« (B VI/I, 592). Heines Vater bemühte sich also, den Armen im Zeichen prinzipieller Gleichheit entgegenzutreten (B VI/I, 594 und 609 f.). Heine erinnert sich dieser Gewohnheit deshalb genau, weil er der Geldausgabe des Vaters auf dessen ausdrücklichen Wunsch regelmäßig beiwohnte. Er schreibt unmittelbar im Anschluss: »Mein Vater wollte nämlich, ich sollte lernen wie man gibt, und in diesem Fache konnte man bei meinem Vater etwas Tüchtiges lernen.« (B VI/I, 592) Die Schaufenster, von denen Heine 1841 berichtet, sind nun sicher das Gegenteil des väterlichen Tischs. Sie markieren Ungleichheit und geben nichts – und genau das wird zu jenen »Schreckensnächten der Zukunft« führen, vor denen der französische Außenminister Guizot warnt. Es wäre offenbar an der Zeit, das Geben zu lernen. »Die letzten politischen Prozesse dürften manchem die Augen öffnen, aber die Blindheit ist gar zu angenehm. Auch will keiner an die Gefahren erinnert werden, die ihm die süße Gegenwart verleiden können.« (B V, 374)

Freilich, Heinrich Heine soll mit dieser Interpretation, die auf die Engführung von Genuss, Liebe und Gleichheitsliebe hinausläuft, keineswegs zum »guten Christen« gemacht werden. Das geht schon deshalb nicht an, weil seine Genussdoktrin im Widerspruch zu der – allzu oft zum Fanatismus führenden – Askese steht, die er in Auseinandersetzung mit Börne zum Kern des Christentums und ganz besonders des Katholizismus erklärt. Tamara Eisenberg hat in ihrem Aufsatz »Neither Christ nor Barbarossa. Heinrich Heine's ›Messiah in Golden Chains‹«

zudem bemerkt, dass Heine den ausstehenden jüdischen Messias in Auseinandersetzung mit Börne wohl mehr noch als Christus zum Repräsentanten der Liebe gemacht hat.[9] Über diesen Messias will Heine von einem großen polnischen Rabbi gehört haben, dass er »im schönsten Palaste des Himmels, umgeben von Glanz und Freude« (B IV, 120) wohne und sich jeden Abend, nachdem er ausgiebig gescherzt, genossen und gebetet hat, von seinem Kanzler aus einem großen Buch vorlesen lasse, was sich an diesem Tag auf der Erde zugetragen hat. Es heißt:

> Da kommen allerlei Geschichten vor, worüber der Messias vergnügt lächelt, oder auch mißmütig den Kopf schüttelt ... Wenn er aber hört, wie man unten sein Volk mißhandelt, dann gerät er in den furchtbarsten Zorn und heult, daß die Himmel erzittern ... Die [...] Staatsräte müssen dann den Ergrimmten zurückhalten, daß er nicht herabeile auf die Erde, und sie würden ihn wahrlich nicht bewältigen, wären seine Hände nicht gefesselt mit den goldenen Ketten ... Man beschwichtigt ihn auch mit sanften Reden, daß jetzt die Zeit noch nicht gekommen sei, die rechte Rettungsstunde, und er sinkt am Ende aufs Lager und verhüllt sein Antlitz und weint ... (B IV, 120f.)

Es ist zweifellos die Liebe zu seinem Volk, die den Messias über dessen Misshandlung und schikanierende Ungleichbehandlung nach einem Racheakt verlangen lässt, der wegen seiner zu erwartenden Grausamkeit – das heißt: aus Liebe sogar zu seinen Feinden – besser verhindert wird. Und es ist interessant, dass Heine die Nacherzählung der Geschichte des großen Rabbis mit der Beteuerung schließt, das Gerassel der goldenen Ketten des Messias »besonders in den jüngsten Zeiten, nach der Juliusrevolution« (B IV, 121) gehört zu haben, – obwohl die Julirevolution von 1830 kaum weitere Nachteile für die Juden gebracht hat. Es kam zwar zu judenfeindlichen Ausschreitungen, die Heine zum Teil selbst miterlebte, allerdings war der Trend ein anderer. Wenn wir der Darstellung von Friedrich Battenberg folgen, verbesserte sich die soziale und wirtschaftliche Lage der Juden nach 1830 eher.[10] Ich neige deshalb dazu, dem zweiten Nachsatz Heines zur Schilderung des Rabbis eine Deutung zu geben, die das Gerassel zum Warnzeichen für die eskalierenden Klassengegensätze der westeuropäischen Gesellschaft macht, und zwar zu einem Warnzeichen, das darauf hindeutet, wie notwendig es wäre, zu lernen, wie man dem leidenden Teil der Menschheit, von dem die Juden wiederum nur ein Teil sind, richtig gibt. Dieser zweite Nachsatz lautet: »O verzage nicht, schöner Messias, der du nicht bloß Israel erlösen willst, wie die abergläubischen Juden sich einbilden, sondern die ganze leidende Menschheit!« (B IV, 121)

Wenn diese Deutung stimmt, dann wäre der »Kämpe der Revolution« (B VI/I, 481), der Heine zu sein beansprucht, freilich nicht vom »Gourmand der Revolution« zu trennen, als der uns der Erzähler im »Wintermärchen« entgegentritt. Vielmehr wären sie im Zeichen des Genusses, der in uns der »Menschliebe

Bedürfnis« und damit notwendig auch der »Menschengleichheit Bedürfnis« entzündet, aufs Innigste miteinander verknüpft. Der Widerspruch in der Genussdoktrin des »Wintermärchens« wäre tatsächlich nur scheinbar und vom Vorwurf der Positionsverweigerung bliebe keine Spur.

Anmerkungen

1 Vgl. Dirk Dethlefsen: Die ›unstäte Angst‹. Der Reisende und sein Dämon in Heines »Deutschland. Ein Wintermährchen«. – In: HJb 28 (1989), S. 211–221.

2 Höhn ³2004, 123 f.

3 Vgl. Hans-Werner Hahn: Nationalismus und Parteiströmungen 1830–1847. – In: Gebhardt. Handbuch der deutschen Geschichte. 10., völlig neu bearb. Aufl., Bd. 14: Reformen, Restauration und Revolution 1806–1848/49. Bearb. v. Hans-Werner Hahn, Helmut Berding. Hrsg. v. Jürgen Kocka. Stuttgart 2010, S. 467–503.

4 Vgl. Winfried Woesler: Erläuterungen. – In: DHA IV, 1090–1159, hier S. 1124 ff.

5 Vgl. Herbert Clasen: Heinrich Heines Romantikkritik. Tradition – Produktion – Rezeption. Hamburg 1979, S. 233 ff.

6 Woesler: Erläuterungen [Anm. 4], S. 1136.

7 Vgl. »Fasces«. – In: Meyers Großes Konversations-Lexikon. 6., gänzlich neubearb. u. verm. Aufl. Leipzig, Wien: 1902 ff., Bd. 6., S. 343.

8 Vgl. Klaus Briegleb: Bei den Wassern Babels. Heinrich Heine, jüdischer Schriftsteller in der Moderne. München 1997, S. 20 ff.

9 Vgl. Tamara Eisenberg: Neither Christ nor Barbarossa. Heinrich Heine's »Messiah in golden chains«. – In: Benjamin – Agamben. Politik, Messianismus, Kabbala. Hrsg. von Vittoria Borso, Claas Morgenroth, Karl Solibakke und Bernd Witte. Würzburg 2010, S. 219–227.

10 Vgl. Friedrich Battenberg: Das europäische Zeitalter der Juden. Zur Entwicklung einer Minderheit in der nichtjüdischen Umwelt Europas. 2., um ein Nachwort des Autors erw. Aufl. Darmstadt 2010. Bd. 2, S. 135 f.

II.

»Der Sumpf, der in der Mitte liegt«
Darstellungen der Julimonarchie bei Heinrich Heine und Adolphe-François Loève-Veimars

Von Leslie Brückner, Freiburg im Breisgau

1830 brachte die Julirevolution den »Bürgerkönig« Louis-Philippe an die Macht und bescherte Frankreich für kurze Zeit eine konstitutionelle Monarchie – und die Vorherrschaft einer Schicht des reichen Bürgertums, die von vielen Seiten kritisiert wurde. Zu diesen Kritikern gehören in den ersten Jahren der Julimonarchie zwei Journalisten: Heinrich Heine und Adolphe-François Loève-Veimars. Heine verfasste zwischen Dezember 1831 und Juni 1832 für Cottas »Allgemeine Zeitung« eine Artikelserie über die französische Tagespolitik. Durch ihre Veröffentlichung in Buchform als »Französische Zustände« (1832) und »De la France« (1833) erhielten diese Artikel bleibende Bedeutung für sein Werk.[1] Loève-Veimars veröffentlichte seinerseits in der »Revue des Deux Mondes« ab 1. Januar 1833 eine Serie von Porträts der wichtigsten zeitgenössischen Politiker, die »Lettres sur les Hommes d'État de la France« (»Briefe über französische Staatsmänner«).[2] Ihre Darstellungen der politisch instabilen Situation der frühen 1830er Jahre sollen im Folgenden miteinander verglichen werden.

Heinrich Heine und Loève-Veimars standen zu dieser Zeit in engem persönlichen Kontakt.[3] Adolphe-François Loève-Veimars, der wie Heine deutsch-jüdischer Herkunft war, hatte sich in Paris bereits während der Restaurationsepoche als Übersetzer deutscher Literatur hervorgetan. Zwischen Juni und Dezember 1832 übersetzte er für die »Revue des Deux Mondes« drei Auszüge aus Heines »Reisebildern«. Mit diesen Erstübersetzungen trug er erheblich dazu bei, Heine als Prosaautor in Frankreich bekannt zu machen. Autor und Übersetzer lernten sich spätestens im Sommer 1832 persönlich kennen. Es entwickelte sich eine enge Zusammenarbeit: Beide wurden Mitarbeiter der neu gegründeten Pariser Zeitschrift

»L'Europe Littéraire«, und Loève-Veimars übertrug Heines Artikelserie über deutsche Literatur, die spätere »Romantische Schule«, ins Französische. 1855 lobte Heine im Rückblick die enge Zusammenarbeit (vgl. DHA II, 207f.).

Besonders aufschlussreich für die Kooperation auf dem Gebiet des Journalismus ist Heines Brief an Johann Friedrich von Cotta vom 1. Januar 1833, in dem er Loève-Veimars an seiner Statt als neuen Auslandskorrespondenten für die »Allgemeine Zeitung« empfiehlt (vgl. HSA XXI, 46 f.).[4] Er selbst beendete seine Mitarbeit als politischer Korrespondent vor allem aufgrund der Zensurproblematik in den deutschsprachigen Ländern und wandte sich in »L'Europe Littéraire« wieder verstärkt kulturellen und literarischen Themen zu.[5] Loève-Veimars, der zunächst als Theaterkritiker für die Tageszeitung »Le Temps« gearbeitet hatte, begann sich hingegen gerade mit den »Lettres sur les Hommes d'État de la France« als politischer Publizist zu betätigen. Heine wirbt nachdrücklich für seinen Kollegen, bezeichnet ihn als »eine der besten Federn Frankreichs« und betont, er sei »vermittelst seiner höchstbedeutenden Verbindungen politisch am besten unterrichtet« (HSA XXI, 46). Die geplante Artikelserie für die »Revue des Deux Mondes« steht dabei explizit im Zentrum: Loève-Veimars bot der »Allgemeinen Zeitung« durch Heine an, die deutschen Übersetzungen seiner »Lettres sur les Hommes d'Etat de la France« gleichzeitig mit deren Erscheinen in Frankreich zu drucken. Heine bot sich als Vermittler für einen eventuellen Vertrag an und sandte sogar den ersten Bogen des ersten Artikels als Arbeitsprobe mit. Vermutlich hatte Loève-Veimars, der für Heine den Kontakt zur französischen Presse hergestellt hatte, ihn um diesen Vermittlerdienst gebeten. Heines Brief erreichte seinen Adressaten jedoch nicht mehr, da Cotta am 29. Dezember 1832 verstorben war. Eine direkte Kooperation zwischen Loève-Veimars und der »Allgemeinen Zeitung« kam nicht zustande, allerdings druckte die »AZ« 1834 eine Übersetzung seines vierten Artikels, das Porträt François Guizots.[6]

Zwischen Heines Korrespondenzberichten für die »Allgemeine Zeitung« und Loève-Veimars' »Lettres sur les Hommes d'État de la France« lassen sich interessante Parallelen aufzeigen. Beide Artikelserien erschienen in für Deutschland und Frankreich jeweils sehr bedeutenden Medien. Heine hatte die »Allgemeine Zeitung« trotz der Zensurproblematik als Publikationsmedium ausgewählt, um mit seiner Berichterstattung möglichst viele Leser in Deutschland und Europa zu erreichen (vgl. »Vorrede«, DHA XII, 65). Die »Revue des Deux Mondes«, in der Loève-Veimars' Artikelserie erschien, war um 1833 eines der bedeutendsten französischen Medien.[7] Beide Autoren versuchen, die politisch instabile Situation in Frankreich, die auf die Julirevolution von 1830 folgte, zu analysieren und politische Prozesse für die Leser zu erklären. Ihre Perspektiven auf das politische Geschehen in Paris unterscheiden sich allerdings: Heine schrieb 1831 aus der Sicht eines deutschen Emigranten, der erst kurz zuvor in die französischen Hauptstadt gezogen war.[8] Programmatisch stellt er sich als Berichterstatter und als Augenzeuge dar. So bemerkt er etwa über Louis-Philippes Sohn: »Ich kann über jenen Fürsten nichts Bestimmtes mittheilen, als was ich selbst gesehen habe« (DHA XII1, 128). Im Gegensatz zu dem deutschen Berichterstatter nahm Loève-Veimars innerhalb des französischen Systems bis zu einem gewissen Grad eine Innenperspektive ein, da er bereits seit den 1820er Jahren in Paris lebte und die Restaurationsepoche dort miterlebt hatte. Loève-Veimars konnte in der »Revue des Deux Mondes« zudem direkt Einfluss auf die öffentliche Meinung nehmen. Der Verleger der »Revue«, François Buloz, wollte mit Hilfe dieser Serie aus der bis dahin vor allem literarisch bedeutenden Zeitung ein einflussreiches politisches Presseorgan formen.[9] Zudem schloss die Leserschaft der »Revue« auch die von Loève-Veimars beschriebenen Politiker selbst ein. Aufgrund dieser unterschiedlichen Blickwinkel erscheint es besonders aufschlussreich, Heinrich Heines und Loève-Veimars' Darstellungen der politischen Situation Frankreichs in den ersten Jahren der Julimonarchie miteinander in Beziehung zu setzen.

1. Der »Banquierminister« Casimir Périer

Einen ersten Ansatzpunkt zum Vergleich bieten die Darstellungen einer der Hauptfiguren der frühen Julimonarchie, des Parlamentspräsidenten Casimir Périer (1777–1832), der in beiden Artikelserien eine prominente Rolle einnimmt. Périer, ein Bankier aus Grenoble, war bereits während der Restaurationsepoche als Hauptvertreter der liberalen Opposition im französischen Parlament hervorgetreten.[10] Im März 1831 wurde er nach Jacques Laffitte zum Präsidenten der Abgeordnetenkammer (Président du Conseil) und zugleich zum Innenminister ernannt. Zum Zeitpunkt von Heines Korrespondenzberichten an die »Allgemeine Zeitung« war er somit der mächtigste Mann im französischen Parlament. Bis zu seinem frühen Tod am 16. Mai 1832 war er im Parlament der Julimonarchie die charismatische Hauptfigur der Orléanisten. Périer vertrat eine pazifistische Außenpolitik: Unter seiner Regierung kam Frankreich den von der Julirevolution angeregten republikanischen Aufständen in den europäischen Nachbarländern nicht zur Hilfe. Auch gegen die Niederschlagung des polnischen Novemberaufstands durch den russischen Zaren 1831 intervenierte die französische Armee nicht.

Heine kommt erstmals in einem seiner kürzeren Artikel, der auf den 12. Februar 1832 datiert ist, auf Périer zu sprechen.[11] Er hatte eine Sitzung des Parlaments besucht und beschrieb seine Beobachtungen nun für das deutsche Publikum. Auffällig ist, dass vor allem seine visuellen Eindrücke der verschiedenen Parlamentarier im Artikel eine wesentliche Rolle spielen, während die Inhalte ihrer Reden kaum zur Sprache kommen. Dies deutet darauf hin, dass der Deutsche möglicherweise aufgrund mangelnder Sprachkenntnisse der Parlamentssitzung mehr zugesehen als zugehört hatte. Als Berichterstatter versucht Heine zunächst, Périers Aussehen möglichst detailliert und objektiv wiederzugeben (vgl. DHA XII, 462 ff.). Périers Äußeres beschreibt er zuerst positiv: »Sein Wuchs ist hoch, sein Bau schlank, aber kräftig, sein Auge ernst, ja tief« (ebd., 463), seine Züge seien »die edelsten, muthigsten, die man sehen kann« (ebd.). Von seinem Auftreten als Redner im Parlament der Julimonarchie war Heine hingegen tief enttäuscht. Während der Restaurationszeit hatte er einige Reden gelesen, in denen Périer als Oppositioneller »gegen windiges Pfaffen- und Schranzentum den edelsten Krieg führte« (ebd., 111). Während diese Reden ihn stark beeindruckt hatten, erschien ihm der Politiker selbst, als er ihn im Parlament sprechen sah, wie ein »Schauspieler«, dessen Rhetorik er als künstlich und unehrlich empfand. Dies wertete Heine als Beleg für eine verlogene und gewissenlose Politik des Premierministers:

> Man muß Hrn. Périer auf der Tribüne gesehen haben, um nicht mehr zu zweifeln, wie es mit seinem ministeriellen Gewissen beschaffen ist. Dort wird er völlig zum Schauspieler, hebt und senkt die Stimme, deklamirt, als stände er auf den Brettern des Théâtre Français, ja er verschmäht es nicht, zuweilen einen Ton anzunehmen, als wäre sein Herz gepreßt und müßte er Thränen zurückhalten. Wenn er überdies unter solchen Umständen, was ein ehrlicher Mann nicht thut, unaufhörlich von Ehrlichkeit spricht, so kann man nicht anders als äußerst mißtrauisch zu werden [...]. (DHA XII, 463)

Möglicherweise handelte es sich bei Heines Eindruck auch um eine kulturelle Fremderfahrung: Die Rhetorik der französischen Parlamentarier unterschied sich offensichtlich fundamental von den Formen der politischen Rede in Deutschland. Heine formulierte daraufhin im vierten Artikel, Périer sei ein schöner Mann, der eine »wahrhaft imposante Würde« ausstrahle – »besonders so lange er nicht spricht« (DHA XII, 110).

Durch den Kontrast mit General Sebastiani, den er radikal verspottete, zeichnete Heine hier bei aller Kritik noch ein relativ positives Porträt Périers.[12] Im vierten Großartikel seiner Serie hingegen, den er in die spätere Buchfassung übernahm, stellte Heine ihn in einem Doppelporträt mit dem englischen Politiker George Canning dar. Während er den britischen Oppositionellen Canning, den er bei seiner Londonreise 1827 im englischen Parlament als Redner erlebt hatte, ausführlich als Verkörperung der liberalen Ideale und Freiheitsrechte der Französischen Revolution feiert, fällt der Vergleich für Périer sehr negativ aus.[13] Heine kritisiert damit zugleich das politische System der französischen Julimonarchie. Dabei nimmt er Périer beinahe in Schutz: Erst als Vertreter dieses falschen Systems sei er

Die Pariser Deputiertenkammer. Stahlstich von Augustin François Lemaître
nach einer Zeichnung von Louis Jules Arnout (1846).
Heinrich-Heine-Institut, Düsseldorf

immer tiefer gesunken: »Er [Périer – LB] muß jetzt täglich reitzbarer, kleinlicher und leidenschaftlicher in seinen eigenen Reden werden, je bedenklicher, würdeloser und unedler das System ist, das er zu vertheidigen hat.« (DHA XII, 111)

Seine Kritik an Périer betrifft vor allem dessen Außenpolitik. Heine hatte sich erhofft, dass das französische Parlament die durch die Julirevolution inspirierten demokratischen Aufstände in den europäischen Nachbarländern – unter anderem in Deutschland – militärisch unterstützen werde. Die mangelnde Intervention für die europäischen Freiheitsbewegungen wirft er Périer mehrfach vor. Der Premierminister erscheint als Feind der freiheitlichen Ideale der Französischen Revolution und als Diener der Mächtigen. In der Tradition der aufklärerisch-revolutionären Lichtmetaphorik nennt Heine ihn eine »trübe Gestalt, die sich zwischen den Völkern und der Sonne des Julius so kühn gestellt [habe]« (DHA XII, 109), und bezeichnet ihn als einen »verkehrten Prometheus«, der »Menschen das Licht [stiehlt], um es den Göttern wiederzugeben« (ebd., 112). Heine beklagt bitter, dass auf die große Volksbewegung der Julirevolution nur die kleinliche Realpolitik folgte. Er macht Périer zum Vorwurf, dass der Premierminister der

Julimonarchie nicht die hehren Ideale der Französischen Revolution und der Julirevolution von 1830 europaweit einzulösen versuche, sondern vor allem damit beschäftigt sei, den französischen Staatshaushalt zu sanieren. Pointiert formuliert er zu Beginn des achten Artikels: »Casimir Périer hat Frankreich erniedrigt, um die Börsenkurse zu heben. Er wollte die Freyheit von Europa verkaufen um den Preis eines kurzen schmählichen Friedens für Frankreich.« (ebd., 161)[14]

Wiederholt diffamiert Heine den »Banquierminister« Périer daher als kleinliche Krämerseele.[15] Als Minister habe er wie ein Bankier gehandelt und die Menschen wegen ihrer Käuflichkeit verachtet:

> Man sieht ihm sogleich an, dass er die Menschen verachtet, aber nicht aus Seelengröße, sondern in Folge der Erfahrung, die er auf seinem Komptoir gemacht hat, daß die Mehrheit feil ist. Mit dieser unter Banquiers nicht eben seltenen Gesinnung hält Hr. Périer Bestechung für das allein unfehlbare Mittel, Menschen zu gewinnen [...]« (DHA XII, 463).

Im März 1832 ersehnt Heine daher den Fall Périers als Befreiung Frankreichs von der Julimonarchie und Rückkehr zu den Idealen der Julirevolution:

> Wenn dieser Mann fällt, so dachte ich, hat die große Sonnenfinsternis ein Ende, und die dreyfarbige Fahne auf dem Pantheon erglänzt wieder begeistert, und die Freyheitsbäume blühen wieder! Dieser Mann ist der Atlas, der die Börse und das Haus Orleans und das ganze europäische Staatengebäude auf seinen Schultern trägt, und wenn er fällt, so fällt die ganze Bude, worin man die edelsten Hoffnungen der Menschheit verschachert, und es fallen die Wechseltische, und die Kurse, und die Eigensucht und Gemeinheit! (DHA XII, 109)

Als Périer im Mai 1832 erkrankte und schließlich starb, musste Heine allerdings feststellen, dass sich seine Hoffnung nicht bestätigte: Sein Tod brachte keine Veränderung der französischen Staatsform mit sich. Sarkastisch kommentiert Heine: »nicht einmal durch den Tod Périers kann der Staat genesen« (DHA XII, 152).

In den Artikeln VII und VIII geht er nun, anlässlich von Périers Tod, der Frage nach der Verbindung von Politik und finanziellen Interessen in der Julimonarchie weiter nach. Er besucht die Pariser Börse, die er als »Meer des Eigennutzes« (DHA XII, 162) und als Allegorie für das Verhältnis von Wirtschaft und Politik darstellt. Der Börsenkurs erscheint als »Thermometer« politischer Zustände, das aber nicht die »großen Fragen, die jetzt die Menschheit bewegen«, erfasse, sondern lediglich die »höhere und geringere Hoffnung, die man hegt, für die Pazifikation Europas, für die Erhaltung des Bestehenden, oder vielmehr für die Sicherung der Verhältnisse« (ebd., 163). Seine Darstellung des »Staatspapierenschacher« (ebd., 162) an der Pariser Börse zeigt Heines Verachtung für die Finanzpolitik. Die personifizierte Börse wirke als konservative Kraft und als unmenschliche, herzlose Gewalt. Heine stellt bedauernd fest, dass der Kurs der Staatspapiere auf den Tod einer Einzelperson wie Périer keine Reaktion gezeigt habe: »nicht einmal ein Achtel Trauerprozent [...] bey dem Tod Casimir Périers, des großen Banquierministers!« (ebd., 164). Die »kühlste Indifferenz« (ebd.) der Finanzpolitik kontrastiert mit der revolutionären Begeisterung von 1830. Dieselbe Gleichgültigkeit beobachtete Heine auch bei der Pariser Bevölkerung beim Begräbnis Périers: »[D]er Feind der Begeisterung wurde begraben, und Gleichgültigkeit bildete den Leichenzug.« (ebd.)

Loève-Veimars eröffnete seine Artikelserie »Lettres sur les Hommes d'État de la France« im Januar 1833 mit einem Porträt Casimir Périers und räumte dem ehemaligen Premierminister damit eine herausgehobene Stellung unter den französischen Politikern seiner Zeit ein. Périer war zu diesem Zeitpunkt seit gut einem halben Jahr verstorben. Ähnlich wie Heine beginnt Loève-Veimars seinen ersten Artikel mit einer Beschreibung des französischen Parlaments nach der Julirevolution. Aus der Perspektive eines Beobachters, der bereits das Parlament der Restauration miterlebt hatte, kommentiert er die politischen Akteure: Der konservative Flügel der Royalisten sei mit den Bourbonen von der politischen Bühne abgetreten; die Opposition der Restaurationsepoche stelle jetzt die meisten Minister.[16] Périer bildete eine Brücke zwischen dem Parlament der Restaurationsepoche und dem aktuellen Parlament. Wie Heine würdigt Loève-Veimars ihn eingangs als Mitglied der Opposition der Restaurationsepoche, um dann seine Politik als Minister der Julimonarchie ebenso scharf zu kritisieren. Der Kritiker zeigt sich zunächst durchaus beeindruckt von Périers Charisma als Oppositionspolitiker der Restauration und zu Beginn seiner Amtszeit. Er nennt ihn den temperamentvollen »Löwen der Opposition«[17] und beschreibt ihn als kühnen und mutigen Charakter.[18] Périers kurze Amtszeit als Premierminister der Julimonarchie beschreibt der Journalist jedoch konsequent als Verfallsgeschichte. So betont er ausführlich die Veränderung, die mit Périer vorgegangen sei: Von dem charismatischen Redner der Opposition der Restaurationsepoche sei zu Beginn der Julimonarchie nur ein kranker, verbrauchter Mann geblieben. Dies kommentiert er gleich zu Beginn mit einem rhetorischen Ausruf: »Quel changement s'était opéré dans sa personne et dans ses discours!«[19] Périers Krankheit und Tod werden von Loève-Veimars politisch semantisiert. Er glaubt beobachtet zu haben, dass Périer schon am Ende der Restaurationsepoche gesundheitlich nachgelassen habe. Satirisch zugespitzt behauptet er, Périer sei immer dann krank gewesen, wenn man ihm nur einen Sitz im Parlament ohne Ministerposten angeboten habe, als man ihm aber die gesamte Macht in die Hände legte, sei er gesund genug gewesen, um Forderungen zu stellen.[20] Périers Krankheit als politisches Argument zu verwenden, war offensichtlich ein Gemeinplatz der zeitgenössischen französischen Presse. Heine hatte diese Idee im März 1832 explizit aufgegriffen und ihr aus eigener Anschauung widersprochen: Im Gegensatz zu den Aussagen der französischen Presse wirke Périer ganz gesund.[21] Auch Loève-Veimars betont in seinem Artikel seine eigene Rolle als Augenzeuge: Man müsse Périers leidenschaftlichen Enthusiasmus in den ersten Tagen seines Ministeriums selbst gesehen haben, um seine spätere politische Enttäuschung verstehen zu können.[22] Heine und Loève-Veimars berichten somit beide als Augenzeugen aus dem französischen Parlament, sehen dabei aber höchst unterschiedliche Dinge.

Andere Kritikpunkte sind bei Heine und Loève-Veimars sehr ähnlich. So stellt auch Loève-Veimars den Premierminister als Bankier negativ dar. Périers kaufmännisches Gewinnstreben und sein Mangel an Rechtschaffenheit werden zugespitzt: Der Minister sei geldgierig und hart gewesen. Loève-Veimars unterstellt ihm außerdem, sein Vermögen durch zwielichtige Kredite erworben zu haben.[23] Auch der Journalist der »Revue des Deux Mondes« setzt Périers Politik in Bezug zu seinem Denken als Bankier, indem er beispielsweise kommentiert, seine Moral als Staatsmann erinnere an seine Gewohnheiten als Bankier.[24] Als Außenpolitiker habe es dem Minister an Menschenkenntnis und Weitblick gefehlt.[25] Die menschliche Doppelnatur des Politikers zwischen Charisma und mangelnder Weltkenntnis vergleicht der Theaterkritiker dabei mit der Figur des römischen Senators Felix aus Corneilles Tragödie »Polyeucte martyr«, in dem sich edle und niedrige Triebe vermischt hätten.[26] Das Hauptargument von Loève-Veimars' Kritik an Périer lautet, der Politiker habe als Interessenvertreter einer bestimmten sozialen Klasse, der Schicht des reichen Bürgertums gehandelt. Périer habe seine Machtübernahme genutzt, um für die Interessen seiner »Kaste« zu kämpfen.[27] Loève-Veimars vergleicht den Minister mit den Patriziern des Mittelalters und argumentiert, er sei gerade wegen seines bürgerlichen Stolzes für die Rolle als Höfling Karls X. ungeeignet gewesen.[28] Die Demokratie, den Ansturm der Massen, habe Périer als Gefahr empfunden. Wegen seiner bürgerlichen Angst vor der Emanzipation der unteren Schichten habe er auch die Julirevolution als Bedrohung erlebt und sich nur zögernd zur Julimonarchie bekannt. Als Vertreter der Bourgeoisie habe er während der Julimonarchie dann eine strenge soziale Hierarchie gefördert, die die Aufstiegschancen der unteren Schichten, auch des niedrigeren Bürgertums, verhindere.[29] Die Klasse, deren Vorherrschaft Périer angestrebt habe, bezeichnet Loève-Veimars mit dem Schlüsselbegriff der »aristocratie bourgeoise«.[30] Im Laufe seiner Artikelserie übt er wiederholt Kritik an der Macht des Großbürgertums in der Julimonarchie.

Der Kritiker der »Revue des Deux Mondes« stellt die innenpolitischen Vorgänge während Périers Amtszeit wesentlich genauer dar als Heine. So beschreibt er zunächst dessen Aufstieg am Ende des Ministeriums Laffitte ausführlich.[31] In der Darstellung seiner Amtszeit kritisiert er die ›Hinterzimmerpolitik‹ des

Königs und seiner Berater. So habe sich Périer in der Außenpolitik für mächtig gehalten, sei es aber nicht gewesen, da die eigentlichen politischen Handlungen von der Kamarilla Louis-Philippes in geheimen Briefwechseln und Treffen ausgeübt worden seien. Loève-Veimars beschreibt detailliert, wie die Politik hinter dem Rücken der Parlamentarier, in Louis-Philippes Hinterzimmern, gemacht worden sei.[32] Statt Périer hätten *de facto* Barthe, Sebastiani und Soult regiert, denen der König Gehör geschenkt habe. Damit greift er einige der Regierungsmitglieder des aktuellen Parlaments an. Sein Artikel endet mit der These, Périer sei letztlich an der Enttäuschung darüber gestorben, dass der König ihn und sein Parlament als Marionetten missbraucht habe. So übt Loève-Veimars Kritik an der Regierungsform der parlamentarischen Monarchie, die ihre Parlamentarier nutzlos verbrauche, ohne ihnen wirkliche Macht einzuräumen.

2. »der Sumpf, der in der Mitte liegt« – Kritik am *juste milieu* und den *doctrinaires*

In Heines und Loève-Veimars' Kritik am politischen System der Julimonarchie lassen sich weitere Parallelen aufzeigen. Beide Autoren greifen die sogenannten »doctrinaires« an, die das politische System der konstitutionellen Monarchie in Frankreich theoretisch untermauert hatten, und kritisieren die Politik des »juste milieu«, die die Julimonarchie von Anfang an prägte.[33] Einer der wichtigsten Vertreter der »doctrinaires« war der Politiker und Historiker François Guizot (1787–1874).[34] Der Professor für Geschichte am Collège de France hatte in den beiden ersten Übergangsregierungen zwischen August und November 1830 als Innenminister fungiert. Im Mai 1834 wurde er zum Minister für Bildung (Instruction publique) ernannt, ab 1840 wurde er zur Hauptfigur des französischen Parlaments. Seine politische Doktrin diente der Stabilisierung der Julimonarchie, führte aber auch zu politischer Stagnation und damit letztlich zum Untergang der Julimonarchie in der 1848er Revolution.[35]

Heine erwähnt die drei Minister Guizot, Thiers und Dupin, das »Triumvirat des Centrums« (DHA XII, 459 f.)[36], bereits in seinen ersten Artikeln im Januar 1832 und kritisiert deren Politik des »juste milieu«. Dabei polemisiert er gegen das neue politische System: Die konstitutionelle Monarchie stelle einen Mittelweg zwischen den beiden Extremen der Monarchie und der Republik dar, mit dem aber niemand zufrieden sei. Satirisch bezeichnet er die Julimonarchie als »Sumpf, der in der Mitte liegt« und in dem die Vertreter beider Extreme, Legitimisten und Republikaner, wie die Leidenden in Dantes Hölle gefangen seien.[37] Mit der Metapher des Sumpfs erfasst er einerseits die politische Unbeweglichkeit der Julimonarchie, andererseits übt er implizit Kritik an der Korruption der Minister und an einer Politik, die sich an den finanziellen Interessen des Bürgertums orientierte. Mit satirischem Wortwitz greift Heine diese großbürgerlichen »Justemillionair[e]« (DHA XII, 118) an, die sich um die Nöte der Bevölkerung wenig kümmerten.

Sein zentraler Kritikpunkt an der Julimonarchie ist deren »Scheinlegitimität«. Damit meint er allerdings nicht die Frage, ob das Haus Orléans zu Recht regiere, sondern die Frage der Volkssouveränität. Für Heine darf sich der Enthusiasmus der Julirevolution für die Ideale der bürgerlichen Freiheit nicht in einem Dynastiewechsel erschöpfen, sondern muss zu einer wahren Volkssouveränität führen. Sein Argument ist hier ein (wenn auch gemäßigt) republikanisches: Nachdem mit der Julirevolution »das Volk souverain geworden« sei, müsse Louis-Philippe »das personifizirte Volk« sein (DHA XII, 457). Eines der Hauptargumente François Guizots zur Konsolidierung der konstitutionellen Monarchie war die Behauptung, die Proteste der Julirevolution hätten keine Republik, sondern nur eine Reform der Verfassung (Charte) gefordert. Heine verteidigt dagegen vehement die These, die beiden französischen Revolutionen von 1789 und 1830 hätten für dieselben Ideale gestritten (vgl. DHA XII, 130 und 122). Guizot, der das revolutionäre Potenzial der Julirevolution kleinzureden versuche, sei ein Verräter an den Idealen der Revolution. Die *doctrinaires* hätten »durch ihre Theorie von der halben Legitimität, und durch ihre Interpretazion der Juliusereignisse das arglose Volk getäuscht [...]« (ebd., 458).[38] Heine treibt die Argumente der *doctrinaires* ironisch auf die Spitze, indem er sie ins Gegenteil verkehrt: Ein König, der durch Volkszorn zu seiner Krone gekommen sei, müsse offensichtlich unpopulär regieren, um sich den Volkszorn zu erhalten (ebd., 457).

Heine kritisiert vor allem Guizots Ziel, das Modell der englischen parlamentarischen Monarchie mit ihrem Zwei-Kammer-System auf Frankreich zu übertragen:

> [...] dieser Quasi-Vater der neuern Doktrinaire, dieser Verfasser einer englischen Geschichte und einer französischen Synonymık versteht aufs meisterhafteste, durch parlamentarische Beyspiele aus England, die illegalsten Dinge mit einem *ordre légal* zu bekleiden, und durch das plump gelehrte Wort den hochfliegenden Geist der Franzosen zu unterdrücken. (DHA XII, 154)[39]

In seinem vierten Artikel legt er ausführlich dar, dass sich das englische System seiner Meinung nach wegen der unterschiedlichen Gesellschaftsstrukturen, vor allem wegen der abweichenden Rolle des Adels, nicht auf Frankreich übertragen lasse (DHA XII, 104 ff.). Auch an anderer Stelle betonte er, die staatlichen Institutionen müssten stets mit den neuesten Entwicklungen der Gesellschaft eines Landes übereinstimmen, da es sonst zu einer Revolution komme (ebd., 130 f.).

Die konstitutionelle Monarchie selbst stellt Heine allerdings, wenn sie im Sinne des französischen Revolutionärs Mirabeau interpretiert werde, durchaus als ideale Staatsform dar.[40]

Mehrfach greift Heine Guizot auch als Person an. Er beurteilt den Minister nach seinen Handlungen als Innenminister in den beiden Interimskabinetten von 1830, in denen er Aufstände niedergeschlagen hatte. Heine kommentiert: »Jedermann kennt die Art, wie Hr. Guizot das nach ihm genannte erste Ministerium geleitet hat, und es ist die Frage, ob seit den Zeiten Laws irgend ein Individuum den Franzosen verderblicher gewesen, als jener Professor.« (DHA XII, 458) Auch als Redner im französischen Parlament stellt er Guizot sehr unvorteilhaft als »ein[en] kleine[n] dünne[n] Mann, mit einem wahrhaften Censorgesicht« (ebd.) dar – eine Anspielung auf Guizots Tätigkeit als Zensor während der Restaurationsepoche. Das Auftreten des Historikers charakterisiert er als professoral. Er bezeichnet ihn als »ein[en] fast deutscher Pedant[en]« (ebd., 79 f.)[41] und spöttelt, dass Guizot durch seine akademischen, für die Bevölkerung unverständlichen Plakate seinen Fall als »Konrektor von Frankreich« selbst beschleunigt habe. Im siebten Artikel vermutet er, Guizot würde als Premierminister autokratisch regieren: »Auch diesem [Guizot – LB] wird viel zugetraut, wo es gilt, unter konstituzionellen Namen und Formen die absolutesten Gelüste zu verbergen« (ebd., 153) – dieser Fall trat ab 1840 ein, und Heine wird Guizots Politik in seinen späteren Korrespondenzberichten der 1840er Jahre, der »Lutezia«, scharf kritisieren.[42]

Auch in Loève-Veimars' Artikelserie nimmt die Kritik an den »doctrinaires« viel Raum ein. Bereits in seinem ersten Artikel übt er Kritik an ihnen, namentlich an Thiers, Guizot und Vitet. Diese Gruppe junger Ehrgeiziger habe eine Art Geheimbund (»congrégation«) gebildet, um dem kranken Périer die Macht aus den Händen zu nehmen. Périers übertrieben starres Festhalten am Status quo habe dazu geführt, dass diese »politischen Souffleure« schon 1832 *de facto* die Macht übernommen hätten.[43] So verwandte Loève-Veimars bereits das Porträt des verstorbenen Politikers dazu, Spitzen gegen die Regierungsmitglieder von 1833 vorzubringen. Nachdem er in den ersten Artikeln Périer, Benjamin Constant und Joseph de Villèle, drei wichtige Politiker der Restaurationsepoche und der Julirevolution, besprochen hatte, porträtierte und attackierte er in den folgenden Artikel die aktuellen Minister. Zentral sind dabei vor allem seine polemischen Artikel gegen Sebastiani, Guizot und Thiers. Den fünften Artikel der Serie widmet er am 15. Mai 1834 François Guizot, der zu diesem Zeitpunkt Minister für Bildung ist. Guizots politische Biographie stellte er ausführlich dar, aber nicht sachlich oder gar wohlwollend, sondern kritisch und polemisch. Die einzelnen Etappen seiner politischen Laufbahn dienen dem Journalisten vor allem dazu, Vorwürfe gegen den Minister zu formulieren. Loève-Veimars' Artikel beginnt mit einem sehr unvorteilhaften Porträt Guizots als Redner im französischen Parlament: Guizot wird als ernster, düsterer Moralist, eine »longue figure puritaine [aux] yeux irrités«[44], porträtiert. Loève-Veimars' Artikel beginnen oft mit der Beschreibung des äußerlichen Eindrucks, den die Redner im Parlament auf ihn gemacht haben – bevor er dann auf deren Vorgeschichte und Politik eingeht.[45] Guizot vergleicht er mit dem strengen protestantischen Prediger Calvin und behauptet, der in Genf aufgewachsene Protestant habe in Paris deplatziert gewirkt.[46] Guizots Protestantismus zieht sich als ein Leitmotiv durch den Artikel. Wie Heine verspottet auch Loève-Veimars sein professorales Auftreten und karikiert vor allem seinen Hang zur universitären Systematik.[47] Die Darstellung mündet in einen Angriff auf die von Guizot mit ausgearbeitete Verfassung von 1814 – was er durch ein Wortspiel mit dem Verb »constituer« zusätzlich betont.[48] Loève-Veimars führt vor allem Guizots Rolle bei den restriktiven Pressegesetzen in der Charte von 1814 genauer aus und vergleicht diese in polemischer Absicht mit den Ordonnanzen von 1830, welche die Julirevolution auslösten.[49] Auch seine Funktion als Zensor während der Restaurationsepoche wird kritisiert. Guizot habe durch diese Gesetze am Machterhalt und an der Stabilisierung des Restaurationsregimes mitgearbeitet und die bürgerlichen Freiheiten begraben. Die Frage der Pressefreiheit macht Loève-Veimars in seiner Artikelserie mehrfach zum Thema.[50]

Guizot wirft er vor allem den Verrat an seinen früheren politischen Idealen vor: Er habe früher für die liberalen Freiheiten geschrieben. Als er an die Macht gelangt sei, habe er seine liberalen Ideale jedoch verraten.[51] Um zu belegen, dass die politische Praxis des Ministers im Widerspruch zu den von ihm früher verkündeten Idealen stehe, zitiert Loève-Veimars aus Guizots Schriften aus dessen Zeit in der Opposition gegen Villèle.[52] Pointiert formuliert er, der Philosoph Guizot habe seine politischen Prinzipien vergessen, der Protestant trete die christliche Nächstenliebe mit Füßen.[53] Nachdem er die bürgerlichen Freiheiten früher selbst enthusiastisch vertreten habe, regiere er nun gegen das Volk und für die Interessen einer großbürgerlichen Oberschicht, jener »aristocratie bourgeoise«, die Loève-Veimars bereits im Artikel über Périer scharf angegriffen hatte.[54] Ähnlich wie Heine argumentiert er, Guizot habe die französische Nation verraten.[55] So weist er auf Guizots bescheidene Anfänge als Privatlehrer hin, um seine derzeitige Politik, die den sozialen Aufstieg verhindere, zu kritisieren. Der Politiker vertrete jetzt, da er an der Macht sei, eine Ideologie, die jedes Individuum streng an dem Platz halte, an den der Zufall der Geburt es gestellt habe.[56] Mit solchen Widersprüchen innerhalb der Biographie argumentiert Loève-Veimars in seiner Artikelserie mehrfach; indem er die Politiker beim Übergang aus der Opposition der Restaurationsepoche zur Regierungsverantwortung während der Julimonarchie beobachtet, stellt er sie als skrupellose Karrieristen dar. Besonders das Motiv des Verrats an ehemaligen politischen oder privaten Freunden führt er mehrfach an.⁵⁷ Guizot wird somit als Opportunist und als Egoist dargestellt. Seine politische Laufbahn sei ein einziger Rückschritt: »Dès lors, c'est à pas de géant que M. Guizot rétrograde«.⁵⁸

Ein weiterer Hauptvorwurf betrifft die mangelnde Transparenz im Parlament der Julimonarchie. Loève-Veimars wirft Guizot vor, er regiere hinter dem Deckmantel der Demokratie als heimlicher Despot:

> M. Guizot étudia, peut-être involontairement, l'art de gouverner despotiquement le peuple en déclamant contre le despotisme des classes élevées, de marcher pas à pas et d'un grand air de franchise à un but secret, de reculer à propos devant la force, de revenir à propos encore, d'avancer toujours et de ne lutter ouvertement qu'à la dernière extrémité; petites choses et petits moyens qu'on sait à merveille dans ce petit gouvernement, si faible que le moindre brin d'herbe y est un obstacle qu'on ne peut surmonter qu'à force d'habileté.⁵⁹

Der Parlamentarier wird somit als Heuchler und als Kleingeist angegriffen. Er erscheint als Intrigant, der eine Clique um sich gebildet habe, um durch eine Fülle kleiner Intrigen und Manöver an die Macht zu gelangen.⁶⁰ Ähnlich wie zuvor Périer wirft Loève-Veimars auch Guizot vor, seine Politik diene nur einigen Großbürgern, die übrige Bevölkerung werde bekämpft, ruiniert und vernichtet.⁶¹ Diesen Angriff erweitert der Journalist auf »doctrinaires« in der französischen Regierung: Das Parlament habe keine politischen Ideen und auch keine großen Führungspersonen. Es tue sich ein großer Graben auf zwischen der Mehrheit der leidenden Bürger und einigen Reichen, die das Land regierten.⁶² Loève-Veimars prophezeit daher, Frankreich werde sich gegen sie erheben. Das französische Parlament der Julimonarchie erscheint als Regierung der kleinen Dinge und der niedrigen Mittel (»petites choses et petits moyens«).

Dieses Argument ähnelt Heines Einschätzung: Beide Journalisten zeigen sich desillusioniert von dieser Entwicklung von den Idealen der Julirevolution hin zur kleinlichen Realpolitik. Heine beklagt gleich zu Beginn seiner Artikelserie den Untergang der großen Ideale der Französischen Revolution in der Tagespolitik zu Beginn der Julimonarchie. Die Diskussionen im Kabinett der Julimonarchie seien nicht mit den Debatten der Revolutionsepoche vergleichbar (DHA XII, 94). Die Julirevolution habe nur unheroische Charaktere an die Macht gebracht:

> Auch war nach dem Ausbruch der Juliusrevolution, als die Schwäche der französischen Stimmführer hervortrat, ganz Europa der einstimmigen Meinung, daß niemals das Schicksal einer größern Zeit in die Hände kleinerer Menschen gegeben worden, als das des Jahres 1830. (DHA XII, 462)

Unter den Politikern des aktuellen Parlaments finde sich keine Verkörperung der freiheitlichen Ideale der beiden Revolutionen 1789 und 1830. So formuliert Heine zu Beginn des sechsten Artikels:

Ich kann nicht umhin, auf das Mißverhältniß, das jetzt in Frankreich zwischen den Dingen (d. h. den geistigen und materiellen Interessen) und den Personen (d. h. den Repräsentanten dieser Interessen) statt findet, hier besonders aufmerksam zu machen. (DHA XII, 130)

Zentral ist dabei der Vorwurf, dass die hohen Freiheitsideale auf Zahlen reduziert würden: Dies kommentiert Heine mit der an die Sprache der Lutherbibel angelehnten Sentenz: »Wahrlich, ist es thörigt, wenn man nur die Personen sieht in den Dingen, so ist es noch thörigter, wenn man in den Dingen nur Zahlen sieht« (DHA XII, 146 f.)

3. Von den Personen zu den Dingen

Diese Enttäuschung von den Ministern der Julimonarchie prägt die Schreibform von Heines Korrespondenzberichten: Nachdem er seine Artikelserie mit einem Porträt Louis-Philippes begonnen hatte und im Januar und Februar 1832 die Minister Guizot, Thiers und Dupin sowie die beiden Parlamentarier Casimir Périer und General Sebastiani porträtiert hatte, kehrte er sich zu Beginn seines sechsten Großartikels programmatisch vom Personenporträt ab.[63] Von den Personen der aktuellen Politik wollte er sich den Dingen, der französischen Revolutionsgeschichte, zuwenden. Seine Darstellung der Revolutionsgeschichte enthält im übrigen ein idealisierendes Porträt des Revolutionärs Mirabeau (DHA XII, 147 ff.). Der Ausbruch der Cholera-Epidemie in Paris machte Heine im April 1832 allerdings erneut zum Augenzeugen und bestimmte das Thema seiner Berichte. Er schrieb nun allerdings nicht mehr über Einzelpersonen, sondern versuchte, als Flaneur die Stimmung der Hauptstadt einzufangen und die Bewegungen der Bevölkerung zu beschreiben. Das Volk, die Masse und die Hauptstadt Paris selbst, die er als »Stadt der Freyheit« (ebd., 142) feiert, wurden nun immer mehr zur eigentlichen Hauptfigur seiner Artikelserie.

Loève-Veimars' Artikelserie »Lettres sur les Hommes d'État de la France« steht hingegen in der zeitgenössischen französischen Tradition des Personenporträts. Typisch für seinen Stil ist ein Konversationston, der seinen Theaterkritiken ähnelt. So spricht er beispielsweise im fünften Artikel seine Leser direkt an.[64] Um die Texte unterhaltsam zu gestalten, durchsetzte er seine politischen Analysen mit zahlreichen Anekdoten über das Privatleben der Politiker. So stellte er beispielsweise François Guizots Liebesgeschichte mit Pauline de Meulan als eine Art Melodram dar, das am Sterbebett seiner Frau endet. Viele andere Anekdoten beschreiben eher peinliche Begebenheiten, in denen die Politiker in einem schlechten Licht erscheinen. So erzählt er, Guizots Mutter habe sich um ihren weichlichen Sohn gesorgt, Périer lese die Zeitung gern in der Badewanne, Thiers sei eines Nachts betrunken vom Pferd gefallen und dergleichen.[65] Sein Kritikerkollege Jules Janin kommentierte daher, Loève-Veimars habe in der »Revue des Deux Mondes« über die größten Diplomaten Europas genau so ungeniert gerichtet wie zuvor als Theaterkritiker über die Schauspielerinnen und Schauspieler der Pariser Theater.[66]

Im Laufe seiner Artikelserie wurden Loève-Veimars' Darstellungen der vermeintlich großen Männer der Tagespolitik der Julimonarchie mehr und mehr zur politischen Polemik, gezielt frech und provokant, die die öffentliche Meinung beeinflussen sollte. Er entwickelte die Form des bissigen Personenporträts im Laufe seiner Artikelserie immer mehr zum scharfen, polemischen Angriff *ad hominem*. Während sein Porträt Périers noch relativ ausgewogen, der Artikel über Constant sogar sehr lobend war, wurde der Ton ab dem dritten Artikel über Villèle merklich schärfer. Der Zeitgenosse Maxime Du Camp bezeichnete Loève-Veimars' Feder in diesem Sinne als scharfes Skalpell, mit dem er die Politiker der Julimonarchie ›seziert‹ habe.[67] Der Kritiker wurde für die Politiker der Julimonarchie eine zunehmend unbequeme Stimme der öffentlichen Meinung. 1835 machte ihn schließlich der Minister Thiers, der selbst ein ehemaliger Journalist war, durch Bestechung mundtot. Dass Loève-Veimars auf den Handel einging, gehört zu den unrühmlichen Kapiteln seiner Biographie.[68] Es ist jedoch aufschlussreich für das Verhältnis von Journalismus und Politik in Frankreich um 1830. Auch Heine verfasste seine Berichte als politischer Korrespondent der Allgemeinen Zeitung in diesem Kontext: In »Retrospektive Aufklärung« berichtete er 1854 rückblickend sogar von einem Gespräch mit Thiers, der auch ihm ein Staatsamt angeboten habe – was Heine jedoch ablehnte (vgl. DHA XIV, 83). Immerhin erhielt er eine französische Staatspension und musste, als die entsprechende Liste 1848 veröffentlicht wurde, die Unabhängigkeit seiner Berichterstattung gegen Vorwürfe rechtfertigen.[69]

Heines und Loève-Veimars' Artikelserien stellen zwei Versuche der politischen Selbstvergewisserung in den politischen instabilen ersten Jahren der Julimonarchie dar. Die Frage, ob die Julimonarchie sich halten werde oder ob bald eine neue Staatsform folge, war dabei virulent, was Heine explizit thematisiert (vgl. DHA XII, 131). Beide Journalisten versuchen, die ersten Jahre der Julimonarchie vor der Folie der jüngeren Geschichte zu verstehen. Dabei beziehen sie sich allerdings auf unterschiedliche historische Referenzen: Heine liest die Julimonarchie vor der Folie einer (idealisierten) Geschichte der Französischen Revolution. Während er nach Ausdrucksformen seines republikanischen Enthusiasmus suchte, stellte Loève-Veimars die Veränderungen, vor allem aber die Kontinuitäten zwischen der Restaurationsepoche und der Julimonarchie in den Mittelpunkt seiner Berichterstattung.

Deutliche Parallelen zeigen sich hingegen in der Kritik beider Autoren an der Julimonarchie. Beide polemisieren gegen die *doctrinaires* und das *juste milieu*. Loève-Veimars kritisiert die geistige Unbeweglichkeit (»immobilité«) der Regierungen der Julimonarchie und die Herrschaft des reichen Bürgertums, Heine beschreibt die Julimonarchie als »Sumpf der Mitte«. Beide kritisieren die enge Verbindung von Finanz und Politik. Ihre Angriffe auf die Geld-Bourgeoisie ähneln sich: Heine vergleicht das Ministerium mit einem »Bankkontor« und parallelisiert Périers Tod mit der Darstellung der Pariser Börse. Loève-Veimars stellt Périer, Guizot und andere Politiker der Julimonarchie als »banquiers« dar, die die Interessen einer »aristocratie bourgeoise« verträten. Die Not der Armen und die Bedeutung der Volksmassen für die Politik macht Heine wesentlich stärker zum Thema als Loève-Veimars.

In den Darstellungen Casimir Périers werden die unterschiedlichen Perspektiven beider Beobachter auf das politische Geschehen der frühen Julimonarchie deutlich. So kritisiert Heine vor allem Périers europäische Außenpolitik, während Loève-Veimars ihm vorwirft, er habe als Vertreter der »Kaste« des Großbürgertums regiert und letztlich nur als Marionette Louis-Philippes gedient. Heines Artikel stellten den Blick eines Auswärtigen, eine Beobachtung aus der Außenperspektive dar. Die Faszination von Paris und seinen Sehenswürdigkeiten, die Flaneurperspektive spielen in seinen Artikeln eine zentrale Rolle. Loève-Veimars nimmt hingegen aus der Perspektive eines ›französischen‹ Beobachters die Vorgeschichte einzelner Politiker und die Vorgänge im Parlament, etwa die Korruption, aus der Nähe unter die Lupe. Sein Hauptkritikpunkt ist die Korruption und der Verrat der Minister aneinander, während bei Heine der Verrat an den Idealen der Freiheit der Französischen Revolution im Zentrum steht.

Die politische Position beider Autoren scheint sich zu ähnln: Beide kritisieren die Julimonarchie. Allerdings zeichnen sich auch Unterschiede ab: Heine neigt stärker den republikanischen Idealen zu, wenn er gegen Guizots Theorien eine stärkere Volkssouveränität einklagt. Loève-Veimars befindet sich ebenfalls klar in der Opposition gegen das Parlament der Julimonarchie, das er in vielfacher Hinsicht angreift. Mit dem Lob auf Constant und der Kritik an dem Royalisten Villèle positioniert sich die »Revue des Deux Mondes« auf der Seite der liberalen Opposition. Die Pressefreiheit ist ein wichtiges Thema. Loève-Veimars macht allerdings wenig systematische Aussagen zu alternativen politischen Systemen. Beide Autoren verwenden einen unterhaltsamen Stil, einen Konversationston. Bei beiden zeigt sich deutlich die Lust an der Polemik. Allerdings sind Loève-Veimars' Artikel stark von ihrer Rolle als direkte Einflussnahme auf die Tagespolitik geprägt. In viel stärkerem Maß als Heine verwendet er daher gezielte Polemik und neigt zu zum Teil auch verleumdenden Angriffen gegen die von ihm charakterisierten Politiker.

Interessant ist schließlich, dass in beiden Artikelserien der Vergleich mit England eine wichtige Rolle spielt. Heine formuliert gleich zu Beginn des ersten Großartikels, die französischen Parlamentarier hätten ihre »*last speeches*« vorgebracht (DHA XII, 79) und verweist durch das englische Zitat auf das englische Parlament als Vorbild. Sein Vergleich zwischen Canning und Périer im vierten Artikel sowie die Kritik an Guizots Übertragung des englischen Systems auf Frankreich gehören ebenfalls in diesen Rahmen. Loève-Veimars Artikelserie erschien in der »Revue des Deux Mondes« mit der Herausgeberfiktion, es handele sich um Übersetzungen aus der fiktiven englischen »West-End-Review«. So konnte Loève-Veimars einen fremden Blick auf das eigene Parlament inszenieren. Bezüge auf England durchziehen daher seine Artikelserie wie ein roter Faden. Schon im Artikel über Périer vergleicht er das französische Parlament der Restauration mit dem englischen Parlament.[70] Als Pendant zu Villèles Regierungszeit als französischer Premierminister (1822–1827) zitiert er den englischen Zeitgenossen George Canning, den auch Heine erwähnte.[71] In den Artikeln über Sebastiani und Guizot werden die Redner im französischen Parlament ebenfalls mit den englischen verglichen. So wird in beiden Serien deutlich, dass die englische parlamentarische Monarchie für die französische Julimonarchie ein wichtiges Referenzsystem darstellte.

Der Vergleich macht damit Heines Nähe zu den Argumenten und Kritikpunkten der zeitgenössischen französischen Presse deutlich. Obgleich er als Emigrant vergleichsweise wenig Einblick in die politischen Vorgänge haben konnte, zeigt sich, dass Heine die komplexe politische Lage – sicherlich auch durch die Lektüre französischer Medien – differenziert erfasste und in treffenden Formulierungen darstellte. So stellen Heinrich Heines und Loève-Veimars' Artikelserien zwei aufschlussreiche Schilderungen der politisch instabilen ersten Jahre der Julimonarchie dar und zeigen verschiedene Formen des politischen Journalismus um 1830 auf.

Anmerkungen

1 Zur Entstehung und Publikationsgeschichte vgl. zu »Französische Zustände«, DHA XII, 621 ff., zu »De la France« ebd., 1200 ff.

2 In der »Revue des Deux Mondes« erschienen insgesamt sieben Artikel mit einem Umfang zwischen 16 und 57 Seiten. [Adolphe François Loève-Veimars]: »Lettres sur les Hommes d'État de la France«, Nr. 1 [Casimir Périer], 1. Jan. 1833, S. 5–21; Nr. 2 [Benjamin Constant], 1. Feb. 1833, S. 225–263; Nr. 3 [Joseph de Villèle], 1. Okt. 1833, S. 85–107; Nr. 4 [General Horace de Sebastiani], 15. Dez. 1833, S. 686–725; Nr. 5 [François Guizot], 15. Mai 1834, S. 422–452; Nr. 6 [Adolphe Thiers], 15. Dez. 1835, S. 641–698; Nr. 7 [Victor comte de Broglie], 1. Mai 1836, S. 464–487. Im Folgenden zitiert nach der »Revue des Deux Mondes« mit der Sigle RDM.

3 Vgl. die ausführlicheren Darstellungen in Leslie Brückner: Adolphe-François Loève-Veimars (1799–1854). Der Übersetzer und Diplomat als interkulturelle Mittlerfigur. Berlin

2013, S. 282 ff. und dies.: Adolphe-François Loève-Veimars als Übersetzer und Mittler Heinrich Heines. – In: HJb 49 (2010), S. 81–95.

4 Vgl. dazu auch Brückner: Loève-Veimars als Übersetzer und Mittler Heines [Anm. 3], S. 88 f. und dies.: Adolphe-François Loève-Veimars [Anm. 3], S. 286 ff.

5 Zur Zensurproblematik und zum Skandal um die »Vorrede« vgl. Höhn ³2004, 282 ff. und DHA XII, 654 ff.

6 Briefe über französische Staatsmänner. Guizot. – In: Allgemeine Zeitung 1834, n. 161–169, außerordentliche Beilage, S. 227–239, Blätter aus der Gegenwart 1834, S. 26 ff. Entspricht [A. F. Loève-Veimars]: Lettres sur les Hommes d'Etat de la France Nr. 5 [Francois Guizot]. – In: RDM, 3ᵉ série, Bd. 2, 15. Mai 1834, S. 422–452.

7 Vgl. Nelly Furman: La Revue des Deux Mondes et le Romantisme (1831–1848). Genf 1975, S. 18, und Simon Jeune: Les revues littéraires. – In: Histoire de l'édition française. Bd. 3: Le temps des éditeurs. Du romantisme à la Belle Époque. Hrsg. v. H.-J. Martin und Roger Chartie. Paris 1985, S. 457.

8 Auf Heines Beziehung zu anderen deutschen Republikanern in Paris, vor allem Ludwig Börne, kann in diesem Rahmen leider nicht näher eingegangen werden.

9 Vgl. Furman: La Revue des Deux Mondes [Anm. 7], S. 21.

10 Vgl. Benoît Yvert: Périer. – In: Premiers ministres et présidents du Conseil depuis 1815. Histoire et dictionnaire raisonné. Hrsg. von dems. Paris 2002, S. 99–104.

11 Der Artikel erschien in der »Allgemeinen Zeitung« am 22./24. Februar 1832, in die Buchausgaben »Französische Zustände« und »De la France« übernahm Heine ihn jedoch nicht.

12 Während Sebstiani in Heines Artikelserie zu einer komischen Nebenfigur wurde, widmete Loève-Veimars ihm ein sehr kritisches Porträt, betonte aber seinen verborgenen Einfluss, vgl. RDM, 15. Dez. 1833, S. 686–725.

13 George Canning war englischer Außenminister (1822–1827) und Vorsitzender des House of Commons, 1827 für kurze Zeit Premierminister. Heine hatte ihn schon in »Englische Fragmente« lobend porträtiert, vgl. DHA VII, 260 und den Kommentar ebd., 818.

14 In dieser Idee eines für Frankreich »schmählichen« Friedens scheint ein nationalistisches Argument zu stecken (das in der französischen Presse vielfach vorgebracht wurde), Heine meint aber vor allem Frankreichs Vorbildfunktion als Mutterland der revolutionären Ideale.

15 Vgl. z. B.: »ein Mann, der durch seinen kläglichen, krämerhaften Kleinsinn das Verderben des Vaterlandes verschuldet hätte« (DHA XII, 109).

16 »Toute l'ancienne droite avait disparue. L'orage qui avait emporté la vieille monarchie l'avait balayée avec elle.« RDM, 1. Jan. 1833, S. 6.

17 »lion furieux de l'opposition«, ebd., vgl. auch ebd., S. 5, 8 und 18.

18 »C'était une âme hardie et bien trempée, et ceux qui l'ont accusé de lâcheté n'ont pas eu occasion de le connaître«, RDM, 1. Jan. 1833, S. 9.

19 Ebd., S. 7.

20 Ebd., S. 12.

21 »Man hat gewöhnlich irrige Begriffe von seinem Aeußern, theils weil die Journale beständig von seiner Kränklichkeit reden, um ihn, der durchaus gesund und als Präsident des Conseils bleiben will, zu irritieren, theils auch weil man von seiner Irritazion selbst die übertriebensten Anekdoten erzählt [...]« (DHA XII, 110 f.).

22 »Il faut avoir vu de près Casimir Périer, avoir vu la joie impétueuse des premiers jours de son ministère [...] pour se faire une idée du désespoir sombre et profond qui le saisit en voyant s'échapper une à une ses idées favorites.« RDM, 1. Jan. 1833, S. 16.

23 »Casimir Périer, dur, âpre et avide au gain, ne s'était elevé à sa haute position commerciale que par des voies étroites et peu louables.« Ebd., S. 8.

24 »Sa morale d'homme d'état se ressentait un peu de ses habitudes de banque.« Ebd., S. 16.
25 »une ignorance des hommes et des choses, peu commune dans sa situation«, ebd., S. 20; »Esprit à vue un peu courte«, ebd., S. 8.
26 Ebd., S. 10.
27 »pour lui le moment était venu de combattre en faveur de sa caste.« Ebd., S. 12.
28 »ces fiers patriciens du moyen âge«, ebd., S. 7; zum Höfling vgl. ebd., S. 8.
29 Vgl. ebd., S. 9f.
30 Ebd., S. 8.
31 Vgl. ebd., S. 11f.
32 Vgl. ebd., S. 14–21. »il se crut maître des affaires extérieures« (ebd., S. 13), zu den ›Hintermännern‹ vgl. ebd., S. 16 und 20.
33 Vgl. Art. Doctrinaires – In: Lexique de l'histoire politique de la France de 1789 à 1914. Hrsg. von Hélène Fréchet, Jean-Pascal Picy. Paris 1998, S. 90.
34 Guizot hatte mehrere Schriften zur konstitutionellen Monarchie vorgelegt: »Du gouvernement représentatif et de l'état actuel de la France« (1816), »Histoire des origines du gouvernement représentatif« (1821–1822).
35 Vgl. Laurent Theis: Guizot. – In: Premiers ministres et présidents du Conseil depuis 1815. Histoire et dictionnaire raisonné. Hrsg. von Benoît Yvert. Paris 2002, S. 129–134; M. Richard: Guizot. – In: Dictionnaire de Biographie Française. Hrsg. von M. Prevost, Roman d'Amat [u. a.]. Paris 1960, Bd. 12, S. 350–356.
36 Der Artikel vom 15.01.1832 erschien in der AZ am 10.02.1832, wurde aber nicht in die Buchausgaben übernommen.
37 »So erklärt es sich, daß den Republikanern das legitime Regime und den Legitimisten die Republik viel wünschenswerther geworden, als der Sumpf, der in der Mitte liegt, und in dem sie jetzt stecken« (DHA XII, 116).
38 Die *doctrinaires* seien »eine moderne Art von Traumdeutern«, welche die Frage der mangelnden Souveränität zwar »sehr spitzfindig« gelöst, dabei aber die Interessen des Volkes verraten hätten. Zudem hätten sie die Absichten des »Volksfreund[s]« Louis-Philippe verfälscht, indem sie ihn zu einer autokratischen Herrschaftsform überredeten (DHA XII, 457).
39 Ganz ähnlich polemisiert er bereits im zweiten Artikel gegen »jene doktrinairen Schwätzer, die aus der englischen Geschichte von 1688 beweisen, dass man sich im Junius 1830 nur für die Aufrechterhaltung der Charte in Paris geschlagen, und alle Aufopferungen und Kämpfe nur die Einsetzung der jüngeren Linie der Bourbone an die Stelle der ältern bezweckt habe [...]« (DHA XII, 87).
40 Vgl. im siebten Artikel (DHA XII, 152f.). Hier entwickelt Heine eine utopische Vision eines »rechten Mannes«, der wie Odysseus das Haus Frankreich säubern werde, das Ministerium der Julimonarchie vertreiben und nachweisen werde, dass das Juste-Milieu die Verfassung missbraucht habe.
41 Die Stelle fehlt in der französischen Fassung »De la France« von 1833, vgl. Kommentar in DHA XII, 752f.
42 Heines Darstellung Guizots in der »Lutezia« kann in diesem Rahmen leider nicht eingehend betrachtet werden.
43 Vgl. RDM, 1. Jan. 1833, S. 13–15, »souffleurs politiques« (ebd., S. 13), »ses doctrinaires« (ebd., S. 15).
44 Vgl. RDM, 15. Mai 1834, S. 422–452, hier S. 423. Weitere Charakterisierungen des Redners vgl. ebd: »phrase trainante et incisive«, »voix profonde et presque funèbre ajoute encore à l'expression lugubre de sa physiognomie«, »effrayant« »disposition sérieuse«, »expression sombre et rêveuse« »voix sépulchrale«.

45 Vgl. z. B. zu Villèle als Redner RDM, 1. Okt. 1833, S. 86; zu Thiers RDM, 15. Dez. 1835, S. 686–689.

46 »protestant et calviniste au cœur même du catholicisme, génevois au milieu des côteries de Paris; dur, sombre et tourmenté par ses passions parmi les hommes les plus insoucians [!]«. RDM, 15. Mai 1834, S. 428.

47 Vgl. ebd., S. 428–429 und S. 433 f. Zu Guizot als Historiker vgl. auch ebd., S. 425 f.

48 »constituer« – »se constitue sans lui« – »reconstitution«, ebd., S. 429 und 433.

49 Vgl. ebd., S. 403 f. und S. 430; zu Guizot als Zensor vgl. S. 431.

50 So zitiert er z. B. ausführlich aus Constants Reden über die Pressefreiheit (vgl. RDM, 1. Feb. 1833, S. 247–250) und kritisiert Villèles Einschränkungen der Pressefreiheit (vgl. RDM, 1. Okt. 1833, S. 98 und S. 107–109).

51 Vgl. RDM, 15. Mai 1834, S. 437: »M. Guizot ne croit plus à la liberté«.

52 Vgl. ebd., S. 438 ff.

53 »le philosophe qui mit en oubli ses principes politiques« »le protestant rigide foula aux pieds cette maxime évangélique«. Ebd., S. 443 f.

54 Zu Guizot als Vertreter und Fürsprecher einer »aristocratie bourgeoise« vgl. ebd., S. 424; sowie ebd., S. 445 (»noyeau d'aristocratie bourgeoise dont il s'était fait le centre«) und ebd., S. 449 (»aristocratie bourgeoise et financière«).

55 Vgl. ebd., S. 449.

56 »de retenir avec sévérité chaque individu à la place où le sort l'a jeté«. Ebd., S. 425.

57 So stellt er z. B. Thiers als Verräter an seinem Förderer Baron Louis dar, vgl. RDM, 15. Dez. 1835, S. 677.

58 RDM, 15. Mai 1834, S. 448 f.

59 Ebd., S. 424.

60 Vgl. ebd., S. 428 f.

61 »Le pouvoir, selon lui, doit s'exercer au profit d'une classe d'interêts, et combattre, ruiner, anéantir tous les autres«. Ebd., S. 436.

62 »multitude qui souffre« versus »hommes enrichis«. Ebd., S. 451 f.

63 Vgl. DHA XII, 79–85 (Artikel 1), sowie DHA XII, 457–460 und 462–466.

64 »Maintenant, voulez-vous que nous tournions sans transition une page dans la vie de M. Guizot?« RDM, 15. Mai 1834, S. 441.

65 Zu Guizots Ehe vgl. ebd., S. 426 f; zu seiner Mutter vgl. ebd., S. 435 f. Zu Périer vgl. RDM, 1. Jan. 1833, S. 13, zu Thiers vgl. RDM, 15. Dez. 1835, S. 650.

66 Vgl. Jules Janin: Les Heures de travail d'Eugène Pelletan (1). La vie et la mort de M. Loëve-Weimar. – In: Journal des Débats, Feuilleton, 20. November 1854.

67 »Il excellait aux portraits d'hommes politiques, dont il faisait volontiers l'anatomie, car sa plume avait le tranchant d'un scalpel.« Maxime Du Camp: Souvenirs littéraires. Paris 1892 [Nachdruck Paris 1994], S. 275.

68 Vgl. Brückner: Adolphe-François Loëve-Veimars [Anm. 3], S. 363 ff.

69 Vgl. Jan-Christoph Hauschild und Michael Werner: »Der Zweck des Lebens ist das Leben selbst.« Heinrich Heine. Eine Biographie. Köln 1997, S. 412 ff., sowie Heines »Erklärung« (DHA XIV, 297–299).

70 Vgl. RDM, 1. Jan. 1833, S. 5 f. und S. 18.

71 Vgl. RDM Okt. 1833, S. 95 f.

Heine's Byron-Translations: How Good are They, and How Capable was Heine's English?

By Michael Perraudin, Sheffield

A reason sometimes proposed for Heine's disaffection with England when he visited the country in 1827, and therefore perhaps for his enduringly negative view of the English afterwards, is the supposed incompetence of his English comprehension. The letter from London which laments, »[...] und kein Mensch versteht einen, kein Mensch versteht deutsch« (HSA XX, 285), seems, indeed, to point to alienatory linguistic difficulties.[1] In fact, however, the evidence is unclear, both as to the causes of his English disaffection and to the real level of Heine's linguistic abilities. There are other, powerful reasons for his demoralisation in 1827 that are indicated in his letters from England: lack of friends, very bad weather (with snow in April), a painfully high cost of living, and frequent ill-health.[2] Also, the complaint comes soon after his arrival, when, as any linguist can confirm, there is standardly a shock of incomprehension – particularly dismaying if you think you know the language well. In fact, Heine's activities of his England stay – theatre visits, attendance at parliamentary debates, apparent visits to the Old Bailey, Bedlam and other notable sites – do not suggest that his aural incomprehension lasted long (even if a degree of social alienation may have done).

This would be to be expected if his foundations in the written language were solid. It is clear that Heine's English was never as good as his French, even before his Paris exile. Much of his youth was spent as a citizen of a semi-province of France, and there was a substantial French element in the main phase of his schooling at the Düsseldorf lyceum. Early letters and other evidence point to extensive French reading – Voltaire, Racine, Molière, Diderot, Montesquieu, La Rochefoucauld[3] – whether or not this was enthusiastic. And the snatches of French which appear in letters of this time – either quotations or impromptus – are fluent and quite accurate (if sometimes untidy in their agreements).[4] In his early years his letters do not quote English writers, and impromptus in English are both rare and linguistically less secure.[5]

None the less, his English was far from negligible. In the commercial milieux in which he grew up – in Düsseldorf with his father's import business, and later in Hamburg – English was important. His spell at a school of commerce in Düsseldorf, after he left the grammar school in 1814, is likely to have involved a good deal of English[6]; and that he was making efforts in this direction is indicated by his borrowing from the Düsseldorf *Landesbibliothek* around this time both of Shakespeare in English and of two grammars of English (including Lindley Murray's then new and subsequently very influential »English Grammar« of 1810).[7] When he began his university studies in 1819, he was evidently in a position to read quite demanding books in English: not only does he again borrow Shakespeare, from Göttingen University Library in 1820, but also recent volumes of a London literary review, an English travelogue about Spain (presumably in preparation for composing »Almansor«), and even a work translated into English from Latin.[8]

Of course, borrowing does not prove competence, even if it suggests it. However, we have much more tangible evidence of the standard of the young Heine's English, in the »Uebersetzungen aus Lord Byrons Werken« which concluded his »Gedichte« (published at the end of 1821 and dated 1822). These were translations of the first scene of Byron's verse drama »Manfred« (of 1817) and of his poems »Fare Thee Well« (1816), »An Inez« and »Good Night« (the last two being lyrical interjections in »Childe Harold«, Canto 1, of 1812) – in that order (DHA I, 561f.). And what is striking with these is that not just poetically, but in their accuracy and adroitness as translations, they are remarkably proficient. So long as we can presume that they were undertaken unaided – and, although Heine was not incapable of plagiarism when it suited him[9], the stylistic signs are that they were nothing but original – they indicate that his English comprehension was first rate.[10]

As they appeared in the »Gedichte«, a book which has much youthful narcissism about it, the Byron translations were a significant part of Heine's self-representation. The collection as a whole asserts versatility: it is assembled by genre (»Traumbilder«, »Minnelieder«, »Romanzen« etc.), and the group of translations at the end serves to show off yet another aspect of the new poet's gifts. They also display an internationalism which other features of the collection, too, affirm.[11] The phrase in the accompanying note – »[...] möge als Probe dienen, wie ich einige englische Dichter ins Deutsche zu übertragen gedenke« (DHA I, 561)[12] – suggests, in fact, that achieving fame as a literary translator was among Heine's many plans of the time.[13] There are hints elsewhere that his poetic translating was intended to reach beyond Byron.[14]

Byron is certainly not a random choice, however. At the period when the »Gedichte« were composed and published, Byron was the outstanding literary celebrity in Europe. And in numerous specific respects his public persona was one with which Heine was pleased to identify: as an ethical iconoclast, critic of bourgeois repressions; supporter of the spirit of the French Revolution; as an ironic humorist and satirist; as an over-wrought love poet, writing personal trauma into his verse, even a lover painfully involved with a close (in Byron's case rather closer) relative; and as a physical and spiritual exile. As various studies have shown[15], there are many wilful echoes of Byron in the original poems of the »Gedichte«, not to mention in the two dramas Heine was writing in 1820–1822, »Almansor« and »William Ratcliff«. The young Heine, in fact, cultivated a Byronic identity. With the curl of the lip which many early observers remembered in him, he even managed to insinuate that he looked like Byron.[16] And when »Gedichte« appeared, several of the work's reviewers – especially those who were close to Heine and whose comments he was in a position to influence – mentioned the Byronic affinities.[17]

In 1827, by contrast, when Heine reassembled, adjusted and relativised the »Gedichte« for »Buch der Lieder«, under the new cyclical title of »Junge Leiden«, it was less attractive to him to appear as an emulator of Byron. Byron was dead (he died in 1824) and his reputation was diminishing, while Heine himself was older and more established, was becoming mainly a writer of prose, and was inclined to distance himself from earlier emotionalism. Though Byronic reference does continue to figure significantly[18], suggestions of dependence were unhelpful. Accordingly, the Byron-translations were excised. We need not conclude that qualitative considerations also played a role: some of the original poems he retained in 1827 are certainly worse, and there is also evidence that he continued to hold a high opinion of his translations, even as he excluded them.[19]

For »Gedichte«, not only was the choice of Byron not random, but also that of the particular works selected: the beginning of Byron's Faustian verse-drama »Manfred« (Faust removed to the Alps, his crisis motivated by incestuous love, and without the jokes) plus three lyrics of an agonised lover's exile and wandering. They are epitomes of the Byronic persona and mood – which is not absolutely to say that they are typical texts. Once more, they seem calculated to reinforce an identity which Heine wished to arrogate to himself. Also very interesting, moreover, is his decision thus to conclude »Gedichte« with a series of poems of exile. As suggested above, one of the bases of Byron's significance for Heine was the idea of poet as exile; notions of self-exile had preoccupied him for a while and continued to do so; and exile as a prediction and intention is implied by the way the »Gedichte« end.

The exact genesis of the translations is, as often with Heine, slightly obscure. What the full text of the note accompanying them in »Gedichte« announces is:

> Die Uebersetzung der ersten Scene aus »Manfred« und des »Gute Nacht« aus Childe Harold entstand erst voriges Jahr, und möge als Probe dienen, wie ich einige englische Dichter ins Deutsche zu übertragen gedenke. Die Lieder »Lebewohl« und »An Inez« sind weit früher, und zwar in unreifer, fehlerhafter Form, übersetzt, und wurden aus blos zufälligen Gründen hier abgedruckt. (DHA I, 561f.)

The final disclaimer here is implausible (from an author as calculating as Heine, there are no »zufällige Gründe«[20]), and the claimed gulf in quality between the texts is arguable. There is a variety of evidence that 1820 in Bonn was the high point of Heine's Byronism: »voriges Jahr« in the note (dated »den 20ten Nov. 1821«) points to 1820; the most obviously Byronic idiom in Heine's own early poems is found in the sonnets, most of which are addressed to Bonn university friends and associates; the sonnets are, in particular, written in a kind of poetic interchange with Johann Baptist Rousseau, a close friend in Bonn[21]; a report from 1824 records Heine as saying the Byron translations had been an immediate response to a claim by August Wilhelm Schlegel, then a professor in Bonn and with whom Heine had contact, that Byron was untranslatable[22]; another friend's reminiscence of Heine in his Bonn year poetically describes him in a boat on the Rhine, clutching volumes of the 1818 »Zwickauer Ausgabe« of Byron[23]; and finally, a letter of Heine's in summer 1820 speaks of a current burst of successful poetic productivity after an unfruitful winter, which will generate »viele ganz neue Gedichte und metrische Uebersetzungen der Engländer«.[24] On the other hand, »Lebewohl!« had in fact appeared earlier, in a newspaper of September 1819 (to which Heine added an addendum and gloss in April 1820; see DHA I, 549); a letter in 1821, after his move to and subsequent suspension from Göttingen University, specifically asks a friend to post him »den Manfred« (together with the other, unspecified »englische[s] Buch«)[25]; and Heine's highly Byronic – above all, »Manfred«-influenced – drama »William Ratcliff« was apparently written in Berlin at the beginning of 1822.[26] Heine was probably enthusiastically preoccupied with Byron from 1818 (around the time he evidently first met the translator of Scott and Byron Elise von Hohenhausen, in Hamburg[27]) until 1822, when the Byronic note in his poetry clearly begins to diminish; but 1820 was the most important time.

Thus Heine saw himself for a while as a German kindred spirit of Byron, and in various ways promoted the identification. That this involved not just emulation but translation is interesting, however, as is the fact that he envisaged a role for himself as a transmitter not just of Byron, but of other »Engländer« too. It is indeed a very early manifestation of the internationalism, and of the position as intercultural mediator, which Heine often envisaged for himself. But it also simply signals a degree of self-belief concerning his linguistic as well as his poetic capacities. It would seem, moreover, that the reviewers of his »Gedichte« agreed.

The several reviews of his collection are generally positive, but his translations are more consistently praised than the rest, and notably by reviewers who are not privately his friends.[28] The exceptions are one unidentified reviewer who praises »Gut' Nacht«, but criticises the tendency to uncomfortable elisions and »Härten der Diction und Versification« that he finds in the other translated texts; and Elise von Hohenhausen, acquaintance of Heine's and Byron-translator, for whom »[d]ie Uebersetzungen aus Byron [...] nicht die hellste Seite des Buchs [sind], mit Ausnahme der aus ›Manfred‹, die wahrhaft trefflich ist, und worin Adolph Wagner, der frühere Uebersetzer Byron's, von unserem Dichter völlig überflügelt ist«.[29] Other, more manifestly partial reviewers write of his translations as »sehr gelungen«, »treu und kräftig«, and worthy of »höchstes Lob« and »unbeschränkte Achtung«.[30]

One unidentified commentator speaks immoderately of how they reveal »den großen Meister, der bis in die tiefsten Tiefen des grammatischen Baues, des eigenthümlichen Wesens, und des geistigen Charakters unserer Sprache eingedrungen ist, und der die Meisterstücke fremder Literaturen mit der Treue eines Spiegels in's Deutsche zu übertragen versteht«.[31] Admittedly, this is a very long review in the »Rheinisch-Westfälischer Anzeiger«, of Hamm, the journal in which Heine's translation »Lebewohl!« first appeared, in 1819, so bias is perhaps not out of the question. The reviewing process around Heine's »Gedichte« was not uncorrupt. But nevertheless, there are enough voices altogether, and enough probably independent voices, to constitute convincing contemporary approval.

A relevant question is what the textual basis for Heine's translations was. Approval in the reviews is directed most particularly at Heine's extract from »Manfred«; and in this connection two reviewers indicate that he is superior to »Adolph Wagner, der frühere Uebersetzer Byron's«.[32] Gottlob Heinrich Adolph Wagner was in fact the author of a dual-language, parallel-text edition and translation of »Manfred« published by Brockhaus in Leipzig in 1819 (so two years after the work had first appeared in London). When Heine in early 1821 requested »den Manfred« – in phrasing that seems to refer to a particular copy of a particular edition – it seems likely that this was Wagner's text. Otherwise, it is probable that he used the volumes which had so far appeared of »The Works of the Right Honourable George Gordon Byron«, 32 vols in 10, Zwickau: Gebrüder Schumann, 1819–1827. This edition was a speculative competitor to »The Works of the Right Honourable Lord Byron«, 13 vols, Leipzig: Fleischer, 1818–1822 (6 volumes issued in 1818, with the rest following), which was itself an evidently authorised reprint of »The Works of the Right Honourable Lord Byron«, London: John Murray, 1818 ff. – the first collected edition of Byron's poetry. Friedrich Steinmann's 1834 recollection of Heine on the Rhine near Bonn in 1820, with »ein Bändchen von Byrons Schriften in der Zwickauer Ausgabe in der Hand«[33], would, if accurate, refer to that edition. The Zwickau edition in particular made Byron's long poems accessible to Germans – at least, to Germans competent in English – at affordable prices.

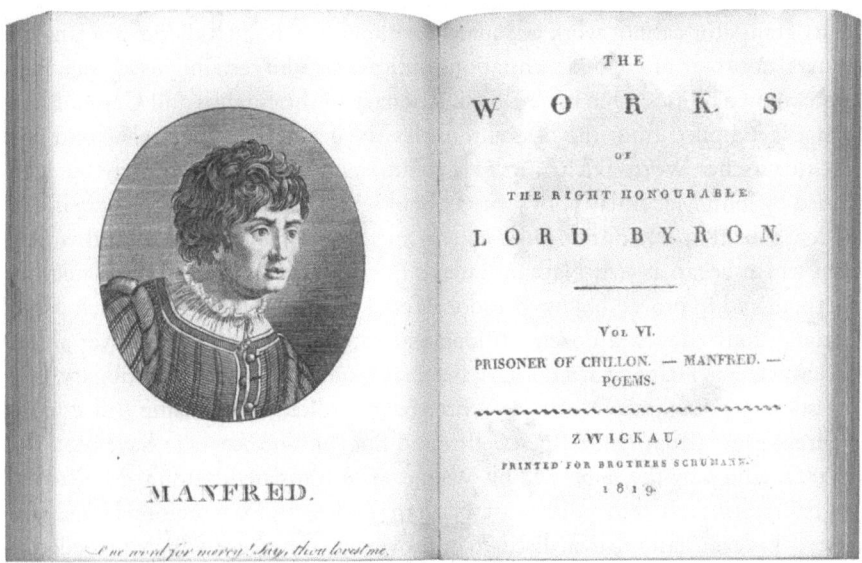

Volume 6 of the Zwickau Edition of Lord Byron's Works with the title engraving to »Manfred«
From the Dickinson collection, Heinrich-Heine-Institut, Düsseldorf

Band 6 der Zwickauer Ausgabe von Lord Byrons Werken mit dem Titelkupfer zu »Manfred«
Exemplar aus der Sammlung Dickinson, Heinrich-Heine-Institut, Düsseldorf

There is also a ›Zwickauer Ausgabe‹ of Byron in translation, »Lord Byron's Poesien«, from the same publisher. But this is dated 1821–1828 (31 vols), so almost certainly postdates Heine's translations completely. It is a product of August (father of Robert) Schumann's mildly notorious »Übersetzungsfabrik«, satirised by Wilhelm Hauff's »Die Bücher und die Lesewelt« of 1827.[34] The edition formed part of Schumann's series »Taschenbuchbibliothek der ausländischen Klassiker in neuen Verdeutschungen« (1821–1830): Vol. I of the Byron edition was No. 13 in the series, for instance, Vol. XXII was No. 173, and so on.[35] It was in fact an important and original enterprise, which brought much significant foreign, particularly English literature to German public attention. Before it began, translations of Byron in book form were very few: Wagner's »Manfred« was one of a tiny handful. Translated verse appeared rather in the more ephemeral contexts of the belletristic journals and anthological literary ›Taschenbücher‹. Heine may not have been wrong in thinking that there could be a market for him to undertake major translations.

Also interesting is the reference work or works Heine must have used. A literary translator cannot work adequately without a bi-lingual dictionary, and the general accuracy of Heine's translations indicate that he certainly used one. There are two possibilities. One is »A New Dictionary of the English and German Languages, compiled from the best authorities (Neues deutsch-englisches und englisch-deutsches Wörterbuch)«, in two volumes, authored anonymously but published by John Mackinlay (a Bow Street bookseller) in London and Leipzig in 1810 – dense, badly printed, but quite convincing. The other, more standard work is that which began as »Mr Nathan Bailey's English Dictionary, [...] translated into German and improved [...] by Theodor Arnold« (Leipzig, 1736), and which passed through four editors, a dozen editions and various changes of title over almost a century. For Heine, it would have been »A Compleat English Dictionary, oder vollständiges Englisch-Deutsches Wörterbuch«, edited by Klausing (till 1792) or Fahrenkrüger (from 1796). The twelfth and final edition seems to have been that of 1822, edited by the same Adolph Wagner who translated Byron's »Manfred«.

Fahrenkrüger's 1810 edition of Nathan Bailey, the last before Heine produced his translation, is a distinct improvement on those which preceded it, and includes several new definitions and examples which are also to be found in Mackinlay. One can only speculate on the relationship between the two: whether, for example, Mackinlay's dictionary predated Fahrenkrüger's edition of Bailey and influenced it, as earlier editions of Bailey certainly must have influenced Mackinlay (since dictionary compilers do not ignore each other's work). In any event, I can find no clear evidence in Heine's translations that he used Mackinlay; and there *are* signs that he might have used a pre–1810 edition of Bailey. When, for instance, the epigraph to »Lebewohl!« translates Byron's »aloof« (»They stood aloof [...]«, v. 9) wrongly (and metrically unnecessarily) as »genüber«[36], it suggests Heine has seen only the 1796 edition of Bailey: in 1810, Fahrenkrüger-Bailey introduced »sich abwärts halten« for the first time (as did Mackinlay) as a rendering of »to stand aloof«. When Heine's version of »Manfred« has the word »spotten« as a mistranslation of »elude« (v. 42), this seems to relate to Bailey's misleading 1796 definition, »äffen« (the reasoning seems to have been: ›evade and therefore dupe‹ = ›entweichen und daher zum Narren halten‹); in 1810, Fahrenkrüger-Bailey (along with Mackinlay) adds the more accurate »ausbiegen«. If Heine had used the Fahrenkrüger-Bailey of 1810, it is unlikely he would have made these errors.

Of course, there are uncertainties with such judgements: Heine could, for example, have had access to different dictionaries at different times; or his attention might have slipped. However, the not very numerous lexical errors his translations contain point to the use (and occasional misuse) of a dictionary, rather than being the effect of mere faulty guesswork. In »An Inez«, »Welch Elend kann sich selbst entfliehn?« (v. 21) renders Byron's »What Exile from himself can flee?« (PW 193; DHA I, 559): »What Exile« here in fact means ›welcher Exilierte‹, which Heine has not understood; but the translation »Elend« seems to derive from definitions in (all) the dictionaries – where »to exile, banish« is misleadingly given – in what is a gloss rather than an equivalent – as »in das Elend verweisen«. As a second example, Scene 1, v. 238, of »Manfred«, »From thy own lip I drew the charm«, becomes »Aus deinem Mund nahm ich den Reitz« in Heine's version (PW 392; DHA I, 557); the correct meaning of »charm« here is not ›Reiz‹ but ›Zaubermittel‹ – a definition which Mackinlay does offer, but Fahrenkrüger-Bailey (both 1796 and 1810) does not.

The list of these mild howlers suggests poor translation. But this is not so, for such solecisms are actually rather rare. With the extract from »Manfred«, Heine's count of definite mistakes (as opposed to arguably justifiable free translations) is certainly less than double that of the professional lexicographer of English, Wagner, who himself also makes errors. In the hero Manfred's first speech, for example, Byron's lines, »My slumbers – if I slumber – are not sleep, / But a continuance of enduring thought« (vv. 3 f.), are rendered by Wagner as »Mein Schlummer – schlummr' ich auch – ist doch nicht Schlaf, / Nichts, als ein anhaltsam ertragnes Grübeln« – where »ertragnes« is a misinterpretation of »enduring« (here meaning ›dauern‹ rather than ›aushalten‹). But Heine has it right: »Mein Schlaf – wenn ich auch schlaf' – ist doch kein Schlaf; / Nur ein fortwährend Brüten in Gedanken«.[37] Byron's lines 110–111, ›The star which rules thy destiny, / Was ruled, ere earth began, by me«, are rendered correctly by Heine: »Vor Erdbeginn beherrschte ich / Den Stern, der nun beherrschet dich«, and apparently mistakenly by Wagner: »Den Stern, den dein Geschick dir wob, / Lenkt' ich, bevor die Erd' anhob«.[38] In all of Heine's four translations, in fact, the only point at which Heine's frequency of error reaches a disturbing level is in the epigraph by Coleridge to »Fare Thee Well«. Here, in the second strophe, Heine's »ein Mittler« for »another« (v. 7) is a misinterpretation, »Genüber« is wrong for »aloof« (v. 9; see above), and »wilder, wüster See« (v. 11) is doubly inaccurate for »dreary sea«.

Heine's translations, short though they may be, are on the whole the products of care and application, and suggest a concern with accuracy, not just the attempt to produce credible German verse. They point to the same intense and exhaustive work method observed in relation to Heine's original poetry by a commentator who knew him in 1820.[39] Items of vocabulary are correctly rendered which are to be found in Bailey's dictionaries, but are perfectly unknown in English nowadays and are very unlikely to have been common currency then (for example, the phrase »fresh feeres« in »Good Night« (v. 60) – a ›Spenserian‹ usage[40] which Heine renders in »Gut' Nacht« as »ein frischer Buhlertroß« – PW 183; DHA I, 561). Byron's often complicated, but coherent and unimpressionistic syntax is generally traced precisely. Tenses are mostly adhered to: so that, when Heine translates »When others rapt in pleasure seem, / And taste of all that I forsake« as »Doch andre seh' ich die sich lustig tauchen / In jedes Freudenmeer, dem ich entwich« (»An Inez«, v. 28 f.), the tense change is striking because it is unusual – and may in any case be justified by the emphatic rhyme (with »ich«) which it allows. The new metaphor here (»-meer«, »tauchen«) is a liberty, but not an intolerable one; and it in turn permits the quite clever rendering of the couplet that follows: »Oh! may they still of transport dream, / And ne'er, at least like me, awake!«; »O möge nie ihr schöner Traum verrauchen, / Und keiner mög' erwachen so wie ich!« (PW 193; DHA I, 559).

It is worthwhile examining an extended passage of verse to see exactly how Heine operates. The following are from his supposedly »unreif« and »fehlerhaft« (DHA I, 562) translation of »Fare Thee Well«, as well as from Byron's original (vv. 13–44):

[...] Though the world for this commend thee –	[...] Mag seyn, daß die Welt dich preise,
Though it smiles upon the blow,	Und die That mit Freuden seh' –
Even its praises must offend thee,	Muß nicht selbst ein Lob dich kränken,
Founded on another's woe:	Das erkauft mit fremdem Weh'?
Though my many faults defaced me,	Mag seyn, daß viel Schuld ich trage,
Could no other arm be found,	War kein andrer Arm im Land,
Than the one which once embraced me,	Mir die Todeswund' zu schlagen,
To inflict a cureless wound?	Als der einst mich lieb umwand?
Yet, oh yet, thyself deceive not;	Dennoch täusche dich nicht selber,
Love may sink by slow decay	Langsam welkt die Liebe bloß,
But by sudden wrench, believe not	Und man reißt so raschen Bruches
Hearts can thus be torn away:	Nicht ein Herz vom Herzen los.
Still thine own its life retaineth,	Immer soll dein Herz noch schlagen,
Still must thine, though bleeding, beat;	Meins auch, blut' es noch so sehr;
And the undying thought which paineth	Immer lebt der Schmerzgedanke:
Is – that we no more may meet.	Wieder sehn wir uns nicht mehr!?

These are words of deeper sorrow	Solche Worte schmerzen bitt'rer,
Than the wail above the dead;	Als wenn man um Todte klagt;
Both shall live, but every morrow	Jeder Morgen soll uns finden
Wake us from a widow'd bed.	Im verwittwet' Bett erwacht.
And when thou wouldst solace gather,	Suchst du Trost, wenn's erste Lallen
And when our child's first accents flow,	Unsres Mägdleins dich begrüßt:
Wilt thou teach her to say »Father!«	Willst du lehren »Vater« rufen,
Though his care she must forgo?	Sie, die Vaters Huld vermißt?
When her little hands shall press thee,	Wenn umarmt von ihren Händchen,
When her lip to thine is press'd.	Dich ihr süßer Kuß entzückt,
Think of him whose prayer shall bless thee,	Denke sein, der fern dich liebet,
Think of him thy love had bless'd!	Den du liebend einst beglückt!
Should her lineaments resemble	Wenn du schaust daß ihr Gesichtlein
Those thou never more may'st see,	Meinen Zügen ähnlich sey,
Then thy heart will softly tremble	Zuckt vielleicht in deinem Herzen
With a pulse yet true to me. [...]	Ein Gefühl, das mir noch treu. [...]⁴¹

Heine has carefully followed Byron's metre of regular trochaic tetrameters with alternating weak and strong line-endings: his verse is actually *more* regular than Byron's, which has uneven, dactylic moments (cf. vv. 15, 27). But Heine has allowed himself much less rigorous rhymes: commonly, his first and third lines either assonate instead of rhyming (vv. 17/19, 25/27, 29/31), or they share a final weak syllable based on the vowel ›e‹, or they involve no sound recurrence at all. The solution seems a good one – fluent and unobtrusive – but it may be the reason for his later judgement that the translation was defective.⁴²

To counter the problem of lengthening with which poetic translators in general, but particularly from English to German, are faced⁴³, Heine's translated verses in »Lebewohl!« tend to simplify the original syntactically, reducing hypotaxis. Thus, »Though my many faults defaced me, / Could no other arm [...]?« becomes »Mag seyn, daß viel Schuld ich trage, / War kein anderer Arm [...]«; »the [...] thought which paineth / is – that [...]« becomes »[...] der Schmerzgedanke: / Wieder sehn wir uns [...]!?« (vv. 17 f., 27 f.). Similarly, he introduces noun compounds and coinages (»Todeswund'«, v. 19, for »cureless wound«; »Schmerzgedanke«, v. 27, for »thought which paineth«), condenses clauses (from »And when thou wouldst solace gather« to »Suchst du Trost«, v. 33), converts clauses to phrases (»Still must mine« becomes »Meins auch«, v. 26), and removes tautologies (»Both shall live, but every morrow [...]«, v. 31, becomes »Jeder Morgen soll uns finden [...]«) as well as other semantic redundancies (from Byron's interlocutory »But by sudden wrench, believe not / Hearts can thus [...]« comes the apodictically straightforward »Und man reißt so raschen Bruches / Nicht ein Herz [...]«, vv. 23 f.). This is all very adroit and effective. There are even moments where the translation is clearly an improvement: for example, »blow«, v. 14, apparently determined by »woe«, is clumsy and obscure, and Heine's »That« is superior. One can put up with the two (arguable) errors in these verses: »Huld« (v. 36) does not precisely render »care« (›Sorge‹, ›Fürsorge‹); and »Immer soll dein Herz noch schlagen« alters »Still thine own its life retaineth« (v. 25) (»still« – ›noch‹ – may have been misunderstood). Finally, what strikes one with Heine's translation is its clear self-confidence – seen, for instance, when he reverses the order of lines to secure a smooth rhythm (from »Than the one which once embraced me / To inflict a cureless wound« to »Mir die Todeswund' zu schlagen, / Als der einst mich lieb umwand«, vv. 19 f.).

What results is a version which is substantially faithful to the original. The devices of simplification employed, though, do move the poem gently in the direction of the colloquial, spoken-language poetic diction to which Heine generally inclined. Words such as »im Land«, »Todeswund'«, »Mägdlein« augment the effect. A kind of personal stamp *is* added to the poem. One notices, too, that he is capable at a critical juncture of wilfully suppressing meaning from the original: v. 39, »Think of him whose prayer shall bless thee«, turns into »Denke sein, der fern dich liebet«, as Byron's hint of piety is replaced by complete secularity. It is true that »prayer« as such is much weaker than ›Gebet‹ would be. But nevertheless, Heine has chosen to remove from Byron an unwelcome meaning. What we have here with »Lebewohl!« in the end is a balance – on the one hand, a precise, thorough, attentive rendering of Byron's text, skilfully minimising deviation – in its way, a near-exemplary act of translation – but on the other hand hints of an element of poetic autonomy on the translator's part, opting for an idiom which is characteristically his own, and at one salient point actually corrupting the original text.

The character of Heine's translating is illustrated best in his version of Scene 1 of »Manfred« – when taken in comparison with Adolph Wagner's ›standard‹ translation of the scene in his dual-language publication of 1819. Despite Heine's apparent request for Wagner's book in 1821 (HSA XX 39; see above), there is no evidence at all that he referred to it as he translated: only one line out of 261 is identical (v. 248), but nor is there sign – as there might have been – that Heine was striving to distance himself from Wagner. Errors by Heine which are not shared by Wagner (for example, »Reitz« for »charm« and »spotten« for »elude«, noted above) suggest that, if he read Wagner after completing his draft, he did not do so at all attentively. As we saw earlier, both translators misread periodically, Heine slightly more often than Wagner. Heine's syntactic grasp seems marginally less secure. Where, for instance, Wagner translates Byron's difficult sentence »Can ye not wring from out the hidden realms / Ye offer so profusely what I ask?« (vv. 145 f.), freely but accurately and subtly, as »Was? ihr vergeudet unsichtbare Reiche, / Und zwingt doch ihnen mein Begehr nicht ab?«, Heine apparently misses the relative clause and loses hold of Byron's construction: »Könnt ihr nicht schaffen dies aus dunklen Reichen, / Ihr, die mir prahlerisch so vieles bietet?«[44] (literally correct would be: ›Könnt ihr nicht das, was ich verlange, aus den verborgenen Reichen, die ihr so freigiebig anbietet, herauswringen?‹). But on the other hand, as we saw earlier, Wagner makes a handful of syntactic and vocabulary errors which are not found in Heine. His »Wenn die Stern im Fall sich schneuzen« for »When the falling stars are shooting« (v. 196) is far more crass than anything in Heine's text.[45]

Generally noticeable in the comparison between the two are – perhaps predictably – Heine's greater boldness and his more secure stylistic touch. Wagner lacks Heine's adeptness in coining compound words (»leichentuchumhängt«, v. 208, »weithinblitzend«, v. 156, »Arglistschlund«, v. 243).[46] Heine is more adventurous and skilful at changing the order of lines and the sequence of images to ensure a metric fit and avoid false emphases or obvious fillers: Byron – »And the silent leaves are still / In the shadow of the hill«; Wagner – »Und das Blattgesäusel stumm / Wird in Bergesnacht allum«; Heine – »Wenn, umschattet von den Höh'n, / Baum und Blätter stille stehn« (v. 198 f.). He both deletes and adds enjambements more readily (vv. 184–186, 189 f.). Altogether, he translates more freely and avoids the clumsiness to which Wagner is liable. Exactly this was what one of the reviewers of 1821 noted: »[Hier bewundert] gewiß Jeder, in Vergleich mit der Uebertragung von *Wagner*, den passenderen Wortausdruck und die freiere aber dabei doch genaue Darstellung des Originals«.[47]

The two are stylistically different. Heine's vocabulary is more graphic and concrete[48]: Byron – »And the sea-snake hath life«, Wagner – »Und die Meerschneck' sich regt«, Heine – »Und die Meerschlange kreucht« (v. 79). Wagner takes Byron in vocabulary and syntax in a formal, sometimes even classicistic direction, whereas Heine informalises and colloquialises him: Byron – »The lamp must be replenish'd«, Wagner – »Nachguß bedarf die Ampel«, Heine – »Ich muß die Ampel wieder füllen« (v. 1); Byron – »I have no choice«, Wagner – »Was braucht's da Wählens«, Heine – »Ich wählen!« (v. 184). Strikingly, Heine manages again and again to simplify and clarify, where Wagner tends to complicate: Byron – »Though thy slumber may be deep, / Yet thy spirit shall not sleep«, Wagner – »Magst du schlummern noch so fast, / Deinem Geist wird nimmer Rast«, Heine – »Schläfst du auch mit Augen zu, / Findet doch dein Geist nicht Ruh« (vv. 202 f.).[49]

Like his »Lebewohl!«, Heine's »Manfred« has a personal stamp. The energetic colloquialism – »Ich wählen!« – itself signals an aesthetic decision. And parts of his translation augment this with clear echoes of the *Volkston* which are not really germane to Byron:

> Mich hat gar schnell, über Land und Well,
> Ein Windstoß hergebracht;
> Die Flott', die ich traf, die segelt brav,
> Doch sinkt sie noch heut Nacht. (Vv. 100–107; DHA I, 553)

This is, as it were, a Heine-ised Byron, wilfully adjusted towards the manner Heine was cultivating in his original poetry of the time.

Two other ingredients, finally, are of interest in Heine's extract. Firstly, Byron's »Manfred« starts with a soliloquy certainly modelled on the »Habe nun, ach« beginning of Goethe's »Faust«:

> Philosophy and science, and the springs
> Of wonder, and the wisdom of the world,
> I have essay'd, and in my mind there is
> A power to make these subject to itself –
> But they avail not. (Vv. 13–17; PW 390)

Whereas Wagner's translation does not give sign that he has recognised this connection, Heine's certainly does:

> Nun hab' ich jede Wissenschaft durchgrübelt,
> Auch Weltweisheit, die Kräfte der Natur
> Erforscht, und fühl' im Herzen die Gewalt,
> Die solche dienstbar machen könnt' mir selber.
> Doch frommt es nicht. (DHA I, 550)

It is indicated, in particular, by Heine's location of »Nun hab' ich [...]« at the start of the passage, and by his verb »durchgrübelt« (cf. Faust's »Durchaus studiert [...]«), which adds a meaning not contained in Byron. Here, as with the *Volkston* additions, Heine's version hints at a sort of German subsuming of Byron, beyond the mere act of translating.

Secondly, and more personally, Byron's first scene ends with a disembodied spirit-voice cursing Manfred as a wanderer condemned to immortality:

> Nor to slumber, nor to die,
> Shall be in thy destiny;
> Though thy death shall still seem near
> To thy wish, but as a fear. (Vv. 254–257; PW 393)

Heine must have recognised an echo of the Wandering Jew myth, with which Byron, like Heine, identified – and it may have been a further encouragement to him to translate this text. It had also been at the heart of the poem »To Inez«, which he had previously translated. But in his »An Inez«, Heine's translation substantially downplayed the reference to the Jew:

It is that settled, ceaseless gloom	Es ist die düst're Glut, die stets getragen,
The fabled Hebrew wanderer bore;	In tiefer Brust, der ew'ge Wandersmann,
That will not look beyond the tomb,	Der nirgendwo sich kann ein Grab erjagen,
But cannot hope for rest before.	Und doch im Grab nur Ruhe finden kann.
	(Vv. 17–20)[50]

And his version of the end of the scene from »Manfred« – unlike the Faustian allusion at the start – avoids specifying the reference.

Heine's Byron-corpus consists of four poems of exile – if the »Manfred« extract is included – and, in two of these, imagery of the Wandering Jew plays a significant role. It is hard to avoid concluding that this conjunction is central to the young Heine's experience of Byron, as an articulation of his own multifacetted unease. But the Wandering Jew – with whom Heine profoundly identified – is kept, as elsewhere in his writings, largely at a subtextual level.

Heine's Byron-translations, though little regarded since the early 1820s, even by the poet himself, are interesting texts. They provide evidence of some notable thematic preoccupations. They are also a display of significant poetic skills (as they were meant to be): Heine's early reviewers seemed to know that they were hearing a distinctive and remarkable poetic voice, but it is less easy for us to perceive it in the »Junge Leiden«/»Gedichte« (with perhaps a few exceptions), where we tend to be distracted by Gothic immoderation, and by the comparison with what he did later. And finally, they are simply linguistically impressive pieces, really not to be called mere »spirited prentice work«.[51] They show that, even if Heine's active English, spoken and written, was hesitant, his passive grasp of the written language – already as a 23-year-old who had never left Germany – was remarkable and extensive. We may not regret that he soon changed his mind about becoming a literary translator; but the notion was not such an absurd one.

Notes

1 See Jeffrey Sammons: Heinrich Heine. A Modern Biography. Princeton 1979, p. 130.
2 See his letters of 23 April, 1 May, 1 June 1827, HSA XX, 284–290.
3 See letters of 20 November 1816, 4 February 1821 and March 1821, HSA XX, 20, 37, 40, and Eberhard Galley: Harry Heine als Benutzer der Landesbibliothek in Düsseldorf. – In: HJb 10 (1971), pp. 30–42 (p. 38 ff.).
4 Ibid. See also letter of 14 April 1822, HSA XX, 50.
5 See, for example, letter of 21 January 1824, HSA XX, 137.
6 See Sammons: Heinrich Heine [see Note 1], p. 47; also Heine's »Memoiren«, DHA XIV, 63.
7 See Galley: Harry Heine als Benutzer der Landesbibliothek in Düsseldorf [see Note 3], p. 41 f.
8 See Walter Kanovsky: Heine als Benutzer der Bibliotheken in Bonn und Göttingen. – In: HJb 12 (1973), pp. 129–153 (p. 131 f.). The last-named of these items was borrowed in Bonn, the others in Göttingen. Shakespeare, it is true, was borrowed in Göttingen simultaneously in English and in German.
9 See, for instance, the fairly recent discoveries about his work-method with »Zur Geschichte der Religion und Philosophie in Deutschland«: Renate Francke: »Damit sie die Geister entzünde und die Herzen treffe, rede die Philosophie in verständlichen Tönen!« Eine unbekannte Quelle für Heines philosophische Schriften. – In: HJb 38 (1999), pp. 91–104. Cf. also Heine's various comments on plagiarism and its possible legitimacy: DHA VIII, 112 (»[...] es giebt kein Plagiat in der Philosophie«); DHA X, 182; 321, 328.
10 J. F. Slattery's convincing short article: The German Byron. – In: Renaissance and Modern Studies 32 (1988), pp. 96–107, remarks briskly: »[Heine's] own knowledge of English was perfectly competent« (p. 99). One other item provides some evidence of Heine's competence as a reader of English in the 1820s, namely his translated extracts from William Cobbett in »Englische Fragmente« of 1828. An essay by Jeffrey Sammons has argued on the basis of these »that [Heine] somehow or other acquired considerable reading skill in English«. Jeffrey Sammons: Heine and William Cobbett. – In: HJb 19 (1980), pp. 69–77 (p. 76).
11 Specifically, the Napoleonic-Germanic folk-song »Die Grenadiere« and the Hebraic-Byronic-Germanic ballad »Belsatzar«.
12 Partly corroborated by Heine's letter of 15 July 1820, HSA XX, 26: »[...] metrische Uebersetzungen der Engländer«.
13 See Varnhagen's amused remark to Rahel from 1823 about Heine's ambitious and fanciful plan-making: Werner/Houben I, 83.
14 See letter of 5 February 1821, HSA XX, 38. There is a likelihood that »das englische Buch«, mentioned here, was a recently published anthology of British poetry, with commentary in German and texts in English: Friedrich Johann Jacobsen: Briefe an eine deutsche Edelfrau über die neuesten englischen Dichter ([...] mit [...] Auszügen vorzüglicher Stellen aus ihren Gedichten). Altona 1820. Heine's uncle Henry was named in the book as a subscriber.
15 Felix Melchior: Heinrich Heines Verhältnis zu Lord Byron. Berlin 1903 (reprint Nendeln 1976); Wilhelm Ochsenbein: Die Aufnahme Lord Byrons in Deutschland und sein Einfluß auf den jungen Heine. Bern 1905 (reprint Hildesheim 1975); Michael Perraudin. Heine, the German Byron – In: Colloquia Germanica 19 (1986), pp. 242–73; also in: Perraudin: Heinrich Heine: Poetry in Context. A Study of »Buch der Lieder«. Oxford 1989, pp. 81–118 – cf. also pp. 119–186; Slattery: The German Byron [see Note 10].

16   See, for example, Werner/Houben I, 35, 40, 43, 88. Grabbe, clearly irritated by the performance, memorably calls him a »Fetzen von Byron«. Werner/Houben I, 75.
17   See Galley/Estermann I, for example 23, 29, 40, 55.
18   See Michael Perraudin: »Denn Nazionalerinnerungen liegen tiefer in der Menschen Brust [...]«. »Deutschland. Ein Wintermährchen«, »Atta Troll« und Heines frühe Überlegungen zum Epos. – In: Von Sommerträumen und Wintermärchen. Versepen im Vormärz. Ed. by Bernd and Karin Füllner. Bielefeld 2007, pp. 205–224 (pp. 216 ff.).
19   See Werner/Houben I, 143.
20   My conjecture for such a ›reason‹ would be – see the previous paragraph – that it suited him to end the collection on a motif of (Byronic) exile.
21   In the very early 1820s, so it can be shown, Heine and Rousseau (whom Heine in correspondence called »der Poet«) not only composed poems about each other, but also wrote poems which cited and varied each other's verses.
22   Werner/Houben I, 104.
23   Werner/Houben I, 43. On the ›Zwickauer Ausgabe‹, see below.
24   Letter of 15 July 1820, HSA XX, 26.
25   Letter of 5 February 1821, HSA XX, 39; see above.
26   It seems, at any rate, to have been written down then, although its inception is datable to 1821. See DHA V, 449–451.
27   See Mende 16. See also letter of 1 September 1822, HSA XX, 57 f.
28   See, for example, Galley/Estermann I, 22, 24, 26, 29, 47 and 90, esp. 22 and 47.
29   Galley/Estermann I, 26 f., 103 f.
30   Galley/Estermann I, 22, 43, 47.
31   Galley/Estermann I, 43.
32   Galley/Estermann I, 26 f.; cf. 24.
33   Mentioned above. Werner/Houben I, 43.
34   Wilhelm Hauff: Werke. Ed. by Max Drescher, 6 vols in 2. Berlin n. d. [1908], VI, 61–67 (73 f.). Cf. Norbert Bachleitner: »Übersetzungsfabriken«. Das deutsche Übersetzungswesen in der ersten Hälfte des 19. Jahrhunderts. – In: Internationales Archiv für Sozialgeschichte der deutschen Literatur 14 (1989), pp. 1–47.
35   The full series consisted of 256 volumes, of which 72 were of Walter Scott (with several volumes per novel).
36   DHA I, 547; Byron: Poetic Works. Ed. by Frederick Page. Oxford ³1970, p. 86 (edition referred to subsequently as »PW«).
37   PW 390; DHA I, 550; Byron. Manfred. Trauerspiel. Translated by [Gottlob Heinrich] Adolph Wagner. Leipzig 1819, p. 9 (referred to as »Wagner«).
38   PW 391; DHA I, 553; Wagner 23.
39   Werner/Houben I, 42 f.
40   ›Spenserian‹ means the alternative vocabulary of ›poetic‹ words for (mostly) material objects which English verse derived from Spenser's »The Faerie Queen«.
41   PW 87; DHA I, 548 f.
42   The »Manfred« extract and »Gut' Nacht« are more faithful: the latter keeps to Byron's rhyme pattern precisely, while the former follows the original's several metric shifts faithfully, but discards Byron's insistent masculine line endings (which are harder to maintain in German). »An Inez«, the other earlier translation, is metrically much the least faithful, converting Byron's iambic tetrameters into pentameters in a sonnet-like tone (also changing all-strong line

endings to alternating weak/strong ones, but retaining Byron's rigorous scheme of alternating rhymes).

43 This explains in part the choice of a longer line-length for »An Inez«.

44 PW 391; DHA I, 554; Wagner 27.

45 PW 392; DHA I, 556; Wagner 37. The rhyme – with »Käuzen« – tells us this is no typesetter's error (though there is at least one of those elsewhere in Wagner's volume).

46 Others have remarked on this. See, for example, Christian Liedtke: Schlegel, Byron, Drachenfels. Harry Heine an der Universität Bonn. – In: Auf den Spuren Heinrich Heines. Ed. by Ingrid Hennemann Barale and Harald Steinhagen. Pisa 2006, pp. 19–39 (p. 30). Liedtke's essay compares Heine's translation from »Manfred« favourably with Goethe's attempt at the same passage. Ibid., pp. 28 ff.

47 Galley/Estermann I, 24.

48 This is certainly a quality, too, of his own original poetry, from this and later times. The early reviews reflect and are sometimes offended by it. And his own general sense that he had such a capacity is implicit in advice he gave, apparently repeatedly, in 1824 to his student friend Eduard Wedekind on feeble poetry and how not to write it: »›Solche Reime‹, sagte er im allgemeinen, »muß man vermeiden, es ist kein Metall darin««. Werner/Houben I, 105.

49 PW 390, 392; DHA I, 550, 556 f.; Wagner 9, 35, 37.

50 PW 193; DHA I, 559.

51 Siegbert Prawer: Frankenstein's Island. England and the English in the Writings of Heinrich Heine. Cambridge 1986, p. 6.

Die »Harzreise« auf Spanisch
Was bleibt von Heines Deutschlandbild?

Von Andrea Schäpers, Madrid

Übersetzer sind vor die schwierige Aufgabe gestellt, Elemente, die explizit oder implizit auf eine bestimmte, vom Autor evozierte Kultur verweisen, in eine andere Sprache mit der ihr eigenen Kulturspezifik zu übertragen. Es ist vorhersehbar, dass es bei der Übertragung dieser Elemente und vor allem ihres konnotativen Gehalts Probleme gibt, und dies hat auch im Falle Heinrich Heines schwerwiegende Auswirkungen auf die Rezeption in der jeweiligen Zielkultur.

Heinrich Heine vermittelt in der brillanten Prosa seiner »Reisebilder« ein sehr subjektives Bild seiner Epoche. Dies trifft in besonderer Weise auf die »Harzreise« zu. Der Erzähler situiert uns zu Beginn in der Universitätsstadt Göttingen, mit deren Bewohnern er unbarmherzig abrechnet. Dann macht er sich auf und nimmt uns mit auf eine Reise in den Harz, wo wir mit ihm emblematische Orte besichtigen, von der Natur oder von Menschenhand geschaffene Denkmäler, bisweilen wunderliche Zeitgenossen kennen lernen und – nicht immer ohne Mühe – seinen Gedanken und Stimmungen folgen. Der Erzählstrang ist eingebettet in das Deutschland der Restaurationszeit, und kulturspezifische Elemente geben der Erzählung ihre charakteristische Couleur. Neben der Einrahmung der Erzählung und ihrer expliziten referentiellen Funktion auf außertextuelle Bereiche (geografische Namen, Personennamen, historische, kulturelle und soziale Umstände) kommt diesen kulturspezifischen Elementen eine implizite Bedeutungsnuance zu. Dieser eher konnotative Gehalt äußert sich in Allusionen und Assoziationen, beispielsweise im Hinblick auf historisch-gesellschaftliche Realitäten (Kaiserzeit, Revolution), in intertextuellen Bezügen (Märchen, Volkslieder, klassische Autoren, das Alte Testament oder die griechische Mythologie), in figurativer Sprache (Wortspiele, verschlüsseltes Sprechen) und sprachlicher Variation (Studentensprache, saloppe oder sehr gelehrte Sprechweisen). Dem deutschen Leser der Heine-Zeit sind die meisten dieser Aspekte bekannt, und er identifiziert sich mit ihnen, ohne dass eine Erklärung vonnöten wäre. Außerdem tragen sie zum Erzählton des Autors bei, mit dem er seine Haltung zum Ausdruck bringt. Heine selbst wies im Vorwort zur französischen Ausgabe der »Harzreise« auf die Übersetzungsschwierigkeiten hin: »[...] plusieurs passages, ne reposant que sur des allusions à des localités et à des époques, sur des jeux de mots et autres spécialités de ce genre, ne pouvaient être reproduits en français« (DHA VI, 350 f.). Wir möchten die Behauptung wagen, dass auch die spanischen Übersetzer große Mühe hatten, ihrem Publikum all dies in vollem Umfang zugänglich zu machen.

Die Rezeption Heines in Spanien ist in zahlreichen Studien untersucht worden, wobei sich das Hauptinteresse auf sein poetisches Werk und dessen Einfluss auf die spanische Literaturwelt, insbesondere auf die Autoren Emilia Pardo Bazán und Gustavo Adolfo Bécquer richtete.[1] Den »Reisebildern« kommt in Spanien nicht die Bedeutung zu, wie sie ihnen, ihrer Stellung im Gesamtwerk Heines nach, eigentlich zustehen sollte. Heine ist hier nur verzerrt wahrgenommen worden. Und der Großteil der existierenden spanischen Versionen der »Harzreise« ist auf der iberischen Halbinsel derzeit nicht einmal bekannt.

Die spanischen Übersetzungen der »Harzreise«

Bis heute sind in Spanien drei Gesamtausgaben der »Reisebilder« erschienen. Die erste dreibändige Ausgabe stammt von 1889 (Bd. 1 und 2) und 1906 (Bd. 3), übersetzt von Lorenzo González Agejas. Die zweite Ausgabe wurde in sieben Bänden in den Jahren 1920 bis 1925 herausgegeben, wobei drei verschiedene Übersetzer am Werk waren: Manuel Pedroso für die Bände 1 und 2, Manuel Morente übersetzte die Bände 3, 4 und 5, José Pérez Bances die Bände 6 und 7. Die dritte Gesamtausgabe der »Reisebilder«, 2003 vom Verlag Gredos in Auftrag gegeben, stammt aus der Feder von Isabel García Adánez. Diese drei Gesamtausgaben enthalten jeweils eine vollständige Version der »Harzreise«. Daneben gibt es einige Teil-Übersetzungen: 1892 erschien in Palma de Mallorca bei der Imprenta de Amengual y Muntaner »En el Hartz. Viaje que se incluye en la Colección Reisebilder (cuadros de viaje) por Henrique Heine. Ahora nuevamente traducido.« Der Übersetzer ist Juan Luis Estelrich y Perelló; zwei weitere Übersetzungen von Auszügen aus der »Harzreise« liegen als zweisprachige Ausgaben vor: »Heinrich Heine. Die ›Harzreise‹. Viaje por el Harz«, erschienen 1920 in der Revista de Educación Familiar in der Sammlung »Nuevas novelas bilingües«, übersetzt von Luis López Ballesteros, und »Reisebilder. Cuadros de viaje. Viaje por el Harz«, erschienen 1936 in der Übersetzung von Armando Gómez bei den Ediciones R.D.P. Madrid in der Reihe »Nuevos textos bilingües«.

Es ist unvermeidlich, dass die Übersetzer Prioritäten bei der Übertragung bestimmter stilistischer Elemente setzen und dass damit häufig ein Verlust von Informativität, aber auch von Expressivität einhergeht. Jeder Übersetzer handelt unter dem Einfluss seiner spezifischen Kontextbedingungen, der Besonderheiten des Übersetzungsauftrags, seiner persönlichen Präferenzen und der Konventionen seiner Zeit.² Beispielhaft für die kontrastive Untersuchung von Original und spanischen Übersetzungen im Hinblick auf die Kulturspezifika möchten wir die verschiedenen Versionen vorstellen, die von der wohl berühmtesten und meist zitierten Passage der »Harzreise« erstellt wurden, dem Beginn der Erzählung in Göttingen.

Lorenzo González Agejas – der Dokumentarist

Im Jahr 1889 wird der erste Band der von Lorenzo González Agejas übersetzten »Cuadros de Viaje« veröffentlicht. Wir befinden uns im Spanien der bourbonischen Restauration nach dem Ende der Ersten Republik (1874). Die Zeit zwischen 1873 und 1913 wird als Periode maximaler Verbreitung Heines in Spanien betrachtet, wobei dies vor allem für seine Lyrik gilt.³ Der 1849 in Segovia geborene Lorenzo González Agejas, Lehrer für Literatur an der Höheren Diplomatenschule und später Archivar in der spanischen Nationalbibliothek, empfindet eine tiefe Bewunderung für Heine und drückt diese in einem ausführlichen biografischen Essay aus, den er seiner Übersetzung voranstellt:

> Es ist schwierig, sich von seinen Werken, mit denen wir uns später detaillierter beschäftigen möchten, sofort ein eindeutiges Bild zu machen, und es ist unmöglich, sie literarisch einzuordnen, da sich in diesen Autobiografie, Kritik, Beschreibung, philosophisches Betrachten in häufiger und unerwarteter Folge einfinden... Sublimes, Komisches, Humoristisches ...; es sind Werke, die wir wohl als essentiell romantisch bezeichnen können, die aber gleichzeitig voller Wahrheit sind, dazu finden wir eine Beobachtungsgabe, Schlichtheit und Natürlichkeit der Sprache, die jüngste Autoren in ihrem hochtrabenden Streben nach Wissenschaft und Naturalismus wohl vergebens suchen [...].⁴

Bei den »Reisebildern« hebt er besonders den Einfallsreichtum und die Schönheit der Beschreibungen hervor, jedoch findet er weniger Gefallen an der Heine'schen Ironie:

> Der erste Erfolg Heines war die Veröffentlichung der Reisebilder 1825–31 [...]. Sie sind zeitweilig brillant, zeitweilig schlicht, mit wunderschönen Beschreibungen und pointierten Beobachtungen und rechtfertigen die enthusiastische Aufnahme durch das Publikum, auch wenn sich der Autor in einigen Passagen von seinen ironischen Gefühlen leiten ließ, die in fast allen seinen Werken in Erscheinung treten.⁵

González Agejas' sorgfältige Arbeit orientiert sich in ihrem Aufbau an der deutschen Originalausgabe, für die er sich als Vorlage entschieden hat: der ersten, 1861 von Heines Verleger Campe bei Adolph Strodtmann in Auftrag gegebenen

Gesamtausgabe, wobei dem Übersetzer die Neuauflage aus dem Jahr 1876 zur Verfügung steht.[6] Neben der deutschen Originalausgabe greift er auf eine weitere Quelle zurück, die er als ebenso legitim betrachtet: die französische Version »des Autors«.[7] In Anlehnung an Strodtmanns Systematik vergleicht er die französische Version mit der deutschen und notiert sorgfältig jede einzelne der aufgefundenen Abweichungen. Er rechtfertigt dieses Vorgehen mit dem Argument, dass es sich bei beiden Versionen um vom Autor legitimierte Texte handelt.[8] Es ist ihm ein Anliegen, eine treue Übersetzung »fidelísima […] al texto alemán«[9] anzufertigen, und er wird dabei von einem so tief empfundenen Respekt für den Autor geleitet, dass er auch nicht das kleinste Detail auslassen möchte, das aus Heines Feder stammt. Es wird offensichtlich, dass er auch den spanischen Leser ausführlich informieren und zu dessen Lesegenuss beitragen möchte, etwa wenn er sich auf eine Passage bezieht, die in der französischen Version ausgelassen wurde:

> In Band II entsprechen die Auslassungen der französischen Ausgabe wesentlich mehr den im Prolog angesprochenen Motiven, aber es gibt einige unerklärliche Streichungen und ganze Kapitel, zum Beispiel das, in dem vom Quijote die Rede ist, über deren Kenntnis sich der Leser sicherlich freuen wird, denn darüber hinaus, dass sie ein Tribut an gerechter Bewunderung gegenüber unserem großen Cervantes sind, sind sie schön an sich und zeigen uns die noblen Gefühle, die im Herzen Heines wohnen und erklären uns, warum es Szenen in seinem Buch gibt, die komplett cervantinisch sind, und Figuren wie der Jude Hirsch oder Jacinto, die uns an unseren guten Sancho Panza erinnern.[10]

González Agejas druckt in seiner Ausgabe Heines Prolog zur französischen Version von 1834 ab, in dem der Autor die Änderungen thematisiert, die er im Vergleich zum deutschen Original vorgenommen hat. Heine selbst legt dabei einen aus übersetzungswissenschaftlicher Sicht sehr interessanten Standpunkt dar, der viel mit seiner Rolle als Mittler zwischen der deutschen und der französischen Kultur zu tun hat. Sein Standpunkt könnte zugunsten einer »treuen« Übersetzung seines deutschen Originalwerks ausgelegt werden, wobei er auf die Ästhetik einer »belle infidèle« im Französischen verzichtete:

> Ce sera toujours une question difficile à résoudre, que celle de savoir comment on doit traduire en français un écrivain allemand. Doit-on élaguer çà et là des pensées et des images, quand elles ne répondent pas au goût civilisé des Français et lorsqu'elles pourraient leur paraître une exagération désagréable ou même ridicule? ou bien faut-il introduire le sauvage Allemand dans le beau monde parisien avec toute son originalité d'outre-Rhin, fantastiquement colorié de germanismes et surchargé d'ornements par trop romantiques? Selon mon avis, je ne crois pas qu'on doive traduire le sauvage allemand en français apprivoisé […]. (DHA VI, 350)

Im Prolog zur französischen Version erklärt Heine, dass er einige Passagen gestrichen habe, weil sie sich auf »allusions à des localités et à des époques, sur des jeux de mots et autres spécialités de ce genre« (ebd.) bezogen, die seiner Meinung nach im Französischen nicht nachvollziehbar waren – ein sehr interessanter Aspekt im Hinblick auf die Kulturspezifika und ihren konnotativen Gehalt.

Was seine Übersetzungsmethode betrifft, so tritt González Agejas für eine sehr treue Fassung ein, wie sie auch von Heine selbst postuliert wird. Aber da er sich auch dem spanischen Leser verpflichtet fühlt und sich bewusst ist, dass es diesem an Kenntnissen der beschriebenen deutschen Realität fehlt, fügt er zahlreiche Fußnoten ein, in denen er die Übersetzungen einiger Kulturspezifika, aber auch Erklärungen zum kulturellen und historischen Umfeld gibt. Zudem bietet er Informationen zur deutschen Grammatik, vor allem zur Phonetik und Herkunft einzelner Wörter. González Agejas zeigt also ein ausgeprägtes didaktisches Interesse. Er nimmt den historisch-kulturellen Kontext des Werks als fremd für die spanischen Leser wahr und fühlt sich genötigt, viele Erklärungen einzubringen: Mit der Verwendung zahlreicher Entlehnungen und anderer wörtlicher Verfahren folgt er einer Übersetzungsmethode, die Heine selbst für die französische Version für erforderlich hielt, nämlich ein »deutsches Buch in französischer Sprache« (DHA VI, 350) zu schreiben.

In der spanischen literarischen Welt bleibt diese erste Übersetzung der »Reisebilder« praktisch unbemerkt. Erst 2004 erscheint in der Zeitschrift »Hieronymus« eine Übersetzungskritik von Pilar Martino Alba.[11] Sie kommentiert einige Abschnitte, bei denen sie unweigerlich im Lesefluss stocken musste, wobei diese Unterbrechungen auf die Unverständlichkeit bestimmter Ausdrücke zurückzuführen seien – ein Zeichen dafür, dass der Übersetzer ernsthafte Probleme gehabt habe.[12]

Zur besseren Einschätzung der Übersetzung in Bezug auf die kulturspezifischen Elemente und ihre Auswirkung auf das Deutschlandbild möchten wir als Beispiel die Version wiedergeben, die González Agejas von der berühmten Anfangspassage der »Harzreise« anfertigt.

> Die Stadt Göttingen, berühmt durch ihre Würste und Universität, gehört dem Könige von Hannover und enthält 999 Feuerstellen, diverse Kirchen, eine Entbindungsanstalt, eine Sternwarte, einen Karzer, eine Bibliothek und einen Rathskeller, wo das Bier sehr gut ist. Der vorbeifließende Bach heißt »die Leine« und dient des Sommers zum Baden; das Wasser ist sehr kalt und an einigen Orten so breit, daß Lüder wirklich einen großen Anlauf nehmen mußte, als er hinübersprang. Die Stadt selbst ist schön und gefällt einem am besten, wenn man sie mit dem Rücken ansieht. Sie muß schon sehr lange stehen; denn ich erinnere mich, als ich vor fünf Jahren dort immatrikulirt und bald darauf konsiliirt wurde, hatte sie schon dasselbe graue, altkluge Ansehen und war schon vollständig eingerichtet mit Schnurren, Pudeln, Dissertazionen, Theedansants, Wäscherinnen, Kompendien, Taubenbraten, Guelfenorden, Promozionskutschen, Pfeifenköpfen, Hofräthen, Justizräthen, Relegationsräthen, Profaxen und anderen Faxen. (DHA VI, 83)

Hier lassen sich bereits einige Kulturmarker aus verschiedenen Referenzbereichen bemerken. Da sind zum einen die der natürlichen Lebensumwelt zugehörigen Elemente, etwa die Toponyme, die die Erzählung in den geografischen Rahmen einbetten: »Göttingen«, der »Harz«, »Hannover« oder die »Leine«. Aus dem kulturellen Leben, in diesem Falle aus dem Universitätswesen, entstammen Begriffe wie »immatrikuliert«, »konsiliiert«, »Dissertationen«, »Promotionskutschen«, »Kompendien«, »Hofräte«, »Justizräte«. Damit zusammenhängend sind es vor allem die sprachlichen Marker, die das Universitätsleben betreffen und hier der Sublekt der Burschenschaften, die besonders charakteristisch für das vom Autor evozierte Bild des Erzählers als Mitglied einer Studentenverbindung sind: »Schnurren«, »Pudeln«, »Profaxe«. Viele dieser Marker haben über den denotativen Gehalt hinaus einen konnotativen Gehalt, der sich durch die Assoziation mit dem studentischen Ambiente äußert. Darüber hinaus finden wir aber auch die konnotative Komponente von Sprachvariation, wenn es um Studentensprache, Fachsprachen oder Sprachregister geht. Die individuelle, sprachspielerische Komponente (»Relegationsräte«) zusammen mit stilistischen Mitteln wie Aufzählung, Sprachkreationen und Paronomasien tragen dazu bei, dass ein charakteristischer Heine-Ton entsteht, der als komisch, ironisch und respektlos beschrieben werden kann. Die Übersetzung von González Agejas lautet:

> La Ciudad de Góttinga[13] celebrada por sus salchichones y por su universidad, pertenece al Rey de Hannover, y contiene novecientos noventa y siete [sic] hogares, diversas iglesias, una casa de maternidad, un observatorio astronómico, una cárcel, una biblioteca y una bodega municipal, cuya cerveza es muy aceptable. El arroyo que corre ante la población se llama el Leine, y sirve de baño durante el estío; el agua es muy fría, y tan ancha la corriente en algunos sitios, que realmente Lüder debió tomar buena carrera, cuando la salvó de un salto. La ciudad es bella, considerada en sí misma, y agrada mucho más vista de espalda. Debe contar larga fecha de existencia, pues recuerdo que, cuando hace cinco años estuve inscripto, y poco después fui relegado de ella, tenía ya el mismo aspecto gris y de prematura vejez, y estaba ya completamente provista de bedeles, perros de aguas, disertaciones, thésdansants, lavanderas, compendia, pichones asados, caballeros Güelfos, carrozas de promoción, cabezas de pipa y consejeros áulicos, de justicia; de relegación, farsantes y comparsa.[14]

Was die geografischen Namen betrifft, greift der Übersetzer auf konservierende Verfahren zurück, geht dabei allerdings nicht einheitlich vor, da er sowohl die direkte Entlehnung *Hannover* als auch die naturalisierte Entlehnung *Góttinga* verwendet. Der Eigenname »Lüder« wird ohne Erklärung unverändert übernommen. Für die studentischen Fachbegriffe »immatrikuliert« und »konsiliiert« wählt er eingebürgerte Entsprechungen: *inscripto* – obwohl auch der Terminus *matriculado* zur Verfügung gestanden hätte – und *relegado*. Bei der Übertragung von »Dissertation« durch die Lehnübersetzung *disertación* entscheidet er sich für einen Begriff, der sich im Spanischen nicht primär auf eine Doktorarbeit bezieht, obwohl im Deutschen natürlich auch die gelehrte Abhandlung gemeint sein kann, die vor allem im 17. Jahrhundert mit diesem Terminus belegt ist, so dass Heine ihn – vielleicht mit ironischer Konnotation – in dieser Bedeutung verwendet hat.

Besonders interessant ist die Übertragung der Begriffe aus dem Studentenleben und vor allem dem der Burschenschaften. Bei dem Karzer handelt es sich um eine typische Einrichtung deutscher Universitätsstädte: eine Zelle, in der Studenten zur Bestrafung festgehalten wurden. Mit der Übersetzung *cárcel* (dt. Gefängnis) wird die Bedeutung allgemeiner und damit reduziert, denn es entfällt die spezifische Verwendung dieser Gefängnisse für Studenten. Die Wort-für-Wort-Übersetzung *carrozas de promoción* (»Promotionskutschen«) vermittelt aufgrund der nicht übereinstimmenden Bedeutungen von *promoción* (dt. Förderung, Beförderung) im Spanischen und »Promotion« im Deutschen nicht, dass Heine sich auf Kutschen bezieht, mit denen die frisch promovierten Studenten ihren Professoren offizielle Besuche abstatteten.[15]

Bei der Übertragung der Studentensprache werden Verständnisprobleme des Übersetzers sichtbar. Zudem war González Agejas zweifellos stark von der französischen Version beeinflusst, die er zum Vergleich herangezogen hat. In der damaligen Studentensprache waren die »Schnurren« Wächter an der Universität, die gleichzeitig den Status von Polizisten und Nachtwächtern hatten[16], so dass die Übersetzung *bedel* korrekt ist – auch wenn vielleicht *sereno* (dt. Nachtwächter) passender gewesen wäre –, jedoch bleibt der Bedeutungsgehalt flach, denn es handelt sich um einen neutralen Begriff, der nicht die Studentensprache mit der entsprechenden Konnotation wiedergibt. Bei »Pudeln« – das entspricht einem Universitätspedell – kommt es zu einer Verwechslung, denn González Agejas übersetzt, als ob es sich um die gleichnamige Hunderasse handelte (*perros de agua*), in Anlehnung an die französische Fassung (*caniches*). Auch der Begriff *compendia* scheint dem französischen Text entnommen zu sein, denn im Spanischen existiert auch der übliche Begriff *compendio* mit dem auf »s« endenden Plural, und im Deutschen wurde kein Latinismus verwendet, im Französischen hingegen schon. Ebenfalls der Studentensprache entstammt das Wort »Profaxen« als Verballhornung von Professoren. Hier greift der Übersetzer erneut auf die französische Übertragung zurück und verwendet *farsantes* (frz. *farsants*). Hier wird zwar die komische Wirkung nachempfunden, nicht aber die denotative Bedeutung in Bezug auf die Professoren reproduziert. Darüber hinaus geht durch das folgende *y comparsa* als Entsprechung zu »und andere Faxen« der lautmalerische Effekt zwischen Profaxen und dem ebenfalls zur Studentensprache gehörigen »Faxen«[17] verloren. Der Einfluss der französischen Version wird wie an den (von uns) kursiv hervorgehobenen Passagen der Übersetzung González Agejas besonders deutlich:

> Elle doit exister depuis bien longtemps, car, lorsque j'y fus immatriculé et bientôt après relégué, il y a de cela plus de cinq ans, elle avait déjà le même aspect grisonnant et posé, et elle était déjà complètement pourvue d'huissiers, de *caniches*, de dissertations, de thés dansants, de blanchisseuses, de *compendia*, de pigeons rôtis, d'ordres de Guelfes, de *carrosses de promotion*, de têtes de pipes, de conseillers auliques, de conseillers de justice, de conseillers de légation et de relégation, *et d'autres farceurs*. (DHA VI, 234)

Die weitere Lektüre der Übersetzung von González Agejas bestätigt, dass er überwiegend wortgetreu vorgeht. Das führt oft dazu, dass er an den äußeren Formen kleben bleibt und eine (nicht vorhandene) Intentionalität in bestimmten Wörtern vermutet. Darüber hinaus verwechselt er häufiger Eigennamen mit Gattungsnamen und umgekehrt. Bestimmte Passagen lassen auf mangelndes Verständnis der deutschen Sprache schließen. Zudem verwendet er viele Generalisierungen und Reduktionen mit dem entsprechenden Verlust an Information und Expressivität. Was den konnotativen Gehalt der Marker betrifft, gelingt es González Agejas nicht, alle Komponenten ins Spanische zu übertragen. In der figurativen Sprache empfindet er nicht alle Nuancen nach, zudem neutralisiert er häufig das Register, wenn es um sprachliche Variation geht. So lässt die Übersetzung größtenteils den ironischen Ton des Autors vermissen, zum Beispiel bei der Übersetzung der realen Eigennamen, die Heine durch Latinismen deformiert, um die Personen ins Lächerliche zu ziehen oder verschlüsselt zu nennen (»Hofrat Rusticus« [DHA VI, 88]).

Auf dem Gebiet der Allusionen und Assoziationen lässt sich bisweilen ein Verlust der evozierten Bedeutungsbereiche beobachten. Ganz anders sieht es bei den intertextuellen Referenzen aus, denn González Agejas zeigt im Vergleich zu den anderen Übersetzern die wenigsten Probleme bei ihrer Übertragung. Seine umfangreiche Recherchearbeit, seine Gewissenhaftigkeit, vielleicht auch die Tatsache, dass er zwei Versionen – die deutsche und die französische – verwendet, scheinen dazu geführt zu haben, dass er dem Großteil der intertextuellen Referenzen des Autors Rechnung getragen hat.

Da der Übersetzer umfangreiche sprachliche und enzyklopädische Informationen liefert, stellt sich die Übersetzung als ein hybrider Text dar, der den literarischen Charakter des Ausgangswerks verloren hat. Die Übersetzung verwandelt sich in eine Dokumentarversion, mit der der Übersetzer das Werk bekannt machen will und dafür eine Fusion der deutschen und der französischen Version vornimmt. Ganz offensichtlich ist auch, dass die Übersetzung durch die Neutralisierung vieler konnotativ geladener Begriffe einen weniger bissigen Ton erhält und damit eine weitaus weniger kritische Sicht der deutschen Verhältnisse offenbart, als sie vom Autor intendiert war.

Juan Luis Estelrich – der Individualist

Drei Jahre nach der Version von Lorenzo González Agejas wird 1892 »En el Hartz« in der Übersetzung durch Juan Luis Estelrich veröffentlicht. Auch wenn die gesellschaftspolitischen Bedingungen in Spanien denen der vorgenannten Übersetzung entsprechen, tragen die persönlichen Umstände des Übersetzers wesentlich zu dieser überaus individuellen Version bei.

Joan Lluís Estelrich i Perelló wird 1856 in Artà (Mallorca) geboren und fühlt sich bereits in jungen Jahren leidenschaftlich zur Poesie hingezogen. Er studiert Rechtswissenschaft in Barcelona und trifft dort mit dem berühmten spanischen Historiker und Literaturkritiker Marcelino Menéndez y Pelayo zusammen, mit dem ihn zeitlebens eine enge Freundschaft verbinden wird. In Madrid studiert er weiter Recht, Notarwesen und Diplomatie und tritt mit den literarischen Kreisen seiner Zeit in Verbindung. Er schreibt lyrische Werke und übersetzt zahlreiche Gedichte aus dem Italienischen, Französischen und Deutschen. Estelrich ist Mitglied der spanischen Königlichen Akademie (von der er 1902 den Fastenrath-Preis und die Goldmedaille erhält), der Akademie der Schönen Künste von San Fernando und anderer künstlerischer und literarischer Vereinigungen. In der Sammlung der Biblioteca Clásica gibt er »Poesías líricas de Schiller« heraus, in denen er dessen Gedichte in Übersetzungen von Teodoro Llorente, Jerónimo Rosselló, Hartzenbusch, Lasso de la Vega sowie in eigenen Übertragungen veröffentlicht.

Bei seiner Übertragung der »Harzreise« handelt es sich um eine bibliografische Rarität, die nicht nur aus übersetzungswissenschaftlicher Sicht sehr interessant ist. Im Prolog, in dem »der Übersetzer spricht, wie es ihm beliebt«[18], drückt Estelrich tief empfundene Bewunderung für Heine aus. Er gibt zu, dass dieser »nicht für jeden Geschmack geeignet«[19] sei und zitiert Menéndez y Pelayo, der Heine gegenüber früher sehr kritisch eingestellt war:

> Ich muss gestehen, dass mir Enrique Heine, der als lyrischer Poet gilt, früher nicht gefiel. Niemals hörte ich auf, seine brillante, ätzende Prosa zu bewundern, und ich hielt ihn stets für den ersten unter den modernen Satirikern, jedoch blieb mir die unvergleichliche Zartheit seiner Lieder bisher verborgen. [...] Und so haben mich neue Lektüren von Enrique Heine nicht nur mit seinen Versen versöhnt, sondern mich auch zu einem seiner leidenschaftlichsten Bewunderer werden lassen und zu einem der eifrigsten Verbreiter seines Werks in Spanien.[20]

Estelrich rühmt ebenfalls die Leichtigkeit und Musikalität der Heineschen Verse, weist aber zudem auf die Ironie als charakteristische Eigenschaft seines Stils hin, eine Facette, die bisher in Spanien nicht in dieser Deutlichkeit wahrgenommen worden sei.[21] Er verteidigt Heine in dieser Beziehung ausdrücklich:

> Wenn ich manchmal im Gespräch fromme Leute höre, wie sie lamentieren über diese Ironie bei Heine, die Verzweiflung [...] Leopardis, *et sic de coeteris*... [...], habe ich diese Klagen immer als simpel zurückgewiesen. Ich liebe Heine, Heine mit seiner [...] Ironie, ohne die Heine nicht Heine wäre.[22]

Juan Luis Estelrich drückt damit ganz unerschrocken einen Literaturgeschmack aus, der nicht ganz seiner Zeit entsprach. Der literarisch sehr versierte Herausgeber legt eine ganz eigene Version der »Harzreise« vor, die er durch ausführliche Anmerkungen vervollständigt. Die Idee zu der Übersetzung kam ihm, als er die französische Version der »Harzreise« las. Als er sich auch die deutsche Fassung[23] besorgt hatte und die beiden miteinander verglich, fielen ihm auch die Unterschiede zu dieser auf. Estelrich erzählt in seinem Prolog, dass er, als er schon einen großen Teil der Arbeit fertig hatte, erfuhr, dass González Agejas eine spanische Version der »Reisebilder« angefertigt hatte, die sich wortgetreu nach dem deutschen Text richtete. Auch wenn nun seine eigenen Absichten einer Gesamtausgabe zunichte gemacht worden waren[24], bedient sich Estelrich dieser Fassung, um an seinem eigenen Text wesentliche Änderungen vorzunehmen. Er greift somit auf die französische Ausgabe (die er ebenfalls als vom Autor autorisiert ansieht), eine deutsche Version und die spanische Fassung von González Agejas zurück.

> Was ich bei dieser Übertragung gemacht habe, fragen Sie mich nicht, denn ich müsste etwas wahrlich Ungebührliches antworten. Anfangs wollte ich mich an die französische Version halten, die von Heine selbst erstellt wurde, da ich aber das deutsche Original nicht aus den Augen verlor, änderte ich an mehr als zwei Stellen meinen Text und reproduzierte oder exzerpierte die Originalfassung. Was soll's? Ich begann mit Gotinga und Hanover und schrieb schließlich Nürnberg... Ich machte somit letztendlich, wonach mir gerade der Sinn stand [...].[25]

Hiermit ist die Einstellung Estelrichs treffend beschrieben. Er fühlt sich vollkommen frei in seinen literarischen Vorlieben und sucht sich aus den verschiedenen Versionen die Passagen aus, die ihm am besten gefallen. Es ist auch gar nicht seine Absicht, eine absolut originalgetreue Fassung vorzulegen, denn es gibt im Grunde gar kein Original angesichts der großen Zahl an Vorlagen, auf die er zurückgreift. Bei seinem Vorgehen lässt er sich ganz von seiner Leidenschaft für das Werk Heines und für die Literatur im Allgemeinen leiten und gesteht offen seine Subjektivität. Offensichtlich bewundert er Heine nicht nur wegen seiner exzellenten Prosa, sondern fühlt sich dem Autor aufgrund von gemeinsamen biografischen Daten verbunden. Beide studierten Rechtswissenschaft, und Estelrich verteidigt Heines ironischen Blick auf diese Disziplin und ihre Vertreter. Und in einer Anmerkung, in der Estelrich den von Heine ironisierten Eigennamen Rusticus (Bauer) erklärt, teilt er die kritische Einstellung des Autors gegenüber der Universitätswelt, er habe ähnliches »[...] an unseren Universitäten erlebt, wo auch nur mit Wasser gekocht wird.«[26]

Bei der gesamten Übersetzung geht er nach Gutdünken vor und macht auch keinen Hehl daraus. In allen Bereichen (mit Ausnahme der Allusionen) ist Estelrich derjenige Übersetzer, der die wenigsten Nuancen des konnotativen Bedeutungsgehalts überträgt, was zum einen mit seiner Auffassung von Freiheit und Subjektivität bei der literarischen Arbeit zusammenhängt und zum anderen auf die wenig orthodoxe Verwendung der Originaltexte zurückzuführen ist. Der Übersetzer erkennt den ironischen Erzählton des Autors und kommentiert diesen auch in seinen Anmerkungen, gibt ihn aber in vielen Passagen nicht wieder. Es entsteht somit der Eindruck, dass er den stilistischen Besonderheiten des Werks weniger Aufmerksamkeit schenkt als die anderen Übersetzer. In vielen Fällen gehen die Wortspiele und Sprachvariationen des Autors bei ihm völlig unter. Seine Version der Passage über Göttingen lautet:

> La ciudad de Gotinga, célebre por sus salchichones y por su universidad, pertenece al rey de Hanover, y la constituyen novecientas noventa y nueve casas, diversas iglesias, un hospital de partos, un observatorio, una cárcel, una buena biblioteca y una taberna municipal en la que se expende cerveza de superior calidad. El arroyuelo que pasa junto á la población lleva el nombre de Leine y se utiliza para baños en la época de los calores: el agua es muy fría y su cauce tan ancho en algunos trechos que Luder debió de tomar buena carrera para salvarlo de un salto. La ciudad es en sí muy hermosa y nunca gusta más que cuando se la ve á la espalda. Debe de ser antigua: cuando fui para matricularme y aun después de haberme licenciado (hará ya más de cinco años), tenía el mismo aspecto canoso y decrépito que ahora, y estaba ya entonces abastecida de ujieres, peritas de agua, disertaciones, tertulias, lavanderas, compendia, pichones asados, distintos órdenes de Güelfos, carrozas de promoción, [--], consejeros áulicos, consejeros de justicia, consejeros de delegación, y otros farsantes.[27]

Im Vergleich zu González Agejas geht Estelrich bei den geografischen Namen anders vor: Er verwendet eingebürgerte Entsprechungen, wenn vorhanden (*Gotinga, Hanover*), und Direktentlehnungen für die kleinen Dörfer (*Rasenmühle, Ritschenkrug, Bovden*) und andere, in Spanien nicht bekannte Toponyme (*Leine*). Der Eigenname »Lüder« wird zu *Luder*, jedoch kann es sich hier um einen Druckfehler handeln.[28]

Was die Fachbegriffe des Universitätswesens betrifft, verfährt er ebenfalls anders als González Agejas. »Immatrikuliert« wird mit der eingebürgerten Entsprechung *matriculado* übersetzt. Bei der Wahl der Übersetzung für »konsiliiert« (d. h. zeitweilig suspendiert) unterläuft Estelrich ein Fehler, denn er übersetzt es mit *licenciado*, d. h. diplomiert. Die Lösungen für Dissertation und Karzer entsprechen denen von González Agejas. Die Lehnübersetzung *carrozas de promoción* (»Promotionskutschen«) ist wohl ebenso wie bei seinem Vorgänger auf den Einfluss der französischen Übersetzung zurückzuführen. Bei der Studentensprache geht er unterschiedliche Wege. Bei einigen Begriffen geht er nach der französischen Version vor, zum Beispiel reduziert er »Profaxen und andere Faxen« auf einen einzigen Terminus: *y otros farsantes*. Andererseits übersetzt er aber den von Heine verwendeten Gallizismus »Thédansants«, der in der französischen Fassung in naturalisierter Form beibehalten wurde (*thés dansants*), durch den spanischen Begriff *tertulias* (dt. etwa Gesprächskreis, literarischer Zirkel), womit einiges an Ausdrucksstärke und Evozierung des Ambientes verloren geht. Die »Pfeifenköpfe« (*têtes de pipes* in der französischen Version und wörtlich übersetzt in der Fassung von González Agejas) lässt er ganz aus, zudem werden die »Relegationsräte« zu *consejeros de delegación*, was natürlich eine Bedeutungsänderung zur Folge hat, vielleicht ist aber hier auch ein Druckfehler beim Anfangsbuchstaben von *delegación* enthalten. Ebenso wie González Agejas übersetzt er irrtümlicherweise – inspiriert durch die französische Version – »Pudeln« durch die Hunderasse (überdies im femininen Genus), *perritas de agua*, womit er die schwindelerregende, assoziative Aufzählung Heines, mit der dieser das universitäre Umfeld seiner Zeit nachempfindet, in ihrer Referenzialität verfälscht.

Wie bereits gesehen, legt Estelrich gegenüber dem Heine-Text eine große Freiheit an den Tag. Zu Beginn der Übersetzung bevorzugt er ganz klar die französische Version. Im weiteren Verlauf macht er, wie im Prolog zugestanden, wonach ihm der Sinn steht. Dies hat, neben dem fehlenden Bezug auf das Umfeld der Epoche, zur Folge, dass das vermittelte Deutschlandbild weniger deutlich und spezifisch ist; wir bekommen weniger Heine zu sehen, dafür aber umso mehr Estelrich.

Manuel Pedroso – die anonyme Version

Die Übersetzung von 1920 entsteht in einem anderen historisch-gesellschaftlichen Umfeld.[29] Spanien befindet sich zwar weiterhin in der Restaurationszeit, jedoch mit Alfonso XIII. als Monarchen in einem Klima relativer politischer Stabilität. Diese Zeit gilt als »Edad de Plata«, das silberne Zeitalter der spanischen

Kultur, eine Blütezeit der intellektuellen, literarischen und künstlerischen Schöpfungen.

Der Übersetzer Manuel Martínez Aguilar y de Pedroso, 1883 in La Havanna geboren, schließt 1905 sein Studium der Rechtswissenschaft an der Universidad Central in Madrid ab und promoviert dort 1910. Von 1905 bis 1917 lebt er in Deutschland, wo er Recht, Philosophie und Geschichte an den Universitäten in Berlin, Halle und Magdeburg studiert. Pedroso spricht perfekt Deutsch. 1928 erlangt er eine Professur für Politisches Recht an der Universität von Sevilla, an der er zur Zeit der Republik das Amt des Vizerektors und Dekans der Rechtsfakultät innehat. In diesen Jahren fertigt er zahlreiche Übersetzungen französischer und deutscher Autoren an, darunter die erste komplette spanische Übersetzung des »Kapitals« von Karl Marx (1931).[30] Von Heine übersetzt er neben ausgewählten Teilen der »Reisebilder« auch die »Memoiren« (1932).[31]

Im Vergleich zu seinen Vorgängern wird Pedroso in keiner Weise in seiner Übersetzung sichtbar. Der Übersetzung geht ein kurzer, nicht unterzeichneter Prolog voran, ohne weitere Kommentare, bis auf eine einzige Anmerkung, in der ein Begriff aus der Studentensprache erklärt wird.[32] Der Prolog enthält eine kurze Einführung in die »Reisebilder« und den Autor, über den allerdings keine biografischen Angaben geboten werden:

> REISEBILDER von Heine ist eines der bezauberndsten Bücher dieses liebevollen, brillanten, ironischen, humorvollen, träumerischen, fantasiereichen und sentimentalen Poeten [...]. Die große Freiheit, die eine Reiseschilderung dem Erzähler einräumt, kam dem Autor der REISEBILDER recht entgegen.[33]

Auch wenn zunächst das Prosawerk des Autors angesprochen wird, werden vor allem seine lyrischen Qualitäten hervorgehoben:

> Hier kann Heine seinem unerschöpflichen Erfindungsgeist und seiner erzählerischen Meisterschaft freien Lauf lassen; er lanciert mit fester und sicherer Hand Impressionen, Erinnerungen, Träume, Anekdoten, Satiren und Fantasien jeder Art auf das Papier und flicht bisweilen wunderschöne Lieder in die Erzählung ein – ein Genre, in dem Heine, wie allseits bekannt, ein Meister war –, die hier als poetische Illustrationen der Erzählung dienen.[34]

Am Inhalt des Werks wird die Kritik hervorgehoben, die Heine an der Heuchelei der Gefühle, der Entfremdung des Menschen von der Natur und der positivistischen Einstellung vorbringt, die einige seiner Zeitgenossen an den Tag legten.[35]

Die Sammlung, in der diese Übersetzung veröffentlicht wurde, die Colección Universal, möchte eine »ausgewählte Buchserie für alle« sein, die »das Beste der griechischen, lateinischen, spanischen, französischen, englischen, deutschen, italienischen, ungarischen, russischen etc. Literatur«[36] einer breiten Leserschaft zugänglich machen möchte. Uns ist nicht bekannt, ob dem Übersetzer die früheren spanischen Übersetzungen oder die französische Fassung vorlagen. In jedem Fall behandelt er die Kulturspezifika in sehr unterschiedlicher Weise. Im natürlichen Referenzbereich verwendet er vor allem direkte Entlehnungen, exotisiert dadurch den Text für die spanischen Leser und situiert die Handlung in einem bestimmten geografischen Raum. Durch die fehlenden Fußnoten bleiben die Kulturmarker jedoch häufig ohne Kontext, vor allem, weil sich zahlreiche Druckfehler finden, die den Verlust der Referentialität nach sich ziehen. Obwohl einige gute Lösungen für Kulturelemente geliefert werden, bleibt die Übersetzung stilistisch flach und wenig informativ.

Auf der konnotativen Bedeutungsebene werden bei Pedroso viele Probleme deutlich. Da keine Fußnoten vorhanden sind, bleiben viele Wortspiele ohne Erklärung und es werden keine zusätzlichen Informationen für den spanischen Leser geliefert. Was den Erzählton betrifft, schafft er es allerdings größtenteils, diesen in allen Schattierungen wiederzugeben. Aufgrund der spezifischen Ausrichtung der Veröffentlichung auf ein breites Publikum ist es möglich, dass der Übersetzer von Anfang an mit dem hauptsächlichen Ziel geschrieben hat, seine Leser zu unterhalten. Dies gelingt unserer Meinung auch, wobei die spezifische Referentialität des Textes dabei nicht als wesentlich beachtet wird. Pedroso bietet folgende Version der Göttingen-Passage:

> La ciudad de Gottinga, famosa por sus embutidos y Universidad, pertenece al rey de Hannóver, y cuenta con 999 hogares, varias iglesias, una casa de maternidad, un observatorio, una cárcel, una biblioteca y un restaurant municipal, donde se expende buena cerveza. El arroyo que pasa junto a la ciudad se llama el »Leine«, y en verano sirve para bañarse. Tiene el agua muy fría, y es en algunos lugares tan ancho, que Lüder, para saltarlo, tuvo que tomar buena carrerilla. La ciudad es hermosa, y cuando más gusta es cuando se le vuelve la espalda. Debe de hacer ya mucho tiempo que existe, pues recuerdo que cuando hace muchos años me matriculé en su Universidad, y poco después me pasaron a consejo, tenía el mismo aspecto gris de hoy, la misma apariencia sabihonda, y estaba ya completamente prevista de murmuraciones, perros de aguas, disertaciones, thesdansants, lavanderas, compendios, palominos asados, corporaciones de güelfos, carrozas de graduados, cabezas de pipa, consejeros de corte, consejeros de justicia, consejeros de relegación, profarsas (*) y otros farsantes.
> * Profesores (23).[37]

Wie gesagt geht Pedroso bei der Übersetzung der Kulturmarker nicht einheitlich vor. Für die geografischen Namen mit existierenden spanischen Entsprechungen verwendet er naturalisierte Entlehnungen (*Gottinga, Hannóver*), während er die unbekannten Ortsnamen ohne Änderung übernimmt. Bei den Begriffen aus dem Universitäts- und Studentenleben greift er ebenfalls auf sehr unterschiedliche Ver-

Die Weenderstraße in Göttingen. Stahlstich von Robert Batty (1829)

fahren zurück. Die »Schnurren« übersetzt er fälschlicherweise mit *murmuraciones* (dt. etwa Gemurmel), vermutlich aus Unkenntnis des Begriffs und vielleicht aufgrund einer Verwechslung mit dem deutschen Verb »schnurren«. Die »Pudeln« werden auch bei ihm als Hunderasse bezeichnet. Er ist jedoch einer der wenigen Übersetzer, der die »Promotionskutschen« in ihrer vollen Bedeutung erfasst und als *carrozas de graduados* wiedergibt. Darüber hinaus erscheint auch das Ende der berühmten Aufzählung als besonders gelungen, denn er ist der einzige Übersetzer, der das Heine'sche Wortspiel der Profaxen mit einem eigenen Wortspiel nachempfindet: *profarsasy otros farsantes* (wobei er eine Fußnote mit der Erklärung einfügt, dass mit dem selbst erfundenen *profarsa* ein Professor gemeint ist).

Luis López-Ballesteros und Armando Gómez – die zweisprachigen Auszüge

Bei beiden handelt es sich um Teilübersetzungen von Auszügen aus der »Harzreise«, die auf der einen Seite den deutschen Originaltext abbilden und auf der gegenüberliegenden die spanische Übersetzung. Es handelt sich um didaktische Texte, die dem Erlernen der deutschen Sprache dienen sollen, wobei mit Hilfe der spanischen Übersetzung der deutsche Text erschlossen werden soll. Aufgrund dieses didaktischen Kontextes weichen sie von den anderen »literarischen« Übersetzungen ab, allerdings bieten sie sehr interessante, teilweise überaus gelungene Lösungen für Kulturspezifika, so dass sie hier ebenfalls Erwähnung finden sollen. Darüber hinaus ist es bemerkenswert, dass in diese Deutschlehrbücher nur literarische Werke kanonisierter Autoren Aufnahme gefunden haben, womit wir einen Eindruck von der Stellung bekommen, die Heine in den 20er und 30er Jahren im Literaturkanon Spaniens innehatte. Da es sich hier um einen anderen Texttyp und zudem in fragmentarischer Form handelt, sind die Beobachtungen selbstverständlich nicht absolut mit den Texten der anderen Übersetzer vergleichbar, es können aber Tendenzen für das Vorgehen der Übersetzer aufgezeigt werden.

Für die erste der beiden zweisprachigen Versionen von 1920 zeichnet Luis López-Ballesteros verantwortlich, Lehrer an der offiziellen spanischen Sprachschule in Madrid. Es ist möglich, dass es sich dabei um López-Ballesteros y de Torres (1896–1938) handelt, den exzellenter Kenner der deutschen Sprache und ersten Übersetzer des Gesamtwerks von Freud direkt aus dem Deutschen. Sein Fragment der »Harzreise« mit dem Titel »Viaje por el Harz« enthält keine Gedichte und endet mit der Besichtigung der Gruben Carolina und Dorothea durch den Erzähler. Im Anschluss an den Text finden wir biografische Angaben zum Autor, eine Auflistung seiner wichtigsten Werke und eine Charakterisierung seines Stils: »Heine ist einer der ersten lyrischen Dichter in deutscher Sprache. Zu seiner exquisiten Feinfühligkeit gesellen sich Skeptizismus auf höchster Ebene und geistreiche Ironie.«[38] Es wird deutlich, dass seine »bittere« Facette in den zwanziger Jahren in Spanien bereits ein Begriff ist.

1936 wird ein weiteres Fragment der »Harzreise« in zweisprachiger Ausgabe veröffentlicht. Als Übersetzer ist Armando Gómez angegeben, von dem keine biografischen Angaben zur Verfügung stehen. Die Fassung enthält ebenfalls keine Gedichte und endet mit der dritten Nacht, bevor dem Erzähler im Traum der Geist des verstorbenen Dr. Saul Ascher erscheint. Das Kriterium zur Auswahl eines Heine-Textes ist überraschend:

> Zu diesem Zweck wurden die Texte aufgrund ihres relativ geringen Schwierigkeitsgrads für die Übersetzung ausgewählt und Werke mit kompliziertem oder schwierigem Stil oder Vokabular vermieden, auch wenn bei allen ein literarischer Wert gegeben ist.[39]

Die detaillierte Studie zu Werk und spanischen Übersetzungen zeigt, dass es sich bei der »Harzreise«, wie wohl bei allen Werken Heines, um einen extrem schwer zu übersetzenden Text handelt, den einige vielleicht sogar als unübersetzbar bezeichnen würden, angesichts des Heine'schen Stils und der impliziten Inhalte, die von den kulturspezifischen Elementen transportiert werden. Der didaktische Zweck hat zur Folge, dass beide Übersetzungen der zweisprachigen Ausgaben sehr wörtlich gehalten sind, damit sie bei der parallelen Lektüre des deutschen und des spanischen Textes als Hilfe dienen können. So drückt es auch Gómez aus:

> Die Übersetzungen sind so wörtlich wie möglich gehalten und folgen getreu den Originalpassagen, so weit es die erforderliche grammatikalische Korrektheit zulässt. Es handelt sich daher nicht um literarische Versionen, die ein Eigenleben unabhängig von den fremdsprachigen Texten haben könnten, sondern sie müssen stets in Abhängigkeit von diesen gesehen werden.[40]

Unsere Einschätzung bestätigt sich durch die Behandlung, die die Kulturmarker in beiden Übersetzungen erfahren. Die zweisprachige Version von López-Ballesteros ist diejenige, die insgesamt den höchsten konservierenden Grad im Vergleich zu den anderen Übersetzungen aufweist. Aufgrund von Generalisierungen und Reduzierungen gehen stellenweise Information und Expressivität verloren. Jedoch zeichnet sich diese (eher philologische) Übersetzung auch durch ihren hohen Grad an Korrektheit aus, denn es finden sich keinerlei Druckfehler bei den Eigennamen.

Was den konnotativen Gehalt betrifft, so evoziert López-Ballesteros nicht die gleichen Allusionen wie die übrigen Übersetzungen. Bei der figurativen Sprache und der Sprachvariation zeigen sich die gleichen Probleme wie bei den übrigen Übersetzern, da die Mehrzahl der derart markierten Begriffe neutralisiert wird. Das führt zu einem Verlust des (komischen oder ironischen) Erzähltons. Die Übersetzung von López-Ballesteros enthält keine Fußnoten, so dass der Leser keine zusätzlichen Erklärungen zum kulturellen und historischen Hintergrund erhält.

Die zweisprachige Version von Gómez verfolgt ebenfalls einen didaktischen Zweck, weicht aber von der vorherigen ab. In Fußnoten liefert der Übersetzer enzyklopädische und sprachliche Information, die zum besseren Verständnis dienen sollen. Es handelt sich hier um eine Übersetzung mit vielen gelungenen Lösungen bei den Kulturmarkern, die teilweise diejenigen anderer Übersetzungen übertreffen. Es wird deutlich, dass der Übersetzer sich sehr gut über die Zeit und die referentielle Welt des Werks informiert hat, und dies gibt er in den Fußnoten an den Leser weiter. Was die Konnotationen anbetrifft, so empfindet auch dieser Übersetzer nicht immer die figurative Sprache nach, aber er zeigt nicht die gleichen Probleme bei der Übertragung der sprachlichen Variation und des vom Autor verwendeten Erzähltons. Selbstverständlich lassen die zweisprachigen Fragmente aufgrund ihrer reduzierten Textgestalt keine kategorischen Schlussfolgerungen zu, aber es kann doch behauptet werden, dass der Übersetzer Gómez sichtbarer als López-Ballesteros ist und das vom Autor abgebildete Szenarium besser zu evozieren versteht.

Der Beginn der Erzählung stellt sich in der Version von López-Ballesteros folgendermaßen dar:

> La ciudad de Göttingen, famosa por sus salchichas y su Universidad, pertenece al rey de Hannover y contiene 999 hogares, diversas iglesias, una casa de maternidad, un observatorio astronómico, una cárcel para estudiantes, una biblioteca y una bodega del Ayuntamiento, donde la cerveza es muy buena. El arroyo que por allí pasa se llama »el Leine« y sirve para bañarse en verano; sus aguas son muy frías y en algunos sitios tan anchas, que Lüder hubo de tomar realmente una gran carrerilla para trasponerlas de un salto. La ciudad misma es bonita, y como más le gusta a uno es cuando la contempla con las espaldas. Debe de estar en pie hace ya mucho tiempo; pues recuerdo que cuando, hace cinco años, fui matriculado en su Universidad, y poco después expulsado de ella, tenía ya el mismo aspecto gris y juicioso y estaba ya completamente provista de serenos, bedeles, disertaciones, thésdansants, lavanderas, compendios, pichones asados, [--], [--] cabezas de pipa, consejeros áulicos, consejeros de justicia, consejeros de relegación, profesores y otras fachas.[41]

Dieser Übersetzer verwendet bei den geografischen Namen im Wesentlichen Entlehnungen (*Göttingen, Hannover, Rasenmühle*) und exotisiert damit den Text, d. h. bettet ihn in einen für den Leser fremden Raum ein. Bei den Begriffen des Universitäts- und Studentenlebens ist er einer der wenigen, der adäquate Lösungen findet, zum Beispiel *expulsado* (»konsiliiert«), *serenos* (»Schnurren«) und *bedeles* (»Pudeln«), *gorras* (»Mützen«) und *borlas de pipas* (»Pfeifenquaste«). Er übersetzt »Profaxen« durch das neutrale, aber in der denotativen Bedeutung entsprechende *profesores* und »andere Faxen« durch *otras fachas*, womit er zwar das Wortspiel nicht nachempfunden, aber unserer Meinung nach den spöttischen Heine-Ton gut getroffen hat. Auffallend ist, dass die Begriffe »Guelfenorden« und »Promotionskutschen« nicht übersetzt wurden, zumal sie auch in der parallel abgedruckten deutschen Version nicht erscheinen. Es ist möglich, dass diese Streichung aus Platzgründen oder aufgrund anderer vom Verlag vorgegebener Gründe erfolgte, aber es ist auch vorstellbar, dass diese Begriffe aufgrund ihres terminologischen Schwierigkeitsgrades weggelassen wurden.

Nehmen wir im Vergleich dazu das zweite Fragment in der zweisprachigen Ausgabe von Armando Gómez:

> La ciudad de Gotinga, famosa por sus salchichas y su Universidad, pertenece al rey de Hanovre y contiene 999 hogares, varias iglesias, una casa de maternidad, un observatorio, una prisión de estudiantes, una biblioteca y una bodega en el Ayuntamiento, donde la cerveza es muy buena. El arroyo que por allí corre se llama el Leine, y sirve en el verano para bañarse; el agua es muy fría, y en algunos lugares tan ancha que Lüder realmente tuvo que tomar un gran impulso cuando lo saltó. La ciudad misma es hermosa, y le agrada a uno, sobre todo, cuando se la abandona (*). Debe existir ya hace mucho tiempo, pues yo me acuerdo de que cuando, hace cinco años, me matriculé allí y poco después fui expulsado, tenía ya el mismo aspecto gris, de sabio precoz; y estaba plenamente provista de serenos, bedeles, disertaciones,

tés danzantes, lavanderas, compendios, asados de paloma, Orden de los Guelfos, coches para la promoción doctoral, cabezas de pipa, consejeros áulicos, consejeros de justicia, consejeros para la expulsión, profesores y otras bufonadas.
* *Literalmente: cuando uno la mira con la espalda.*[42]

Dieser Übersetzer verwendet die eingebürgerte spanische Entsprechung für »Göttingen« (*Gotinga*). Allerdings entscheidet er sich bei »Hannover« für eine Entlehnung aus dem Französischen: *Hanovre*. Auch wenn die Übertragung bei den geografischen Namen nicht einheitlich erfolgt, sind doch alle Begriffe des Studentenlebens korrekt wiedergegeben, und Gómez ist einer der wenigen Übersetzer, der die denotative Bedeutung der »Promotionskutschen« richtig erfasst: *coches para la promoción doctoral*. Die angesprochene größere Sichtbarkeit des Übersetzers wird bei der Fußnote deutlich, in der er die wortgetreue Übersetzung seiner in Bezug auf den Erzählton neutralen Lösung (dt. ›wenn man sie [= die Stadt] verlässt‹) für »wenn man sie mit dem Rücken ansieht« nicht vorenthalten will. Leider hat er sie nicht direkt im Text übernommen, denn auch im Spanischen wäre verständlich, dass man die Stadt verlässt, wenn man sie mit dem Rücken ansieht, und auf diese Weise hätte er auch dem Heine-Ton eher entsprochen.

Isabel García Adánez – Die Stimme des Anderen

Die jüngste der spanischen Übersetzungen stammt aus dem Jahr 2003.[43] Wir befinden uns im 21. Jahrhundert, im Zeitalter der Globalisierung und des Informationsüberflusses. Nach zahllosen Kongressen und Publikationen über Heine, angesichts der Existenz mehrerer dem Autor gewidmeter Internetportale und zweier kritischer Gesamtausgaben hat sich ein Verlag in Spanien vorgenommen, Heines »Reisebilder« erneut zu übersetzen, nachdem die letzte spanische Gesamtausgabe beinahe ein Jahrhundert zurückliegt.

Die Übersetzerin, Isabel García Adánez, genießt große Anerkennung aufgrund ihrer exzellenten Übertragungen deutschsprachiger Autoren, hauptsächlich des 19. und 20. Jahrhunderts, u. a. von Theodor Fontane, Arthur Schnitzler, Joseph Roth und Thomas Mann. García Adánez ist eine Heine-Expertin und behandelt in ihrer Dissertation das Versepos »Deutschland. Ein Wintermärchen« und das Groteske in den Werken Heines und anderer zeitgenössischer Autoren.[44] In ihren Veröffentlichungen spricht sie verschiedene Themen zu Heine an, vor allem stilistische und ästhetische Aspekte wie Ironie und Musikalität und auch die verfälschte Rezeption, die der Autor in Spanien erfahren hat, da diese sich auf sein lyrisches und romantisches Werk beschränkte.[45]

García Adánez selbst gibt an, dass ihr keine Gesamtausgabe der »Reisebilder« in spanischer Sprache bekannt sei. Sie kenne wohl die Gedichte aus »Die Heimkehr« in der Übersetzung durch Eulogio Florentino Sanz vom Ende des 19. Jahrhunderts sowie eine Auswahl von Gedichten aus den ersten beiden Abschnitten aus »Die Nordsee«, 1883 übersetzt von José Herrero. Es gebe eine Übersetzung mit dem Titel »Cuadros de viaje«, die keinerlei Gedichte enthalte und auch nicht »Das Buch Le Grand« noch die Italien-Bücher, so die Übersetzerin. Sie verweist auf eine in Buenos Aires 1953 herausgegebene Fassung.[46] Es liegt daher nahe anzunehmen, dass die früheren spanischen Gesamtausgaben in Spanien nicht bekannt sind, d. h. weder die von González Agejas von 1889–1906, noch die von Manuel Pedroso, Manuel Morente und José Pérez Bances aus den Jahren 1920–1925. Darüber hinaus sind nach unserer Kenntnis weder die Version der »Harzreise« von Estelrich noch die zweisprachigen Fragmente aus unserem Textkorpus je kommentiert worden.[47]

In der ausführlichen Einführung zu ihrer Übersetzung bietet García Adánez biografische Daten zu Heine, den »Dichter des Leidens und des Lachens«[48], und berichtet über seinen ganz eigenen ironischen Stil und das Groteske in seinem Werk. Darüber hinaus liefert sie wichtige Informationen zu den »Reisebildern«, zu ihrer Genese und zu ihrem Inhalt. Sie gibt wertvolle Details in Bezug auf ihre Übersetzungsarbeit und zu den Lösungen, die sie speziell für die wesentlichen Kulturmarker in diesem Werk vorschlägt.

García Adánez hat sich zum Ziel gesetzt, das in der spanischen Literaturwelt vorherrschende einseitige Verständnis von Heine zu revidieren und das Bild eines modernen, zeitkritischen Autors mit einer bissigen und satirischen Seite zu zeichnen. Die Übersetzerin verwendet zum einen ausdrücklich Entlehnungen für die in der Erzählung vorhandenen geografischen Namen, denn ihr Wunsch ist es, größeres Lokalkolorit zu erreichen und das Andere an der Ausgangskultur nicht durch spanische Naturalisierungen zu verdecken. Darüber hinaus verwendet sie zahlreiche Fußnoten mit zusätzlicher Information, in denen sie häufig die authentische geografische Referentialität des Originals nachempfindet. Außerdem kommentiert sie den historischen Referenzbereich mit Hilfe von Fußnoten, in denen sie enzyklopädische Information dazu liefert.

Was den kulturellen Bezugsrahmen betrifft, geht García Adánez besonders sorgfältig vor, vor allem bei Gedichten (von denen sie einige mit Reim übersetzt). Dabei verwendet sie hauptsächlich Verfahren, die sich von der Wörtlichkeit entfernen, mit Ausnahme der Eigennamen, bei denen sie auf Entlehnungen zurückgreift. Besonders charakteristisch für ihre Übersetzung sind Zusätze im Text und die große Zahl an Fußnoten, mit denen sie den kulturellen Hintergrund der Epoche erläutert. Beim sozialen Bezugsrahmen geht sie expressiver und kreativer vor als in anderen Bereichen. Teilweise passt sie in ihrer Kreativität die Situation der Ausgangskultur dermaßen an, dass einiges an Kulturspezifik des Textes verloren geht.

Bei den Konnotationen empfindet García Adánez mehr als die übrigen Übersetzer den Stil des Autors nach und scheint am besten die Intentionalität der Wortspiele und Sprachkreationen zu erkennen. Auch bei der sprachlichen Variation kann sie einen Großteil des konnotativen Gehalts ins Spanische hinüberretten. Sie erkennt viele der intertextuellen Verweise und gibt sie wieder, allerdings belässt sie einige auch unverändert in deutscher Sprache, womit sie für den spanischen Leser in ihrer Bedeutung undurchsichtig werden. Sie liefert im Vergleich zu den übrigen Übersetzern über die Fußnoten die meiste Zusatzinformation und evoziert die meisten Allusionen, womit sie gerade den historisch-gesellschaftlichen Bereich dem Leser nahebringt. Zur Veranschaulichung wollen wir auch ihre Version des Beginns der »Harzreise« darstellen:

> La ciudad de Göttingen, famosa por sus salchichas y su universidad, pertenece al rey de Hannover y cuenta con 999 hogares, diversas iglesias, una casa de maternidad, un observatorio astronómico, una cárcel, una biblioteca y un Ratskeller donde la cerveza es muy buena. El riachuelo que pasa por allí se llama el Leine y en verano sirve para bañarse. El agua está muy fría y en algunos lugares es tan ancho que uno se imagina lo grande que debió de ser el salto que dio el famoso gimnasta Lüder para cruzarlo. La ciudad en sí es bonita y como más le gusta a uno es mirándola de espaldas. Debe de existir desde hace mucho, pues recuerdo que cuando, hace cinco años, me matriculé y, poco después, fui sometido a consejo, ya tenía el mismo aspecto vetusto y gris y ya estaba completamente equipada con serenos, bedeles, tesis doctorales, petimetres, lavanderas, compendios, asados de paloma, güelfos, coches oficiales, cabezas de chorlito, consejeros áulicos, consejeros jurídicos, consejeros de expulsión, catedráticos y demás tipejos antipáticos.[49]

Bei den geografischen Namen geht die Übersetzerin so wie in ihrer Einführung angekündigt vor, d.h. sie verwendet reine Entlehnungen, zum Beispiel bei den Städtenamen (*Göttingen, Hannover*). Sie gibt sogar den Begriff »Ratskeller« wörtlich wieder und erklärt diesen nicht weiter, wahrscheinlich weil sie davon ausgeht, dass seine Bedeutung durch den weiteren Kontext eindeutig wird, denn das Bier ist an diesem Ort sehr gut. Bei den Begriffen des Universitäts- und Studentenlebens geht sie sehr uneinheitlich vor, indem sie zum einen auf eingebürgerte spanische Entsprechungen, zum anderen aber auf Verallgemeinerungen, Bedeutungsreduzierungen und vor allem eine große Zahl an freien, kreativen Lösungen zurückgreift, die in einigen Fällen als sehr gewagt bezeichnet werden können.

Eingebürgerte Entsprechungen (einige mit grammatikalischen Transpositionen) finden sich bei *me matriculé* (»immatrikuliert«), *fui sometido a consejo*

(»konsiliiert«), *serenos* (»Schnurren«), *bedeles* (»Pudeln«). Teilweise verwendet sie allgemeinere an Stelle der spezifischen Termini, zum Beispiel *cárcel* (»Karzer«) oder *coches oficiales* (»Promotionskutschen«), mit dem entsprechenden Verlust der Kultur- und Situationsspezifik. Im Gegenzug liefert sie an einigen Stellen zusätzliche Information, wie etwa bei dem realen Eigennamen *Lüder*, bei dem sie im Text einschiebt, dass es sich um einen bekannten Turner handelte. Aber es sind vor allem die freien Kreationen, die für die Übersetzung von García Adánez charakteristisch sind. Die »Thedansants« verwandeln sich in *petimetres* (dt. Gecke, Stutzer), »Pfeifenköpfe« in *cabezas de chorlito* (dt. Spatzenhirne), »Pfeifenquaste« in *orlas de sus gaitas* (dt. Borten ihrer Dudelsäcke) und »Haupthähne« in *abuelosjefes de la tribu* (dt. Stammesälteste). Am Ende der emblematischen Aufzählung Heines finden wir für »Profaxen und andere Faxen« die kreative Übersetzung *catedráticos y demás tipejos antipáticos* (dt. etwa Professoren und andere unsympathische Typen), wobei sie das Heine'sche Reimspiel im Spanischen mit den Endsilben nachempfindet. Dies veranschaulicht ihre erklärte Absicht, »den Ton Heines in bestmöglicher Form nachzuempfinden«.[50] Und mit allen Vorbehalten hinsichtlich einer wie auch immer gearteten Texttreue war sie in dieser Hinsicht sicherlich erfolgreich.

Fazit

Bei der Untersuchung der sechs spanischen Übersetzungen der »Harzreise« haben wir uns beispielhaft auf einen Aspekt beschränkt, nämlich auf den der Kulturmarker, die für die Situierung eines Textes in Raum und Zeit verantwortlich sind. Die Abweichungen vom Original und die interpretativen Unterschiede zwischen den einzelnen Übersetzungen sind zum großen Teil auf die Kulturmarker mit einem hohen konnotativen Gehalt zurückzuführen, bei denen die intertextuellen Referenzen, die figurative Sprache, die sprachliche Variation und der Ton hervorzuheben sind. Diese Elemente zeichnen sich durch ihren impliziten Charakter aus und funktionieren in der Kommunikation zwischen Autor und Leser, wenn beide der gleichen Kulturgemeinschaft (räumlich und zeitlich gesehen) angehören. Darüber hinaus ist bei Heine noch der spezielle Umstand gegeben, dass er sich ausdrücklich an einen »esoterischen« Leser richtet, der fähig ist, zwischen den Zeilen zu lesen. Auch kontextuelle Gesichtspunkte in der Entstehungsgeschichte seines Werks, vor allem die Zensur, tragen zu einer stellenweise bewusst indirekten Schreibweise bei. In der Übersetzung gibt es keine Komplizität zwischen Autor und Leser, und der Übersetzer muss aktiv werden, um das Verständnis seines Lesers sicherzustellen, wobei er stets auch die ästhetischen Grenzen bedingt durch das literarische Genre des Ausgangswerks zu berücksichtigen hat.

Es war den Übersetzern bei der Übertragung der Konnotationen nur selten möglich, alle vom Autor beabsichtigten Facetten zu berücksichtigen. Zum einen mussten wir feststellen, dass einige der Übersetzungen das räumliche und zeitliche Szenarium der Erzählung nicht nachempfinden konnten, so dass »hybride« und dekontextualisierte Texte entstanden. Auf der anderen Seite ging bei den Übertragungen bis zu den 30er Jahren des letzten Jahrhunderts ein Großteil des komischen, ironischen und bissigen Heine verloren, was zur Folge hatte, dass nicht das kritische Bild vom Deutschland seiner Zeit vermittelt wurde, so wie es der Intention des Autors entsprach.

Dieses Ergebnis hat unserer Meinung nach Auswirkungen auf die Rezeption des Heine'schen Werks in Spanien. Da die spanischen Übersetzungen der »Harzreise« als Prototyp für die »Reisebilder« nicht den kritischen Heine-Ton nachempfinden konnten, behauptete sich die auf der iberischen Halbinsel vorherrschende, versüßlichte Vorstellung vom romantischen Poeten. Die Veröffentlichung der Übersetzungen fällt in den Zeitraum höchster Bekanntheit des Autors, und die beiden ersten von 1889 und 1892 hatten sicherlich das größte Potenzial für eine Veränderung des Heine-Bildes. Angesichts der Bedeutung der »Harzreise« und der »Reisebilder« wäre es zu wünschen, dass die neuesten Versionen dazu beitragen könnten, dass dieses einseitige Bild revidiert wird, damit die Modernität Heines in ihrer vollen Bedeutung erfahren wird.

Anmerkungen

1 Vgl. zur Rezeption Heines in Spanien zuletzt Gerhart Hoffmeister: Heine in der Romania. Berlin 2002, S. 112 ff., sowie Hans Juretschke: Heine en España y sobre España. Breves datos sobre Heinrich Heine con un resumen de su entrada y recepción en España. – In: Hieronymus Complutensis 6–7 (1998), S. 69–77.

2 Für Einzelheiten s. die Dissertation d. Verf.: Andrea Schäpers: La Alemania vista por Heinrich Heine en sus Reisebilder a través de las referencias culturales y su tratamiento en las traducciones españolas. Madrid 2011. Dieser Artikel wurde im Rahmen des Forschungsprojekts RETRADES (Estudios de interacción textual y cultural: las retraducciones / Studien zur textuellen und kulturellen Interaktion: Die Neu- und Wiederübersetzungen) der Forschungsgruppe INTRA des Seminars für Dolmetschen und Übersetzen der Universidad Pontificia Comillas, Madrid geschrieben.

3 Vgl. Susanne Zantop: Zwischen Aneignung und Enteignung. Heine in Südeuropa. – In: Nationale Grenzen und internationaler Austausch. Studien zum Kultur- und Wissenschaftstransfer in Europa. Hrsg. von Lothar Jordan und Bernd Kortländer. Tübingen 1995, S. 94–108, hier S. 99.

4   Enrique Heine: Cuadros de viaje. Primera versión castellana hecha directamente del alemán [...] por Lorenzo Gonzáles Agejas. Bd. 1, 2 Madrid 1889. Bd. 3 Madrid 1906, hier Bd. 1, S. XLVII f. (hier wie im Folgenden: eigene Übersetzung d. Verf.).
5   González Agejas in Heine: Cuadros de viaje [Anm. 4], Bd. 1, S. XLIX f.
6   Heinrich Heine's sämmtliche Werke. Hrsg. von Adolph Strodtmann. Bd. 1–22. Hamburg 1876.
7   Nach eigenen Angaben verwendet er hierbei Ausgaben von 1858 und 1868, beide erschienen bei Michel Lévy Frères: Henri Heine. Œuvres complètes. Paris 1855–1885 und Reisebilder. Tableaux de voyage. Nouvelle édition, revue, considérablement augmentée et ornée d'un portrait de l'auteur. Précédée d'une étude sur H. Heine par Théophile Gautier. Paris 1868.
8   González Agejas ist irrtümlicherweise überzeugt davon, dass die ihm vorliegende französische Version der »Harzreise« eine Eigenübersetzung von Heine ist. Zu den französischen Übersetzungen vgl. Höhn ³2004, 182 f.
9   Heinrich Heine: En el Hartz. Viaje que se incluye en la colección Reisebilder (cuadros de viaje). Ahora nuevamente traducido [por Juan Luis Estelrich]. Palma de Mallorca 1892, S. XVI.
10   González Agejas in Heine: Cuadros de viaje [Anm. 4], S. LXXIX f.
11   Pilar Martino Alba: Reisebilder, de Heinrich Heine. Primera versión castellana realizada por Lorenzo González Agejas. – In: Hieronymus Complutensis 11 (2004), S. 123–132.
12   Ebd., S. 126.
13   Im weiteren Verlauf des Textes verwendet der Übersetzer immer ›Göttinga‹, so dass es sich hier vermutlich um einen Druckfehler handelt.
14   González Agejas in Heine: Cuadros de viaje [Anm. 4], S. 12 f.
15   Vgl. die Erläuterungen in DHA VI, 589.
16   »In studentischer Sprache der mit einer Schnurre, Knarre versehene Häscher, Scharwächter, Nachtwächter, Sicherheitssoldat einer Universitätsstadt.« Jacob und Wilhelm Grimm: Deutsches Wörterbuch. Leipzig 1854 ff. Bd. 15, Sp. 1414.
17   »Fachse, Faxe: Jocus, nugae, zumal im Pl. Faxen Possen, Spässe, Einfälle«. Ebd., Bd. 3, Sp. 1225.
18   Estelrich in Heine: En el Hartz [Anm. 9], S. III.
19   Ebd., S. V.
20   Enrique Heine: Poemas y Fantasías. Traducción en verso castellano de José J. Herrero, con un prólogo de Marcelino Menéndez y Pelayo. Madrid 1883, S. V.
21   Estelrich in Heine: En el Hartz [Anm. 9], S. XII.
22   Ebd., S. XII f.
23   Heinrich Heine: Reisebilder 1. Teil. Halle a. d. S. 1887.
24   Estelrich in Heine: En el Hartz [Anm. 9], S. XVI.
25   Ebd.
26   Ebd., S. 162. Kursivdruck im Original.
27   Heine: En el Hartz. Übers. Estelrich [Anm. 9], S. 5 f.
28   Die Ausgabe enthält viele Druckfehler, wie Estelrich in seinem Prolog zugibt. Vgl. Estelrich in Heine: En el Hartz [Anm. 9], S. XVII.
29   Enrique Heine: Cuadros de viaje. Traducidos del alemán. Bd. 1 [Übersetzt von Manuel Pedroso]. Madrid 1920.
30   Karl Marx: El capital: crítica de la economía política. [Übersetzt von Manuel Pedroso] Madrid 1931.

31 Enrique Heine: Memorias. [Übersetzt von Manuel Pedroso] Madrid, Barcelona 1920; Neuaufl. Madrid 1932.
32 Heine: Cuadros de viaje. Übers. Pedroso [Anm. 29], S. 8.
33 Ebd., S. 5.
34 Ebd.
35 »Und der Erzählstrang pulsiert auf einem konstanten und tief empfundenen poetischen Gefühl. Ohne dieses Gefühl wäre die Landschaft nur eine geografische Karte, die Sonne wäre ein Objekt astronomischer Betrachtungen und allem käme die zugrunde liegende Sinnlichkeit abhanden [...].« Ebd.
36 Ebd., S. 111.
37 Ebd., S. 8f.
38 Enrique Heine: Viaje por el Harz. [Übersetzt von Luis López-Ballesteros] Madrid 1920, S. 32.
39 Enrique Heine: Reisebilder. Cuadros de viaje. (Viaje por el Harz) [Übersetzt von Armando Gómez]. Madrid 1936, S. 4.
40 Ebd.
41 Heine: Viaje por el Harz. Übers. López-Ballesteros [Anm. 38], S. 3 ff.
42 Heine: Reisebilder. Cuadros de viaje. Übers. Gómez [Anm. 39], S. 6f. (Kursivdruck vom Übersetzer).
43 Heinrich Heine: Cuadros de viaje. Introd., trad. y notas por Isabel García Adánez. Madrid 2003.
44 Isabel García Adánez: Die Farce der Restauration: das Groteske als Antwort auf die post-idealistische Krise bei Christian Dietrich Grabbe, Georg Büchner und Heinrich Heine. Unveröffentlichte Dissertation. Madrid 2000.
45 Isabel García Adánez: Gastronomía, cosmopolitismo y sensualidad en la obra literaria de Heinrich Heine. – In: Estudios interdisciplinares sobre lenguas modernas: una perspectiva intercultural. Hrsg. von Milagros Beltrán Gandullo. Madrid 2004, S. 109–126.
46 Heine: Cuadros de viaje. Übers. García Adánez [Anm. 43], S. 24. Es ist wahrscheinlich, dass sich die Übersetzerin auf eine Neuauflage des ersten Teils der »Reisebilder« in der Version von Manuel Pedroso bezieht, obwohl wir diese konkrete Ausgabe nicht ausfindig machen konnten.
47 Leider legt die Übersetzerin dann doch keine vollständige Übersetzung der »Reisebilder« vor, sondern beschränkt sich auf die auf Deutschland und Italien bezogenen Teile. Dies wird bei der Rezension ihrer Übersetzung trotz der als exzellent erachteten Qualität sehr bedauert, denn sie habe eine »hervorragende Gelegenheit ungenutzt gelassen, eine vollständige Version der Reisebilder vorzulegen, so wie sie vom Autor bestimmt« worden sei. Ana Pérez: [Rez.] Heinrich Heine: Cuadros de viaje. Introd., trad. y notas por Isabel García Adánez. Madrid 2003. – In: Revista de Filología Alemana 12 (2004), S. 254–256, hier S. 254.
48 Heine: Cuadros de viaje. Übers. García Adánez [Anm. 43], S. 11.
49 Ebd., S. 37f.
50 Ebd., S. 25.

Heinrich Heine
und die pathographische Illusion

Von Christoph auf der Horst, Düsseldorf

In dem 1986 erschienenen Aufsatz »Die biographische Illusion« formuliert Pierre Bourdieu Einsichten, die bis heute für das Schreiben biographischer Texte und *cum grano salis* für das Schreiben pathographischer Texte von Bedeutung sind. Bourdieu arbeitet in diesem Text die Vorannahme eines jeden Schreibens einer Lebensgeschichte heraus, dass das Leben »[...] ein Ganzes konstituiert, einen kohärenten und orientierten Zusammenhang, der als ein einheitlicher Ausdruck einer subjektiven und objektiven ›Intention‹, eines Projektes aufgefaßt werden kann und muß [...].«[1] Dies geschehe über rhetorische Verfahren, die in einer autobiographischen Erzählung von dem Ziel motiviert sind,

> [...] Sinn zu machen, zu begründen, eine gleichzeitig retrospektive und prospektive Logik zu entwickeln, Konsistenz und Konstanz darzustellen, indem sie einsehbare Beziehungen wie die der Folgewirkung von einem verursachenden oder letzten Grund zwischen aufeinanderfolgenden Zuständen herstellt, die so zu Etappen einer notwendigen Entwicklung gemacht werden.[2]

Denn der autobiographische Schreiber wird ›Lebensereignisse, die am zeitlichen Anfang der Lebensgeschichte oder einer ihrer Phasen gestanden haben, zu einem Ursprung hochstilisieren, also von einer zeitlichen Beschreibungskategorie in eine logische wechseln. Ein Gleiches wird er mit dem Ende des Lebens machen, das er zu seinem – mehr oder minder – absichtsvoll gewählten Lebensziel erklärt. Damit werde eine Konsistenz des Lebens suggeriert, die das tatsächliche Leben vielleicht nicht gehabt hat. Das offensichtlichste und stärkste Mittel der sozialen Welt, aus den unzählbaren Ereignissen eines Lebens ein vereinheitlichtes und zeitdurchgängiges Ich zu machen, ist der Eigenname der Person. Denn der Eigenname erlaube es, dass »dasselbe Objekt in jedem beliebig möglichen Universum bezeichnet« werden kann. Aber nicht nur der Autobiograph stehe so in Gefahr, zum »Ideologen des eigenen Lebens« zu werden, wenn er dem Leben seiner Person eine Kohärenz unterstellt, die ihm womöglich nicht zukommt. Auch der ihm »in natürliche[r] Komplizenschaft« verwandte Biograph werde über den Einsatz letztlich rhetorischer Verfahren zu dieser »artifizielle[n] Kreation von Sinn«[3] beitragen. Bourdieu resümiert dann wie folgt:

> Den Versuch zu unternehmen, ein Leben als eine einzigartige und für sich selbst ausreichende Abfolge aufeinander folgender Ereignisse zu begreifen, ohne andere Bindung als die an ein Subjekt, dessen Konstanz zweifellos lediglich in der des Eigennamens besteht, ist beinahe genauso absurd wie zu versuchen, eine Metro-Strecke zu erklären, ohne das Streckennetz in Rechnung zu stellen, also die Matrix der objektiven Beziehungen zwischen den verschiedenen Stationen.[4]

Nun können diese Vorbehalte nicht als belanglos für das Schreiben einer Pathographie abgetan werden. Denn auch historische Pathographien sind zunächst einmal Biographien, wenn auch Lebensgeschichten kranker und leidender Personen bzw. Biographien mit einer Fokussierung der Krankheitsaspekte der rekonstruierten Lebensgeschichte. Damit sind auch Pathographien als Subspecies der Biographie aufgefordert, nicht nur eine bloße Aufzählung aller Krankheitssymptome und konsultierten Ärzte mit ihren Diagnosen und Therapien zu dem Zweck zusammenzustellen, rückwirkend das gesamte Krankheitsgeschehen einer Person aus womöglich einer Krankheitsursache und daraus abgeleiteten Therapienotwendigkeiten erklären zu können. Für eine Rekonstruktion der Lebensgeschichte Heines *sub specie pathologicae* kann und darf auch nicht nur das Subjekt Heine als alleiniger Erklärungsgrund herangezogen werden. Für eine Pathographie muss auch das soziale Umfeld objektiviert werden, das sich in der historischen Figur Heines ausprägt und ihn als Person/Patienten mitprofiliert. Die Rekonstruktion von Heines Krankheitserleben muss also, da Heine seinem Selbstverständnis nach Schriftsteller und Dichter war, in eine Rekonstruktion seiner literarischen Ambitionen und angestrebten Positionsverbesserungen, seiner Versuche, sich distinktiv zu seinen literarischen Konkurrenten zu verhalten, und seinem Bemühen, aus kulturellem Kapital ökonomisches Kapital zu schlagen, integriert sein.[5]

Heines Möglichkeiten, sich im literarischen Feld zu behaupten und sich gegenüber den Konkurrenten durchzusetzen, sind nun zustätzlich zu den unbeständigen Konjunkturen seiner finanziellen Absicherung durch die Jahresrente seines Onkels Salomon beispielsweise empfindlich eingeschränkt, ja geradezu konterkariert durch seine schwache Konstitution, seine häufig rezidivierenden Erkrankungen und seine zunehmende Immobilität bis hin zur langjährigen Bettlägerigkeit in der »Matratzengruft«. Die in frühen Jahren bereits auftretende Augensymptomatik aggraviert derart, dass Heine sich Texte und Bücher vorlesen lassen muss bzw. seine Texte diktieren muss. Seine Krankheiten sind nicht nur lese- und schreibhemmend, sondern er kann auch die Bibliotheken, die Lesekabinette und die Salons nicht in gewünschter Frequenz besuchen, was seine Vernetzungen innerhalb des literarischen Feldes mit den Verlegern, deutschen Berichterstattern, französischen Autoren und Einzelpersönlichkeiten aus der Politik gefährdet.

Daneben ist sein Krankheitsmanagement sehr kostenintensiv, nicht nur wegen der Arztrechnungen, sondern auch, weil er Pflegepersonal benötigt und einstellt und häufig zu Badeaufenthalten und Kuren an die Atlantikküste reist.

Wegen dieser Verschränkung von literarischer Karriere und gesundheitlichen Problemen bzw. der Abhängigkeit und Gefährdung der literarischen Karriere durch eine Häufung gesundheitlicher Rückschläge soll der Bereich von Heines sozialer Wirklichkeit untersucht werden, in dem das kulturelle und literarische Feld mit dem medizinischen Feld zusammenwirkt. Gemeint ist der Bereich von Heines Lebenswelt, in dem Heine versucht hat, Teilhabe am gesellschaftlichen Leben und seine Vernetzung mit ihren kulturproduzierenden Bereichen mit seiner Gesundheitsstrategie zusammenzubringen. Hierzu soll eine Quelle herangezogen werden, die zur Erhellung dieses Zusammenhangs prädestiniert ist. Gemeint sind die »Souvenirs d'un Hugolâtre« von Augustin Challamel[6], die es erlauben, Heines Gesundheitsstrategien v. a. der 1840er Jahre am Beispiel einer privat geführten Krankenheilanstalt nachzuverfolgen. Augustin Challamel taucht im Heine-Werk weder als Figur noch als Korrespondenzpartner auf, was insofern erstaunt, als dass sie 1843 einen gemeinsamen Badeurlaub in Trouville verbracht haben.

Augustin Challamel

Jean Baptiste Marius (auch: Marie) Augustin Challamel[7] – um einmal alle seine Vornamen genannt zu haben, die ihm im Übrigen den Spitznamen »l'Alexandrin« (»der Alexandriner«) eingebracht haben, weil sie sich metrisch wie ein Alexandriner sprechen ließen[8] – wurde 1818 als jüngerer Bruder des Pierre-Joseph Challamel geboren. Das ist insofern interessant, als dass Pierre-Joseph 1840 die 1832 von Charles Malo gegründete Zeitschrift »La France Littéraire« übernommen und bis zur endgültigen Verlagsaufgabe im August 1843 geleitet hatte. Heine hatte unter der Herausgeberschaft Malos sechs Gedichte und dann unter Pierre-Joseph Challamel zwei Prosatexte in Übersetzung in »La France Littéraire« veröffentlicht. Augustin Challamel hatte unter der Herausgeberschaft seines Bruders unter dem Pseudonym Jules Robert ebenfalls publiziert. Eine Bekanntschaft Heines mit Challamel wird auch von daher wahrscheinlich.

Augustin Challamel gibt in den »Souvenirs« bereitwillig und gelegentlich sehr persönlich Auskunft über seinen Lebensweg. Zwar erzählt er chronologisch, gibt aber selten exakte Jahreszahlen an, wie er auch keinerlei Quellenangaben macht. Seinem Selbstverständnis nach ist er Schriftsteller und Historiker gewesen. Nach anfänglich fehlgeschlagenen Versuchen, der vom Vater vorgesehenen kaufmännischen Tätigkeit nachzugehen, hat Challamel den »baccalauréat ès lettres«,

Augustin Challamel. Karikatur von Henri Demare (1882)

den »baccalauréat en droit« und 1839 die »licence en droit« erworben.[9] Da er sich aber – auch hierin Heinrich Heine vergleichbar – eher zur Literatur und zu den schönen Künsten hingezogen fühlte[10], ist es nicht überraschend, dass er nicht in den Anwaltsberuf eintrat, sondern, nachdem er Émile Deschamps vorgestellt worden war, von diesem in den »Cénacle« Victor Hugos und den Salon Alfred de Vignys eingeführt wurde[11] und von da an regelmäßig bis ins Alter Gedichte, Bildkritiken, Dramen, Erzählungen und Novellen veröffentlichte.[12] 1845 trat der 27-Jährige aber, nachdem er bereits 1842 eine zweibändige Revolutionsgeschichte herausgegeben hatte, in den Bibliotheksdienst der Bibliothèque Sainte-Geneviève ein und ergriff damit einen Beruf, dem er dann sein gesamtes Leben lang treu blieb.[13] Challamel hat vor allem über die französische Geschichte, die Französische Revolution, aber auch über Zeitgeschichtliches gearbeitet. Wie die Werke »Historie-Musée de la République Française« (1842) oder »Historie de la Mode en France« (1874) bereits im Titel andeuten, schrieb Challamel keine reine Politik- oder Ereignisgeschichte, sondern sein Ziel war vielmehr, kulturgeschichtliche Materialien zu popularisieren.[14] Challamel kann deshalb heute als Vorläufer einer Kulturgeschichte gelten, wie sie 50 Jahre nach ihm von Champfleury geschrieben wurde.[15] Die »Souvenirs d'un Hugolâtre« gab Challamel 1885 heraus, also mit einem Abstand von ca. 55 Jahren zu der Epoche, von der sie berichten und erzählen. Der konkrete Anlass wird der Tod Victor Hugos am 22. Mai 1885 gewesen sein.

»Souvenirs d'un Hugolâtre«

Challamel bezeichnet sein Werk nun als »Souvenirs«, als Erinnerungen, und alludiert damit das Genre der Memoiren. Der Untertitel macht deutlich, dass die Generation von 1830 im Mittelpunkt steht, es also um die Generation gehen soll, die die Julirevolution und die Julimonarchie bis 1848 erlebt hat. Er schreibt, dass er das »mouvement général des esprits, ayant précédé, accompagné ou suivi les ›journées glorieuses‹ de 1830«[16] analysieren wolle, deren bedeutendste Persönlichkeit, die auch in das folgende Jahrhundert ausstrahlen werde, Victor Hugo gewesen sei.[17]

Der Band gliedert sich in 40 etwa gleich große Kapitel und beginnt mit in das eigene Leben, Studium und Beruf einleitenden Kapiteln und Kapiteln zur Julirevolution. In die Mitte des Buches platziert Challamel die Kapitel, die seinen Eintritt in den legendären Kreis des »Cénacle« um Victor Hugo und seine eigenen schriftstellerischen Versuche und Misserfolge beschreiben. Ab Kapitel XXV fährt er mit »l'historique des groupes littéraires, suivant leurs chefs de file, pratiquant l'adoration« fort.[18] Die Kapitel XXVIII und XIX sind der Malerei (Delaroche, Ingres, Delacroix, Vernet, Robert und den Landschaftsmalern) gewidmet. Die

Kapitel XXX und XXXI beschäftigen sich mit der Architektur, der Skulptur und der Musik (Rossini, Bellini und Donizetti, Meyerbeer und Berlioz). Ein wenig überraschend ist das Kapitel XXXII dem Historiker Augustin Thierry gewidmet, mit der Begründung, dass Thierry für ihn ein Künstler sei. Dieses Kapitel markiert dann den Übergang zu dem Kapitel XXXIII, in dem er der alten Schule die neue romantische Schule gegenüberstellt, deren unbestrittenes Haupt Hugo war.

Nach den historischen Schulen wechselt Challamel in die Bereiche der Medizin und Naturwissenschaften, um hier die großen Chirurgen und Ärzte der Julimonarchie zu erwähnen, und nennt vor allem Broussais, Magendie, Dupuytren, Lisfranc, Velpeau und zu guter Letzt Philippe Ricord. Das in Kapitel XXXIV verwandte Auswahlkriterium ist für Challamel offensichtlich die Popularität der von ihm aufgezählten Chirurgen und Ärzte, die sich vor allem ihrer Menschenfreundlichkeit bspw. anlässlich der Choleraepidemie von 1832 in Paris verdankt. Für eine fachlich angemessene Bewertung gesteht er seine Inkompetenz ein und verweist den Leser auf entsprechende »biographies médicales«.[19] Den längsten Abschnitt dieses Kapitels widmet Challamel allerdings Philippe Ricord, dessen Menschenfreundlichkeit und Musikliebhaberei er ausführlich entfaltet.[20] Im Zusammenhang mit Philippe Ricord erwähnt Challamel auch die maison de santé auf der rue de Lourcine, in der Ricord ärztlich tätig gewesen war. Diese maison de santé, von der die Heine-Philologie über eine überlieferte Rechnung weiß, dass sich Heine dort 1848 einige Monate aufhielt, ist dann auch der Anlass dafür, dass Challamel in Kapitel XXXV zunächst mit Hinweisen auf Heines Person und Werk beginnt, denn er selber habe dort Heine und seine Freunde kennengelernt. Nach dieser ausführlich gestalteten Heine-Passage fährt das Kapitel XXXV mit den Mathematikern, Chemikern, Physikern und Naturwissenschaftlern bzw. Naturforschern fort. Die Folgekapitel beschäftigen sich wieder mit den sozialen, politischen und auch den Entwicklungen der Gesetzgebung dieser Zeit. Es war erwartbar, dass Challamel den »Souvenirs d'un Hugolâtre« betitelten Band mit einer Éloge auf Victor Hugo beschließt.[21]

In einer zeitgenössischen Rezension gibt Charles de Larivière, Chefredakteur der »La revue générale«, eine treffende Zusammenfassung der »Souvenirs«, die ein Gesamttableau der wichtigen Akteure der Julimonarchie gegeben haben:

> Toute la pléiade de 1830 avec ses excentriques, tout ce monde artiste opposé à ce monde bourgeois de la première moitié du siècle, défile sous nous yeux avec un mot piquant pour chaqun.[22]

Zwar sei in den »Souvenirs« nichts Neues aus den Bereichen der Literatur, Kunst und Wissenschaft geschildert, aber man könne nur besorgt darüber sein, wie unbedeutend man zum Jahrhundertende angesichts dieser großen Vorläufer in der Geschichte erscheinen werde.[23]

Philippe Ricord. Karikatur von André Gill (1867)

Von besonderer Bedeutung für eine Rekonstruktion des Bereiches von Heines sozialer Wirklichkeit, in der sich literarisches und medizinisches Feld überschneiden, sind nun die Kapitel XXXIV und XXXV, in denen Challamel den Arzt Philippe Ricord, die maison de santé auf der rue de Lourcine und Heinrich Heine zusammenstellt.

Philippe Ricord

Philippe Ricord wurde am 10. Dezember 1800 in Baltimore geboren, wohin sein Vater wegen der Wirren der Französischen Revolution 1790 emigriert war. Mit 20 Jahren kam er dann erstmalig nach Frankreich und schloss 1826 ein Medizinstudium in Paris ab. Er praktizierte einige Zeit in der französischen Provinz und konnte 1828 nach Paris zurückkehren, weil er einen Wettbewerb für Krankenhauschirurgie gewonnen hatte. 1831 übernahm er dann ohne Vorkenntnisse in der Venerologie die Leitung des Krankenhauses für Geschlechtskrankheiten, das l'Hôpital du Midi, das 1893 zu Ehren Ricords in l'Hôpital Ricord umbenannt wurde. Ricord praktizierte nicht nur im l'Hôpital du Midi, sondern auch in privat geführten Heilanstalten und war von 1862 an Leibarzt des nachmaligen Napoleon III.[24]

Philippe Ricord gilt heute als einer der bedeutendsten Venerologen des 19. Jahrhunderts und als ein wichtiger Vertreter der sog. »Pariser Schule der Medizin«.[25] Es ist vor allem ihm zu verdanken, dass sich die Unterscheidung der Syphilis von einer Gonorrhoe durchgesetzt hat und die Einteilung der Syphilis in ein primäres, sekundäres und tertiäres Stadium – die zwar bereits vorher diskutiert wurde – von ihm anhand eines erfolgreichen Therapieeinsatzes von Kaliumjodid im tertiären Syphilisstadium (Lues III) aber evident gemacht wurde.[26]

Was Philippe Ricord nun in Bezug auf Heines Krankheitsgeschichte interessant macht, ist, dass sein therapeutischer Ansatz, Quecksilber für Lues II, Kaliumjodid aber für Lues III einzusetzen, sich seit Beginn der 1840er Jahre durchsetzte und in der alltäglichen Behandlung von Syphilispatienten eingesetzt wurde[27], zwischenzeitlich zum Mode-Therapeutikum avancierte und bis heute – trotz der Karriere des Penicillins – für die typischen syphilitischen Gummen eingesetzt wird.[28]

Ricord beschränkte seine Aktivitäten nicht auf ärztliche Tätigkeiten. Darüber hinaus war er ein ungemein engagierter Akteur des zeitgenössischen Pariser Kulturlebens, und so stellt Challamel Philippe Ricord weniger in seiner Funktion als Venerologe, sondern vor allem in seiner Funktion als Chefarzt[29] einer privat geführten Krankenheilanstalt mit aufwändigem Kulturprogramm vor. So heißt es:

> Chaque année, en effet, au commencement de la session, nombre de députés (der Abgeordnetenkammer im Französischen Parlament unter Ludwig-Phillip) se trouvaient dans la maison de santé de la rue de Lourcine, où, pendant l'hiver, j'assistai à des réunions musicales et à des bals charmants.[30]

Auch das »Stabat Mater« von Rossini soll vor seiner Uraufführung am 7. Januar 1842 entweder in der maison de santé oder im Salon Ricords gesungen worden sein. Denn Challamel fährt unmittelbar fort:

> M. Philippe Ricord était mélomane. Chez lui, on entendait de remarquables virtuoses, et les principaux artistes du Théatre-Italien y exécutaient des œuvres magistrales. Le Stabat Mater de Rossini a été chanté pour la première fois à Paris dans son salon, par Mario, Tamburini, Mmes Grisis et Albertazzi.³¹

Der Journalist und Schriftsteller Eugène de Mirecourt (1812–1880) bestätigt in seiner Ricord-Biographie von 1858, dass in der maison de santé von Faultrier »soirées musicales« gegeben worden seien, und darüber hinaus verweist er auch auf die aktive Rolle Ricords im Kulturleben von Paris:

> On peut dire que le célèbre docteur tient le premier rang parmi les amateurs de musique italienne. Ce fut à l'une de ses fastueues soirées qu'on exécuta pour la première fois en France le Stabat de Rossini.³²

Das Beispiel des Arztes Ricord, der das Pariser Kulturleben so intensiv gestaltet hat, der gedichtet und einen Nachruf auf sich selbst in Versen geschrieben hat³³, der auch als großer Bewunderer der Malerei galt³⁴, ist für diese Zeit typisch, denn Victor du Bled berichtet in der zeitpanoramatischen Übersicht »Les Médecins avant et après 1789«, dass viele berühmte Mediziner und Ärzte der damaligen Zeit in Paris Empfänge, Diners und Soireen gaben und in ihren Salons, in denen Maler, Poeten und Wissenschaftler verkehrten, Konzerte und Bälle veranstalten ließen: »tout y était ensemble.«³⁵ Philippe Ricord – so Victor du Bled – müsse aber unter den übrigen noch herausgehoben geschildert werden.³⁶ Offenkundig schlossen sich stationäre oder ambulante Behandlung in einer Krankenheilanstalt und Teilhabe am kulturellen Leben nicht wechselseitig aus, insofern Krankenheilanstalten Orte dezidiert kultureller Teilhabe waren. Die maison de santé auf der rue de Lourcine muss als ein solcher Ort angesehen werden.

Die Maison de santé in der rue de Lourcine

Challamel berichtet in den »Souvenirs«, dass Ricord in der maison de santé de la rue de Lourcine tätig gewesen sei. Dies ist die Heilanstalt, von der bislang bekannt ist, dass Heine sich dort 1848 für einige Monate aufgehalten hat. Vom 8. Mai 1848 datiert eine Rechnung »meines Freundes Faultrier« (HSA XXII, 269) – so Heine –, in der 1.800 Francs für einen Monat berechnet werden. Heine hatte sich dort ca. 3 Monate, das lässt sich aus der Korrespondenz erschließen, mit seiner Frau, ihrem Papagei und der Krankenwärterin Pauline aufgehalten (ebd.)

Der Eigentümer dieser maison war Denis-Louis-Grégoire Faultrier (1786–1871); das wird nicht nur aus dem Briefkopf der Honorarforderung deutlich, sondern als solcher ist er spätestens seit 1835 in verschiedenen Almanachen und Zeitungen nachweisbar.[37] Weiterhin ist bekannt, dass Heinrich und Mathilde mit ihm bereits vor dem September 1841 befreundet waren, denn Faultrier war der Trauzeuge von Mathilde gewesen.[38] Im »Almanach-Bottin du Commerce de Paris« von 1842 ist unter dem Stichwort »Faultrier« eine atmosphärische Beschreibung der Heilanstalt wiedergegeben, die zwar offensichtlich Werbezwecke verfolgt, aber auch einen Eindruck davon geben kann, wie Patienten und Besucher und damit auch das Ehepaar Heine sich dort fühlen sollten:

> Faultrier, maison de santé, plus spécialement consacrée aux affections mentales, reçoit cependant tous les genres de maladies non contagieuses; au milieu de vastes jardins, sur le plateau de l'Observatoire, à proximité du Luxembourg, des boulevards du midi et du Jardin-des-Plantes, elle offre les conditions hygiéniques les plus favorables. Pavillon isolé pour les dames enceintes, trois corps de bâtimens principaux avec jardins séparés sont consacrés à la division des malades, pharmacie et bains de toute nature; un docteur médecin y réside et plusieurs des hautes spécialités médicales y sont attachées, r. de Lourcine, 84 et r. de la Santé, 5.[39]

In dem 1843 erschienenen Übersichtswerk »Hospitals and Surgeons of Paris« gibt F. Campbell Stewart seine Einschätzung der maison de santé: Das Haus von »Madame (sic!) Faultrier 86, Rue de Lourcine« zähle zu den »largest and most esteemed of the Maisons de Santé«.[40]

Poterin Du Motel

Die medizinische Aufsicht und Leitung der maison hatte Faultrier in die Hände Poterin Du Motels gelegt. Eugène Poterin Du Motel war der Schwiegersohn Faultriers, seine medizinische Doktorarbeit von 1841 ist seinem Schwiegervater gewidmet: »A mon beau-père M. Faultrier. Hommage de gratitude et d'affection.« Auch Ricord bestätigt in dem »Traité complète des maladies vénériennes« von 1851 in einer Fußnote, dass er in der maison de santé von Faultrier mit Dr. Poterin Du Motel zusammengearbeitet habe: »Cette observation a été recueillie par M. le docteur Dumotel, médecin interne de la maison de santé de la rue des Lourcine [...].«[41]

In der Doktorarbeit von 1841 unter dem Titel »Questions sur diverses branches des sciences médicales« hat Poterin Du Motel unterschiedliche medizinische Themen abgehandelt. In den zur Diskussion gestellten Thesen handelt Poterin Du Motel vor allem die Geschlechtskrankheiten und die Syphilis ab. In der letzten These erweist er sich als ein gelehriger Schüler Philippe Ricords: »L'iodure de potassium est le médicament par excellence dans le traîtement des accidents tertiaires«[42] (der Syphilis).

Offensichtlich hat Poterin Du Motel sich auch weiterhin mit der Syphilis beschäftigt, denn in der »L'Union Médicale« von 1867 nimmt er mehrfach in den »Lettres sur le Traîtement de la Syphilis« an den Chefredakteur der Zeitschrift Stellung zu den jüngsten Diskussionen um die Syphilis.[43] In der maison de santé auf der rue de Lourcine war also spätestens ab Ende der 1830er Jahre mit Philippe Ricord und Poterin Du Motel eine hohe Expertise in der Behandlung von Geschlechtskrankheiten vorhanden.

Die Klientel de Maison de Santé

Challamel berichtet nun von dieser maison de santé, dass dort nicht nur unterschiedlichst Erkrankte und gelegentlich auch politische Häftlinge behandelt wurden, sondern dass dieses Haus auch eine Außenstelle des l'Hôpital du Midi war. Insgesamt sei er häufig überrascht gewesen, dort gewisse Personen anzutreffen, von denen man annahm, dass sie auf Reisen unterwegs seien, tatsächlich aber dort eine geheimnisvolle Behandlung erhielten: »Là, j'éprouvais de fréquentes surprises, je rencontrais certaines personnes qui étaient censées voyager, et qui suivaient un traitement ... secret.«[44] Jeder Besucher dieser Krankenheilanstalt bemühte sich sehr darum, Philippe Ricord nicht in der Öffentlichkeit zu grüßen, weil allgemein bekannt war, welcher Fachdisziplin Ricord angehörte und man so fürchten musste, mit ihm und deshalb mit einer entsprechenden Erkrankung in Verbindung gebracht zu werden.

Die Krankheit, die hier so überdeutlich verschwiegen wird, ist eine Geschlechtskrankheit und die »maison de santé« war offensichtlich in Paris die Möglichkeit, seine Geschlechtserkrankung stillschweigend kurieren zu können. Ein wenig später im Text heißt es noch einmal – und in der Negation wird deutlich, dass in dieser Krankenheilanstalt sehr wohl venerologische Erkrankungen behandelt wurden – dass »[...] Philippe Ricord ne s'exerçait pas, je le répète, uniquement sur des malades d'un genre à part.«[45] Challamel kannte und besuchte diese maison de santé deshalb, weil er dort häufig einen ehemaligen Kommilitonen aus seiner Zeit im Collège Henri IV, nämlich Poterin du Motel, traf.[46]

Heine in der Maison de Santé

Challamel eröffnet nun das Kapitel XXXV mit der Bemerkung, dass er in der maison de santé des M. Faultrier Freunde Heines kennengelernt habe und auch dort Heine vorgestellt worden wäre. Welche Freunde Heines das gewesen sind, verrät er dem Leser nicht, aber er porträtiert auf etwa 3 ½ Seiten Heine und sein Werk (s. den entsprechenden Auszug im Anhang, S. 136 f.). Der Text folgt dabei keiner Systematik, sondern spricht abwechselnd von Heines Lebensumständen, dann aperçuhaft verkürzt von Heines Einstellung gegenüber seinen französischen Schriftstellerkollegen, führt drei Textbeispiele Heines an, den er sonst nur als »l'auteur des Reisebilder« hervorhebt, berichtet dann wieder von seinem privaten Verhältnis zu Heine auf einer gemeinsamen Badereise nach Trouville, um dann mit einer kurzen Bemerkung über Heines Urteil über zeitgenössisch prominente Schauspieler zu schließen, nachdem er zuvor noch über Heines Tod berichtete: »Peu après, la paralysie le saisissait; en 1856, il mourait presque aveugle.«

In der Beschreibung von Heines schriftstellerischem Werk bleibt er so vordergründig wie sonst auch und wiederholt die in der Heine-Rezeption des 19. Jahrhunderts bekannten Topoi, die Heine in der Bewertung seiner Person und seines Werkes entweder selber inauguriert hat oder die von dritter Seite über Heine in Umlauf gebracht worden waren.[47] Wie wenig originell Challamel hier ist, zeigt sich darin, dass er diesen Passus wörtlich aus dem Artikel »Poëtes Allemands du XIXe Siècle« übernimmt, der 1835 in der November-Ausgabe der »Revue Britannique« veröffentlicht wurde:

> Le seule poète vraiment originale de ce dernier temps, c'est Henri Heine, l'impitoyable railleur, celui que les Allemands ont presque renié, tout effrayés qu'ils étaient de son sarcasme. Heine, devenu chef d'une école nouvelle, qui compte pour adeptes des jeunes gens hardis, a créé sa poésie lyrique. C'est une étrange poésie; elle est pleine de souffrance et de raillerie, d'amertume et de gaîté; elle blesse en paraissant pleine de bonhomie et de grâce.[48]

Auch die wenig später in den Textverlauf ein wenig unmotiviert integrierte Bemerkung »Cet Allemand est le Français le plus spirituel depuis Voltaire« hat Challamel wahrscheinlich nicht direkt von Thiers bezogen, wie er seine Leser glauben machen möchte, sondern aus zeitgenössisch kursierendem Wissen übernommen.[49] Challamel versäumt auch nicht, Heines bekannte Spitzen und kritische Äußerungen über französische Schriftstellerkollegen wiederzugeben.[50] Aber auch diese Bemerkungen verdanken sich keiner eigenständigen Heine-Lektüre, sondern sind wieder nahezu wortwörtlich aus dem Eintrag »Heine« des »Grand Dictionnaire Universel« von 1873 entnommen: »Victor Hugo n'a pas eu d'adversaire plus ironique; Lamartine n'est pour lui qu'un saule pleureur, et quant à Alfred de Musset, il a dit de lui ce mot cruel: ›C'est un jeune homme d'un bien beau passé!‹«[51]

Théophile Gautier, den Freund Heines und Alphonse Royers – Challamel führt diese drei aber nicht zusammen auf[52] –, nennt er zum Abschluss seines Heine-Porträts im Zusammenhang mit den Schauspielern Frédéric Lemaître und Pierre-Martinien Bocage. Von diesen weiß Challamel zu berichten, dass Heine den einen sehr bewunderte und dass der andere – und hier zitiert er wörtlich aus dem siebten Brief der »Lettres confidentielles« – »beau comme Apollon« war.[53] Offensichtlich scheint Challamel Heine-Texte zur Hand gehabt zu haben. So zitiert er bereits in Kapitel XXIII Heines Wertschätzung Gérard Nervals aus der »Préface« zu den »Poëmes et Légendes« von 1855: »[...] Gérard de Nerval, qui, d'après Henri Heine, était d'une candeur enfantine, d'une délicatesse de sensitive ... aimait tout le monde et ne jalousait personne.«[54] Und damit sich der Leser einen Eindruck von Heines ironischem Schreibstil machen kann, zitiert Challamel nicht zu Unrecht und ausführlich eine Passage aus dem Artikel LI der »Lutèce«, in der Heine tatsächlich sehr ironisch kommentiert, wie ein Liebhaber der Sängerin Kathinka Heinefetter von ihrem zweiten Liebhaber ermordet worden war.[55]

Welche Freunde Heine in der maison nun traf, kann nur gemutmaßt werden, denn Challamel nennt sie nicht. Challamel berichtet aber, dass Heine mit seiner Frau Mathilde, mit ihm selbst und drei weiteren Personen nach Trouville gereist sei: »[...] avec Auguste Lireux, directeur de l'Odéon, avec Alphonse Royer, qui dirigea l'Opéra, avec Alfred Quidant, le pianiste.«[56] Weil Challamel diesen Hinweis auf die Trouville-Reise aus dem Bericht über den Aufenthalt in der maison de santé entwickelt, kann gemutmaßt werden, dass Royer, Lireux und Quidant Freunde Heines waren – für Alphonse Royer ist das gesichert. Den Romantiker und erfolgreichen Opernlibrettisten (1803–1875), der ab 1853 für einige Jahre der Direktor des Théâtre l'Odéon war, kannte Heine seit 1833. Denn aus dieser Zeit ist ein Brief Royers an Heine überliefert, mit dem Royer Heine zu einem Diner in bezeichnender Damengesellschaft einlädt:

> Mon cher Heine, J'ai invité à diner aujourd'hui des dames à votre intention. J'ai entr'autres pour convive une g r a n d e , p â l e e t m a i g r e comme vous les aimez tant. Venez donc entre 5 heures et demie et 6 heures rue de Joubert No. 28. Vous y trouverez Mr. de Maynard et trois dames dont l'une a été invitée exprès pour vous. J'espère que vous viendrez, toute affaire cessante. Nous serons entre nous six à l'exclusion de toutes autres personnes. (HSA XXIV, 239)

Außerdem war Royer Redakteur der »L'Europe littéraire«, in der Heine bspw. seine Artikelserie »L'État de la littérature en Allemagne« veröffentlichte. Später sollte Royer ursprünglich Heines Sekundant in dem Pistolenduell mit Salomon

Strauß von 1841 sein. Da Royer Libretti für Donizetti und Verdi schrieb und viele italienische Opern für das französische Publikum adaptierte, kann davon ausgegangen werden, dass er auch mit Philippe Ricord befreundet war, der – wie oben gezeigt – ein großer Liebhaber italienischer Musik war.

Die weitere von Challamel angeführte Reisebekanntschaft war Auguste Lireux (1810–1870), ein französischer Schriftsteller, der 1841 in Paris mit anderen die Zeitschrift »La Patrie« gründete und auch mit der Geschäftsführung des Théâtre l'Odéon beauftragt wurde, die er trotz einiger Erfolge dann aber wieder abgeben musste. Später arbeitete er für den »Charivari« und ab 1848 war er für drei Jahre Feuilletonist des »Constitutionnel«. 1850 gab er eines der zeitgenössisch bekanntesten fantastisch-satirischen Werke heraus, die »L'Assemblée nationale comique«. Eine Bekanntschaft Heines mit Lireux auf der Grundlage dieser Herausgeberschaft bzw. der Leitung des Theaters ist bislang nicht belegbar, auch wenn eine Bekanntschaft insofern vage denkbar wäre, als dass Heine in der zweiten Hälfte der 1840er Jahre mit »Der Doktor Faust. Ein Tanzpoem« und »Göttin Diana« zwei Bühnenproduktionen geschrieben hatte. Andererseits hatte Auguste Lireux ein von Challamel geschriebenes Versdrama im Odéon-Theater einstudieren lassen, das dann aber nicht aufgeführt wurde. Zumindest Challamel und Lireux werden sich von daher gekannt haben.⁵⁷

Und auch Alfred Quidant (1815–1893), der 1831 nach Paris ging, um am Konservatorium Klavier zu studieren, dann aber sein Studium abbrach, um für über 30 Jahre für die berühmte Klaviermanufaktur Érard als Klavier-Demonstrator zu arbeiten und vor allem zu ihrer Zeit sehr populäre Salon-Musik zu komponieren, kann bislang über die Angaben Challamels hinausgehend nicht als ein Freund Heines identifiziert werden.

Wenn man von Alphonse Royer absieht, scheint Challamel hier also von einer eher zufällig zusammengewürfelten Reisegesellschaft zu sprechen. Eine Datierung anhand der »Souvenirs«, wann oder wie lange Heine sich in der maison aufgehalten hat, fällt von daher schwer. Denn Heine ist spätestens seit 1833 mit Alphonse Royer befreundet und in Trouville hielt er sich in den Sommermonaten 1843 auf. Eine zeitliche Eingrenzung seiner Besuche in der maison de santé ist aber über folgende Überlegungen möglich, denn Heine – oder seine nachmalige Ehefrau Mathilde – muss die Dienste Faultriers spätestens 1841 in Anspruch genommen haben. Heine bittet am 1. September 1841 Julius Campe, dass er eine Ordre an Faultrier trassieren möchte (HSA XXI, 421). Offensichtlich lag Heine eine Geldforderung von Faultrier vor. Diese kann sich nicht auf eine Behandlung der Schussverletzung, die Heine im Pistolenduell erlitten hat, beziehen, denn dieses Duell fand erst am 7. September 1841, also nach seinem Schreiben an Campe, statt. Am 1. Dezember 1841 schreibt Heine erneut an Julius Campe und erklärt in diesem Schreiben, dass Faultrier diesen Wechsel bereits bei ihm selbst eingelöst habe. Seine Bitte aus dem August 1841, »800 M Banco, 2 Monath dato an die Order des Herrn Faultrier«, sei damit hinfällig (HSA XXI, 429). Hier unterläuft Heine offensichtlich ein Erinnerungsfehler, denn in dem Schreiben an Campe aus dem August 1841 hatte er nur geschrieben, dass er wegen der Duellforderung seine Badereise in den Pyrenäen habe abbrechen müssen und seine Gesundheit »leider dadurch gelitten« habe (HSA XXI, 416). Gleichwohl wird hier aber ein im Hintergrund bestehender Zusammenhang von Honorarforderungen Faultriers und seiner Gesundheit deutlich. Wahrscheinlich will Heine in dem Brief vom 1. Dezember 1841 aber auf einen noch länger zurückliegenden Brief an Campe vom 11. März 1841 verweisen. Denn in diesem Schreiben hatte er tatsächlich gegenüber seinem Verleger deutlich gemacht, dass eine zweite Auflage des »Börne«-Buches es ihm erlauben würde, einen Wechsel auf dieses Honorar auszustellen, um so die hohen Krankheitskosten bezahlen zu können, die ihn offensichtlich im März 1841 drückten:

> Sehen Sie eine baldige 2te Aufl des Börne voraus u erlauben mir über den Honorarbetrag auf Sie zu trassen – **gleichviel auf welchen Termin** – so wär mir das in diesem Augenblick, wo ich krank bin, sehr ersprießlich – denn Sie haben keinen Begriff davon, wie viel Geldausgaben mein Zustand nöthig macht. – Ich würde Ihnen heute mehr schreiben, aber meine Augen erlauben es nicht. (HSA XXI, 395)

Damit wird ein Besuch Heines in der maison de santé und damit ein Inanspruchnehmen der dort vorgehaltenen ärztlichen Dienste ab Anfang 1841 plausibel.

Ein weiterer Beleg für Heines Besuch der maison de santé – jetzt außerhalb der Erzählung der »Souvenirs« – ist die Honorarforderung Faultriers vom 8. Mai 1848.[58] Wie sich weiterhin aus der Korrespondenz erschließen lässt, hat Heine sich dort wenigstens 3 Monate mit seiner Frau und seiner Krankenwärterin Mlle Pauline aufgehalten und zwar – wie Fanny Lewald in ihren »Erinnerungen aus dem Jahr 1848« berichtet – offensichtlich stationär. Fanny Lewald gibt eine kleine Beschreibung, wie das Krankenzimmer Heines ausgesehen hat, das sie in der »Maison de santé in der Rue de l'Oursine« aufgesucht hatte:

> Mitten in einem großen Schlafzimmer mit großem französischem Himmelbett und blauen Möbeln stand, sich auf einen Tisch stützend, Heine, der uns mit den Worten empfing: »Mein Gott. Sie kommen so weit heraus zu mir! wie haben Sie mich nur gefunden? Und wie ich vor Ihnen erscheine! Ich habe in den letzten Tagen so viel gelitten, daß ich nicht daran denken konnte, meine Toilette zu machen; meine Nerven ertrugen keine Berührung.« (Werner/Houben II, 108)

Es wäre nun falsch, mit diesem Krankenzimmer die Vorstellung zu verbinden, dass Heine dort tagelang völlig arbeitsunfähig gelegen habe und von Pflegepersonal habe versorgt werden müssen. Denn in der »Préface« zu »Poëmes et Légendes« schildert Heine für den gleichen Zeitraum, wie er täglich Besuch von Gérard Nerval erhalten habe, mit dem er an der Übersetzung der »Reisebilder« gearbeitet habe (DHA I, 568).

Auch nach diesem mehrmonatigen Aufenthalt hat Heine sich regelmäßig in der rue de Lourcine eingefunden und ambulant in der maison de santé aufgehalten, denn am 10. September 1848 schreibt er seinem Bruder Max, dass dieser seine Antwortschreiben an M. Faultrier, rue de Lourcine, adressieren solle, denn:

> In diesem Hause nemlich habe ich den vorigen Winter verbracht und ich denke dahin zurückzukehren, während ich meine eigne Wohnung, die ich auf mehre Jahre gemiethet und theuer bezahlen muß, brach liegen lasse. (HSA XXII, 292)

Am 12. September 1848 wiederholt er die Gültigkeit dieser Adresse gegenüber seinem Bruder, und noch am 3. Dezember 1848 schreibt er wieder an Max:

> Die Adresse worunter Du mir zuletzt schriebst ist jedoch immer eine sichere, da die Briefe die solchermaßen adressirt, mir immer von einem sicheren Freunde zugeschickt werden der immer meine Wohnung genau kennt. (HSA XXII, 301f.)

In den »Souvenirs intimes« von Alexandre Weill kann die hier veranschlagte Zeitspanne von 1841 – erster rekonstruierter Besuch Heines in der maison de santé – bis Mitte/Ende 1848 – letzter Nachweis seines Besuchs der maison – ihre Bestätigung finden. Denn Weill schreibt, dass Heine sich anlässlich des Öffentlichwerdens seiner jährlichen Pensionszahlung durch das Außenministerium 1848 wieder in die maison zurückgezogen habe, die er bereits lange vor seiner Eheschließung mit Mathilde gekannt habe:

> Il se retira chez un ami, directeur d'une maison de santé, rue de Lourcine, dont j'ai oublié le nom, bien que j'ai dîné avec lui plusieurs fois chez Heine, et dans la maison duquel Heine s'était fait soigner longtemps avant son mariage, et qui l'a fait affilier à une loge maçonnique dont ce médecin était le vénérable. (Werner/Houben I, 616)

Heines Krankheit

Diese Hinweise auf die maison de santé der rue de Lourcine belegen nun im Zusammenhang mit den Schilderungen der »Souvenirs«, weiteren Belegen der Korrespondenz und der Honorarforderung Faultriers aus dem Jahr 1848, dass Heine in einem Zeitraum von wenigstens acht Jahren konkrete ärztliche Hilfe dieser Krankenheilanstalt, die medizinisch von Philippe Ricord betreut wurde, in Anspruch nahm. Offensichtlich hat Heine mit der maison einen Ort gefunden, an dem er seine Gesundheitsinteressen mit seinen Ambitionen, auf dem französischen Literaturmarkt erfolgreich zu sein, zusammenbringen konnte. Die Teilhabe am gesellschaftlichen und kulturellen Leben von Paris und das Wahrnehmen gezielter Maßnahmen zur Restitution seiner Gesundheit schlossen sich hier, wo sich das literarische und das medizinische Feld überlagerten, nicht aus. Darüber hinaus musste Heine keine sonderlichen Anstrengungen unternehmen, um seine womöglich venerische Erkrankung und ihre Therapie vor Freunden und Bekannten – noch vielmehr vor dem literarischen Gegner – zu verschleiern, denn in der maison de santé war er *per se*, war er durch ein stillschweigendes Abkommen aller Hausgäste und -patienten vor einem unkontrollierten In-Umlaufbringen einer tabuierten Krankheit geschützt.

Challamels »Souvenirs« sind deshalb für eine Rekonstruktion von Heines Krankengeschichte von Bedeutung, weil die Kapitel XXXIV und XXXV es erlauben, unterschiedliche und bislang unvermittelt nebeneinanderstehende Details der Krankengeschichte Heines in einen größeren Bildzusammenhang zu integrieren. Was bislang bekannt war, ist, dass Heine über einen längeren Zeitraum Kaliumjodid nahm, wie er gegenüber Heinrich Rohlfs äußerte:

> Das einzige Medicament, welches ich in meiner ganzen Krankheit genommen habe, war Jodkali, ohne daß ich dadurch eine Besserung meines Zustandes verspürt hätte. Man hat mich gebrannt, ich habe verschiedenartige Bäder gebraucht – doch Alles ohne Erfolg! (Werner/Houben II, 255)

Für diese Medikation gibt es mit dem Rezept des Ärztekonsils auch einen materiellen Beleg, der von den Ärzten Auguste-François Chomel (1788–1858), David Gruby (1810–1898), Léon Louis Rostan (1790–1866) und Leopold Wertheim (1819–1890) am 9. Oktober 1848 unterschrieben worden ist.[59] Dieses Kaliumjodid bedeutete eine – und weil sie wirksam war – die wichtige therapeutische Neuerung, die von Philippe Ricord in die zeitgenössische Syphilisbehandlung eingeführt worden war.

Zu diesem antisyphilitischen Therapieschema kommt, dass Heine sich immer wieder – auch stationär – in eine auf venerologische Erkrankungen spezialisierte Heilanstalt begeben hat. Denn diese maison de santé war eine »succursale de l'hôpital du Midi«, eine Außenstelle des großen Krankenhauses für Geschlechtskrankheiten in Paris. Diese Spezialisierung der maison zeigt sich auch darin, dass der größte Teil der Patienten sich dort wegen einer Krankheit »d'un genre à part«[60] – so wie Challamel Geschlechtskrankheiten diskret umschreibt – behandeln ließ. Vervollständigt wird das Gesamtbild einer syphilitischen Erkrankung Heines dadurch, dass zum antisyphilitischen Medikament und zur Syphilisheilanstalt auch das nötige medizinische Personal kommt. Denn der »médecin en chef«

dieser maison war der zentrale Venerologe der damaligen Zeit, Philippe Ricord, dem außerdem mit Poterin Du Motel ein ausgewiesener Venerologe dauerhaft vor Ort zur Seite stand. Heine wurde also mit einem Antisyphilitikum in einer Heilanstalt für Geschlechtserkrankungen von auch auf Syphilis spezialisierten Ärzten behandelt – womöglich über acht Jahre lang.

Heines »jüdische Syphilis«

Wie ist es nun zu erklären, dass sich im Werk Heines keine Spuren finden, die auf eine Syphilis verweisen könnten, wie die maison de santé Faultriers, die Ärzte Philippe Ricord und Poterin Du Motel oder bis auf eine einzige Erwähnung das einschlägige Medikament Kaliumjodid? Denn wie bereits erwähnt, werden Ricord, Du Motel und auch Augustin Challamel an nicht einer Stelle von Heines Korrespondenz oder in den »Begegnungen mit Heine. Berichte der Zeitgenossen« erwähnt. Zu diesem Befund des Fehlens fast jeglichen Hinweises auf eine Syphilisinfektion oder -therapie tritt der Umstand, dass Heine in seinem schriftstellerischen Werk auch nahezu jede Begrifflichkeit von Geschlechtskrankheit, ob das nun Syphilis, Tripper oder Schanker etc. ist, vermeidet. An materiellen Belegen liegen neben dem oben angeführten Rezept des Ärztekonsils sonst nur drei weitere Opium-Rezepte und die Rechnung des dubiosen Metallotherapeuten Victor Burq vor.[61]

Offensichtlich hat Heine hier zu den Mitteln gegriffen, die er auch zum Verschleiern seiner jüdischen Identität eingesetzt hat. Jan-Christoph Hauschild hat herausgearbeitet, wie Heine über unterschiedliche Verfahren der Fingierung, der Chiffrierung und des Autodafés Angaben zu seiner Biographie manipuliert hat.[62] So liegt nicht nur manches biographische Material wie Briefe oder autobiographische Aufzeichnungen bei Heine nicht vor, weil Heine sie immer wieder in Autodafés vernichtet hat oder sie von ihm verfälscht worden sind. Auch alle pathographisch relevanten Hinweise, die ihn in Verbindung mit einer Geschlechtserkrankung hätten bringen können, sind vernichtet, liegen zumindest nicht vor. Offensichtlich aus einem naheliegenden Grund: Denn wenn Heine bemüht war, seine jüdische Herkunft zu verschweigen, dann musste er auch alle Hinweise auf den venerischen Charakter seiner Erkrankung verheimlichen. Denn die Syphilis bzw. allgemein venerische Erkrankungen waren seit alters her, spätestens seit Tacitus mit Juden und Judentum zusammengebracht worden. Wenn Heine aus Angst vor Repressalien oder Benachteiligungen auf dem Literaturmarkt seine jüdische Herkunft verstecken wollte, dann musste er auch alles das verschweigen, was als indirektes Indiz für seine jüdische Abstammung hätte gewertet werden können

– somit auch die für typisch jüdisch eingeschätzte Geschlechtskrankheit. Denn mit der »jüdischen Geschlechtskrankheit« liegt gewissermaßen ein klassisches antisemitisches Klischee vor, das Heine selbstverständlich bekannt war.[63] Vor dem Hintergrund dieser Strategie, seine jüdische Identität zu verheimlichen, hat Heine auch alle Hinweise auf das Antisyphilitikum Kaliumjodid, den Venerologen Ricord und die pariseweit bekannte Krankenheilanstalt für Geschlechtserkrankungen unterschlagen.

Diese Strategie des Verheimlichens des venerischen Charakters seiner Erkrankung, von der er nur mit sexualprotzerischen Bemerkungen abweicht, verfolgt Heine bereits lange vor den 1840er Jahren. So spricht er 1824 in einem Brief an seinen vertrauten Freund Moses Moser von einem Hautausschlag, von dem er jetzt geheilt worden wäre. Diesen Ausschlag chiffriert er im studentensprachlichen Jargon:

> Ich bin gottlob von einem ärgerlichen Ausschlag jetzt kurirt. Ich hatte mir denselben durch die Boyisensche Uebers. des Corans zugezogen. An diesem Mahomet habe ich g l a u b e n m ü s s e n. Meine Bestialität findet ihres Gleichen nicht. Oder ist es Ironie, daß ich mich im Gassenkoht wälze? (HSA XX, 132)

Tatsächlich wird aber in zeitgenössischem studentischem Jargon der Koran als Synonym für den Tripper gebraucht, so dass geschlossen werden muss, dass Heine sich 1824 eine Geschlechtskrankheit zugezogen hat.[64] Der hochsensibel auf jüdische Ressentiments und auf sein Judentum entlarvende Anspielungen reagierende Heine hat schon wegen der Verbindung des Judentums mit einer venerischen Erkrankung jeden Hinweis auf eine eigene Geschlechtserkrankung vermieden. Diese Strategie, v. a. schriftliche Hinweise auf die »jüdische Geschlechtskrankheit« zu vermeiden oder aber nachträglich zu vernichten, wird Heine wohl über weite Teile seines Lebens verfolgt haben. Vielleicht hat diese Vorgehensweise – hier wieder im Anschluss an Hauschild – mit seinem Zusammenbruch 1848 ein Ende gefunden, als ihm klar wurde, dass er seine jüdische Identität nicht länger zu verstecken brauchte. Denn aus 1849 datiert seine einzige offizielle Erklärung zu der Erkrankung, die Heine mit einem »ramollissement de la moëlle épinière oder eine(r) deutsche(n) Rückgratschwindsucht« angab, die der Eingeweihte als Syphilis im fortgeschrittenen Stadium verstehen musste.[65]

Heine – eine pathographische Illusion?

Mit dem Challamel-Text kann also eine neue Komponente in die Diskussion eingebracht werden, an welcher Krankheit Heine gelitten hat. Dass Philippe Ricord der an Heine applizierten Kaliumjodid-Medikation in der Syphilistherapie zum Durchbruch verhalf und Arzt in einer von Heine langjährig besuchten, auf venerische Erkrankungen ausgerichteten Krankenheilanstalt war, macht sehr plausibel, dass Heine an einer Syphilis erkrankt war. Die hohe Wahrscheinlichkeit einer Syphiliserkrankung Heines, die im Übrigen in der Vergangenheit – wenn auch mit methodischen Schwächen – für Heine diskutiert wurde[66], verläuft hier aber nicht über eine möglichst exhaustive und homogenisierende Wiedergabe der im Werk Heines überlieferten und in Teilen widersprüchlichen Symptome und Detailbeschreibungen. Denn hier hat Heine vieles, wenn nicht alles vernichtet, verschwiegen und verwirrt. Eine unproduktive Abhängigkeit von den endlosen, in der Korrespondenz und in den Gesprächsaufzeichnungen überlieferten Symptomaufzählungen kann so vermieden werden. Gegenteilig wird hier die syphilitische Erkrankung Heines aus den Überlieferungslücken erschlossen, die sich aus der in der Heine-Philologie bislang unbekannten Quelle der »Souvenirs« von Challamel rekonstruieren lassen. Das systematische Verschweigen aller für eine konkrete Syphilisbehandlung sprechenden Belege kann damit erklärt werden, dass Heines Überleben als Berufsschriftsteller entscheidend von seiner literarischen Produktivität und den Kontakten zu wichtigen Persönlichkeiten des öffentlichen und des Lebens des Literaturmarktes abhing. Sowohl die Aufenthalte in der maison de santé als auch ihr Verschweigen waren von daher existentiell, denn hier konnte Heine seine luetische Erkrankung kurieren, ohne dabei den Kontakt zu den Akteuren des literarischen Lebens zu verlieren; weiterhin war er hier in Gesellschaft Gleichgesinnter, die wie er ebenfalls kein Interesse daran haben konnten, den tabuisierten Charakter ihrer Krankheit öffentlich gemacht zu sehen.

Aber auch mit den »Souvenirs« Challamels kann pathographisches Arbeiten über Heinrich Heine nicht abgeschlossen sein. Denn auch eine solche Lesart der »Lücken«, der Quellen und ihrer Befunde steht in der Gefahr, eine Konsistenz dort zu konstruieren, wo es keine gegeben hat. Deshalb sei hier auch auf widersprechende Gründe hingewiesen: Ein Beleg für eine Beziehung zwischen Heine und Ricord in Form etwa eines Rezeptes, eines Briefwechsels etc. kann bislang nicht beigebracht werden. Einer Behandlung Heines durch Ricord steht relativierend gegenüber, dass Heine im Oktober 1848 (auch) von Chomal, Rostan, Wertheim und Gruby behandelt wurde. Weiterhin berichtet Fanny Lewald, dass Heines Arzt in der maison »ein deutsch sprechender Ungar« gewesen sei (Werner/

Houben II, 108). Das kann nur David Gruby gewesen sein. Und Alexandre Weill vermutet – und der Salon-Charakter der maison de santé legt das auch nahe –, dass Heine sich weniger aus Gründen seiner Krankheit stationär in die maison de santé begeben hätte, als sich vielmehr 1848 wegen der öffentlichen Empörung anlässlich des Bekanntwerdens seiner staatlichen Bezüge gewissermaßen in die maison geflüchtet hätte: »A Paris, cette nouvelle fit long feu. Mais pour ses admirateurs en Allemagne, ce fut un coup de foudre. Heine s'éclipsa en se retirant rue de Lourcine, mais sa retraite était inutile.«[67]

Vielleicht müssen die Aufenthalte in der maison de santé insgesamt weniger krankheitsbedingt als vielmehr als Ausdruck großen Ruhebedürfnisses verstanden werden, das als wichtige und für Heine bekannte Voraussetzung schriftstellerischen Arbeitens eindrücklich und idealisierend von Alfred Meissner für das Landhaus in Montmorency, das Heine oft bezogen hat, beschrieben wird.[68]

Die vorgestellten Belege, die sich v. a. wegen der neuen Hinweise aus den »Souvenirs« Challamels in ein neues Gesamtbild einordnen lassen, so dass mit hoher Plausibilität von einer luetischen Erkrankung Heines ausgegangen werden muss, lassen sich also auch durch Gegenbelege wenigstens relativieren. Die Rekonstruktion der Krankengeschichte Heinrich Heines bleibt also nach wie vor eine *illusion pathographique*.

Anhang: Auszug aus den »Souvenirs d'un Hugolâtre«

Ce fut chez M. Faultrier, rue de Lourcine, que je me mis en rapport avec des amis de Henri Heine, et que je lui fus présenté.
La réputation du poète allemand parisien, de l'impitoyable railleur, s'étendait déjà eu Europe. Il s'intitulait »Prussien libéré«, si bien que ses compatriotes l'avaient presque renié, effrayés qu'ils étaient de son sarcasme.
Heine, chef d'une école nouvelle, le »Voltaire de l'Allemagne«, a-t-on dit, avait créé sa poésie lyrique, pleine d'amertume et de gaieté à la fois, capable de blesser cruellement, avec une apparence de bonhomie et de grâce. Né le 1er janvier 1800, il se déclarait ironiquement »le premier homme de son siècle.«
Il ne manquait pas d'attaquer Victor Hugo, regardait Lamartine comme »un saule pleureur«, et risquait ce jugement à propos d'Alfred de Musset : »C'est un jeune homme d'un bien beau passé !« En parlant de Henri Heine, Thiers disait : »Cet Allemand est le Français le plus spirituel depuis Voltaire.«
Après la révolution de Juillet, Heine, installé à Paris, avait multiplié les diatribes contre Louis-Philippe, qui lui constitua une pension sur sa cassette. L'auteur des Reisebilder reconnaissait que »les fortifications de Paris étaient l'événement le plus considérable de son temps.«
Pendant vingt-cinq années, il devait représenter, chez nous, l'esprit et la poésie de l'Allemagne, en même temps qu'il représentait la vive et spirituelle critique française chez nos voisins d'outre-Rhin. Ses épigrammes atteignaient et sa mère patrie et sa patrie adoptive.

Pour indiquer la façon d'écrire d'Henri Heine, il suffit de rappeler comment il raconta la mort de Sirey, frappé dans l'appartement de la cantatrice Heinefetter, en 1842, — célèbre drame judiciaire :
»Le vacarme qui s'est passé dans le cabinet d'études de Mlle Heinefetter, à Bruxelles, a éveillé notre intérêt. Les dames surtout sont indignées contre cette dinde allemande, qui malgré son séjour de plusieurs années en France, n'a pas encore appris l'art de savoir empêcher que deux coqs amoureux ne se rencontrent sur le champ de bataille de leur bonheur.«
Romantique, il traitait d'une manière étrange les partisans de la nouvelle école, tout en décochant des flèches empoisonnées contre les derniers champions de la littérature classique. Au demeurant, je ne pouvais guère m'entendre sur tous les points, moi, hugolâtre, avec un homme tel que Henri Heine.
Aussi, je redoutai un peu les coups de griffe que me vaudraient ses conversations, quand je passai en sa compagnie six semaines aux bains de mer de Trouville.
Trouville, alors, était dans l'enfance. Quelques petits hôtels et quelques maisons de pêcheurs y donnaient asile à des Parisiens désireux de vivre à l'écart au bord de la mer. Aucune calèche n'y paraissait, quoique déjà M. d'Hautpoul y possédât une belle maison et un yacht superbe, quoique le chalet de M. Goupil y attirât l'attention, quoique l'atelier du peintre Mozin y fût parfaitement installé.
Nous passions nos vacances à Trouville avec M. et Mme Henri Heine, avec Auguste Lireux, directeur de l'Odéon, avec Alphonse Royer, qui dirigea l'Opéra, avec Alfred Quidant, le pianiste. De fréquentes promenades avaient lieu, — tantôt à Hennequeville et à Gricqueboeuf, tantôt à Villers et à Saint-Arnoud. Jamais Henri Heine n'y participa. Il restait constamment enfermé dans sa petite chambre d'hôtel, et, le soir seulement, on le voyait marcher à pas comptés sur la plage.
Pendant six semaines, je n'entendis que ces mots sortir de la bouche de Henri Heine: »J'ai bien mal à la tête«. Peu après, la paralysie le saisissait; en 1856, il mourait presque aveugle.
Henri Heine admirait beaucoup Frédéric-Lemaître, trouvait Bocage »beau comme Apollon«, et prisait à sa juste valeur le talent de Théophile Gautier. Il avait des parti-pris impossibles, des mots à l'emporte-pièce contre la Prusse, et des paradoxes sans pareils.[69]

Anmerkungen

1 Pierre Bourdieu: Die biographische Illusion. – In: Bios. Zeitschrift für Biographieforschung, oral history und Lebensverlaufsanalysen 3 (1990), S. 75–81, hier S. 75.

2 Ebd., S. 76.

3 Ebd., S. 76f.

4 Ebd., S. 80.

5 Vgl. hierzu v. a. Markus Joch: Ein unmöglicher Habitus. Heines erstes Pariser Jahrzehnt. – In: Text und Feld. Bourdieu in der literaturwissenschaftlichen Praxis. Hrsg. v. Markus Joch, Norbert Christian Wolf. Tübingen 2005, S. 137–158; Michael Werner: Genius und Geldsack. Zum Problem des Schriftstellerberufs bei Heinrich Heine. Hamburg 1978.

6 Augustin Challamel: Souvenirs d'un Hugolâtre. La génération de 1830. Paris 1885.

7 Vgl. zu Challamel André Jarry: En marge du romantisme. Les frères Challamel. – In: La vie romantique. Hommage à Loïc Chotard. Hrsg. v. Andre Guyaux u. Sophie Marchal. Paris

2003, S. 293–308 (Jarry verfügt über Einsicht in Familienarchivalien Challamels); Brian Juden: La France Littéraire de Charles Malo et de Pierre Joseph Challamel. Répertoire, Présentation et Notes. Paris 1974; Sergio Luzzatto: Un precursore della *cultural history* nella Francia di Luigi Filippo: Augustine Challamel, storico della rivoluzione. – In: Cromohs 1 (1996), S. 1–54.

  8 Vgl. Jarry: Romantisme [Anm. 7], S. 299.
  9 Vgl. ebd., S. 300.
 10 Vgl. Challamel: Souvenirs [Anm. 6], S. 131.
 11 Vgl. ebd., S. 130, 152, 177 f.
 12 Vgl. Jarry: Romantisme [Anm. 7], S. 307.
 13 Vgl. Challamel: Souvenirs [Anm. 6], S. 139 ff., Jarry: Romantisme [Anm. 7], S. 303 f.
 14 Vgl. hierzu Augustin Challamel: Histoire-Musée de la République française, depuis l'Assemblée des notables jusqu'à l'empire. Paris 1842. Bd. 1, S. V f.
 15 Vgl. Jarry: Romantisme [Anm. 7], S. 301.
 16 Challamel: Souvenirs [Anm. 6], S. 20.
 17 Vgl. ebd., S. 357. Vor diesem Hintergrund erklärt sich auch die Wortwahl »hugolâtre«. Challamel erklärt den Begriff bereits im Titel des Bandes: »Ceux que l'on appelait hugolâtres devançaient l'admiration universelle pour Victor Hugo.« »Hugolâtre« bzw. »hugolatrie« ist ein aus dem lateinischen idolatrie abgeleitetes Kunstwort: Idolatrie, oder idololatrie bzw. gr. eidôlolatreia (eidolon = Götterbild und latreia = Dienst, Verehrung). »Hugôlatrie« bezeichnet damit eine göttliche Verehrung Victor Hugos und »hugolâtre« einen Verehrer Hugos. Das »Dictionnaire historique, étymologique et anecdotique de l'argot parisien« von Lorédan Larchey aus dem Jahr 1872 verzeichnet bereits das Lemma »Hugolatre, Hugophile« und erklärt: »Admirateur exclusif de Victor Hugo.« Als Verwendungsbeispiel wird angeführt: »Ah! tu es hugophile. Tu es donc un géant pensif.« Ebd., S. 156.
 18 Challamel: Souvenirs [Anm. 6], S. 174.
 19 Ebd., S. 292.
 20 Vgl. ebd., S. 293 ff.
 21 Vgl. ebd., S. 356 f.
 22 La revue générale. Littéraire, politique et artistique, Nr. 41 vom 15. Juli 1885, S. 283.
 23 Ebd.
 24 Vgl. J. D. Oriel: Eminent venereologists. Philippe Ricord. – In: Genitourinary Medicine 65 (1989), S. 388–393.
 25 Zur Geschichte der Venerologie, der Entdeckung der Syphilis und Philippe Ricord vgl. Gérard Tilles: Dermatologie des XIXe et XXe siècles. Mutations et controverses. Paris, Berlin, New York 2011. Zur »Pariser Schule« vgl. Constructing Paris Medicine. Hrsg. v. Caroline Hannaway u. Ann La Berge. Amsterdam 1998.
 26 Vgl. Erwin H. Ackerknecht: Medicine at the Paris Hospital 1794–1848. Baltimore 1967, S. 174 ff.; Alex Dracobly: Theoretical change and Therapeutic Innovation in the Treatment of Syphilis in Mid-Nineteenth-Century France. – In: Journal for the History of Medicine and Allied Scienes 59 (2004), S. 522–554, hier S. 549.
 27 Vgl. das Lemma »Syphilis« in Antonin Bossu: Nouveau Compendium médicale à l'usage des médecins praticiens [...]. Nouvelle Édition. Paris 1855, S. 646 ff.
 28 Vgl. Enno Christophers und Markward Ständer: Praxis der Haut- und Geschlechtskrankheiten. München 1986, S. 194.
 29 Challamel schreibt, dass die maison de santé »avait pour médecin principal Philippe Ricord, qui y faisait visite tous les jours.« Challamel: Souvenirs [Anm. 6], S. 294. Ricord

schreibt 1851: »[...] maison de santé de la rue de Lourcine dont je suis le médcin en chef.« Philippe Ricord: Traité complète des maladies vénériennes. Clinique iconographique de l'Hopital des Vénériens [...]. Paris 1851, S. 241, Fußnote.

30 Challamel: Souvenirs [Anm. 6], S. 295.

31 Ebd. Tatsächlich sind mit Giulia Grisi, Emma Albertazzi, Mario und Antonio Tamburini die Sopranistin, die Mezzo-Sopranistin, der Tenor und der Bariton der Uraufführung benannt, und es ist durchaus möglich, dass ausgewählte Partien separat gesungen worden waren, denn das Andantino »Cuius animam« war 1841 noch als Tenorpartie geschrieben worden. Vgl. The New Grove. Masters of Italian Opera. Hrsg. von Julian Budden, Philip Gossett et al. London 1983, S. 59; Grove's Dictionary of Music and Musicians. Hrsg. v. J. A. Fuller Maitland. Bd. 4. London 1908, S. 159.

32 Eugène de Mirecourt: Ricord. Paris 1858, S. 76 und 74. Heine schreibt in einem Artikel für die »Allgemeine Zeitung« vom 9. Mai 1842 über das »Stabat Mater«, scheint aber eine Aufführung selbst nicht besucht zu haben.

33 »Aux portes de l'éternité / Quand j'aurais fini ma carrière, / S'il me rest un peu de poussière / De cette triste humanité, / Que le tombeau seul s'en empare, / Que de mon âme se sépare / Cette cause de mes douleurs; / Car l'âme pure et sans matière / Doit être un rayon de lumière / Que ne troubleront plus les pleurs.« Zit. n. Clément Simon: Ricord. – In: Die berühmten Ärzte. Hrsg. v. Lucien Mazenod u. René Dumesnil. Genf 1947 (Galerie der berühmten Männer, Bd. 3), S. 233.

34 Vgl. Victor du Bled: La Société Française du XVIe siècle au XXe siècle. VI série: XVIII siècle. Les Médecins avant et après 1789. L'amour au XVIII siècle. Paris 1908, S. 127.

35 Ebd., S. 123.

36 Ebd., S. 125.

37 So heißt es im »Almanach des 25000 adresses des principaux habitans de Paris pour l'année 1835« auf S. 216: »Faultrier, direct.-prop. d'une maison de santé, r. de l'Oursine 86«. Auch Ricord wird dort auf S. 490 erwähnt: »Ricord-Philippe, chirurg. de l'hôpital du Midi, profess. de médécine opératoire, médécin de la maison de santé rue de l'Oursine. 86; – r. de Seine-St-Germain. 64.« Auch in der Ausgabe vom 26. Dezember 1852 des »Journal des Debats politiques et littéraires« wird Faultrier als »propriétaire rue de Lourcine, 94« aufgeführt.

38 Kohut nennt die Trauzeugen Faultrier und den Sprachlehrer Barrieu: »beide Freunde der Gattin«. Adolph Kohut: Heinrich Heine und die Frauen. Berlin 1888, S. 275.

39 Almanach-Bottin du Commerce de Paris, des départemens de la France et des principales villes du monde Jg. 45 (1842), S. 214. Im Original steht hinter Faultriers Namen ein Kreuzsymbol, das ihn als Ritter der Ehrenlegion ausweist.

40 F. Campbell Stewart: Hospitals and Surgeons of Paris. An Historical und Statistical Account of the Hospitals of Paris. New York 1843, S. 110f.

41 Ricord: Traité complète des maladies vénériennes [Anm. 29], S. 333.

42 Eugène Poterin Du Motel: Thèse pour le Doctorat en Médecine, Présentée et soutenue le 26 août 1841, S. 27.

43 Nr. 72, 15.6.1867 und in der Nr. 75 vom 22.6.1867.

44 Challamel: Souvenirs [Anm. 6], S. 294.

45 Ebd., S. 296.

46 Ebd., S. 294. Das muss er berichten, um sich nicht selbst dem Verdacht auszusetzen, venerisch erkrankt zu sein.

47 Vgl. ebd., S. 297. »Prussien libéré« nennt Heine sich selbst u. a. in den »Aveux de l'Auteur« (DHA XV, 129). »Voltaire de l'Allemagne« zu sein, ist ein Epitheton, mit dem Napoléon

Christoph Martin Wieland geschmückt haben soll (vgl. Mémoires du Prince de Talleyrand, Publiés avec une préface et des notes par le duc de Broglie. Bd. 1, Paris 1891, S. 442–446), mit dem Wieland sich selber geschmückt haben soll (vgl. Begegnungen und Gespräche / Goethe. Begr. von Ernst Grumach u. Renate Grumach. Hrsg. von Renate Grumach. Bd. 4: 1793–1799. Berlin 1980, S. 268), mit dem Goethe bei seinem irrtümlichen und in den Zeitungen angekündigten Tod 1823 apostrophiert worden ist (vgl. ebd., Bd. 14: 1823–1824. Berlin 2011, S. 56) und das ausführlich in Bezug auf Heine diskutiert wird. Vgl. hierzu die Nummern 5386, 5427, 5437, 5551 u. ö. in auf der Horst/Singh, Bd. XII. In den »Bädern von Lukka« erzählt Heine scherzhaft: »Ich, Signora, bin in der Neujahrsnacht Achtzehnhundert geboren. Ich habe Ihnen ja schon gesagt, bemerkte der Markese, er ist einer der ersten Männer unseres Jahrhunderts.« (DHA VII, 106)

48 Revue Britannique 3 (1835), Bd. 2, S. 331–344, hier S. 344.

49 Diese Bemerkung findet sich so in dem Artikel »Littérature allemande contemporaine. Henri Heine. Et ses rapports avec la jeune Allemagne« in der von Charles Monnards herausgegebenen »Revue chrétienne«, 3e année, Paris 1856, S. 271–289: »›C'est le Français le plus spirituel depuis Voltaire.' Un journal attribue ce mot à un juge des plus compétents, à M. Thiers.« In der »Didaskalia. Blätter für Geist, Gemüth und Publicität« vom 26. März 1856 heißt es: »Als Herr Thiers Heine's Tod erfuhr, soll er gesagt haben: Dieser Deutsche war der geistreichste Franzose seit Voltaire (C'était le français le plus spirituel depuis Voltaire que cet Allemand qui vient de mourir).« Zit. n. auf der Horst/Singh Bd. XII, S. XV und S. 579.

50 Dass der bekennende Hugo-Verehrer Challamel hier nicht aus Heines Artikel V der »Lutèce« von 1855 zitiert, obwohl er diese Artikelserie, wie sich unten zeigen wird, gut kannte, ist verständlich: »Quelqu'un a dit du génie de Victor Hugo: C'est un beau bossu. Ce mot est plus profond que ne le suppose peut-être ‹celui qui l'a inventé›.« (DHA XIII, 195) In »Über die französische Bühne«, die Ende 1837 erschien, hatte Heine sich noch nicht mit dieser Schärfe gegen Hugo ausgesprochen. Vielleicht gibt die 1838 entstandene und damit in die zeitliche Nähe seines Aufentalts in der maison de santé fallende Auftragsarbeit »Shakespeares Mädchen und Frauen« noch am besten seine ambivalente Haltung zu Victor Hugo wieder, die dann später einer scharfen Hugo-Kritik gewichen ist, wenn er dort zwar von dem »Genius von erster Größe« und dem »größte[n] Dichter Frankreichs« spricht, ihm aber vorwirft, dass »sein Pegasus [...] eine krankhafte Scheu vor den brausenden Strömen der Gegenwart [hege] und [...] nicht gern zur Tränke [gehe], wo das Tageslicht in den frischen Fluten sich abspiegelt.« (DHA X, 181) Äußerungen wie diese haben sicherlich Challamel zu dem Bekenntnis veranlasst: »Romantique, il traitait d'une manière étrange les partisans de la nouvelle école, tout en décochant des flèches empoisonnées contre les derniers champions de la littérature classique. Au demeurant, je ne pouvais guère m'entendre sur tous les points, moi, hugolâtre, avec un homme tel que Henri Heine.« Challamel: Souvenirs [Anm. 6], S. 299. Die Bemerkung über Lamartine lässt sich so bei Heine weder im Werk noch in der Korrespondenz oder in den Gesprächsaufzeichnungen finden. Sie wird aber vor Challamel von Charles Alexandre in den »Souvenirs de Lamartine« von 1876, S. 7, aufgeführt. Und das Urteil über Musset notiert George Sand am 7.1.1841 in ihrem Tagebuch: »Heine a des mots diablement plaisants. Il disait ce soir en parlant d'Alfred Musset: ›C'est un jeune homme de beaucoup de passé‹.« (Werner/Houben I, 464)

51 Pierre Larousse: Grand Dictionnaire Universel du XIXe siècle. Bd. 9. Paris 1873, S. 140.

52 Offensichtlich hat Challamel nicht gewusst, dass Heine, Royer und Gautier sehr wohl eng befreundet waren, wie Alexandre Weill berichtet: »Pendant des années, il [Heine – CadH] vivait en hiver à Paris, en été à Montmorency avec Théophile Gautier et Alphonse Royer qui, comme lui, vivaient chacun maritalement avec une beauté de leur choix. Jamais trois plus belles

créatures n'ont surgi de la nature que ces trois maitresses des trois hommes de lettre, dépensant entre six et dix mille francs par an et n'ayant jamais le sou.« (Werner/Houben II, 88).

53 In diesem 1838 erschienenen Brief heißt es bei Heine: »figure élevée et belle comme Phœbus Apollon« (DHA XII, 416).

54 Challamel: Souvenirs [Anm. 6], S. 161. Bei Heine heißt es: »Pourtant rien de l'égoïsme artiste ne se trouvait en lui [Gérard Nerval – CadH]; il était tout candeur enfantine; il était d'une délicatesse de sensitive; il était bon, il aimait tout le monde; il ne jalousait personne [...]« (DHA I, 569).

55 Vgl. Challamel: Souvenirs [Anm. 6], S. 298 und DHA XIV, 173.

56 Challamel: Souvenirs [Anm. 6], S. 299.

57 Vgl. Jarry: Romantisme [Anm. 7], S. 307 und Fußnote 87. Die »Souvenirs« datieren das in die Jahre 1842–1845 laut Jarry.

58 Vgl. DHA XIV, Bildteil nach S. 1280.

59 Vgl. die Abbildung in Henner Montanus: Der kranke Heine. Stuttgart 1995, S. 159.

60 Challamel: Souvenirs [Anm. 6], S. 296.

61 Vgl. hierzu Christoph auf der Horst: »... in der Medicin Freigeist«. Heines Krankheit, Therapie und Bewältigungsstrategie. – In: Das letzte Wort der Kunst. Heinrich Heine und Robert Schumann zum 150. Todesjahr. Hrsg. v. Joseph A. Kruse unter Mitarbeit v. Marianne Tilch. Stuttgart, Kassel 2006, S. 278–293.

62 Jan-Christoph Hauschild: Die Wunden Heines. – In: Aufklärung und Skepsis. Internationaler Heine-Kongreß 1997 zum 200. Geburtstag. Hrsg. v. Joseph A. Kruse, Bernd Witte und Karin Füllner. Stuttgart, Weimar 1998. S. 71–84, hier S. 77f.

63 Das antisemitische Stereotyp in Bezug auf Heines Krankheit wird diskutiert in Christoph auf der Horst: Historisch-kritische Pathographien und Historizität. Eine kritische Auswertung der Heine-Pathographien am Beispiel der Syphilisdiagnosen Heinrich Heines. – In: Historizität. Erfahrung und Handeln – Geschichte und Medizin. Unter Mitarb. v. Ulrich Koppitz hrsg. v. Alfons Labisch u. Norbert Paul. Stuttgart 2004 (Sudhoffs Archiv, Beih. 54), S. 121–151. In allgemeiner Hinsicht vgl. hierzu Sander L. Gilman: Rasse, Sexualität und Seuche. Stereotype aus der Innenwelt der westlichen Kultur. Hamburg 1992 und Jay Geller: Le peché contre le sang. La syphilis et la construction de l'identité juive. – In: Revue germanique internationale 5 (1996), S. 141–164.

64 Vgl. Hauschild: Die Wunden Heines [Anm. 62], S. 72.

65 Vgl. ebd.

66 Eine Übersicht aller relevanten Syphilisdiagnosen findet sich in Montanus: Der kranke Heine [Anm. 59], S. 361 ff.

67 Alexandre Weill: Souvenirs intimes de Henri Heine. Paris, S. 136.

68 Vgl. Werner/Houben II, 87.

69 Challamel: Souvenirs [Anm. 6], S. 297–300.

Hotho und Schnaase lesen Tieck
Proto-Ästhetizismus – Ironie(kritik) –
kunstgeschichtliche Begriffsarbeit

Von Norman Kasper, Halle an der Saale

Heinrich Heines Plädoyer für die Identität von plastischer und romantischer Kunst, wie er es in »Die Romantik« (1820) vorträgt, wendet sich gegen jene Kritiker, die die »verworrene[n] und verschwimmende[n] Bilder, die gleichsam aus einer Zauberlaterne ausgegossen werden, und durch buntes Farbenspiel und frappante Beleuchtung seltsam das Gemüth erregen und ergötzen« (DHA X, 195), für das eigentliche Charakteristikum der Romantik halten. Freilich, »die Bilder der Romantik sollten mehr erwecken als bezeichnen«; das bedeutet jedoch nicht, dass sie völlig konturlos sein müssen:

> Wahrlich, die Bilder, wodurch jene romantischen Gefühle erregt werden sollen, dürfen ebenso klar und mit ebenso bestimmten Umrissen gezeichnet seyn, als die Bilder der plastischen Poesie […] – So kommt es denn, daß unsere zwey größten Romantiker, Göthe und A. W. v. Schlegel, zu gleicher Zeit auch unsere größten Plastiker sind. (ebd.)

Heines Schlichtung des Streits »zwischen Romantikern und Plastikern« (ebd., S. 196) führt über die Auflösung dieser binären, stilgeschichtlich und geschichtsphilosophisch begründeten Opposition, an deren Formulierung sein Lehrer A. W. Schlegel ganz maßgeblich beteiligt ist.[1] Die Versöhnung von Romantischem und Plastischem ist dabei nichts anderes als der Versuch einer Ehrenrettung. Die sich in den 1820er Jahren im literaturhistorischen Bewusstsein als eigenständige ›Schule‹ etablierende romantische Bewegung soll vom Vorwurf entlastet werden, in einer Wirkungsästhetik des Bunten den Gegenstandsbezug in der Stilisierung der subjektiven Wahrnehmung aufzukündigen.

Dass diese Ehrenrettung in historiografischer Perspektive nicht konsensfähig ist, zeigt ein Blick auf Hegels acht Jahre später veröffentlichte einflussreiche Romantik-Schelte in seiner Rezension »Ueber: ›Solger's nachgelassene Schriften und Briefwechsel‹« (1828). Dort treten die Romantiker als jene unplastischen Gemütserregungskünstler auf, die Heine noch als in der Wolle gefärbte »Plastiker« verstanden wissen wollte. Eine Kunst, die auf »de[n] Ton, das Lyrische und

Subjektive, nicht de[n] Gehalt« setze, führe, so Hegel, zu einer »inneren Wahrheitslosigkeit des Stoffes«, zum Verlust des »Inhalt[s]« und letztendlich zu einer »kometarischen Welt aus Duft und Klang«.[2] Wenn es darum geht, einen Hauptangeklagten für jene konturlose Welt aufzurufen (und zu verurteilen), so fällt immer wieder der Name Tieck. Dieser muss jedoch insofern als einsichtig, wenn nicht gar geständig eingeschätzt werden, als dass seine neueren Novellen – indem sie den »Stoff« aus »Verhältnissen unserer Welt und Wahrheit«[3] nehmen – durchaus mit Hegels Objektivitätspostulaten übereinstimmen und damit die den Romantikern zugeschriebene »Unfähigkeit, in Natur und Wahrheit das Hauptinteresse zu legen«[4], überwinden. Nun könnte man es dabei bewenden lassen. Hatten nicht einige Kritiker Tiecks Recht – und mit Blick auf den geschmacksästhetischen *common sense* der 1820er bis 1840er Jahre gleichsam hellseherische Fähigkeiten –, wenn sie bereits kurz nach 1800 die bildlose, »gestaltlose[...] Unendlichkeit«[5] seiner Poesie ablehnten? Und stimmt die Literaturgeschichtsschreibung bis hin zu Rudolf Hayms »Die Romantische Schule« (1870) mit Hegels Urteil nicht grundsätzlich überein? Dies ist zweifelsohne richtig, zeigt jedoch nur eine, wenn auch die wirkmächtigere Seite der Medaille. Ein Blick auf die andere Seite verweist demgegenüber auf die Konjunktur jener von Hegel kritisierten Aspekte der Romantik.

Es ist das um 1830 disziplinär noch wenig ausdifferenzierte Feld von Literatur- und Kunstgeschichte, ästhetischer Theorie und Kunstkritik, in dem die Gestaltlosigkeit romantischer Literatur einen argumentativen Eigenwert gewinnt. Dieser Eigenwert wird weder *ex negativo* mit der realliteraturgeschichtlich nachweisbaren Verhöhnung Tiecks, wie sie etwa Arnold Ruges und Ernst Theodor Echtermeyers Manifest »Der Protestantismus und die Romantik« (1839/40) intendiert, erfasst[6], noch geht er in einer Rezeptionsgeschichte der Romantik im Zeichen der Nazarener (u. a. Friedrich Overbeck, Peter Cornelius, Philipp Veit) auf.[7] Verbunden ist die Betonung der Gestaltlosigkeit romantischer Literatur mit zwei Namen: Heinrich Gustav Hotho (1802–1873) und Karl Schnaase (1798–1875); beide Kunsthistoriker und beide Vertreter der von Wilhelm Waetzoldt so genannten »geschichtsphilosophischen Methode«.[8]

Insofern es also im Folgenden um die Beziehung von Literatur und Kunstgeschichte geht, lassen sich die Ausführungen komplementär zur Beschreibung von Tiecks Beziehungen zu den Kunsthistorikern Johann Dominik Fiorillo (1748–1821) und Carl Friedrich von Rumohr (1785–1843) lesen.[9]

Hotho fokussiert Tieck in seinen »Vorstudien für Leben und Kunst« (1835) in dreierlei Hinsicht: Literaturgeschichtlich betrachtet steht der Autor paradigmatisch für ein sich von den Vorgaben der Aufklärung emanzipierendes romantisches Dichtungsverständnis. Zudem interessiert er als Repräsentant der idealistischen

Kunstphilosophie Karl Wilhelm Ferdinand Solgers (1780–1819). Über Solgers Einfluss auf Tieck motiviert sich auch – drittens – Hothos existentielles Interesse an der, wie er es nennt, »Tieckschen Lebens- und Kunstansicht«.[10] In der Auflösung einer sich zunehmend der plastischen Modellierung entziehenden Wirklichkeit macht Hotho eine Strategie der ästhetischen Lebensbewältigung aus, der er nach Selbstauskunft in seiner Jugend gleichfalls verpflichtet war.

Der studierte Jurist Karl Schnaase, Autor einer monumentalen »Geschichte der bildenden Künste« (1843–1864), geht in seiner Besprechung der »Vorstudien« mit Hotho hart ins Gericht und wirft ihm vor, seine Tieck-Lektüre verkenne die Autonomie der Kunst. Fragt man danach, warum sich Schnaase in seiner Kritik der »Vorstudien« so intensiv mit Tieck befasst (der doch in dem Text nur ein Gegenstand von Hothos Interesse unter anderen ist), wird man feststellen, dass es darum geht, ein Exempel zu statuieren. Tiecks Kunst gilt Schnaase nicht, wie Hotho, als eine ins Existentielle gesteigerte Volte ästhetischer Subjektivität gegen den Verlust spiritueller Orientierung, sondern als Paradebeispiel für eine Kunst des ›Malerischen‹. Der kunstgeschichtliche Grundbegriff des ›Malerischen‹ ersetzt Hothos Proto-Ästhetizismus. Dass Schnaases bildkunstästhetisch konditionierte Sichtweise auf Tiecks Literatur auch im kunstgeschichtlichen Feld ihr Pendant hat, wird deutlich, wenn man einen Blick auf seine »Niederländischen Briefe« (1834) wirft. Denn in denen spielen jene Aspekte des ›Malerischen‹, für die er Tieck in Anspruch nimmt, eine ganz entscheidende Rolle.

Im Folgenden sollen Hothos und Schnaases Tieck-Bilder ausführlicher diskutiert und mit Blick auf den literatur- und kunstgeschichtlichen Diskurs der 1830er Jahre kontextualisiert werden. Leitend ist dabei folgender Chiasmus: Mit welchem Ergebnis und welcher methodischen Intention greift die frühe Kunstgeschichte auf literarische Beispiele zurück und was bedeutet es für die Literatur, speziell für Tieck, dem kunstgeschichtlichen Diskurs als – im wahrsten Sinne des Wortes – Anschauungsmaterial zu dienen?

I. Hotho und Tieck

I.1. »spätromantische[r] Schwärmerton« und frühromantische Geschichtsphilosophie?

Hotho, der durch die kommentierende Mitschrift und Herausgabe der Hegel'schen Ästhetik-Vorlesungen (1835–1838) einige Bekanntheit erlangte, ist heute als Kunsthistoriker wie auch als Historiograf der romantischen Bewegung weitgehend in Vergessenheit geraten. Neuausgaben seiner Werke und ein dezidiert wissens-,

wissenschafts- und disziplinengeschichtliches Interesse haben in letzter Zeit zwar für einige Aufmerksamkeit gesorgt und mit Blick auf die Konzeption einer »spekulativen Kunstgeschichte« auch gewichtige Ergebnisse gezeitigt.[11] Sein Verhältnis zur Romantik und zu Tieck ist damit jedoch noch nicht angemessen in den Blick genommen. Das ist einerseits überraschend. Bereits Karl Rosenkranz (1805–1879) erwähnt lobend in seinen frühen Bemühungen um die romantische Schule Hothos Beitrag zum Verständnis von Tieck.[12] Andererseits ist die Nichtbeachtung Hothos jedoch auch verständlich, denn es ist nicht ganz einfach, sein Romantikverständnis zu fokussieren: Wenn man sich vor Augen hält, dass Hotho – ab 1829 außerordentlicher Professor für Literaturgeschichte und Ästhetik an der Berliner Universität – zwar zunächst literaturgeschichtliche und philosophisch-ästhetische Veranstaltungen abhielt, seine Publikationen jedoch vor allem im Schnittpunkt von Ästhetiktheorie und Kunstgeschichte ansiedelte[13], wird klar, in welchem Rahmen wir mit einer Behandlung von Tieck zu rechnen haben. Es scheint demnach gerechtfertigt, diesen Schnittpunkt auch für eine Würdigung seines Beitrages zur Historiografie der Romantik als Ausgangspunkt zu nehmen.

Hothos Ideal einer »spekulativen Kunstgeschichte« besteht darin, Kunstgeschichte unter Maßgabe der philosophischen Ästhetik in der Tradition Hegels zu schreiben.[14] Verbunden ist dies in den »Vorstudien« mit dem Versuch, »Kunst, Leben und Wissenschaft […] in Einklang zu setzen«.[15] Im Ergebnis konstituiert die »spekulative Kunstgeschichte« ein historiografisches Modell, das die kunstgeschichtliche Empirie unter die Leitung der philosophischen Systematik stellt. Im Kern geht es darum, in der Geschichte der Kunst Objektivierungen von Begriffsbestimmungen des Schönen und der Künste ausfindig machen zu können.[16]

Unter diese Auspizien gestellt, macht Hotho bei seiner geschichtlichen Verortung der Romantik selbst Anleihen bei der frühromantischen Geschichtsphilosophie. Dies betrifft maßgeblich das Verhältnis von romantischer Kunst und romantischer Schule. Hotho geht davon aus, dass die »Tiecksche Sinnesweise […] kaum ohne Rückblick auf das Mittelalter und die Kunsthöhe desselben erklärlich« ist:

> [W]ie viele Umwälzungen aber liegen dazwischen, zu welchen entgegengesetzten Gesinnungen schritt die Zeit fort, ehe dieser sehnsuchtsvolle Rückblick jenen ironischen Mann [Tieck – NK] anregen konnte, die poetische Pilgerschaft in die so weit entlegenen Zeiten und Länder wieder anzutreten.[17]

In der Verpflichtung von Tieck auf die mittelalterliche Kunst übernimmt Hotho das Modell der frühromantischen Selbsthistorisierung, wie es A. W. Schlegel zu Beginn des 19. Jahrhunderts populär macht[18], erweitert es jedoch beträchtlich: Die romantische Bewegung steht nun nicht mehr nur im eurozentristischen Einfluss der christlichen nachantiken Kunst, sondern auch in dem der »Araber«[19] und der »reichen Bilder des persischen Lebens«.[20] Entscheidend ist: Für Hotho gibt es zwischen der »romantischen Kunstform« im Sinne Hegels und der romantischen Bewegung lediglich graduelle, nicht jedoch prinzipielle Unterschiede. Bei Hegel gerät der »Geist« innerhalb der »romantischen Kunstform« in ein Verhältnis zu sich selbst: Er ist nicht mehr darauf angewiesen, sich in der »Leiblichkeit«[21] der Gegenständen – plastisch – zu versenken; stattdessen genügt er sich in seiner Innerlichkeit. Von dieser Selbstbezüglichkeit des Geistes ausgenommen wissen will Hegel ausdrücklich die Kunst der Frühromantik; denn dieser gehe es nicht um den objektiven Geist, lediglich um Stilisierungen subjektiver Inhaltslosigkeit.[22] Hotho nun unterscheidet nicht konsequent zwischen dem objektiven Geist der »romantischen Kunstform« und der auch von ihm partiell kritisierten, modernen romantischen Subjektivität. Wichtiger sind für ihn die Gemeinsamkeiten: Und diese lassen sich zweifelsohne in der Abkehr vom Plastischen in der Auflösung der Welt ins Atmosphärische ausmachen. Dies ist die Matrix, nach der die Geschichte der romantischen Kunst Objektivierungen von Begriffsbestimmungen des Schönen organisiert.

Hotho setzt dabei auf eine »Ästhetisierung der wissenschaftlichen Darstellung«. Eine solche Ästhetisierung lässt sich zum einen als Modus der »Verwissenschaftlichung der Rede über die Kunst«[23] deuten. Sie scheint zum anderen überhaupt erst die Bedingung für die Möglichkeit zu schaffen, ›alte‹ und ›neue‹ Romantiker recht bruchlos aufeinander zu verpflichten. Deutlich wird dies an seinen Einlassungen zur persischen Poesie, die im Wirkungshorizont frühromantischer Stimmungslyrik präsentiert werden, aber auch auf den selbstbezüglichen und mystischen Ästhetizismus der zweiten Jahrhunderthälfte vorausweisen. Bei Hotho

> [...] berausch[en] das Feuer der Empfindung, der glühende Farbenglanz und würzige Wohlgeruch, welcher den Gedichten jener persischen Weltkinder entsteigt, die sich in poetischer Seligkeit ganz in Liebe und Wein wonnevoll versenken, und nun alles Duftige in der Natur, Rose, Jasmin, Narzisse, Veilchen, Moschus und Ambra, alles Glänzende, Rubinen, Smaragden und Demanten reizend und blitzend zusammenflechten, um diesen Duft und Glanz in bezaubernder Lieblichkeit von Nachtigallen und- Lerchentönen durchklingen zu lassen. Doch tiefere Bedürfnisse erwecken aus dieser süßen Trunkenheit der Seele, und nun liegen die Bücher der persischen poetisch religiösen Mystik aufgeschlagen da, um das eigene Ich, diesen schwerbesiegbaren Despoten, liebend in die unermeßliche Fülle der Gottheit unterzutauchen [...].[24]

Die Präsentation optischer, olfaktorischer und akustischer Sensationen befördert »tiefere Bedürfnisse«. Jenseits der Despotie des Ich-Bewusstseins lassen sich diese in der mystischen Versenkung befriedigen. Die Anknüpfung des romantischen Dichters an eine solche Poetologie der Sinnlichkeit gewinnt bei Hotho ihre

Konturen nicht nur im Rückbezug auf die mittelalterliche Welt, sondern – auch dies ein Topos frühromantischer Geschichtsphilosophie – in Frontstellung zur Aufklärung. Ohne an dieser Stelle Hothos Aufklärungsverständnis vollumfänglich referieren zu können, scheint ein Kritikpunkt hier doch besonders interessant zu sein: Der offenbarungsfeindliche Anthropozentrismus popularphilosophisch akzentuierter »Menschenkennerei«.[25] Hotho macht in der als verlängerten Arm der Reformation gedeuteten Aufklärung eine Selbstermächtigung des Menschen aus: Im Gegensatz zum Mittelalter, in dem »Alles [sic!] [...] nur um Gottes willen vorhanden«[26] war, sieht er das noch teilweise seine skeptische Gegenwartsdiagnose prägende prosaische 18. Jahrhundert durch die Geschmacksästhetik bestimmt.[27] Freilich, Bedenken nicht nur gegenüber der Aufklärung, sondern gleichfalls gegenüber dem frühromantischen Kunstverständnis zeigen sich darin, dass er auch mit Blick auf die frühromantische Ästhetik den Geschmackscharakter betont.[28] Jedoch: »Ein Durst nach ewiger Wahrheit und Religiosität ist Tieck und seinen Zeitgenossen nicht abzuleugnen.«[29]

Bei Hotho bildet die »Tiefe des Gemüths« den »Mittelpunkt, in welchem Gott, Natur und alles Menschliche liebreich sich vereinen«.[30] Ob sich hier auch tatsächlich die für die romantische Kunstform Hegels konstitutive »Erhebung des Geistes *zu sich*, durch welche er seine Objektivität [...] in sich selbst gewinnt«[31], beobachten lässt, interessiert Hotho weniger – seine Kritik an den Ausschweifungen romantischer Phantasie lässt zumindest Zweifel daran aufkommen. Im Mittelpunkt steht vielmehr die geschichtliche Notwendigkeit einer Poesie der »Tiefe des Gemüths«, die den »wahre[n] Dichter« erkennen lasse. Dieser fördere die »Offenbarungen, welche er weissagend dem in der Noth der Gegenwart befangenen Geschlechte zuruft, nachdem die Phantasie in geweihten Gesichten sich die verfälschte Wirklichkeit umgeschaffen hat.«[32]

Gegenüber der für Hegel wichtigen Entscheidung darüber, an welchem Punkt die romantische Subjektivität der Geistentfaltung in die Untiefen romantischer Ich-Dissoziation und Wirklichkeitsverweigerung kippt, betont Hotho die Kontinuität des Romantischen. Diese Kontinuitätsbehauptung wird von ihm jedoch weniger argumentativ begründet (etwa im Rekurs auf die Charakteristika der romantischen Kunstform bei Hegel) als vielmehr ästhetisch inszeniert; man könnte auch sagen: suggeriert. Denn indem wir wieder auf jene kunstvoll gestaltete Trias von optischen, olfaktorischen und akustischen Reizen stoßen, sind es die durch die ästhetisierte Sprache selbst hervorgebrachte Ähnlichkeit der evozierten Stimmungen und die Auflösung des Plastischen ins Atmosphärische, die für die Einheit der Romantik über Jahrhunderte hinweg einstehen sollen. Das Atmosphärische ist dabei Teil der wissenschaftlichen Rede, nicht nur ihr Gegenstand.

> So greift er [der Dichter – NK] mit geistigen Händen nur in die tausendfaltig besaitete Welt, um aus allen ihren Gebilden melodisch alle Wunderklänge der eigenen Brust hervorzulocken, und wenn die Phantasie auch ihre innern Erscheinungen zur abgeschlossenen Anschaulichkeit auszuprägen berufen ist, so soll dies festgestaltete Dasein doch ebenso sehr in sich erzittern, um die geheime Musik des Herzens von ihren Fesseln zu befreien, wie dem Kelche der Blumen ihr innerstes Leben sich in leisebebendem Duft dem Licht entgegenringt. Zu diesem Duft und Klang verschwebt jede klare Bestimmtheit [...] – Wem unter den Zeitgenossen ist es diese Seelenlaute anzuschlagen meisterhafter gelungen als Tieck.[33]

Liest man den letzten Satz des Zitates nicht als begeisterten Ausruf, sondern als (nichtrhetorische) Frage, so könnte man antworten: Hotho. Sicher, als Zeitgenosse Tiecks und der Frühromantiker kann er kaum gelten – dafür ist er zweifelsohne zu jung; deutlich zeigt sich hier jedoch sein – so Wilhelm Waetzoldt – »spätromantische[r] Schwärmerton«[34], der von dem Tiecks gar nicht so weit entfernt ist. Bevor man jedoch Stilkritik übt und auf die Unangemessenheit der Sprachverwendung im (kunst)wissenschaftlichen Kontext unter Hinweisen auf nüchternere Autoren (z. B. Gustav Friedrich Waagen) verweist, gilt es an die epistemologische Relevanz einer den Ton künstlerischer Rede imitierenden Sprache zu erinnern. Diese Sprache ist nicht etwas der Argumentation Äußerliches, sozusagen nur die Einkleidung eines auch in anderer Form kommunizierbaren Kerns; die poetischen Valenzen müssen vielmehr als Träger des Gehaltes ernst genommen werden. Mithin kann der »spätromantische Schwärmerton« als Garant einer frühromantischen Geschichtsphilosophie gelten.

Dass diese Geschichtsphilosophie die Einheit der künstlerischen Romantik in der Verbindung von spirituell-mystischer Erkenntnis und atmosphärischem Gegenständlichkeitsverlust begründet, ist jedoch für den Hegelianer Hotho nicht unproblematisch. Hegel lässt die Verbindung von Geist und romantischer Kunst nur bis zu dem Punkt gelten, an dem die Kunst dem Innerlichwerden des Geistes beschwerlich wird. Ist dieser Zustand erreicht, strebt der Geist von der objektiven Subjektivität der Kunst zum Gedanken, wo er sein Selbstgespräch fortsetzen kann. In dieser Perspektive ist die romantische Schule zweifelsohne nichts weiter als eine Depravation des Geistigen ins Psychopathologische. Hotho hält jedoch demgegenüber an der Funktion der Kunst als fortschreitender Selbstbezüglichkeit des Geistes (»Tiefe des Gemüths«) fest – und damit auch prinzipiell an der Idee, Kunst sei erkenntnisrelevant und wahrheitsfähig. Darin kommt er wiederum mit A. W. Schlegel überein. Wo Schlegel sich jedoch auf den Schelling des »System des transcendentalen Idealismus« (1800) stützt, um – wie es Detlef Kremer formuliert – »an der zentralen Rolle der Kunst als Organon der Selbsterkenntnis des Geistes auch für die Moderne«[35] festzuhalten, spielen diese Rolle bei Hotho Solger und Tieck. Grundsätzlich stimmt Hotho jedoch mit A. W. Schlegel und Schelling in der der Kunst attestierten Unendlichkeit, die Gegensätze versöhnt, überein:

> Denn dies ist die Unendlichkeit der Kunst: daß sie den tiefen Zwiespalt von Verstand und Anschauung, Vernunft und widerstrebender Außenwelt, Absicht und Vollbringen, als für sich nicht vorhanden, ursprünglich lös't; dies ist ihr ewiger Ernst: im Mittelpunkt des Wahren zu stehen [...].[36]

I.2. Existentielle Ästhetik: Die Konstellation Solger – Tieck bei Hotho

I.2.1. Das »Hauptdogma der Tieckschen Lehre«

Die »spekulative Kunstgeschichte« prägt nicht nur Hothos Geschichtsphilosophie; sie formuliert auch – darauf hat Bernadette Collenberg-Plotnikov hingewiesen – ein Leben und Kunst vereinigendes »Bildungsideal«[37] der Selbstsorge. Im Sinne der kritischen Kultivierung des Individuums wird die konkrete Kunsterfahrung von Hotho dabei als wichtiger Teil der Auslegung begriffen. Dieser wirkungsästhetische Fokus führt auch zur partiellen darstellungsästhetischen Indifferenz von Literaturbeschreibung (als Wahrnehmungs- oder Anmutungsbeschreibung) und kunstgeschichtlich orientierter Bildbeschreibung. Ausgangspunkt der Indifferenz-These ist der Umstand, dass bei Hotho – und wie wir später sehen werden bei Schnaase ebenfalls – die an den poetischen Werken Tiecks gemachten Beobachtungen auch innerhalb der kunstgeschichtlichen Beschreibungspraxis auftauchen. Bevor wir jedoch die Verbindung dieser Ästhetik des ›Malerischen‹ und Atmosphärischen im Zusammenhang mit Hothos Verständnis der Ironie diskutieren, wollen wir einen Blick auf die Konstellation Solger – Tieck werfen. Ein solcher Blick rechtfertigt sich nicht nur insofern, als dass Hotho diese Konstellation mehrfach zitierend beschwört und sein Ironiekonzept an ihr bildet; es ist vielmehr so, dass sein Verständnis einer idealen Kunstbetrachtung, das einer nahezu ahistorischen, »quasi mystische[n] Erfahrung«[38] das Wort redet, ohne eine Kenntnis der Bedeutung Solgers und Tiecks nur unzureichend geleistet werden kann. Bereits Hegel fällt die »mystische [...] *Tendenz*«[39] des Briefwechsels beider auf, an die Hotho anknüpft.

Wenn Hotho von Tieck spricht, meint er nicht den Schriftsteller, sondern den aufklärungskritischen romantischen Dichter, dessen Habitus Kunst und Leben zu versöhnen verspricht und dessen Werk »quasi zur Existenzform des Individuums wird, indem es sich in ihm schlechthin wiedererkennt und es zu seiner Welt macht«.[40] Hotho weiß um die existentielle Verführungsmacht des romantischen Ästhetizismus. In seiner »Besprechung von: Heinrich von Kleist,

Gesammelte Schriften«, die Tieck 1826 präsentiert, gibt er sich zunächst noch hegelianisch distanziert. Er betont dort, »daß bei *Tiek* [sic!] die ganze Basis der natürlichen und geistigen Welt in die Spitze des Ich verschwebt, das nun aus dem Belieben seiner Gesinnung und Meinung bestimmen soll, was es als das Rechte und Wahre anerkennen wolle«. Auch wenn Hotho einer sich daraus speisenden »mystischen Begeisterung«[41] skeptisch gegenübersteht, ist ihr Einfluss auf ihn doch kaum zu überschätzen. In den »Vorstudien« räumt er dies denn auch ein: Der angestammten »philosophischen Richtung zum Trotz« (Hegel) lässt er retrospektiv seine »angeborne Eigentümlichkeit dennoch ebenso sehr mit jener Tieckschen Sinnesweise zusammenstimmen«.[42] Indem er sich Zeugnis von seiner Begeisterung für die »Tiecksche[...] Lebens- und Kunstansicht«[43] ablegen möchte, liefert er gleichzeitig – wie es im Vorwort heißt – »ein für unsere Zeit nicht eben nutzloses Beispiel des hingebenden Hineinlebens«.[44] Im »Haß gegen die deutsche Spießbürgerei« bei gleichzeitiger Verabsolutierung der Kunst macht Hotho das »Hauptdogma der Tieckschen Lehre, wie sie der gleichgesinnte *Solger* für das Gebiet der Kunst in so schwerbegrifflicher philosophischer Klarheit entwickelt hat«[45], aus.

Dass Solger und Tieck hier gemeinsam als Vertreter eines Dogmas aufgerufen werden und Solger als der ideengeschichtliche Knappe Tiecks erscheint, ist ganz maßgeblich das Verdienst von Tieck selbst. Denn dieser gibt durch die von ihm und Friedrich von Raumer (1781–1873) 1826 veröffentlichten »Nachgelassenen Schriften und Briefwechsel« Solgers den – romantisch-tendenziösen – Blick frei auf sein Verhältnis zu dem sieben Jahre jüngeren Philosophen.[46] Der existentielle Ernst, mit dem Hotho sein kunsthistoriografisches Credo auflädt, und der mystische Zugang zur Kunst sind im Briefwechsel der beiden vorgezeichnet. Dieser umfasst die Jahre 1812 bis 1819 und bricht mit dem frühen Tod des Philosophen ab. Ende der 1820er Jahre veröffentlicht, wird Tieck hier als mystischer Ästhetizist greifbar, der – konträr zu der sich konstituierenden werkgeschichtlichen Systematik – mehr mit frühromantischer Schwärmerei als mit dem Plauderton des arrivierten Novellenautors, in dem er in den 1820er und 1830er Jahren reüssiert[47], zu tun hat.

Eröffnet wird die Publikation – dafür hat Tieck gesorgt – mit einer enthusiastischen Besprechung seiner Komödie »Prinz Zerbino, oder die Reise nach dem guten Geschmack« (1799). Ganz der Diktion frühromantischer Literaturkritik verpflichtet, lobt der junge Solger in dem 1800 verfassten Text die »außerordentliche Fülle der Phantasie, die ächte Laune, die muthvolle Poesie«, gibt den stilgeschichtlichen Hinweis, dass man das Stück unmöglich »[c]lassisch« nennen könne, da die »Laune keine Regel duldet«, und spendet Höchstlob: »Die lyrischen, sentimentalen Stellen sind die reinste und correcteste Poesie«.[48]

Die mystischen Valenzen von Tiecks Kunst- und Lebensbegriff treten besonders im Briefwechsel der Freunde deutlich zu Tage. Glaubt Tieck zunächst mit dem Verfassen der »Geschichte des Herrn William Lovell« (1795/96) – so äußert er sich zumindest gegenüber Solger 1815 – ein »Mausoleum vieler gehegten und geliebten Leiden und Irrthümer«[49] errichtet zu haben, so gerät er ein Jahr darauf erneut in eine Lebenskrise, »weil mich wieder jener Zustand [...] von Muthlosigkeit, Lebensüberdruß und eigentlichem Verzweifeln«[50] befallen hat. Jenes Ungenügen am Leben soll durch die Kunst kompensiert werden. Ganz konkret ist es die begeisterte Parteinahme Tiecks für Solgers »Erwin« (1815), die Hotho dazu bringt, beide zu einer eigenständigen Gemeinschaft romantischen Denkens zusammenzufassen oder, wie es in einer Marginalie Immanuel Hegels zu seiner Mitschrift von Hothos »Vorlesungen über Ästhetik oder Philosophie des Schönen und der Kunst« (1833) heißt, von »Tiecks und Solgers Begr[iff] der Kunst«[51] zu sprechen. Besonders Tiecks Taxieren der einzelnen Gesprächspartner des »Erwin«-Dialogs nach ihren mystischen Qualitäten verweist darauf, was sich Tieck von Solger verspricht (und später Hotho auch goutieren wird): den Ausgang aus der Prosa der Lebensverhältnisse in das Reich der Kunst, und damit: Wahrheit aus Kunst.

I.2.2. Ironie und Auflösung I: Solgers Ironie bei Tieck und Hotho

Die »ächte Mystik«[52] Tiecks ist eng gebunden an Solgers Verständnis der Ironie, wie er es im »Erwin« und in zahlreichen Briefen erläutert. Indem Tieck Solger in dieser Hinsicht nachweislich beipflichtet, kann Hotho – wie in den »Vorstudien«, aber auch bereits in den »Vorlesungen über Ästhetik« zwei Jahre zuvor – die Verschränkung von Ironie und Mystik als poetologisches Credo auch für jene frühromantischen Schriften Tiecks reservieren, deren Veröffentlichung vor das Erscheinen des »Erwin« zu datieren ist.

In den Briefen, die während Solgers Arbeit am »Erwin« ausgetauscht werden, geht es zunächst um die philosophiegeschichtliche Verortung der im Text auftauchenden Gesprächsteilnehmer. So räumt Tieck ein, dass er sich mit Blick auf eine veränderte Anlage des Dialogpartners »Anselm« nicht sicher sei, inwiefern dieser »jetzt historische Person geworden ist, und seine die Ansicht irgend einer philosophirenden Schule«.[53] Mit Wilhelm von Schütz (1776–1847) führt er gar einen Disput darüber, ob »Bernhard auch ganz die Fichtische Ansicht vortrage«. Tieck selbst habe Fichte nie »anders verstehen können«[54], als ihn Solger hier präsentire. Damit liegt er fast richtig. Die »Fichte'sche Ansicht«, so Solger in seiner vom Herausgeber Tieck passgenau arrangierten Antwort, habe er »absichtlich mit der Burk'schen und Baumgarten'schen« zusammengestellt, »damit man sehe um wie viel richtiger noch der gesunde Menschenverstand gehe«.[55]

Hatte Tieck bereits während Solgers Arbeit am »Erwin« die Hoffnung geäußert, dieser werde eine mystische Fundierung des Schönheitsbegriffes leisten, so gewinnt dieser Aspekt in der Folge an Bedeutung.[56] Denn Tieck liest den »Erwin« nun nicht mehr mit philosophiegeschichtlichem Interesse, sondern identifikatorisch[57], und es ist genau jenes identifikatorische Moment, das Hothos Lektüre des Briefwechsels und der Werke Tiecks prägen wird. Tieck bezeichnet Solger als »Dolmetscher meiner Ansichten und Ahndungen«[58]; seine Lektüreerlebnisse bekommen den Charakter von Erweckungserlebnissen:

> [...] ich glaubte mich plötzlich wie durch einen Zauberstab Ihrer selbst und aller ihrer Kräfte bemächtigt zu haben, und sah und fühlte mit freudigem Erschrecken, daß dies mein eigenes Innerstes sey, das was ich immer gesucht und immer nur scheinbar gefunden hatte.[59]

Es sind vor allem die »großen Ideen am Schluß«[60], das heißt am Ende des vierten Gesprächs des »Erwin«, die bei Tieck Eindruck machen. Hothos Paraphrase dieser Ideen (und eine Verortung in Solgers Metaphysik), die in eine wörtliche Übernahme des Tieck'schen Bekenntnisses zu und des Erweckungserlebnisses durch Solger mündet[61], bildet die Grundlage dafür, von »Tiecks und Solgers Begr[iff] der Kunst« als einer gleichsam eigenständigen romantischen Programmatik sprechen zu können. Doch was begeistert Tieck – und in der Folge auch Hotho – an Solger?

Solger liefert am Ende seines Dialogs »die Inthronisierung der Ironie zum alles entscheidenden und durchwirkenden Medium ästhetischen Wahrheitserweises«.[62] In der Dialektik von Geistigkeit und Materialität, so lernt es Erwin von seinem Lehrer, ist das Kunstwerk dazu bestimmt, die Allgemeinheit der Idee im Besonderen der konkreten Werkausführung zu vernichten. Das »Herrlichste« muss auf diesem Weg »durch sein nothwendiges irdisches Dasein in das Nichts zerstieben«. Der Moment des Kippens von der Idee in das Werk ist der »wahre Sitz der Kunst«, die Solger »Ironie«[63] nennt. Erwin rekapituliert die Gedanken seines Lehrers mustergültig, wenn er in der Vernichtung der Idee den eigentlichen Wahrheitswert der Kunst ausmacht. Nur durch die Entäußerung ins Zeitliche wird die Idee »wirklich, und alles was uns erscheint, selbst als das Dasein der Idee« identifiziert. Die Kunst zeichnet sich also in gleichem Maße durch ihre unmittelbare Präsenz und ihren Wirklichkeitscharakter aus, wie sich in ihrem materiellen Ereignen etwas Wesenhaftes zeigt, das im Moment seiner Entäußerung (›Objektivierung‹) vernichtet wird. Deshalb von der Unvollkommenheit der Kunst zu sprechen, lehnt Solger ab. Er macht vielmehr aus der Not eine Tugend, wenn er feststellt, dass »ja vielmehr in der Nichtigkeit der Erscheinung erst wirklich jenes Wesen ist.«⁶⁴ Die Kontingenz des Empirischen kann auf diesem Weg zum Essentiellen werden; das Besondere erscheint in seiner Konfrontation mit dem Allgemeinen als ironischer Indifferenzpunkt.

Tieck musste das Problem der Vermittlung von Idee und Kunstwerk bekannt vorkommen. Auch wenn im Briefwechsel davon nicht die Rede ist, so grundiert doch die Diskussion dieses Problems seinen Roman »Franz Sternbalds Wanderungen« (1798). Die Geschichte eines Malers, dessen Phantasiebilder in der künstlerischen Umsetzung an Reiz verlieren, variiert das später für Solger zentrale Spannungsfeld von Geistigkeit und Materialität – ohne freilich eine Lösung, wie sie der »Erwin« in der Versinnlichung des Ideals und der Idealisierung des Materials vorschlägt, geben zu können. Nachweislich fasziniert ist Tieck von der Vernichtungsidee. Diese bildet den Kern von Solgers Ironieverständnis, formuliert gleichzeitig Anforderungen an den Künstler – dieser wird gewarnt, vor der »Vergänglichkeit und Nichtigkeit«⁶⁵ zurückzuschrecken –, und ist zudem noch der Garant dafür, dass das »metaphysische dialektische Verhältnis von Gott und Welt«⁶⁶ in der Kunst darstellbar wird. Dieses Verhältnis ist für Solgers Argumentation entscheidend: Dem dialektischen Verhältnis von Materialität und Geistigkeit in der Kunst liegt die Dialektik von Gott und Welt zugrunde. In gleichem Maße also, in dem sich Gott in der Endlichkeit der Welt offenbart und sich damit vernichtet, muss die Idee auf ihrem Weg vom »künstlerischen Verstand in die Besonderheit«⁶⁷ vernichtet werden, um sich offenbaren zu können. Tieck fasst also gleichsam den Kern von Solgers Welt- und Kunstbegriff, wenn er feststellt:

> Wer nicht jene Realität des Nichts gefaßt hat, die sie mir jetzt zu einem Hauptwendepunkt meiner Gedanken gemacht haben, der kann auch – so glaube ich – nicht von der Realität des Göttlichen, der wahren Wirklichkeit durchdrungen seyn.⁶⁸

In Sätzen wie diesem glaubt Hotho der »Tieckschen Sinnesweise« habhaft werden zu können. Im Kern ist seine Begeisterung für den Dichter, dieses »hingebende[...] Hineinleben[...]«⁶⁹, eine Anverwandlung des Tieck'schen Hineinlebens in Solgers Theorie und ein Produkt der Werk-, Autorschafts- sowie Epochenpolitik des Herausgebers und Akteurs Tieck. Hotho versucht zwar sich methodologisch abzusichern und den Mehrwert für die kunsthistoriografische Praxis herauszustellen; dennoch bleibt seine Argumentation an die gleichsam biographisch verbürgte existentielle Begegnung mit Tieck rückgebunden.⁷⁰

Der retrospektive Duktus von Hothos Romantikhistoriografie erlaubt ihm jedoch andererseits auch Kritik zu üben. Grundlage dafür ist der Versuch, seine identifikatorische Lektüre der romantischen Texte von Tieck und Solger als überwunden zu präsentieren. Seine kritische Haltung zeigt sich deutlich in der Ablehnung von Solgers Ironie. Auch wenn Hotho daran gelegen ist, seinem Lehrer

Hegel die Deutungskompetenz in Sachen romantischer Ironie abzusprechen und eigene Wege der Kritik zu gehen, stimmt er doch im Ergebnis mit ihm überein, wenn er die Ironie als leeren Formalismus brandmarkt, der inhaltsästhetischen Ansprüchen nicht genügen könne.[71]

Dass Hotho Solgers Ironie nicht an Friedrich Schlegels Konzeption misst, sondern an Schellings transzendentalem Idealismus, zeigt, dass sein Interesse nicht dem kunstkritischen Potential der Ironie gilt, sondern deren epistemologische Relevanz mit Blick auf eine Wahrheit aus Kunst fokussiert.[72] Bei Tieck und Solger ist er in dieser Hinsicht zweifellos an der richtigen Adresse.

I.2.3. Ironie und Auflösung II: Romantische Atmosphären

Die Auflösung der Idee ins Werk hat bei Solger nichts mit der von Hegel den Romantikern attestierten Auflösung der gegenstandbezogenen Wirklichkeit in die lyrische Subjektivität zu tun. Hotho jedoch blendet diese beiden Dimensionen des Ironieverständnisses übereinander. Tieck steht damit sowohl im Ruf, der Wirklichkeit des realen Nichts – im Sinne Solgers – das Wort zu reden als auch die Gegenständlichkeit der Außenwelt in das atmosphärische Spiel der Sinne aufzulösen. Wir hatten mit Blick auf Hothos Leben und Kunst vereinigendes Bildungsideal auf die besondere Rolle der Wirkungsästhetik hingewiesen, die zur partiellen darstellungsästhetischen Indifferenz von Literaturbeschreibung (als Wahrnehmungs- oder Anmutungsbeschreibung) und kunstgeschichtlich orientierter Bildbeschreibung führt. Dieser Aspekt kann nun präzisiert werden. Die den »ironische[n] Wunderträumen«[73] der Romantiker attestierte Abkehr vom Gegenstandsbezug lässt sich komplementär zu Hothos Konzept einer »Poesie der Färbung« in der Malerei analysieren. Während Hotho jedoch in der Malerei den Wirklichkeitsverlust als darstellungsästhetischen Zugewinn einzelner Gattungen präsentiert, gerät die Abkehr von der Realität in der Literatur recht schnell unter moralischen Verdacht.

Die Rede von der »Poesie der Färbung« lässt sich zum ersten Mal in den »Vorstudien« nachweisen; aufgenommen wird sie in der »Geschichte der deutschen und niederländischen Malerei« (1842/43). In den »Vorstudien« ist es Rembrandt – »ein Maler im eigentlichsten Sinne« –, der Hotho nach Selbstauskunft »für den Reichtum der späteren holländischen Meister« sensibilisiert. Er bewundert die »Farbenglut der Phantasie«, den »unbegreiflichsten Farbenzauber«; lobt jedoch gleichfalls die gestalteten Figuren in ihrem »geist- und markvollen Dasein«. Hotho schwört

> [...] zum erstenmal mit aufrichtigem Herzen die [sic!] Grille ab, statt auf die Tiefe der
> malerischen Behandlung, statt auf die Poesie der Färbung [...] nur immer auf die geistige
> Tiefe des Inhalts zu blicken[74]

In geschichtsphilosophischer Hinsicht ist es nur natürlich, dass die Malerei als romantische Kunstform »von der Sculpturgestalt ab zum gleichsam musikalischen Farbenausdruck herüberschreitet«.[75] Der darstellungsästhetische Zugewinn durch eine musikalische Farbbehandlung – und hier scheint bereits Hothos Kritik an den Romantikern durch – ist jedoch nur da gestattet, wo der Inhalt als zweitrangig eingeschätzt wird, beim Genre etwa.[76] Grundsätzlich bleibt Hotho den Vorgaben Hegels verpflichtet, die Farbe »als ein Medium der Versöhnung von Sinnlichkeit und Reflexivität, also als eine spezifische ›Lebendigkeit der Idee‹ zu deuten.«[77] Deutlich wird dies auch daran, dass er die lyrischen Tendenzen in der Gestaltung christlicher Sujets – für Hotho die Hauptaufgabe der Malerei – vornehmlich in ihrem Vermittlungscharakter zwischen Subjekt und Objekt würdigt. Das Innerlich-Werden der Religion, der fortschreitende Prozess der Aneignung religiöser Themen durch das »Innere« ist denn auch der postulierte Entwicklungsprozess der Malerei, wie ihn die »Zweite Abteilung« der »Vorstudien« vorführt.

Die Romantiker sieht Hotho nun über das Ziel hinausschießen. Denn die Musikalisierung der Farbe hat bei ihnen eine epistemische Dimension. Wo Hotho im Rahmen einer Verinnerlichung der Glaubensinhalte die subjektive Wirkungsdimension lediglich da an Bedeutung gewinnen sieht, wo sie – in der Tradition von Roger de Piles (1635–1709) – als innerliche Beseelung der objektiven Form gelten kann, arbeiten Tiecks Lyrik und seine lyrischen Dramen an der Indifferenz von Subjekt und Objekt im stimmungsvollen Erlebnismoment. Sören Kierkegaards (1813–1855) Kritik an Tiecks Musikalisierungsstrategie und deren epistemischer Fundierung knüpft sichtlich bei Hotho an, wenn er den Gehaltsverlust als »überspanntes und ohnmächtiges Ideal« tadelt:

> Zuletzt isoliert das musikalische Element sich ganz und gar, und mitunter ist es der Romantik
> wirklich gelungen, eine Art von Poesie aufzubauen, die jedermann aus seiner Kindheit kennt
> in dem schönen Vers: ›Ene mene ming mang, ping pang.‹ Solche Gedichte müssen nun auch
> für die vollendetsten angesehen werden; denn hier hat die Stimmung, und darauf kommt
> doch alles an, schlechthin freies Spiel, und ist gänzlich ungebunden, da jeglicher Gehalt
> verneint ist.[78]

Hier ist also das Musikalische das eigentlich Bedeutsame. Die romantische Poesie – so Hothos zwischen Begeisterung und Anklage changierende Diagnose – feiert

> [...] ihren ironischen Gott im steten Farbentausch einer chamäleonischen Welt, und wie ihr
> die kranke Gegenwart [...] ekel, schaal und unersprießlich ins Auge blickt, leert sie zum
> letzten Trost mit durstigen Zügen die übervollen Opiumschalen der Dichtung [...] Der

ganze Schein des Lebens ist ihnen [den Romantikern – NK] gegönnt, der lieblichste Glanz, die mildeste Grazie des Reizes schimmert und wallt in weichen Windungen [...] Doch das gediegene Mark wahrhafter Wirklichkeit ist in dieser trunknen Süße verpraßt, und auch ihr höchster Rausch [...] verleugnet jenen hohlen Zug der Mattigkeit nicht, durch welche die Spannung bewußtlos mit dem Schicksal ihrer eigenen Ironie bestraft wird.[79]

Die narkotisch-musikalische Kunsterfahrung wird zur Existenzform des Individuums erklärt und in ihrer Vergeblichkeit auf ein schon immer angelegtes Scheitern im wirklichen Leben hin projiziert. Bereits am »Hofe der Kalifen« beobachtete Hotho »die selige Trunkenheit des Opiums«[80], das an dieser Stelle hier – die Einheit von mittelalterlicher und neuer romantischer Kunst beschwörend – als Metapher für ein poetisches Weltverhältnis (»Opiumschalen der Dichtung«) auftaucht. In gleichem Maße, in dem bei Solger die künstlerische Idee, um erscheinen zu können, in der Materialität des Kunstwerks vernichtet werden muss, sieht Hotho die Auflösung der Welt in den atmosphärischen Glanz als Vernichtung der Wirklichkeit. Rembrandt hält trotz seiner Farbemphase, so Hotho, am »geist- und markvollen Dasein« fest; dieses ist hier nun in »trunkne[r] Süße verpraßt«. Die bis in den Wortlaut hinein identische Beschreibung der Kunst Rembrandts und der Genre-Malerei auf der einen Seite und des romantischen Geistes auf der anderen wird von Hotho unter verschiedene Vorzeichen gestellt. Sobald die Farbe nicht mehr der sinnlichen Intensivierung der Idee unterstellt ist, sondern selbst als Ideal fungiert, verliert sie im Vergleich mit der »Wirklichkeit«.

Einen solchen Vergleich mit der Wirklichkeit braucht Goethe für Hotho – im Gegensatz zu Tieck – nicht zu fürchten.[81] Indem bei ihm die »Plastik der Darstellung und [die] unsichtbare Musik des tiefsten Herzens«[82] zusammentreffen, ist er maßgeblich an der von Heine geforderten Einigung von »Romantikern und Plastikern« (DHA X, 196) beteiligt.

II. Schnaase und Tieck

II.1. Schnaases Hotho-Kritik und die malerische Kunst Tiecks

Karl Schnaases Auseinandersetzung mit Hothos Tieck-Deutung in den »Vorstudien«, die er 1836 im »Jahrbuch für wissenschaftliche Kritik« vorlegt, findet auf mehreren Ebenen statt. Im Gegensatz zu Hotho ist Schnaase zunächst einmal nicht daran gelegen, seine Tieck-Vorliebe als überwunden zu präsentieren. Als Mitglied des Düsseldorfer Tieck-Kreises unter der Federführung von Karl Immermann (1796–1840) ist seine Begeisterung für den Dichter auch zu Beginn der 1830er Jahre ungebrochen.[83]

In seiner Besprechung der »Vorstudien« geht er zum einen gegen die Subsumierung von Solger und Tieck unter ein gemeinsames literaturgeschichtliches Etikett vor. Verantwortlich dafür sei Hothos Vermischung der persönlich gefärbten Lektüren Tiecks, Solgers und Friedrich Schlegels mit einem historiografischen Anspruch.[84] Zum anderen ist es die moralische Dimension der Tieck-Analyse Hothos, die Schnaase stört. Hotho verkenne die Autonomie der Kunst Tiecks, wenn er diese als Sittlichkeitsverlust deute. Er sei zu sehr auf »Bedeutungen« fixiert, »die auch außerhalb der Kunst Geltung haben müssen«; auf »Darstellungen welche auch als Erscheinung des *Lebens* ein *aesthetisches* Interesse haben würden [...] auf das menschlich Subjective« mithin, »bei dem sich allerlei philosophisch-moralisches [sic!] denken läßt«.[85]

Die Entgegensetzung Kunst – Moral ist jedoch nicht der Weisheit letzter Schluss. Sie ist vielmehr selbst das Symptom einer Ursache, die, folgt man Schnaase, im ästhetischen Gebiet, genauer gesagt: im stiltypologischen Werturteil Hothos anzusiedeln ist. Was also Hotho zur Stilisierung von Goethe und Tieck treibt, ist weniger deren differierende moralische Eignung für die Kunst, »sondern es liegt in feinern in gewissem Sinne der Form angehörigen Zügen«:

> Das Vollendete der Goetheschen Gestalten, die bei aller Subjectivität des Geistes plastische Objectivität ihrer Erscheinung fesselt ihn [Hotho – NK], und gilt ihm für sittliche Festigkeit und Klarheit, und, weil er diese bei Tieck nicht wiederfindet, glaubt er in ihm eine verderbliche Unklarheit und Verwirrung der sittlichen Elemente zu finden.[86]

Die wertnormative Hierarchisierung der Stile bei Hotho dient Schnaase jedoch nicht nur zur Kritik. Sie bildet vielmehr eine Steilvorlage um den Proto-Ästhetizismus in das ruhigere Fahrwasser der kunstgeschichtlichen Begriffsarbeit zu überführen. Der Preis, den es dafür zu zahlen gilt (und der Hotho wahrscheinlich zu hoch wäre), ist ein entmystifizierter, sozusagen von den Schlacken der romantischen Ironie gereinigter Tieck. Ein erster wichtiger Schritt in diese Richtung ist zweifelsohne darin zu sehen, dass Schnaase seine existentiellen Befindlichkeiten zurückstellt. Einher geht diese Enthaltsamkeit mit einem deskriptiven Fokus auf das künstlerische Phänomen, nicht auf dessen Wirkung oder ethische Implikationen. Mit Blick auf Tieck bringt Schnaase den Begriff des ›Malerischen‹ ins Spiel. Im Gegensatz zu dem auch von Hotho favorisierten »zweideutigen Ausdrucke des Romantischen« will er die »allerdings neue Richtung der Poesie die *landschaftliche* oder *malerische* nennen«.[87]

Hotho spricht nur an wenigen Stellen – mit Blick auf Rembrandt z. B. – vom ›Malerischen‹ und dies auch nicht in grundbegriffsgeschichtlicher Absicht. Wo er vergleichbare Aspekte beschreibt, ist er ganz der Diktion einer psychologischen Ästhetik verpflichtet, etwa wenn er von den »Tieckschen Klängen nervenreizen-

Im Salon von 1857. Lithographie von Pierre Émile Destouches nach einer Karikatur von Honoré Daumier der Rührung«[88] ausgeht. Hothos Vorgehen, das Kunstwerk von der Phantasie (Produktion) und dem Erlebnis (Wirkung) ausgehend zu beschreiben[89], zeigt sich auch in seiner Fundierung der »romantischen Phantasie« in der Malerei. Dass die romantische Phantasie das Räumliche ins Flächige auflöst, wie es bei ihm in den »Vorlesungen« heißt, liegt nicht nur in dem Umstand begründet, dass die Innerlichkeit in der plastisch-räumlichen Erscheinung keine Entsprechung erblickt. Mindestens genauso entscheidend ist der Hinweis, den Immanuel Hegel in einer Marginalie zu seinen Vorlesungsmitschriften gibt. Das Auge sieht nur flächig, ergänzt Hegel dort, »weil das Licht nur eine Fläche beleuchtet und das Auge von den Gegenständen nur eine Fläche empfängt.«[90] Damit ist ein Gründungsdatum der englischen sensualistischen Ästhetik des ›Picturesque‹ um 1800 aufgerufen[91], ohne dass hier eine begriffsgeschichtliche Verankerung vorliegen würde.

Schnaase diskutiert sein Verständnis des ›Malerischen‹ weder mit Bezug auf die Konjunktur des ›Pittoresken‹ in der englischen Reiseliteratur vor 1800 noch dessen ästhetiktheoretischen Stellenwert in der Zeit danach. Bei ihm zeigt sich – darin Hotho vergleichbar – die zur Indifferenz tendierende Verbindung von Literaturbeschreibung und kunstgeschichtlich orientierter Bildbeschreibung recht deutlich, etwa wenn er feststellt, »Tieck malt stets alla prima«.[92] Jedoch entwirft er die verbindende Beschreibungspraxis nicht wie Hotho von der Wirkungs- oder Produktions-, sondern von der Werkästhetik her:

> Wie im Gemälde sich die Gestalt nicht in isolirter [sic!], heroischer Einsamkeit, sondern in Verbindung mit Wechselwirkung mit andern, mannigfaltig bedingt, in ihren wechselnden Farben, mit allen ihren Schattirungen [sic!] und Lichtreflexen zeigt […] so kann auch der Dichter […] den Menschen darstellen, wie er in dem festen Boden der physischen und sittlichen Natur wurzelt […] so daß dann auch sie ihren höchsten Reiz nicht in den einzelnen Gestalten, sondern in dem zarten Duft des Lebens findet, der die festen Umrisse des Einzelnen zu einem Gesamtbilde des Ganzen verschmilzt.

Die Rehabilitation Tiecks muss vor der Folie einer Aufwertung des ›Malerischen‹ in Schnaases zwei Jahre vor seiner Besprechung von Hothos »Vorstudien« veröffentlichten »Niederländischen Briefen« betrachtet werden. Denn dort – darauf hat Henrik Karge nachdrücklich hingewiesen – wird der Weg zu einer gegenstandsunabhängigen, sich auf das ›rein Künstlerische‹ konzentrierenden Malerei gewiesen, für die Tieck auch recht gern, meist jedoch historisch nicht fundiert, als Beleg geführt wird.[93]

II.2. Die »Niederländischen Briefe« und das ›Malerische‹ um 1830

Besonders interessieren uns an den »Niederländischen Briefen« Schnaases Einlassungen zur Kunst des Stilllebens; denn diese ist es, in welcher »jenes malerische Princip sich möglichst selbständig zeigen [kann], ohne durch den Gegenstand bedingt oder beschränkt zu sein«.[94] Im Gegensatz zu Hotho, der eine besondere »Poesie der Färbung« der Genremalerei attestiert, sind es bei Schnaase Frucht-, Obst- und Blumenstücke, die in den Mittelpunkt des Interesses rücken.[95] Bezeichnenderweise ist dieses »musikalische Element der Malerei«, das »hier frei und durch sich selbst gegeben«[96] erscheint, von allen Wahrheitsansprüchen freigestellt. Auch in der Landschaft betrachtet Schnaase das musikalische Prinzip als noch nicht rein verwirklicht, da es von der Natur selbst (»Gegenstand«), nicht jedoch durch die künstlerische Vermittlung (»Auffassung«) erzeugt werde.[97] Denn das ist Schnaase wichtig: »Der Reiz höchster malerischer Schönheit erscheint [...] nicht durch die Dinge gegeben, sondern ihnen äußerlich als harmonische Anordnung«.[98] Künstlichkeit und ästhetische Eigenwertigkeit gegenüber den Bildobjekten sind für das ›Malerische‹ gleichsam konstitutiv. Schnaases Position kann um 1830 zweifelsohne als avanciert gelten – ein Einzelfall ist sie jedoch nicht.

Entscheidend für eine Rehabilitation des ›Malerischen‹ um 1830 ist wohl der Umstand, dass es nicht mehr – wie noch häufig um 1800 – als rein sinnliches Vergnügen aufgefasst wird. Auch wenn die Tradition einer vormals abgewerteten Farbsinnlichkeit noch präsent ist, etwa in Carl Friedrich von Rumohrs (1785–1843) Rechtfertigung, die holländischen Maler des 17. Jahrhunderts leisteten in der »Schwelgerey des Auges das Unnachahmliche«[99], so wird sie doch von einer Position abgelöst, die die Farbe nicht mehr dem Körperorgan, sondern der Seele zugehörig deutet. Für die Kunstkritik belegt werden kann dies etwa an Heines Begeisterung in seiner Besprechung der Pariser Gemäldeausstellung von 1831 (»Französische Maler«) für den »venezianische[n] Zauber [...] für jene Farbpoesie, die, gleich dem Schimmer der Lagunen, nur oberflächlich ist, aber dennoch die Seele so wunderbar bewegt.« (DHA XII, 18)

Idealtypisch unterscheiden lässt sich bei der Begründung des ›Malerischen‹ um 1830 ein autonomie- von einem gehaltsästhetisch orientierten Argumentationsmuster. Zum einen muss hier die Abkehr vom Gegenständlichen in der Hinwendung zur Formästhetik im Sinne Schnaases genannt werden. Das Primat der künstlerischen Anordnung gilt allerdings nur dann als statthaft, wenn dem Gegenstand selbst nur eingeschränkte Bedeutung zukommt. Zum anderen geht es um eine geschichtsphilosophische Fundierung des ›Malerischen‹, die ihre frühromantische Prägung in der Entgegensetzung von Modernen und Alten, von – wie Heine sagt – »Romantikern und Plastikern« (DHA X, 196) nicht verbergen kann.

Hier darf die künstlerische Auffassungsweise nicht bis zur völligen ästhetischen Selbstbezüglichkeit der Farb-Form-Relationen getrieben werden. Das ›Malerische‹ bezeichnet in diesem Fall das darstellungsästhetische Pendant zu einem subjektiven Innewerden eines zumeist religiösen Gehaltes. In gesteigertem Maße erscheint – wie etwa bei Johann David Passavant (1787–1861) – die Farbe vergeistigt:

> Die moderne, christliche Welt beruht in ihrer Denkweise auf Offenbarung, deren Medium die Seele ist; daher die höhere Ausbildung der Malerei, die durch Licht und Farbe, gewissermaßen durch geistige Mittel, sich im Vergleich [zur Plastik – NK] als geeigneter erweist das Seelenleben darzustellen.[100]

III. Malerische Offenbarungen: Zusammenfassung und Ausblick

Die eigentliche Sprengkraft von Hothos Tieck-Lektüre besteht darin, dass sie beide Dimensionen des ›Malerischen‹ – die sinnlich-geistige Formästhetik und ein quasi-religiöses Innewerden – verbindet.[101] Dieser als existentiell begehbarer Erlebnisraum konstituierte ›Kosmos Tieck‹ verpflichtet nicht nur Kunst und Leben aufeinander; in Anknüpfung an die frühromantische Geschichtsphilosophie soll ihm auch historiografische Signifikanz zukommen. Noch in der Kritik bleibt die ›Verheißung Tieck‹ für Hotho virulent. Schnaase sieht durch Hothos Invektiven gegen Tieck dessen »dichterische Befähigung«[102] bestätigt, nicht geschmälert. Die Beobachtungen Hothos teilt er, nicht jedoch die Schlüsse, die dieser daraus zieht: denn Schnaase liest Tieck gleichsam ohne Opium.

Hotho geht es darum, die an den Verfahren der Literatur orientierte Kunstgeschichtsschreibung an eine bildkunstästhetisch konditionierte Sichtweise auf die Literatur rückzubinden. Dergestalt bleibt seine durchaus poetische Poetik der Kunstgeschichte einem Umgang mit Literatur und bildender Kunst verpflichtet, der die medialen Unterschiede in der kunstvollen Beschreibung der Anmutungsvalenzen einebnet.

Schnaase nutzt den Rekurs auf Tieck hingegen, um den Begriff des ›Malerischen‹ innerhalb der methodologisch orientierten Diskussion der Kunstgeschichtsschreibung konturieren zu können. Hotho vergleichbar, hat auch bei ihm die Sicht auf Tiecks Literatur im kunstgeschichtlichen Feld ihr Pendant: Literatur kommt bei Schnaase die heuristische Funktion zu, stiltypologisch (›plastisch‹–›malerisch‹) jene Beobachtungen zu beglaubigen, deren eigentliche Tragfähigkeit sich in der kunstwissenschaftlichen Systematik und deren Brauchbarkeit für eine historisch-empirische Analyse zu beweisen hat.

Vereint sind beide jedoch nicht nur in ihrer latenten Medienindifferenz und einem gleichermaßen kultur- und stilgeschichtlich orientierten Apriori, sondern auch in ihrem (ebenfalls latenten) Antiklassizismus. Selbst Hothos Vorliebe für Goethe gilt nicht primär dem Klassiker, sondern dem Lebenskünstler, der – sozusagen ohne zu erstarren oder sich in Duft aufzulösen – mustergültig zwischen Plastizität und Musikalität changiert. In diesem Punkt ist Hotho nicht weit von der frühromantischen Begeisterung für Goethe entfernt. Doch wo die Romantiker Wert darauf legen, Goethe als einen von ihnen zu betrachten, arbeitet Hotho an einer Trennung von Klassik und Romantik, der auch Schnaases kunstgeschichtliche Begriffsarbeit – gleichfalls in der Polarisierung von Goethe und Tieck – verpflichtet ist. Im Rahmen dieser Begriffsarbeit erscheint die Bipolarität der Stile als wertneutrales Analysekriterium, das sich über seine enge Orientierung am künstlerischen Phänomen auszeichnet und auf biographische oder spirituelle Spekulationen verzichten zu können glaubt. Freilich, dass die frühe Kunstgeschichte bei der Literatur in die Schule der Anschauung geht, mag man nicht unbedingt als Beitrag zu einer disziplinären Methodenkonsolidierung werten; eher als spiegelverkehrten Rückfall in eine doch eigentlich mit Lessings »Laokoon« (1766) für beendet erklärte Zeit des *ut pictura poesis*. Die Persistenz solcher Denkmuster verweist jedoch auf eine nachhaltigere Wirkung, als es eine szientistisch orientierte Kunstgeschichtshistoriografie mit Blick auf das 19. und frühe 20. Jahrhunderts wahrhaben will.

Deutlich wird dies etwa, wenn man den Blick auf geistesgeschichtlich orientierte Literaturhistoriker wie Oskar Walzel (1864–1944) oder Fritz Strich (1882–1963) richtet. Die von Walzel ausgegebene Losung einer »Wechselseitigen Erhellung der Künste« (1917) knüpft nahtlos an die bisher im Rahmen der Untersuchung diskutierte stiltypologische Entgegensetzung malerisch – plastisch an; lediglich die Vorzeichen haben sich geändert: Argumentiert die Kunstgeschichte in den 1830er Jahren mit literarischen Beispielen, so ist es jetzt die Literaturgeschichte, die Kategorien der Kunstgeschichtsschreibung fruchtbar zu machen sucht. Dabei zeigt sich besonders das Konzept des ›Malerischen‹ der Tradition verhaftet. Denn die Unendlichkeit der Romantik bei Fritz Strich steht nicht nur im Einflussgebiet der »Kunstgeschichtlichen Grundbegriffe« (1915) Heinrich Wölfflins (1864–1945). Mindestens genau so wichtig sind die Grundbegriffsdiskussionen der 1830er Jahre. Von diesem Standpunkt aus betrachtet erweist sich die geistesgeschichtliche Literaturwissenschaft als veritable Erbin hegelianischer Kunstgeschichtsschreibung. Will man jedoch das Entscheidende der Romantik Strichs verstehen, so reicht es nicht aus, sich jene Variante des ›Malerischen‹ zu vergegenwärtigen, die sich mit der Achse Schnaase–Wölfflin bezeichnen lässt. Auch der offenbarungsaffine Mystiker Hotho muss zu seinem Recht kommen. Denn Hothos existentielle Aufladung des Atmosphärischen ist es, die ihn mit Strich verbindet. »Die Romantiker empfanden sich wie Instrumente, auf denen ein höheres Wesen spielt«, so Strich; der romantische Mensch will demnach »das unendliche Gefühl in sich nicht begrenzen«[103] und lehnt deshalb die Formzumutungen der Klassik ab. »Sehnsucht« und »Liebe« sind bei ihm »gegenstandslos«. Den »Meister« der sehnsüchtigen Auflösung haben wir bereits kennengelernt: Tieck. Die Sehsucht sei bei ihm so unbestimmt,

> [...] daß jedes Wort der Sprache, auch das unbestimmteste und gehauchteste [...] sie schon zu deutlich bestimmt und begrenzt. Daher man es verstehen kann, daß Tieck die ›schmerzlich irdische Sprache' in reine Musik verwandeln wollte. Nur die Musik kann wirklich so gegenstandsloses Gefühl zum Ausdruck bringen.[104]

Doch muss man nicht bis ins frühe 20. Jahrhundert gehen, um Anknüpfungspunkte zu finden.

Hinsichtlich Hothos Ästhetizismus lohnt ein Blick auf Charles Baudelaire (1821–1867). Die Übereinstimmungen liegen hier nicht auf dem Gebiet der Kunsthistoriografie, sondern in der Analyse des romantischen Bewusstseins. Dabei treten jene Charakteristika, die Hotho der Romantik zuordnet und die er durch seine Orientierung an Goethe überwunden zu haben glaubt, als Bestimmungen einer modernen Romantik auf. Dem Zusammenspiel von Farben und Drogen kommt bei Baudelaire eine besondere Rolle zu; dies sicherlich nicht zuletzt deshalb, da im Rauschzustand die Wahrnehmung intensiviert wird. Hotho bezeichnet die romantische Literatur als Opium. Sie ist für ihn ein Mittel der Entwirklichung und führt, wie er schreibt, zum »Farbentausch einer chamäleonischen Welt«[105], die sich in einzelne Intensitätsmomente auflöst. Doch wo Hotho der berauschenden Wirkung Entgrenzungspotential zuschreibt, ist das Opium bei Baudelaire lediglich ein Mittel, die Folgen des Gegenstands- und Endlichkeitsverlustes zu lindern. Karl Heinz Bohrer hat mit Blick auf »Le poème du haschisch« aus »Les paradis artificiels« (1860) darauf hingewiesen, dass der Trieb des modernen romantischen Dichters nach Unendlichkeit von Baudelaire als ›böse Lust‹ verstanden werde, von der es sich Entlastung zu verschaffen gelte.[106] Für die Entwirklichung der Welt – so der Grundtenor bei Baudelaire im Gegensatz zu Hotho – braucht man keine Drogen; brenzlig wird es erst danach.

Man kann es auch so auf den Punkt bringen: Wer gleich Hotho an Goethe zu glauben gelernt hat, braucht weder Opium noch Haschisch.

Anmerkungen

1 Vgl. zum Einfluss A. W. Schlegels auf Heine: Sandra Kerschbaumer: Heines moderne Romantik. Paderborn u. a. 2000, S. 25–132.

2 Georg Wilhelm Friedrich Hegel: Ueber: »Solger's nachgelassene Schriften und Briefwechsel«. – In: ders.: Sämtliche Werke. Jubiläumsausgabe. Hrsg. v. Hermann Glockner. Bd. XX. Vermischte Schriften aus der Berliner Zeit. 4. Aufl. Stuttgart-Bad Cannstatt 1968, S. 132–202, hier S. 145, S. 141. Vgl. ausführlich zu Hegels Kritik an Tiecks Ironie Patricia Anne Simpson: »Wo die Ironie erscheint«: Tieck als Herausgeber in den »Jahrbücher«-Rezensionen. – In: Die »Jahrbücher für wissenschaftliche Kritik«: Hegels Berliner Gegenakademie. Hrsg. v. Christoph Jamme. Stuttgart-Bad Cannstatt 1994 (Spekulation und Erfahrung II/27), S. 301–320.

3 Hegel: Ueber: »Solger's nachgelassene Schriften und Briefwechsel« [Anm. 2], S. 144.

4 Ebd., S. 145. Otto Pöggelers Analyse der Hegel'schen Tieckkritik steht noch ganz in der Tradition der älteren Tieck-Philologie (Haym, Gundolf, Staiger), wenn er feststellt, dass »die Romantik [...] sich uns auch nicht in besonders tiefer Weise in Tieck« darstelle; ein »Duft und Klang also« – so Pöggeler in direkter Übernahme der Hegelschelte – »der die eigenen Dichtungen Tiecks nicht vor Leichtigkeit zu bewahren vermag.« Otto Pöggeler: Hegels Kritik der Romantik. 2. Aufl. München 1999 [¹1956], S. 203.

5 Gottfried August Körner: Brief an Schiller v. 19.12.1801. – In: Schillers Briefwechsel mit Körner. Bd. IV, Berlin 1847, S. 252–253, hier S. 252. Das Urteil Körners bezieht sich auf die Gedichte in dem von Ludwig Tieck und A. W. Schlegel herausgegebenen »Musenalmanach für das Jahr 1802« und lautet vollständig: »Das Herz fordert von der Phantasie ein Bild, wenn es sich erwärmen soll, aber diese Poesie giebt keine Bilder, sondern schwebt in einer gestaltlosen Unendlichkeit.«

6 Die sich vom ›Objektiven‹ entfernende ›Gestaltlosigkeit‹ und deren Identifizierung mit dem ›Subjektiven‹ bildet einen Hauptkritikpunkt des »Protestantismus«-Manifestes an der Romantik. Vgl. zu »Genese, Phasenverlauf, Zielperspektive und Funktionslogik junghegelianischer Romantikrezeption«, besonders mit Blick auf Ruge und Echtermeyer, Wolfgang Bunzel: »Der Geschichte in die Hände arbeiten«. Zur Romantikrezeption der Junghegelianer. – In: Romantik und Vormärz. Zur Archäologie literarischer Kommunikation in der ersten Hälfte des 19. Jahrhunderts. Hrsg. v. Wolfgang Bunzel, Peter Stein u. Florian Vaßen. Bielefeld 2003 (Vormärz-Studien 10), S. 313–338, hier S. 314.

7 Die nazarenische Malerei gilt dem 19. Jahrhundert gemeinhin als Inbegriff romantischer Kunst. Vgl. dazu ausführlich Christian Scholl: Revisionen der Romantik. Zur Rezeption der ›neudeutschen Malerei‹ 1817–1906. Berlin 2012, mit Blick auf die kunstgeschichtliche Rezeption und Konstruktion der Romantik in der ersten Hälfte des 19. Jahrhunderts s. S. 17–288.

8 Wilhelm Waetzoldt: Deutsche Kunsthistoriker. 2 Bde., 3. Aufl. Berlin 1986 [¹1921–1924], Bd. II, S. 47.

9 Tiecks Verhältnis zu Fiorillo und Rumohr beschreibt Achim Hölter: La constellation Rumohr-Tieck-Fiorillo. – In: Pour une »économie de l'art«. L'itinéraire de Carl Friedrich v. Rumohr. Textes rassemblés par Michel Espagne. Paris 2004, S. 125–145, hier S. 131–133, S. 135–142.

10 Heinrich Gustav Hotho: Vorstudien für Leben und Kunst. Hrsg. u. eingeleitet v. Bernadette Collenberg-Plotnikov. Stuttgart-Bad Cannstatt 2002 [1835] (Spekulation und Erfahrung I/5), S. 189; vgl. auch ebd., S. 198, S. 266 f.

11 Vgl. Bernadette Collenberg-Plotnikov: Hothos »Vorstudien für Leben und Kunst« als Entwurf einer ›spekulativen Kunstgeschichte‹. – In: Hotho: Vorstudien [Anm. 10], S. IX–LXXXV; dies.: Philosophische Grundlagen der Kunstgeschichte als historischer Wissenschaft im Hegelianismus. Zu Hothos Vorlesungen über die Ästhetik von 1833. – In: Zwischen Philosophie und Kunstgeschichte. Beiträge zur Begründung der Kunstgeschichtsforschung bei Hegel und im Hegelianismus. Hrsg. v. Annemarie Gethmann-Siefert u. Bernadette Collenberg-Plotnikov. München 2008, S. 121–148; Annemarie Gethmann-Siefert: H. G. Hotho: Kunst als Bildungserlebnis und Kunsthistorie in systematischer Absicht – oder die entpolitisierte Version der ästhetischen Erziehung des Menschen. – In: Kunsterfahrung und Kulturpolitik im Berlin Hegels. Hrsg. v. Otto Pöggeler u. Annemarie Gethmann-Siefert. Bonn 1983 (= Hegelstudien, Beiheft 22), S. 229–261, zur Rede von der »spekulativen Kunstgeschichte« s. S. 248.

12 »Ein großes Genüge that ihm [Rosenkranz – NK] […] schon, was *Hotho* in seinen Vorstudien für Leben und Kunst über Tieck gesagt hatte […] Tieferes, als Hotho, hat er wohl nicht zu sagen, wohl aber literarisch Erschöpfenderes.« Karl Rosenkranz: Ludwig Tieck und die Romantische Schule. – In: Ludwig Tieck. Wege der Forschung CCCLXXXVI. Hrsg. v. Wulf Segebrecht. Darmstadt 1976 [1838], S. 1–44, hier S. 1, Kursivierungen jeweils im Original.

13 Vgl. Collenberg-Plotnikov: Hothos »Vorstudien für Leben und Kunst« [Anm. 11], S. XIII–XVII.

14 Vgl. ebd., S. XX f.

15 Hotho: Vorstudien [Anm. 10], S. 6.

16 Formuliert ist dieses Programm in Hothos Rezension zu Amadeus Wendts »Ueber die Hauptperioden der schönen Kunst im Laufe der Weltgeschichte« (1832/33). Vgl. Collenberg-Plotnikov: Hothos »Vorstudien für Leben und Kunst« [Anm. 11], S. XXI.

17 Hotho: Vorstudien [Anm. 10], S. 198 f.

18 Vgl. Kerschbaumer: Heines moderne Romantik [Anm. 1], S. 25–66. Collenberg-Plotnikov weist auf die Bedeutung von F. Schlegels 1822 veröffentlichten Vorlesungen über die »Geschichte der alten und neuen Literatur« für Hothos literaturgeschichtlichen Kompass hin. Vgl. Collenberg-Plotnikov: Hothos »Vorstudien für Leben und Kunst« [Anm. 11], S. LIII (Anm.).

19 Hotho: Vorstudien [Anm. 10], S. 194.

20 Ebd., S. 196.

21 Georg Wilhelm Friedrich Hegel: Vorlesungen über die Ästhetik II, Werke. Bd. XIV. Frankfurt a. M. 1986, S. 128 f. Vgl. dort auch zum »Prinzip der inneren Subjektivität«.

22 Vgl. Pöggeler: Hegels Kritik der Romantik [Anm. 4], S. 45–54; Karl Heinz Bohrer: Die Kritik der Romantik. Der Verdacht der Philosophie gegen die literarische Moderne. Frankfurt a. M. 1989, S. 142–157, S. 174–181.

23 Collenberg-Plotnikov: Hothos »Vorstudien für Leben und Kunst« [Anm. 11], S. L.

24 Hotho: Vorstudien [Anm. 10], S. 197.

25 Ebd., S. 213.

26 Ebd., S. 212.

27 Vgl. ebd., S. 211, S. 215.

28 Vgl. ebd., S. 218.

29 Ebd., S. 267.

30 Ebd., S. 271.

31 Hegel: Ästhetik [Anm. 21], S. 128.

32 Hotho: Vorstudien [Anm. 10], S. 271.

33 Ebd.

34 Waetzoldt: Deutsche Kunsthistoriker [Anm. 8], S. 67.
35 Detlev Kremer: Ästhetik und Kulturpolitik in A. W. Schlegels »Vorlesungen über schöne Literatur und Kunst«. – In: Der Europäer A. W. Schlegel. Romantischer Kulturtransfer – Romantische Wissenswelten. Hrsg. v. York-Gothart Mix u. Jochen Strobel. Berlin, New York 2010, S. 31–44, hier S. 33.
36 Hotho: Vorstudien [Anm. 10], S. 133.
37 Vgl. Collenberg-Plotnikov: Hothos »Vorstudien für Leben und Kunst« [Anm. 11], S. XXVI–XXXII. Bereits Gethmann-Siefert macht auf Hothos Anspruch aufmerksam, »in der spekulativen Kunstgeschichte zugleich eine Konzeption der Kunsterfahrung und ihrer geschichtlichen Bedeutung zu gewährleisten«. Gethmann-Siefert: Kunst als Bildungserlebnis [Anm. 11], S. 248.
38 Collenberg-Plotnikov: Hothos »Vorstudien für Leben und Kunst« [Anm. 11], S. XXXVII.
39 Hegel: Ueber: »Solger's nachgelassene Schriften und Briefwechsel« [Anm. 2], S. 144; vgl. auch ebd., S. 154, S. 157.
40 Collenberg-Plotnikov: Hothos »Vorstudien für Leben und Kunst« [Anm. 11], S. XXXVII.
41 Heinrich Gustav Hotho: Besprechung von: Heinrich Kleist. Gesammelte Schriften. Hrsg. v. Ludwig Tieck. Berlin 1826. – In: Text und Kontext. Quellen und Aufsätze zur Rezeptionsgeschichte der Werke Heinrich v. Kleists. Hrsg. v. Klaus Kanzog, Berlin 1979, S. 13–44, hier S. 13. Vgl. zu Hothos Mystik- als Subjektivitätskritik: Simpson: »Wo die Ironie erscheint« [Anm. 2], S. 307–312.
42 Hotho: Vorstudien [Anm. 10], S. 266f.
43 Ebd., S. 189.
44 Ebd., S. 5.
45 Ebd., S. 267.
46 Markus Ophälders apologetischer Deutung des Verhältnisses Tieck-Solger bleibt der eigennützige und inszenatorische Charakter von Tiecks Publikationspolitik verborgen. Vgl. Markus Ophälders: Ironie bei Tieck und Solger. – In: Ludwig Tieck. Leben – Werk – Wirkung. Hrsg. v. Stefan Scherer u. Claudia Stockinger. Berlin, Boston 2011, S. 365–376. Bereits Hegel betont den Stellenwert der Briefedition in autorphilologischer Hinsicht, wenn er die Exhibition entwicklungsgeschichtlicher Fakten betont: »Tieck legt in diesen herausgegebenen Briefen die Art seines Verhältnisses zur Philosophie, und den Gang seines Gemüths und Geistes vor das Publikum.« Hegel: Ueber: »Solger's nachgelassene Schriften und Briefwechsel« [Anm. 2], S. 152f. Anne Baillot untersucht genauer, nach welchen literaturgeschichtspolitischen Gesichtspunkten Tieck den Briefwechsel Solgers zusammenstellt. Diese sind im Ergebnis durchweg eigennützig, denn »Tieck als Herausgeber […] arbeitet darauf hin, dass aus Solger ein Romantiker werde […]. Der Dichter [Tieck – NK] Tieckisiert den Philosophen.« Anne Baillot: Wie rehabilitiert man einen Schriftsteller und wozu? Das Beispiel unerschlossener Briefwechsel aus dem Umkreis des Dichters Ludwig Tieck, des Philosophen Karl Solger und des Historikers Friedrich von Raumer. – In: Dokument/Monument. Textvarianz in den verschiedenen Disziplinen der europäischen Germanistik. Akten des 38. Kongresses des französischen Hochschulgermanistenverbandes (AGES). Hrsg. v. Françoise Lartillot u. Axel Gellhaus, Bern u. a. 2008, S. 103–126, hier S. 117.
47 Vgl. dazu Michael Neumann: Dresdner Novellen. – In: Scherer/Stockinger (Hrsg.): Ludwig Tieck [Anm. 46], S. 551–567. In welchem Maße Tieck um 1830 als – romantikkritischer – Novellenautor wahrgenommen wird, zeigen diesbezügliche Einlassungen von Heine. In »Die Romantische Schule« (1836) bemerkt er: »Als er [Tieck – NK] nach dem Sturz der Schlegel eine

lange Zeit geschwiegen, trat er wieder öffentlich auf und zwar in einer Weise, wie man sie von ihm am wenigsten erwartet hätte. Der ehemalige Enthusiast [...] trat jetzt auf als Gegner der Schwärmerei, als Darsteller des modernsten Bürgerlebens, als Künstler, der in der Kunst das klarste Selbstbewußtsein verlangte, kurz als ein vernünftiger Mann. So sehen wir ihn in einer Reihe neuerer Novellen [...]« (DHA VIII, 181f.).

48 Karl Wilhelm Ferdinand Solger: Nachgelassene Schriften und Briefwechsel. Hrsg. v. Ludwig Tieck u. Friedrich v. Raumer. Bd. I. Berlin 1826, S. 1.

49 Tieck an Solger: Brief v. 31.03.1815. – In: Ebd., S. 340–345, hier S. 342.

50 Tieck an Solger: Brief v. 01.04.1816. – In: Ebd., S. 390–399, hier S. 390.

51 Heinrich Gustav Hotho: Vorlesungen über Ästhetik oder Philosophie des Schönen und der Kunst (1833). Nachgeschrieben v. Immanuel Hegel. Hrsg. u. eingeleitet v. Bernadette Collenberg-Plotnikov, Stuttgart-Bad Cannstatt 2004 (Spekulation und Erfahrung I/8), S. 13 (Marginalie). Bereits im Wintersemester 1829/30 befasst sich Hotho in seiner Vorlesung »Schlegel, Novalis, Tieck und Solger« intensiv mit den Romantikern. Tieck wird – das zeigt der Titel – nicht mehr primär über seine Zugehörigkeit zum Jenenser Frühromantikerkreis und F. Schlegels Ironiekonzept, sondern im Rückgriff auf seine Freundschaft zu Solger charakterisiert. Vgl. zu Hothos Vorlesungen zwischen 1828 und 1840 Elisabeth Ziemer: Heinrich Gustav Hotho 1802–1873. Ein Berliner Kunsthistoriker, Kunstkritiker und Philosoph. Berlin 1994, S. 268f.

52 Tieck an Solger: Brief v. 01.04.1816. – In: Solger: Nachgelassene Schriften [Anm. 48], S. 390–399, hier S. 391.

53 Tieck an Solger: Brief v. 27.06.1814. – In: Ebd., S. 308–312, hier S. 311.

54 Ebd., S. 311.

55 Solger an Tieck: Brief v. 15.07.1814. – In: Ebd., S. 312–317, hier S. 313.

56 Vgl. Tieck an Solger: Brief v. 21.3.1814 – In: Ebd., S. 300–303, hier S. 302. Am 01.04.1816 versichert Tieck Solger dann: Es »[s]cheint alles mir doch immer mehr einzugehen in jene mystische Art, die ich nie wieder loswerden kann, seit sie sich mir vor vielen Jahren vergegenwärtigt hat. Ich glaube fast, Sie sind berufen, jene für unmöglich geachtete Brücke aus der wahren Philosophie in die ächte Mystik hinüber zu schlagen.« – Tieck an Solger: Brief v. 01.04.1816. – In: Ebd., S. 390–399, hier S. 391.

57 Anne Baillot hebt im Briefwechsel die Rolle des Anderen als Projektionsfläche für je eigene Ideen hervor. – Anne Baillot: Tieck et Solger, un dialogue philosophico-littéraire. – In: Philosophy and Literature and the Crisis of Metaphysics. Hrsg. v. Sebastian Hüsch, Würzburg 2011, S. 273–280, hier S. 278–280. Bereits Ulrich Dannenhauer analysiert »Tiecks existentiell-religiöses Rezeptionsinteresse« am »Erwin«. Ulrich Dannenhauer: Heilsgewißheit und Resignation. Solgers Theorie der absoluten Ironie. Frankfurt a. M. u. a. 1988, S. 247–252.

58 Tieck an Solger: Brief v. 07.05.1816. – In: Solger: Nachgelassene Schriften [Anm. 48], S. 411–413, hier S. 411.

59 Tieck an Solger: Brief v. 24.03.1817. – In: Ebd., S. 535–542, hier S. 538.

60 Ebd., S. 537.

61 Vgl. Hotho: Vorstudien [Anm. 10], S. 269.

62 Philippe Despoix/Justus Fetscher: Ironisch/Ironie. – In: Ästhetische Grundbegriffe. Historisches Wörterbuch. Hrsg. v. Karlheinz Barck u. a. Bd. III. Stuttgart u. Weimar 2001, S. 196–244, hier S. 221.

63 Karl Wilhelm Ferdinand Solger: Erwin. Vier Gespräche über das Schöne und die Kunst. 1. Teil, Berlin 1815, S. 277. Vgl. zum Ironieverständnis Solgers weiterführend Ingrid Strohschneider-Kohrs: Die romantische Ironie in Theorie und Gestaltung, 3. Aufl. Tübingen

2002 [¹1960], S. 185–214, besonders: S. 194–201. Vgl. auch Dannenhauer: Heilsgewißheit und Resignation [Anm. 57], S. 37–76.
 64   Solger: Erwin [Anm. 63], S. 281.
 65   Ebd., S. 278.
 66   Despoix/Fetscher: Ironisch/Ironie [Anm. 62], S. 221.
 67   Solger: Erwin [Anm. 63], S. 277.
 68   Tieck an Solger: Brief v. 18.12.1817. – In: Solger: Nachgelassene Schriften [Anm. 48], S. 584–589, hier S. 586.
 69   Hotho: Vorstudien [Anm. 10], S. 5.
 70   Hotho ist von der Begegnung mit Tieck in Dresden begeistert. Auch wenn der Meister auf Grund einer Erkältung nicht vorlesen kann, so erhält doch Hotho die Chance, in sein »schwermutstief empfindungsklares Auge« zu blicken. Hotho: Vorstudien [Anm. 10], S. 104.
 71   Hotho bemerkt zu Hegels Ironieauffassung, dass die »letzte Tiefe des Humors [...] ihm [Hegel – NK] teilweise verschlossen« blieb »und die neueste Form der Ironie widerstrebte dermaßen seiner eigenen Richtung, daß es ihm fast an dem Organ gebrach, auch das Echte in ihr anzuerkennen oder gar zu genießen.« Ebd., S. 264 f. In seiner Ästhetik-Vorlesung von 1833 kommt Hotho jedoch grundsätzlich mit Hegels Ironiekritik überein, wenn er den Formalismus Solgers ablehnt: Das »Solgersche Prinzip«, heißt es dort, sei u. a. deshalb mangelhaft, da »in dem Kunstwerk nur immer das allgemeine Leben der Ironie hervorgehoben [wird] und nicht der bestimmte Inhalt«. Hotho: Vorlesungen über Ästhetik [Anm. 51], S. 17.
 72   Vgl. zu den Positionen Schellings und Solgers in Hothos Argumentation ebd., S. 15–17. Solger leistet einem Vergleich seiner Ironiekonzeption mit Schelling Vorschub, wenn er gegenüber Tieck seine Theorie des realen Nichts in Absetzung zur Verschränkung von bewusster und bewusstloser Tätigkeit des Künstlers im »System des transcendentalen Idealismus« erläutert. Vgl. Solger an Tieck: Brief v. 19.11.1815. – In: Solger: Nachgelassene Schriften [Anm. 48], S. 375–379, hier S. 378. Martin Götze macht auf die Schwierigkeiten aufmerksam, die sich ergeben, wenn man Solgers Ironie auf die Schlegel'sche zurückführen will. Vgl. Martin Götze: Philosophie. – In: Scherer/Stockinger (Hrsg.): Ludwig Tieck [Anm. 46], S. 303–313, hier S. 309–312.
 73   Hotho: Vorstudien [Anm. 10], S. 273.
 74   Ebd., S. 171.
 75   Gustav Heinrich Hotho: Geschichte der deutschen und niederländischen Malerei. Eine öffentliche Vorlesung, an der Königlichen Friedrich-Wilhelms-Universität zu Berlin gehalten, Bd. I. Berlin 1842 (Oeffentliche Vorlesungen über Gegenstände der Litteratur und Kunst, an der Königlichen Friedrich-Wilhelms-Universität zu Berlin gehalten von H. G. Hotho. Theil 1), S. 44. Hothos Rede vom »musikalischen Farbenausdruck« ist mit Blick auf die zeitgenössische Vorbildrolle der Musik für die Malerei durchaus typisch. Vgl. zu einer sich bei der Wirkung der Musik bedienenden Sprache der Koloritbeschreibung ab 1820 Andrea Gottdang: Vorbild Musik. Die Geschichte einer Idee der Malerei im deutschsprachigen Raum (1780–1915). München u. a. 2004, S. 217–233.
 76   Vgl. Hotho: Geschichte der deutschen und niederländischen Malerei [Anm. 75], S. 364. Allerdings hat Hotho für die »Geringfügigkeiten des Alltags« (ebd., S. 16) – wie er sie in der Genremalerei der Düsseldorfer Malerschule gestaltet sieht – nichts übrig. Gegen die »Prosa der Wirklichkeit« (ebd., S. 17), des »Anschauens und Darstellens« (ebd., S. 16), bringt er die Stürmer und Dränger (Lenz, Klinger), die Romantiker (Tieck, Brüder Schlegel, Novalis) sowie Schiller und Goethe in Stellung. Vgl. zu Hothos Beziehung zur Düsseldorfer Malerschule Annemarie Gethmann-Siefert: Die Kritik an der Düsseldorfer Malerschule bei Hegel und den Hegelianern.

– In: Düsseldorf in der deutschen Geistesgeschichte (1750–1850). Hrsg. v. Gerhard Kurz. Düsseldorf 1984, S. 263–288, hier S. 278–280.

77 Bernadette Collenberg: Hegels Konzeption des Kolorits in den Berliner Vorlesungen über die Philosophie der Kunst. – In: Phänomen versus System. Zum Verhältnis von philosophischer Systematik und Kunsturteil in Hegels Berliner Vorlesungen über Ästhetik oder Philosophie der Kunst. Hrsg. v. Annemarie Gethmann-Siefert. Bonn 1992 (Hegel-Studien, Beiheft 34), S. 91–164, hier S. 164.

78 Søren Kierkegaard: Über den Begriff der Ironie mit ständiger Rücksicht auf Sokrates. Aus d. Dän. übers. v. Emanuel Hirsch. Gesammelte Werke. Hrsg. v. Emanuel Hirsch u. Hayo Gerdes, XXXI. Abt. Köln 1961, S. 313f. Das Verhältnis Kierkegaard-Hotho ist ein Desiderat. Abgesehen von Kierkegaards Deutung des Mozart'schen »Don Juan« in »Entweder – Oder« auf Grundlage einer ausführlichen Besprechung der Oper Hothos in der »Ersten Abteilung« seiner »Vorstudien« ist die Hotho-Rezeption Kierkegaards in romantikhistoriografischer Hinsicht noch unerschlossen. Zu Fragen wäre hier bspw., inwiefern sich Hothos Deutung der Romantik als Vorstufe zu Kierkegaards Kritik an der ästhetischen Existenz begreifen lässt. Vgl. zur Genealogie von Kierkegaards Existentialanthropologie in dessen Romantikauffassung grundlegend: Gerhard vom Hofe: Die Romantikkritik Sören Kierkegaards. Frankfurt a. M. 1975. Vgl. zu Hothos und Kierkegaards »Don Juan«: Collenberg-Plotnikov: Hothos »Vorstudien für Leben und Kunst« [Anm. 11], S. LXIII–LXXII, insbes. S. LXX–LXXII.

79 Hotho: Vorstudien [Anm. 10], S. 275.

80 Ebd., S. 196.

81 Vgl. zu Hothos Begeisterung für Goethes »Wilhelm Meisters Wanderjahre« (1821/1829) Ziemer: Hotho [Anm. 51], S. 37–49. Vgl. auch Cyrus Hamlin: Goethe und die Schule Hegels. H. G. Hothos Rezension von »Wilhelm Meisters Wanderjahren« in den »Jahrbüchern für wissenschaftliche Kritik«. – In: Jamme (Hrsg.): Die »Jahrbücher für wissenschaftliche Kritik« [Anm. 2], S. 396–434; Helmut Schneider: Die Zusammenarbeit von Hotho und Varnhagen im Rahmen der »Jahrbücher für wissenschaftliche Kritik«. – Hothos Rezension der Wanderjahre. – In: Ebd., S. 377–395.

82 Hotho: Vorstudien [Anm. 10], S. 283.

83 Vgl. Henrik Karge: »Denn die Kunst ist selbst nichts Absolutes...«. Karl Immermann, Karl Schnaase und die Theorie der Düsseldorfer Malerschule. – In: Epigonentum und Originalität. Immermann und seine Zeit – Immermann und die Folgen. Hrsg. v. Peter Hasubek. Frankfurt a. M. u. a. 1997, S. 111–140, hier S. 123–127. Karge setzt den ›Hegelianer‹ Hotho konsequent vom ›Tieckianer‹ Schnaase ab. Letzteren sieht er maßgeblich Solger verpflichtet. Vgl.: ders.: Das Frühwerk Karl Schnaases. Zum Verhältnis von Ästhetik und Kunstgeschichte im 19. Jahrhundert. – In: Johann Dominicus Fiorillo. Kunstgeschichte und die romantische Bewegung um 1800. Hrsg. v. Antje Middeldorf Kosegarten. Göttingen 1997, S. 402–419, hier S. 409–415.

84 Vgl. Karl Schnaase: Rezension zu: Hotho: Vorstudien für Leben und Kunst. – In: Jahrbuch für wissenschaftliche Kritik 6/7, 1836, S. 13–16, 17–20, 25–32, 33–40, hier S. 27.

85 Ebd., S. 39. Dass Schnaase – gegenläufig zur postulierten Irrelevanz der Sittlichkeit in Kunstdingen – es dennoch für nötig hält, Tieck moralisch zu rehabilitieren, lässt sich an seinem Hinweis auf die Bedeutung des Mittelalters für Tieck zeigen. In geschichtsphilosophischer Hinsicht folgt dieser Hinweis Hotho: »Der Geist des Mittelalters dem er [Tieck – NK] huldigt, und der sich in dieser Beziehung wirklich in ihm erneuert, bringt es mit sich, daß Wehrstand und Nährstand, daß Ritter, Bürger und Bauer jeder in seinem festen Berufe sich gleichsam mit kirchlicher Weihe eingesetzt fühle [...]. Und eben weil diese sittlichen Elemente so felsenfest und

naturbegründet da stehen, ist auch das Tragische [...] so eigenthümlich milde, und das leichte Spiel des Lebens im Vordergrunde so heiter und unbefangen.« Ebd., S. 32.

86 Ebd., S. 36.

87 Ebd., S. 37f. Auf den Beitrag dieser neuen Richtung der Poesie zur bildlichen Landschaftskunst macht später Ricarda Huch aufmerksam. Die sich vom Gegenständlichen entfernenden »Sternbald«-Landschaften, auf die wahrscheinlich auch Schnaase rekurriert, deutet sie medienreflexiv im Horizont der frühromantischen Transzendentalpoesie: »Auch die Malerei also sollte ihr Gebiet erweitern, in die benachbarten Künste, Musik und Poesie, überfließen. Auch hier sollte alles Überflüssige, alles, was nur Mittel war, besiegt [sic!] werden, damit, wie eine Poesie der Poesie, eine Malerei der Malerei entstehe.« Das »Ineinanderschwanken von Musik und Poesie und Malerei« bezeichnet sie als »ein Lieblingsthema von Ludwig Tieck.« Ricarda Huch: Blüthezeit der Romantik. Leipzig 1899, S. 342f., S. 52.

88 Hotho: Vorstudien [Anm. 10], S. 283.

89 Vgl. zur Rolle der Phantasie bei Hotho Bernadette Collenberg-Plotnikov: Philosophische Grundlagen der Kunstgeschichte im Hegelianismus. Zu H. G. Hothos Vorlesungen über Ästhetik oder Philosophie des Schönen und der Kunst – In: Hotho: Vorlesungen über Ästhetik [Anm. 51], S. XIX–XCIX, hier S. LXXXI–LXXXVI.

90 Hotho: Vorlesungen über Ästhetik [Anm. 51], S. 184 (Marginalie).

91 Die Fundierung des Malerischen/Pittoresken im frühaufklärerischen empirischen Sensualismus lässt sich besonders bei Richard Payne Knight (1750–1824) nachweisen, der – um das Ideal eines ›natürlichen, flächigen Sehens zu fundieren – immer wieder auf das Beispiel eines Blindgeborenen, der erst durch eine Operation sein Augenlicht erlangt, rekurriert. Vgl. Richard Payne Knight: An Analytical Inquiry into the Principles of Taste, Bristol 1999 [¹1805], S. 57, S. 69, S. 70, S. 94. Vgl. auch den Überblick zu den englischen Theoretikern des ›Pittoresken‹ bei Friedrich Wolfzettel: Malerisch/pittoresk. – In: Ästhetische Grundbegriffe [Anm. 62], S. 760–790, hier S. 776–786.

92 Schnaase: Rezension zu: Hotho [Anm. 84], S. 36.

93 Vgl. zu einer Begründung der gegenstandslosen Malerei in Tiecks Roman »Franz Sternbalds Wanderungen« im Rückgriff auf die Tradition des Malerischen Norman Kasper: Welche Farbe hat die Allegorie? Ludwig Tiecks »Franz Sternbalds Wanderungen« zwischen allegorischer Repräsentation und symbolischer Präsenz. – In: Wahrnehmungskulturen: Erkenntnis – Ereignis – Mimesis. Hrsg. v. Gerd Antos u. a. Halle a. d. S. 2009, S. 257–276. Vgl. auch Klaus Lankheit: Die Frühromantik und die Grundlagen der ›gegenstandslosen Malerei‹. – In: Neue Heidelberger Jahrbücher. N. F. 1951, S. 55–99, hier S. 61–64. Vgl. zur künstlerischen Aufwertung der Abkehr von der Gegenständlichkeit bei Schnaase Henrik Karge: Einleitung. – In: Karl Schnaase: Niederländische Briefe. Mit einer Einleitung u. einem Themenverzeichnis hrsg. v. Henrik Karge. Hildesheim, Zürich, New York 2010 [1834], S. XXIV–LXVI, hier S. LI–LII; vgl. dazu ebenfalls Karge: Das Frühwerk Karl Schnaases [Anm. 83], S. 418. Einen guten Überblick über die »Niederländischen Briefe« gibt: Henrik Karge: Carl Schnaases »Niederländische Briefe«. Kunsttheorie in autobiografischer Fassung. – In: Immermann-Jahrbuch 5 (2004), S. 121–135.

94 Schnaase: Niederländische Briefe [Anm. 93], S. 155.

95 Dass Schnaase dem Stillleben eine exklusiv musikalische Qualität attestiert, heißt nicht, dass er die von Hotho nicht besonders geschätzte Genremalerei [vgl. Anm. 76] ausblendet. Im Gegenteil: Als Advokat der von Hotho abgelehnten Düsseldorfer Malerschule protegiert er die aktuelle Genremalerei in gleichem Maße, wie er als Kunsthistoriker einen Beitrag zu ihrer Geschichte leistet. – Vgl. Karge: Einleitung (Niederländische Briefe) [Anm. 93], S. XLVII–LI, sowie Karge: »Denn die Kunst ist selbst nichts Absolutes…« [Anm. 83], S. 131–140.

96 Schnaase: Niederländische Briefe [Anm. 93], S 155.
97 Vgl. zur Bedeutung der Landschaft bei Schnaase Henrik Karge: Einleitung (Niederländische Briefe) [Anm. 93], S. XLV–XLVII. Vgl. zur Landschaft in der gattungshierarchischen Diskussion und im Fokus einer Bestimmung des Romantischen in der ersten Hälfte des 19. Jahrhunderts Scholl: Revisionen der Romantik [Anm. 7], S. 211–218.
98 Schnaase: Niederländische Briefe [Anm. 93], S. 154.
99 Carl Friedrich von Rumohr: Italienische Forschungen, 1. Teil. Berlin, Stettin 1827, S. 398.
100 Johannes David Passavant: Rafael von Urbino und sein Vater Giovanni Santi. Bd. I. Leipzig 1839, S. 346.
101 Diese Verbindung von Form- und religiöser Gehaltsästhetik unterläuft die von Scholl für die Zeit zwischen 1817–1849 als maßgeblich identifizierte Spannung von autonomer klassizistischer und allegorisch-nazarenischer Ästhetik. Vgl. den umfassenden Abriss zur Form-Inhalt-Diskussion bei Scholl: Revisionen der Romantik [Anm. 7], S. 163–233.
102 Schnaase: Rezension zu: Hotho [Anm. 84], S. 31.
103 Fritz Strich: Deutsche Klassik und Romantik oder Vollendung und Unendlichkeit. 5. Aufl. Bern 1962 [¹1922], S. 33, S. 59.
104 Ebd., S. 84.
105 Hotho: Vorstudien [Anm. 10], S. 275.
106 Bohrer: Die Kritik der Romantik [Anm. 22], S. 77.

Kleinerer Beitrag

Die Wehrmacht singt die »Loreley«

Von Arno Pielenz, Cottbus, und Christian Liedtke, Düsseldorf

Der Umgang mit Heine im Deutschland des Nationalsozialismus gehört zu den dunklen Kapiteln seiner Rezeptionsgeschichte. »Das Ziel der nationalsozialistischen Kulturpolitik war es, den sehr populären, in einem nicht geringen Teil des Volkes beliebten, im Ausland hochgeschätzen Dichter aus dem kollektiven Gedächtnis der Deutschen zu löschen.«[1] Besondere Aufmerksamkeit haben deswegen stets diejenigen Fälle bekommen, in denen es dennoch zu Veröffentlichungen von Heine-Texten kam. Neben manchen geradezu atemberaubenden Kuriositäten wie etwa der Tatsache, dass ausgerechnet im »Liederbuch der NS-Frauenschaften«, das mit dem »Horst Wessel-Lied« und »Unserm Führer!« eröffnet wird, die vom ebenfalls verfemten Felix Mendelssohn Bartholdy komponierten Heine-Verse »Leise zieht durch mein Gemüt« stehen – allerdings ohne dass Dichter oder Komponist mit Namen genannt würden[2] –, ist dabei besonders der Umgang mit Heines wohl berühmtestem Gedicht »Ich weiß nicht, was soll es bedeuten« von Interesse. Dass es mit der Zuschreibung »Dichter unbekannt« in Anthologien, Lese- und Liederbüchern die NS-Zeit überlebt habe, ist eine zählebige Legende, für die trotz intensiver Forschungen[3] bisher kein Beleg gefunden werden konnte. Zwar gab es nach 1933 tatsächlich anonyme Publikationen der »Loreley«, in denen nur noch der Komponist der berühmten Vertonung, Friedrich Silcher, genannt wurde, während der Name Heines fortgelassen wurde[4], vermutlich trug jedoch keine von ihnen jenen berühmten, zum geflügelten Wort gewordenen Zusatz »Dichter unbekannt«, zu dem Hartmut Steinecke bemerkte, er »[...] widerspräche auch den strategischen Hauptlinien der Literaturpolitik«[5] in der Nazizeit.

Aber es gibt doch einen ähnlichen, bisher nicht beachteten und recht kuriosen Fall, mitten aus dem Zweiten Weltkrieg, der sich – ein Zufallsfund – in der Feldpostausgabe des von Gustav Schulten herausgegebenen Liederbuches »Der Kilometerstein. Eine lustige Sammlung« nachlesen und -singen lässt:

1. Ich weiß nicht, was soll es bedeuten, daß ich so traurig bin; ein Mädchen aus uralten Zeiten, das kommt mir nicht aus dem Sinn. Und die Luft ist kühl und dunkel, und der Abendstern, der funkelt, und ganz ruhig fließt der Rhein in das Bingerloch hinein. Der Gipfel des Berges funkelt im Abendsonnenschein.

2. Die schönste Jungfrau sitzet dort oben wunderbar, ihr goldnes Geschmeide blitzet, sie kämmt sich ihr goldnes Haar. Und sie kämmt es mit dem Kamme und sie wäscht sich mit dem Schwamme und sie singt ein Lied dabei von der schönen Lorelei, das hat eine wundersame, gewaltige Melodei.

3. Den Schiffer im kleinen Kahne, den ergreifts mit wildem Weh. Er sieht nicht die Felsenriffe, er sieht nur hinauf auf die Höh. Und da macht er falsche Griffe, und da kippt er aus dem Schiffe, aus dem kleinen Äppelkahn in den großen Ozean. Und das hat mit ihrem Singen die Lorelei getan!

Bei Soldaten
Nach der Melodie: »Wer will unter die Soldaten«[6]

»Der Kilometerstein« war ein ausgesprochen populäres Liederbuch aus dem Potsdamer Voggenreiter-Verlag, das von »Auf der schwäbschen Eisenbahne« über »Ein Mann, der sich Kolumbus nannt« bis zu »Schwarzbraun ist die Haselnuss« aus dem Fundus der Gassenhauer, Volks-, Wander- und Lagerfeuerlieder schöpfte und sich dabei, wie schon der Untertitel signalisiert, vor allem auf Humoristisches konzentrierte. 1934 zum ersten Mal erschienen[7], erlebte es 1940 bereits die 22. Auflage (bei sieben veränderten Fassungen). Hinzu kam eine Version für Akkordeon und im Krieg auch noch gekürzte Feldpostausgaben (1941, 1942). Auch danach blieb es im Umlauf; der nach dem Krieg nach Bonn-Bad Godesberg umgesiedelte Voggenreiter-Verlag brachte Reprints heraus, noch 1962 erschien eine erweiterte Sonderausgabe unter dem Titel »Der große Kilometerstein«.[8]

Mit Ausnahme der Akkordeon-Version findet sich diese mäßig witzige »Loreley«-Parodie in allen Ausführungen des Buches, dem man seinen Ursprung aus der Jugend- und Pfadfinderbewegung anmerkt. Der Voggenreiter-Verlag, in dem es erschien, war zunächst einer der führenden Verlage der bündischen Jugend. Nach dem Verbot der Jugendbünde (1933) schwenkte er allerdings schnell um: Das 1937 beim »Reichsführer SS« im »Sicherheitshauptamt« erstellte geheime »Leitheft Verlagswesen« konstatierte zufrieden, dass »[...] der Voggenreiter-Verlag, Potsdam, [...] den Anschluss an den Nationalsozialismus suchte und auch fand.«[9] Angesichts der ideologischen Linientreue des Verlages und des seit 1940 geltenden vollständigen Verbots des »jüdischen Schrifttums« ist die Publikation dieser »Loreley«-Variante – die ja trotz der Verballhornung fast den vollständigen Originaltext enthält – erst recht ungewöhnlich, zumal die staatlich geförderten (und daher für Verlage lukrativen) Feldpostbücher besonderer Kontrolle durch das »Propagandaministerium« unterlagen. Sie läuft auch dem von Anja Oesterhelt im Bereich des Schulbuchs beobachteten Trend zuwider, wonach die Zahl der »Loreley«-Veröffentlichungen in Deutschland seit 1933 kontinuierlich abnahm: »Ab 1937 gab es vermutlich kein deutsches Schulbuch mehr, in dem Heines ›Loreley‹ erschienen ist.«[10]

Der Name Heine fällt im »Kilometerstein« nicht, weder in der Feldpostausgabe noch in anderen Versionen wird er im Zusammenhang mit der dort abgedruckten »Loreley«-Parodie genannt. Ansonsten werden in dem Buch aber durchaus die Namen von Autoren und Komponisten, soweit bekannt, aufgeführt. Die Bemerkung »Dichter unbekannt« steht jedoch auch hier nicht. Der Verfasser der ›Zugaben‹ und Veränderungen von Heines Originaltext bleibt ebenso ungenannt, jedenfalls in der Feldpostausgabe. In anderen Auflagen des »Kilometerstein« ist das Lied jedoch mit der Sigle »Sch.« unterzeichnet; im Vorwort zur 7. Auflage (1939) heißt es dazu: »Alle mit Sch bezeichneten Stücke sind eigene Aufzeichnungen oder Bearbeitungen des Herausgebers [...]«.[11] Die Kontrafaktur von Heines »Loreley« stammt in dieser Fassung also von dem Musikpädagogen und Komponisten Gustav Schulten (1897–1945)[12], der im Voggenreiter-Verlag auch verschiedene andere Liedersammlungen herausgegeben hat. Er war in der Nazi-Zeit kein unbeschriebenes Blatt, so vertonte er die 1933 von Will Vesper gedichtete Hitler-Hymne »Dem Führer« (»So gelte denn wieder Urväter Sitte...«).[13] Und auch »Der Kilometerstein« war nicht einfach nur eine unschuldige Liedersammlung, sondern spielte nach Einschätzung Heinz Schreckenbergs durchaus eine gewisse Rolle in der nationalsozialistischen Jugend-Propaganda:

> Obwohl nicht zu den offiziellen Liederbüchern von HJ und BDM gehörend, wurde dieses Werk in der HJ ebenso wohlwollend empfohlen wie viel benutzt. Hier hatte auch das eine oder andere antisemitische Lied eine Art »Sitz im Leben«, weil in diesem Buch die todernsten politischen Kampflieder und erhabenen Feierlieder fehlten, in deren unmittelbarer Nachbarschaft ordinär Antisemitisches nicht gern gesehen wurde.[14]

Die Bezeichnung »ordinär antisemitisch« trifft in der Tat auf manches Lied zu, das sich in denselben Feldpostausgaben des »Kilometerstein« findet wie die verballhornte »Loreley«, etwa auf »O Herr, gib uns den Moses wieder...« oder »Zwei Juden gingen durch das Korn...«[15] – wobei der Herausgeber jener »lustigen Sammlung« im Vorwort zur 7. Auflage (1939) solche Geschmacklosigkeiten, die teilweise auch mit entsprechenden Karikaturen versehen sind[16], im Voraus zu ›entschuldigen‹ versucht, indem er betont, »[...] daß es nicht meine Absicht war, irgendeinen Berufsstand oder eine Einrichtung zu verhöhnen. Ein gesunder Scherz kann niemals beleidigen, ihn hat es zu allen Zeiten im Volkslied gegeben.«[17] Im Jahre 1942, bei der Wehrmacht gesungen, wird aber wohl niemand solche Lieder als harmlosen Scherz aufgefasst haben.

Ebenso wenig wie der Name Heines wird im »Kilometerstein« übrigens derjenige des Komponisten genannt, dessen Musik dieser »Loreley«-Variante unterlegt wurde. »Nach der Melodie ›Wer will unter die Soldaten‹« sei sie zu singen, heißt es dort. »Wer will unter die Soldaten« ist ein Lied, das Friedrich Wilhelm Kücken (1810–1882) im Jahre 1855 zu einem gleichnamigen Gedicht von Friedrich Wilhelm Güll (1812–1879) komponiert hatte. Diese Verbindung Kückens mit der »Kilometerstein-Loreley« ist nicht ohne Ironie, da der Komponist, der 1843 in Paris mit Heine zusammengetroffen war, selbst auch eine Vertonung der ›echten‹ »Loreley« geschrieben hat.[18] Kückens schwungvolle und vor allem schnelle Melodie zu »Wer will unter die Soldaten« ist später mehrfach mit anderen Texten versehen worden, vorwiegend mit »humorig«-propagandistischem Inhalt wie etwa dem antifranzösischen »Chassepot-Lied« (1870, Text von Rudolf Löwenstein) oder dem chauvinistischen »Gleich beim deutschen Reich im Osten« (1915, Text von Ludwig Bredenbrock). Mit ihrem Tempo passt sie überhaupt nicht zu den Versen von Heines »Loreley« und bildet auch einen scharfen Kontrast zur getragenen Komposition Silchers, so dass sie den parodistischen Charakter von Schultens Text noch verstärkt und für diesen Zweck zweifellos geeignet ist.

Über die Motive, in jener Zeit dieses Lied aufzunehmen und *so* aufzunehmen, kann man nur rätseln.

> [...] auf den reichlich gefühlsduseligen und in unser heutiges Volk, namentlich aber nicht in unsre kampfbereite Jugend passende Text der Loreley können wir gern verzichten, denn wir wollen nicht traurig dahindämmern, sondern frischen Mutes, im Glauben an unsern Gott und unsre Kraft, voranstürmen und den Kampf mit dem Leben immer wieder von neuem aufnehmen. Dabei kann uns aber der Loreleytext am allerwenigsten helfen.[19]

So hatte es Georg Spandau 1936 in einem Artikel formuliert, in dem er dazu aufrief, für die bekannten Liedkompositionen auf Gedichte, die der »jüdische Sudelkoch« Heine geschrieben habe, »neue schöne und reine Worte zu schaffen.«[20] Auch wenn Schultens Kontrafaktur, gerade durch die Verbindung mit der von ihm unterlegten Melodie, im Ansatz der Haltung Spandaus entspricht, so ist sie doch sicher keine Umsetzung seiner Forderung. Vermutlich ist sie wirklich einfach nur Klamauk und nicht als gezielte Verhöhnung Heines gedacht – und noch weniger als subtiler Versuch, durch die Hintertür die Erinnerung an ihn und die echte »Loreley« wach zu halten. Die seit der siebten, »neu bebilderten« Auflage (1939) beigegebenen Illustrationen von Heiner Rothfuchs (1913–2000) kann man in diesem Falle wohl als adäquat bezeichnen.

Weniger rätselhaft als vielmehr gedankenlos muss es aber erscheinen, dass der Voggenreiter-Verlag diese Version der »Loreley« »Bei Soldaten« noch heute weiter verbreitet und in seinem klassisch gewordenen Liederbuch »Unser fröhlicher

Gesell«, das sich als Volksliedsammlung versteht, das kuriose »Ich weiß nicht, was soll es bedeuten« von Schulten zu der Musik von Kückens »Wer will unter die Soldaten« abdruckt, nicht aber die weltbekannte Verbindung von Heinrich Heines Gedicht und Friedrich Silchers Melodie.[21]

In der Feldpostausgabe des »Kilometerstein« von 1942 steht das Lied im Kapitel »Bunter Abend«, Unterabschnitt »Allerhand Unsinn«. »Für lange Märsche und lustige Gesellschaft auf Kasernenstube und im Quartier eine willkommene Gabe! Keine Sammlung für Musterknaben und Stubenhocker!«, urteilte die »Deutsche Soldatenzeitung« über das Buch.[22] Marschieren konnte man nach dieser »Loreley«-Travestie zwar sicher nicht, aber für einen »Kameradschaftsabend« erschien sie vielleicht als passend. Ob sie von den Soldaten, die dieses Feldpostbuch besaßen, wirklich eher gesungen wurde als Silchers Lied zu Heines Versen? Wie auch immer: Parodieren kann man nur, was bekannt ist. Und so spricht auch diese Veröffentlichung für das Weiterleben von Heines »Loreley«-Gedicht, das ja selbst parodistische Elemente aufweist.

Anmerkungen

1 Hartmut Steinecke: Heinrich Heine im Dritten Reich und im Exil. Paderborn 2008 (Nordrhein-Westfälische Akademie der Wissenschaften; Vorträge; G 416), S. 9.

2 Vgl. Liederbuch der NS-Frauenschaften. 4. Aufl. Breslau 1934, S. 77 (Abdruck ohne Noten).

3 Vgl. zuletzt Anja Oesterhelt: »Verfasser unbekannt«? Der Mythos der Anonymität und Heinrich Heines ›Loreley‹. – In: Anonymität und Autorschaft. Zur Literatur- und Rechtsgeschichte der Namenlosigkeit. Hrsg. von Stephan Pabst. Berlin u. a. 2011, S. 325–358, davor Bernd Kortländer: Le poète inconnu de la ›Loreley‹. Le médiateur supprimé. – In: romatisme 101 (1998), S. 29–40, und Steinecke: Heine im Dritten Reich [Anm. 1], S. 35 f.

4 Vgl. z. B. Wanderlust. 130 auserwählte deutsche Volks- und Wanderlieder. Für alle Akkordeons ab 12 bis 120 Bässe bearbeitet von Peter Fries. Leipzig 1934, S. 134, unter dem Titel »Ich weiß nicht, was soll es bedeuten«. Der Komponist Friedrich Silcher wird genannt, nicht aber Heine. In der Zeile unterhalb des Titels, wo bei vielen Liedern in diesem Buch der Name des Textdichters angegeben ist, steht stattdessen in Klammern nur der Alternativtitel »Die Lorelei« – wohl um die sonst auffällige Leerstelle zu vermeiden.

5 Steinecke: Heine im Dritten Reich [Anm. 1], S. 36.

6 Der Kilometerstein. Eine lustige Sammlung. Feldpostausgabe. Hrsg. von Gustav Schulten. Potsdam 1942, S. 228 f.

7 Der Kilometerstein. Klotzmärsche, Lieder für die Landstraße, Musik zum Tageslauf und allerlei Unsinn. Eine lustige Sammlung. Hrsg. von Gustav Schulten. Potsdam 1934. In anderen Ausgaben auch mit dem Untertitel »Eine Sammlung für soldatische Gruppen«.

8 Der große Kilometerstein. Eine lustige Sammlung. Hrsg. von Gustav Schulten. Bad Godesberg, Wolfenbüttel 1962.

9 Reichsführer SS, Leitheft Verlagswesen. März 1937. [masch.] Berlin 1937 [Textedition: Matthias Böhne], S. 28 (dort teilweise hervorgehoben). Online unter URL http://www.polunbi.de/bibliothek/1937-leitheft.html#dok (aufgerufen am 01.07.2013). Über den konkurrierenden Günther-Wolff-Verlag hingegen heißt es in dem »Leitheft«, er »blieb [...] der Verlag der bündischen Jugend. Dies musste solange zu Zusammenstössen mit der Hitler-Jugend führen, bis durch Massnahmen der Geheimen Staatspolizei dem Treiben des Günther Wolff-Verlages 1936 ein Ende gesetzt wurde.« Ebd.

10 Oesterhelt: »Verfasser unbekannt«? [Anm. 3], S. 332.

11 Der Kilometerstein. Eine lustige Sammlung. Hrsg. von Gustav Schulten. Wolfenbüttel, Bad Godesberg o. J. [ca. 1950; Reprint der 8. Aufl.], S. 4.

12 Vgl. Bayerisches Musiker-Lexikon Online. Hrsg. von Josef Focht, URL http://www.bmlo.lmu.de/s4064 (Version vom 23. April 2012. Aufgerufen am 01.07.2013).

13 Zu Vesper und seinem Gedicht vgl. Hans-Jochen Gamm: Der braune Kult. Das 3. Reich und seine Ersatzreligion. Ein Beitrag zur politischen Bildung. Hamburg 1962, S. 31f., sowie Jürgen Hillesheim und Elisabeth Michael: Lexikon nationalsozialistischer Dichter. Biographien, Analysen, Bibliographien. Würzburg 1993, S. 444ff.

14 Heinz Schreckenberg: Der Antisemitismus der Hitlerjugendführer. – In: Grenzgänge. Menschen und Schicksale zwischen jüdischer, christlicher und deutscher Identität. Festschrift für Diethard Aschoff. Hrsg. von Folker Siegert. Münster 2002, S. 270–306, hier S. 277. Ein Beleg dafür ist etwa die lobende Erwähnung des »Kilometerstein« in der Zeitschrift »Die HJ«, wonach er helfe, »schwere Märsche, schlechtes Wetter und stumpfe Stimmungen fröhlich zu überwinden.« Zit. nach der vorderen Umschlaginnenseite in Der Kilometerstein, Feldpostausgabe 1941 [Anm. 15].

15 »O Herr, gib uns den Moses wieder, damit er seine Stammesbrüder heimführe ins gelobte Land! / Laß wiederum das Meer sich teilen, so daß die beiden Wassersäulen fest stehn wie eine Felsenwand! / Und wenn in dieser Wasserrinne das ganze Judenvolk darinnen, o Herr, dann mach die Klappe zu, und alle Völker haben Ruh!« Der Kilometerstein. Eine lustige Sammlung. Feldpostausgabe. Hrsg. von Gustav Schulten. Potsdam 1941, S. 101; »Zwei Juden gingen durch das Korn, der eine ging hinten, der andere vorn / der Cohn der wollte nicht hinten geh'n, / denn beim Levi da war die Luft nicht schön. [...] Zwei Juden badeten einst im Fluss, weil jeder Mensch mal baden muss. / der eine ist ersoffen, vom andern woll'n wir's hoffen.« Der Kilometerstein. Eine lustige Sammlung. Feldpostausgabe. Hrsg. von Gustav Schulten. Potsdam 1942, S. 84. In den Nachkriegsaugaben des »Kilometerstein« waren Lieder wie diese dann nicht mehr enthalten.

16 Das Lied »Die drei Juden« etwa wird durch ein Bild dreier abgerissener Gestalten mit Kaftan, stereotyper Gestik und großen Nasen illustriert. Vgl. Der Kilometerstein, Feldpostausgabe 1941 [Anm. 15], 101.

17 Der Kilometerstein, Reprint [Anm. 11], S. 4.

18 Friedrich Wilhelm Kücken: Loreley: Ballade. Gedicht von H. Heine für eine Bass-Stimme mit Begleitung des Pianoforte, Op. 3. Hamburg o. J. [ca. 1840].

19 Georg Spandau: Heinrich Heine im deutschen Lied. – In: Das deutsche Podium 4, Nr. 11., 13.03.1936, S. 1. Zit. nach Steinecke: Heine im Ditten Reich [Anm. 1], S. 36.

20 Ebd., S. 31.

21 Vgl. Unser fröhlicher Gesell. Ein Liederbuch für alle Tage. Hrsg. von Heiner Wolf. Erw. Neuausgabe. Bonn-Bad Godesberg 2009 [basierend auf der Ausgabe von 1964], S. 312.

22 Zit. nach der vorderen Umschlaginnenseite in Der Kilometerstein, Feldpostausgabe 1941 [Anm. 15].

Reden zur Verleihung des Heine-Preises 2012

Laudatio auf Jürgen Habermas

Von Alexander Kluge

Lieber Jürgen,
liebe Ute,
sehr geehrter Herr Oberbürgermeister,
verehrte Juroren,
liebe Gäste!

Ich habe mich auf diese Laudatio gefreut. Ihre Schwierigkeit habe ich unterschätzt. Nach drei Entwürfen, die mein Mitarbeiter Combrink und ich verworfen haben, hatte ich vor mir 42 Bücher von Jürgen Habermas und das »Habermas Handbuch« aufgereiht und daneben gestaffelt das »Heine Handbuch« und die Werke dieses großen poetischen Meisters. Ich habe dann das »Historische Wörterbuch der Rhetorik«, Band IV, L-M, Stichwort »Laudatio« beigezogen. In der Antike gab es die endoxale, amphidoxale und die paradoxale Lobrede. Der Redner soll dabei nicht seine Kunst zeigen. Entscheidend ist das Decorum. Er soll Achtung vor demjenigen ausdrücken und wahren, den er lobt. Das heißt: Ich kann mich hier nicht hinstellen als literarischer Autor und Filmemacher und das Lebenswerk von Jürgen Habermas – einem der wenigen wirklichen Philosophen und großen Soziologen – paraphrasieren. Habermas denkt nicht nur seine eigenen Gedanken, sondern er rekonstruiert, was andere denken, und verbindet das mit seinem Denken. Er ist einer der letzten Architekten von Plattformen der Einigung, ganz im Sinne von Kants Buch »Zum ewigen Frieden«. Man kann dieses Werk nicht loben, es lobt sich selbst. Man kann es sehr wohl bestaunen, und das reicht. Ich beziehe also die Laudatio heute auf die Juroren, die mir die Gelegenheit geben, diese Konstellation »Heine Habermas« mit Ihnen gemeinsam zu beleuchten. Das ist auch eine Funktion eines solchen Preises, dass man hier Sternenkunde betreibt in der Geisterwelt.

Zwischen Abgrund und Mut des Erkennens

Zwischen 1929, dem Geburtsjahr von Jürgen Habermas, und dem Geburtsjahr Heinrich Heines, 1797, liegen 132 Jahre. Und zwischen 1929 (wenn ich das so in Ihre Phantasie locken darf) und dem Jahr 2013, auf das wir zugehen, liegt nochmals eine Kette von Zeitenwenden. Das beschleunigt sich. Als Heine geboren wird, ist es ein Jahr, nachdem die zweite Auflage von Immanuel Kants »Zum ewigen Frieden« erschienen ist. Es ist das Balladenjahr, Schiller schreibt »Die Bürgschaft«, Goethe schreibt »Der Gott und die Bajadere«, also eine Fülle von Poesie, wie ein Geburtstagsgeschenk für unseren Poeten Heine, eine Mitgift. Stürmisch geht die Zeit auf ein neues Zeitalter zu. Heine spricht später von den Jahren der »bewaffneten Aufklärung«. Er selbst ist nicht unbedingt ein Patriot seines Geburtsjahres; er behauptet von sich, er sei in der Neujahrsnacht von 1799 auf 1800 geboren. Er ist ungeduldig. Er fühlt sich als Neuerer, gierig auf 100 neue Jahre. Zu diesem Zeitpunkt seiner behaupteten Geburt ist Bonaparte erst sechs Wochen im Amt, er ist noch ein Hoffnungsfunke, noch nicht widerlegt. Fünfzehn Jahre später ist der Korse gestürzt. Eine lange Restaurationszeit setzt ein, ein Reformstau muss überlebt werden. Heine erfrischt sein Gemüt und seinen Bedarf an Hoffnung an der Juli-Revolution in Frankreich. Sie erweist sich aber (ähnlich wie heute der »Arabische Frühling«) als eine gestohlene Revolution. Nicht die Revolutionäre, welche die Revolution bewerkstelligt haben, herrschen anschließend, sondern andere. Das ist so ähnlich bei der großen Umwälzungsbewegung 1848.

Dies ist ein Zeitraum mächtiger Bewegungen; wir müssen das immer auch als Spiegel unserer eigenen Zeit sehen. Aber es entsteht auch, von Heine erahnt und erst nach seinem Tode verwirklicht, das Politische in Gestalt eines Bühnenkaisers, Napoleon III., oder einer Bühnendekoration wie das umgebaute Paris von Baron Haussmann: eine Theatralisierung des Politischen. Dies bei einer gleichzeitigen Steigerung der Schubkraft des Realen. Mir war die erneute Notwendigkeit, mich mit Heine zu beschäftigen, sehr willkommen. Und mir ist aufgefallen, dass das Beobachtungsfeld Heines starke Berührungen hat mit Inventarstücken aus dem großen »Passagenwerk« von Walter Benjamin. Eine beginnende neue Ära, die bei Benjamin festgehalten wird, ist auch Heines Thema: die Zeit Louis-Philippes, die des Saint-Simonismus und der Eisenbahnen. Und schon damals gibt es, zwischen der Weltausstellung in London und den Provinzen, ein Europa, das dann wieder verloren ging und um das wir heute kämpfen.

In seinem Buch »Strukturwandel der Öffentlichkeit« von 1962 knüpft Jürgen Habermas an diese Zeiterfahrung Heines an. Die Französische Revolution, sagt er, entstand aus dem Geiste der Philosophie. *Erst* bildet sich eine literarische

Öffentlichkeit und aus ihr dann die politische. Es entsteht der moderne Charaktertyp des »öffentlichen Intellektuellen«, den Heinrich Heine im besonderen Maße ausfüllt. Die Kategorie der Öffentlichkeit scheint mir eine erste grundlegende Gemeinsamkeit zwischen Heinrich Heine und Jürgen Habermas zu sein, über so viel Zeit hinweg. Persönliche, also private Erfahrungen machen wir alle lebenslänglich, ob aber Menschen mit diesem Resultat ihrer Erfahrung Selbstvertrauen verbinden, hängt davon ab, dass sie sie in der Öffentlichkeit kommunizieren können, dass »ein Mensch sich im Andern spiegelt«.

»Strukturwandel der Öffentlichkeit« entfaltet zunächst das Bild der repräsentativen Öffentlichkeit, also derjenigen der Obrigkeiten, der Könige und der Stände. Dem stellt sich die bürgerliche Öffentlichkeit gegenüber. Diese entscheidenden und grundlegenden Phasen der Entstehung moderner Öffentlichkeiten entwickelt Habermas an einem *literarischen* Beispiel, nämlich dem des »Wilhelm Meister«. Und er sagt: Ein bürgerlicher Mensch empfindet sein Selbstbewusstsein aufgrund seiner Leistung, nicht aufgrund seiner Geburt. Und die Leistung ist derart zukunftssüchtig, eine so steigerungsfähige Eigenschaft, dass ein Defizit entsteht. Dieses des Ungenügens der einfachen Existenz gehört zu den Geburtsfehlern der bürgerlichen Öffentlichkeit, fordert ein Verstärkungsmittel für ihre Mitglieder, einen Öffentlichkeitsersatz. Um »öffentliche Persönlichkeit zu sein«, muss Wilhelm Meister sich als Künstler, als Schauspieler verstehen. Er will sich steigern. Und noch an den deutschen Universitäten von 1968, während der Protestbewegung, kann man manches von dem Wettbewerb der Fraktionen auf diesen zweigleisigen Prozess zurückführen: dass auf der einen Seite etwas real und öffentlich wird und gleichzeitig ein Schuss Theaterblut hinzutritt.

Eine zweite Gemeinsamkeit der beiden so unterschiedlichen Naturen Heine und Habermas liegt in der Praxis des vehementen Zwischenrufs. Jürgen Habermas arbeitet einerseits mit großer Geduld, Sorgfalt und viel Zeitaufwand an seinen großen Werken und gleichzeitig mit derselben Sorgfalt, aber blitzartig, interveniert er in der Öffentlichkeit. Für das Jahr 1964 entsinne ich mich an einen Fall, der mich schlagartig von Jürgen Habermas überzeugt hat. Wir kannten uns nicht näher, damals. Das ist der Zeitpunkt, als im Schillertheater Berlin das Drama von Peter Weiss aufgeführt wird: »Die Verfolgung und Ermordung Jean Paul Marats dargestellt durch die Schauspielgruppe des Hospizes zu Charenton unter Anleitung des Herrn de Sade.« In der Irrenanstalt wird unter Regie dieses verrückten Abgrundforschers der Libido, de Sade, ein Requiem aufgeführt auf den ermordeten Revolutionär Marat. Ein Trauergesang auf das Scheitern der Revolution. Der Kritiker der »Zeit«, Johannes Jacobi, hatte die Aufführung aus stilistischen Gründen verrissen. Und hier steht Jürgen Habermas charakteristischerweise auf und sagt: Man kann doch nicht mit Stilfragen, wie mit Lava, einen Sachverhalt und die Trauerarbeit über eine verlorene Revolution überdecken – das ist doch Teil eines Verdrängungsprozesses, wenn man das macht –, man soll jetzt anlässlich der Aufführung dieses Stückes sich mit der Revolution auch wirklich befassen, und danach kann man die Stilfrage stellen. Das ist die Eigenart der Intervention: Proportionen wiederherzustellen, wenn sie verletzt werden. Und beides, dieser Zeus-Blitzschlag und die langsame, geduldige Arbeit an seinem Lebenswerk, das sind zwei Eigenschaften von Jürgen Habermas. Das sind die Füße, mit denen Jürgen Habermas seine Bodenhaftung herstellt.

Im »Heine Handbuch« nimmt das Stichwort »Revolution« im Sachverzeichnis den größten Abschnitt ein. Lebenslänglich beschäftigte sich Heinrich Heine mit dem Aufbegehren, den Menschenrechten. Und auch an Napoleon bewundert er noch den Vollstrecker von Teilaspekten der Revolution. Immanuel Kant spricht von dieser Revolution, die er ja beobachtet, in philosophischer Übersetzung. Er sagt mit großer Vehemenz und Energie: Menschen werden sich den Weg zur Emanzipation von niemand und durch nichts verstellen lassen. Es wäre ein auf etwas Unmögliches gerichteter Versuch, Emanzipation dauerhaft verhindern zu wollen. Und dieser aus Königsberg kommende revolutionäre Anspruch hat zwei Eigenschaften, die ich gerne hier am heutigen Tag in Erinnerung rufen möchte, weil sie für Heine und Jürgen Habermas gleicherweise wichtig sind: Das eine ist das Verhältnis von Gedanke und Tat bei gesellschaftlichen Veränderungen; und das zweite ist der Zeitbedarf von Revolutionen.

Sie kennen »Caput VI« von »Deutschland. Ein Wintermärchen«. Da tritt nachts zu dem dichtenden Poeten und Denker ein Gespenst oder Geist, und von ihm wird gesagt:

> Unter dem Mantel hielt er etwas
> Verborgen, das seltsam blinkte,
> Wenn es zum Vorschein kam, und ein Beil,
> Ein Richtbeil, zu sein mir dünkte.
>
> Er schien von untersetzter Statur,
> Die Augen wie zwei Sterne;
> Er störte mich im Schreiben nie,
> Blieb ruhig stehn in der Ferne.

Das Gespenst fährt dann fort:

> »Ich bin kein Gespenst der Vergangenheit, [...]
>
> Ich bin von praktischer Natur,
> Und immer schweigsam und ruhig.

Doch wisse: was du ersonnen im Geist,
Das führ ich aus, das tu ich.

[...]

Ich bin dein Liktor, und ich geh
Beständig mit dem blanken
Richtbeile hinter dir – ich bin
Die Tat von deinem Gedanken.«

Und wer das im Kopf hat, der weiß, dass wir revolutionäre Erfahrung brauchen, auch weil gesellschaftliche Veränderung in anderer Gestalt auftritt als in den Formen von Revolution, von öffentlicher Auseinandersetzung. Gesellschaftliche Veränderung ist unvermeidlich, und es ist sehr gut, sich darauf vorzubereiten. Neben dieser Frage von Gedanke und Tat (und das heißt auch von der *Phrase*, die den Tod anderer zur Folge haben kann) steht die Frage des Zeitbedarfs von Revolution.

Ich sehe im Jahr 1905 einen Schüler Max Webers in Heidelberg. Er verfolgt, wie sein Meister aus der Ferne mit »Leidenschaft und Augenmaß«, stellvertretend, die erste russische Revolution von 1905. Sie führte zu keiner neuartigen Regierungsform, aber auch zu keinen Massakern, sie hatte etwas Edles, Spontanes und Vertrauenswürdiges. Derselbe Schüler, inzwischen habilitiert, verfolgt 1917 die Gespräche auf Burg Lauenstein, wo sich junge Geister wie Theodor Heuss, Ernst Toller und Friedrich Meinecke mit Max Weber auseinandersetzen: Wie soll es nach diesem furchtbaren Krieg weitergehen? Der Sohn dieses Schülers von Max Weber nimmt am Montag, dem 30. April 1945, in Oakland, in der Nähe von San Francisco, an der ersten Wiederbegegnung aller Fraktionen der Arbeiterbewegung teil (sie hatten sich seit 1914 bis dahin nicht wieder zusammengefunden). Nur fünfzig Kilometer entfernt werden in San Francisco an diesem Tage die Vereinten Nationen begründet. Es ist der Tag, an dem sich Hitler umbringt. Es ist der Tag, an dem die Westbindung der Deutschen entsteht: Jeder will über die Elbe hinweg in amerikanische Gefangenschaft. Das war ein Wahlakt, der den ganzen Wiederaufbau in der Adenauerzeit noch mitbestimmte. Alles dies ist gesellschaftliche Veränderung. Und wenn ich jetzt den *Sohn* jenes Mannes sehe, dem wir eben 1945 begegneten (also den Enkel des Mannes von 1905), dann ist das ein Mitarbeiter von Frau Süssmuth in der Erwachsenenbildung; er ist tätig bei der Beratung, wie man eine deutsch-türkische Universität mit Sitz in Istanbul errichten kann. Das ist ein 100-Jahres-Zyklus. Ich habe mir erlaubt, ihn poetisch zu erfinden.

Heinrich Heine war in das Denken verliebt. Gerne wäre er ein Denker gewesen, kostümierte sich gelegentlich als Denker. Ich sehe ihn in Berlin im Jahre

1821/22 an der Friedrich-Wilhelms-Universität. Und da trifft er eines Abends Hegel. Sie stehen am Fenster und blicken auf die schimmernden Lichter der preußischen Hauptstadt. Sie unterhalten sich unter anderem über Kants Satz vom »bestirnten Himmel über mir«. Und Heine ist, sagt er später, entsetzt darüber, dass Hegel die Meinung vertritt: Von den Sternen gelangen keine Botschaften zu uns. Sterne seien der »Aussatz des Himmels«, das seien »dünne, an den Himmel geknüpfte Lichtfäden«, aus denen kein Wissen zu uns dringt. Heine hat ihm das nicht verziehen. Er hat immer wieder erwähnt, dass sich das Poetische nicht durch Philosophie ersetzen lässt. Ich möchte von diesem Punkt ausgehend (also Heine, ins Denken verliebt, aber poetisch, Jürgen Habermas, kein Poet, aber doch ein Architekt des Gedankens) einmal vier Standortmessungen machen.

Nachhaltigkeit und Gleichmaß

Jürgen Habermas hat unsere Bundesrepublik fast von ihren Anfängen an mit seinen Interventionen und seiner stetigen Arbeit begleitet. Er hat diese Arbeit, die er vor Ort leistet, über den Atlantik transferieren können, dasselbe nach Osten zu China hin, wo ich immer wieder darauf stoße, dass Habermas zitiert wird. Jürgen Habermas ist einer der Wenigen, der mit Gleichmaß über sechzig Jahre vor Ort arbeitet und gleichzeitig global seine Wirkung hat. 1953 schreibt Habermas – für mich verblüffend – über Gottfried Benn. Dort findet sich der Satz: »In allem ist das Heilige.« Dann folgt: »Denn das Heilige ist kein großes Gebot und kein Ruf aus fernen Welten.« Das konfrontiert Habermas mit dem mutlosen Poetischen, das sich bei Benn ebenfalls findet, wenn der sagt: »Das Leben währt vierundzwanzig Stunden, und wenn es hoch kommt, ist es eine Kongestion.« Habermas setzt (und das tut er immer) Lebenswelt gegen bloß artistischen Anspruch.

Unveräußerliche Ruhe. Das Denken bleibt individuell, gerade auch angesichts »neuer Unübersichtlichkeiten«

Ich sehe Jürgen Habermas arbeiten. Wenn er sich mit Skizzen vorbereitet, zum Beispiel auf die heutige Rede, dann tut er das mit dem Stift oder er macht es mit dem Computer. Aber er tut es immer mit seinem individuellen Kopf und seiner individuellen Hand. Dies angesichts von draußen dahineilenden objektiven Verhältnissen. 1995 ist ein Rechner von Apple noch so groß wie ein Schreibtisch, und jetzt passt das Gerät in die Hand. 1995 gibt es noch keinen Euro, der sich inzwischen mächtig Bahn gebrochen hat, mit Geltung und mit Krisen. Wir sind inzwischen sieben Milliarden Erdenbewohner. Auf der Seite der objektiven Verhältnisse, der Tatsachen, sind große Ströme von Fakten zu registrieren, die auf das Individuum kaum Rücksicht nehmen. Und davor keine Furcht zu empfinden, sondern weiterhin zu analysieren mit der Verantwortlichkeit des eigenen Kopfes, das ist der MUT DES ERKENNENS. Das ist eine Eigenschaft, die wir alle in uns immer wieder bestätigen müssen. Es ist eine Ermutigung des Erkennens, dass das individuelle Denken in nichts sich vermindern lässt, angesichts so vieler objektiver Fakten, welche die »neue Unübersichtlichkeit« ausmachen.

Habermas auf dem Deutschen Juristentag

Ich sehe Jürgen Habermas auf dem Deutschen Juristentag 2012, Forum Europa. Er sitzt neben dem Präsidenten des Bundesverfassungsgerichts Andreas Voßkuhle, und er ergreift fünf Mal das Wort. Er hält die Redezeit ein, sie ist kurz, aber vehement interveniert er. Er kritisiert das jüngste Urteil des Bundesverfassungsgerichts, weil es ein Defizit an »normativer Aufklärungsarbeit« aufweise. Die »abschirmend-souveränitätsversessene« Haltung, also die Zuwendung zur Nationalität, habe dem Gericht den Blick auf die »kommunizierenden Röhren« zwischen nationalstaatlicher und europäischer Legalität und Legitimität verstellt. Das Gericht hätte sich an der Widerstandslinie entlang bewegen müssen.

Solche Eingriffe eines politischen Philosophen und »öffentlichen Intellektuellen« mitten in einem justizpolitischen Kongress hätte es in der Zeit Heines nicht gegeben. So sehen wir doch einen Fortschritt in einem Bereich, in dem Macht vorbeitende Diskussionen stattfinden; ein Intellektueller greift direkt ein und wird angehört (und muss sich nicht wie Heine über eine allgemeine Öffentlichkeit, also indirekt, vernehmen lassen). Das zeigt aber auch, dass unser 21. Jahrhundert in seiner Not möglicherweise besser hinhört, wenn eine Stimme wie die von Jürgen Habermas etwas sagt. Ich kenne sonst keine Autorität, außer bei Theologen im 12. Jahrhundert, die direkt im Zirkel der Entscheider so sprechen kann.

Habermas und die Sterne

Ich knüpfe an Hegels Bemerkung, Sterne seien der »Aussatz des Himmels«, an. Ich vermute nicht, dass Jürgen Habermas irgendwelche Botschaften von den Sternen empfängt. Und ich halte ihn gegenüber der Astrologie für völlig immun. Andererseits nimmt er wahr, dass die Goldgräberjahre der Astrophysik derzeit stattfinden. Nehmen Sie das CERN, die größte Maschine der Welt, die je gebaut wurde, ein Mikroskop und ein Teleskop zugleich. Dort kann man das unendlich Kleine, noch nicht ganz bis zur Planck-Länge hin, aber fast davor, wahrnehmen und damit Aussagen überprüfen über die Anfänge der Welt und das ganze Universum. In der letzten Woche habe ich ein Gespräch zwischen Jürgen Habermas und Francis Fukuyama gelesen. Habermas spricht dort von einem »nicht-instrumentellen Verhältnis zur objektiven Wissenschaft«. Es sei notwendig, reziproke Annäherungsverhältnisse, wie sie dem Ich-Du-Verhältnis der Sprache entsprechen, auf die Welt als Ganzes zu projizieren. Sie, die ganze Welt, ist nämlich ebenfalls subjektiv-objektiv vermittelt. Wenn ich den Satz, den Habermas zu Fukuyama gesagt hat, richtig verstehe, dann sind auch die Sterne, die der Handgreiflichkeit der Menschen entzogen sind, für sie ein reale Zeichenwelt. Der bestirnte Himmel über uns ist in dieser Hinsicht, gerade weil wir ihn nicht verrücken können, ein wesentliches Orientierungsmittel. Für alle Navigatoren wie Odysseus. Er ist auch die Metapher für beharrliche, konsistente Theorie gegenüber dem aktuellen Wechsel des Geschehens.

Wenn wir den Satz »Humanisierung der Natur und Naturalisierung des Menschen« ernst nehmen, wie es zum Beispiel der chinesische Literaturwissenschaftler Wang Hui tut, der vom Menschenrecht der Dinge spricht, so sind die Sterne kein »Aussatz des Himmels« und auch keine »dünnen Lichtfäden«. Vielmehr sind wir selbst aus Sternenstaub zusammengesetzt, und das Poetische und das Denken besitzen in dieser Hinsicht innere Einheit. So sind Normen und Wirklichkeiten, Ausdrucksvermögen, Urteilskraft, Lebenswelt und die Natur, aus der wir kommen, miteinander verschränkt und zwar nicht »spukhaft«, sondern vernünftig. Diese Kategorie des Zusammenhangs gehört zu den Kernpunkten der Botschaft von Jürgen Habermas, ein Funkkontakt der Vernunft, der Alleinstellung besitzt. Das ist der Grund, warum Menschen Jürgen Habermas zuhören. Ich glaube nicht, dass ich diese Aussage meiner Laudatio steigern kann. Ich danke Ihnen für Ihre Geduld.

Zeitgenosse Heine
Endlich ist er »unser« –
aber was sagt er uns noch?

Dankrede

Von Jürgen Habermas

I.

Im Jahre 1828 notiert Heine auf seiner Reise nach Genua:

> Täglich verschwinden mehr und mehr die törichten Nationalvorurteile, alle schroffen Besonderheiten gehen unter in der Allgemeinheit der europäischen Zivilisation, es gibt jetzt in Europa keine Nationen mehr, sondern nur Parteien, und es ist ein wundersamer Anblick, wie diese [...] trotz der vielen Sprachverschiedenheiten sich sehr gut verstehen. (B II, 376)

Diese Worte sind hundertvierundachtzig Jahre alt, wir sind inzwischen sogar in ein neues Jahrtausend eingetreten. Also Zeit genug für die Entfaltung der Demokratie in Deutschland und der Völkerverständigung in Europa, sollte man denken. Aber beim Anblick des jämmerlichen Aufblühens nationaler Egoismen hat Heines Vollmundigkeit etwas Ridiküles. Wo anders als in dem inzwischen existierenden, aber von den Regierungschefs an die Wand gedrückten Europäischen Parlament hätte der weitsichtige Satz, dass es keine Nationen mehr, sondern nur noch Parteien gibt, zur institutionellen Gewalt gerinnen müssen? Nur hier, nicht im Europäischen Rat, der alle Gewalt an sich gerissen hat, könnten sich verallgemeinerte gesellschaftliche Interessen über nationale Grenzen hinweg herausbilden und die »törichten Nationalvorurteile« durchkreuzen.

Heine hat freilich das Nationalvorurteil von der Vaterlandsliebe stets sorgfältig unterschieden. So verteidigt er, wenn auch mit Vorbehalten, das Hambacher Fest, wo »der französische Liberalismus seine Bergpredigten« hielt (B IV, 88), während er das Treffen auf der Wartburg, wo deutschtümelnde Studenten eine Bücherverbrennung veranstalteten, »teutonisch« nennt. Später gesteht er: »Aus Haß gegen die Nationalisten könnte ich schier die Kommunisten lieben.« (B V, 233) Heine bewundert den französischen Patriotismus und beneidet die Franzosen, die die Liebe zur Heimat in kosmopolitischen Farben malen, weil sie ihr Geburtsland als Heimat der Zivilisation und des humanen Fortschritts idealisieren können. Umso dunkler erscheinen dem Emigranten die deutschen Zustände.

Andererseits macht der Schmerz der Emigration aus einem Heine, der ja die Romantik der Aufklärung als deren wahres Eigentum zurückerstattet hat, auch einen Herold des deutschen Genies, einen Sänger deutscher Eigenart. Er, der selber so flüssige, anrührende, suggestiv-beschwingte und einschmeichelnde Worte findet, preist im Kontrast zum Französischen gerade das Schwere, Widerständige und Zerrissene spezifisch deutscher Geister wie Luther oder Jakob Böhme, Jean Paul oder Fichte, Kleist oder Grabbe. Den Höhepunkt der deutschen Geistesgeschichte bildet für ihn dann doch die Zeit der Aufklärung, von der er kühn behauptet, dass sich »nicht einmal in Griechenland der menschliche Geist so frei [hat] aussprechen können wie in Deutschland seit der Mitte des vorigen Jahrhunderts bis zur französischen Invasion.« (B III, 542)

In dieser affirmativen Einstellung zum Besten der eigenen Traditionen sehe ich den Schlüssel für jene glückliche Konstellation, die sich nach dem Zweiten Weltkrieg endlich auch in Deutschland für eine unvoreingenommene Rezeption Heines ergeben hat. Erst nach 1945 konnte der in Frankreich und den übrigen europäischen Ländern, sogar auf anderen Kontinenten schon zu Lebzeiten verehrte Heine auch bei uns ungeschmälerte Anerkennung finden. Gewiss, Heines europäischer Fanfarenklang, der die Truppen zum Sturm auf die völkischen Denkbarrieren ruft, stößt bis heute auf taube Ohren. Aber ungeachtet dieser speziellen Schwerhörigkeit, auf die übrigens schon Heine den Ausdruck »Europamüdigkeit« gemünzt hat, wird in dem besiegten und moralisch ausgelaugten Nachkriegsdeutschland zum ersten Mal die bornierte Abwehr des Intellektuellen Heine aufgeweicht. Die jüngeren Generationen hatten ein offenes Ohr für Autoren, die ihnen auf den Schuttbergen diskreditierter und beargwöhnter Traditionen die Fährte zu den nicht-korrumpierten Anteilen des geschundenen nationalen Erbes weisen konnten. Auch dieses Mal war das Beste im Exil von jüdischen Emigranten gehütet worden. Und die, die zurückkamen, hatten ihren Heine im Gepäck. Die Reihe reicht, um nur einige der Intellektuellen zu nennen, von Adorno und Günter Anders über Marcel Reich-Ranicki und Sebastian Haffner bis in meine Generation zu Peter Szondi und Ivan Nagel.

Heine war der Schriftsteller, der auf die Frage »Was ist die große Aufgabe unserer Zeit?« im Jahre 1828 eine bündige Antwort gegeben hatte: »Es ist die Emanzipation. Nicht bloß die der Irländer, Griechen, Frankfurter Juden, westindischen Schwarzen [...], sondern es ist die Emanzipation der ganzen Welt, absonderlich Europas, das mündig geworden ist [...].« (B II, 376) Wer hätte für junge Deutsche nach dem Faschismus ein besserer Wegweiser sein können als einer, dem Lessing der liebste Schriftsteller gewesen ist? Heine, der Hegel und Schelling noch persönlich begegnet war, hat 1835 in Paris ein großartiges, mit breiten Pinselstrichen gemaltes Panorama »Zur Geschichte der Religion und Philosophie in Deutschland« veröffentlicht. Wie ein guter Hausarzt hat er darin die neuere deutsche Geistesgeschichte auf Lungentöne abgeklopft. Und damit seine französischen Leser auf dieser Gratwanderung nicht abstürzen, spannt er in der Art eines klugen Bergsteigers an den deutschen Abgründen vorbei ein Halteseil, das er am einen Ende mit Spinoza, am anderen Ende mit Hegel einpflockt.

Zwischen diesen beiden Pflöcken führen, von Spinoza aus, die Spuren des Kampfes für Religionsfreiheit, Freiheit des Gedankens und der Presse, für Menschenrechte und soziale Demokratie sicheren Schrittes über Christian Wolf zunächst zu Lessing, zu jenem »Propheten, der aus dem zweiten Testament ins dritte hinüberdeutete«; über Lessing spricht Heine wie über sich selbst: »Er war die lebendige Kritik seiner Zeit und sein ganzes Leben war Polemik.« (B III, 585) Nach der engagierten Ehrenrettung des Buchhändlers Nicolai, der im wackeren Streit gegen den Obskurantismus auch schon mal gegen Windmühlen focht, führt uns Heine weiter über den jüdischen Aufklärer Moses Mendelssohn und den Freiheitsfreund Georg Forster zu dem Weltenzermalmer Immanuel Kant. Der sei zwar kein Genie gewesen, aber in seinem »steifleinenen Stil« (B III, 597) habe er mit der »Kritik der reinen Vernunft« den Himmel gestürmt und dessen ganze Besatzung über die Klinge springen lassen. Bei Heine nimmt diese robespierresche Revolution in der Welt des Geistes ihren Fortgang über Fichte, den Napoleon der Philosophie, und Schelling, den Konterrevolutionär; sie mündet dann im zeitgenössischen, gewissermaßen Orléans'schen Regiment Hegels. Und da Kant diese ganze Gedankenbewegung weniger durch den bloßen Inhalt seiner Schriften angestoßen, sondern gewissermaßen performativ, »durch den kritischen Geist, der darin waltete« (B III, 606), hervorgebracht habe, stehe schließlich eine ganz der Aktualität verschriebene Generation von Jungdeutschen und Jungehegelianern an der Schwelle vom revolutionären Gedanken zur Ausführung der Tat.

Mit diesem Curriculum hatte Heine aus den Quellen der deutschen und – wenn man die enorme Wirkungsgeschichte Spinozas unter jüdischen Intellektuellen bedenkt – der deutsch-jüdischen Geistesgeschichte ein Gegenprogramm zum *mainstream* des ganzen 19. und frühen 20. Jahrhundert entwickelt. Nach 1945 stand dieses Programm im Gegensatz zu allem, was in die deutsche Katastrophe geführt hatte, und zu vielem, was unter den mitgeschleppten Eliten der Adenauerzeit – unter dem Deckmantel eines verdrängenden Antikommunismus – ein verdrucktes, aber zähes Nachleben führte. Nie war die Partei der Blumen und der Nachtigallen, die Heine mit revolutionärer Gesinnung auflud, attraktiver, nie war die emphatische Einheit von Demokratie, Menschenrechten, kosmopolitischer Hoffnung und Pazifismus überzeugender, nie die soziale Emanzipation, die »große Suppenfrage« (B I, 340), selbstverständlicher als für die, die im Schatten des zerschlagenen NS-Regimes auf der Suche nach dessen geistigen Wurzeln waren.

Das heißt nicht, dass sich die Heine-Rezeption in der alten Bundesrepublik reibungslos vollzogen hätte. Noch zum hundertsten Todestag des Dichters sichert sich die Bundesregierung mit einer zwiespältigen Pressemitteilung nach allen Seiten hin ab. Immerhin wird damals, 1956, in Düsseldorf eine aktive Heine-Gesellschaft gegründet und wenig später das verdienstvolle Heine-Institut. Auch in der Bundesrepublik erscheint nun eine kritische, von Klaus Briegleb besorgte Heine-Ausgabe. Aber ohne die Resonanz, die Heines Gesang auf die »Demokratie gleichherrlicher, gleichheiliger, gleichbeseligter Götter« (B III, 570) unter den libertären Geistern der 68er-Bewegung gefunden hat, wäre eine dauerhafte Rehabilitierung des *ganzen* Heine wohl kaum gelungen. Die Historiker sprechen heute von einer Konsolidierung der Heine-Renaissance in den 70er Jahren und von einer Kanonisierung in den 80er Jahren. In dem Heine-Handbuch von Gerhard Höhn, dieser Pionierleistung eines Privatgelehrten, liest man, dass sich Ende der 80er Jahre der ›Streit um Heine‹ längst ins Gegenteil verkehrt hat: »Der Kämpfer für Freiheit und Fortschritt wird heute nicht mehr verleumdet, sondern überall gefeiert und geehrt.«[1]

Das waren Worte zum 190. Todestag. Was kann uns dieser kanonisierte, unter Bergen von Interpretationen ehrenvoll begrabene Heine an seinem 215. Geburtstag noch sagen? Gewiss, der Poet Heine kann mit seinen »Neuen Gedichten«, dem »Romanzero«, seiner »Harzreise« oder dem »Wintermärchen« gut selber für seine literarische Wirkungsgeschichte sorgen. Aber Heine ist nicht nur Dichter. Immer ist er auch als mentalitätsprägender Tribun eine wegweisende Figur gewesen. Hat uns der Tribun, hat uns die mit Zeitgeschichte vollgesogene Biographie seines Werkes heute noch etwas zu sagen? Können wir in diesem Sinne *von* Heine oder wenigstens *an seinem Beispiel* noch etwas lernen?

II.

Das ist keine rhetorische Frage. Es war immer schon schwierig, etwas über Heine zu sagen, das dieser nicht längst von sich selbst gesagt hätte. Heine hat sich – seine Rolle, seine Person und seine Arbeit – unermüdlich reflektiert, sowohl schonungslos selbstkritisch wie auch selbstverliebt; und was er über sich sagte, war trotz der Fallstricke narzisstischer Selbstbespiegelung selten ganz falsch.² So läuft jeder Interpret Gefahr, den autobiographisch vorgebahnten Spuren zu folgen. Diese Verlegenheit ist für sich genommen eine bemerkenswerte Tatsache, denn sie erklärt sich daraus, dass Heine der erste große Zeitschriftsteller gewesen ist. Heine ist einer der ersten Poeten, der im Zeitalter der entstehenden Massenpresse ein neues Zeitbewusstsein zum Ausdruck bringt.³ Für seine Schriftstellerei wird das historische Bewusstsein, das mit der Französischen Revolution über die Schwelle getreten ist, zur bestimmenden Kraft. Dieses Bewusstsein, in einer neuen, ja der »neuesten« Zeit (wie Hegel sagt) zu leben, schlägt sich einerseits in der aktualisierenden Umformung literarischer Gattungen, also in Heines Briefen, Reisebildern, Salonberichten und Geständnissen nieder, und andererseits lädt es die bekannten lyrischen Formen mit Parteinahmen auf, macht aus ihnen »Zeitgedichte«. Das nervöse Bewusstsein einer an Fortschritt und Zukunft orientierten, von der Vergangenheit sich abkoppelnden Aktualität erzeugt in Heines Werk die bekannte, von Karl Kraus zu Unrecht beklagte Spannung zwischen Journalismus und Poesie.

Heine ist ein intervenierender, in die Kämpfe der Zeit verwickelter Autor. Er nimmt die Zeitgeschichte als Jagdgeschichte wahr: »Es ist jetzt die Zeit der hohen Jagd auf die liberalen Ideen.« (B II, 667) Wirkungsbewusst reflektiert Heine auf seine eigene Rolle im Sog eines fortlaufend publizistisch gegenwärtig gemachten Zeitgeschehens. Er weiß, dass er im Resonanzraum eines aktualitätsbewussten und parteinehmenden Lesepublikums schreibt.⁴ Und er polarisiert seine Leser, weil er seine Schriften schon in Erwartung ihrer dissonanten Reaktionen verfasst. Diese Reflexivität, die Spiegelung in den Augen Stellung nehmender Leser, prädestiniert Heine auch zu jenem scharfsichtigen Autobiographen, dessen Selbstbeobachtungen uns nachgeborenen Interpreten immer schon zuvorkommen. Was Heine aber wirklich auszeichnet, ist die Verbindung des polemischen Bewusstseins eines politischen Schriftstellers mit dem Wahrheitspathos des empfindsamen Lyrikers, der sich zum unbestechlichen Seismographen der eigenen Regungen macht. Das einfühlende lyrische Ich, das sich in Heines Liedern und in vielen seiner späten Gedichte ausspricht, spielt auch dort, wo es zum Resonanzboden der Zeitgeschichte wird, den Gegenpart zum parteinehmenden Zeitgenossen. Das lyrische Ich will bloß Zeuge sein und ausdrücken, was aus den Tiefen der eigenen Subjektivität als wiederkehrende und von vielen geteilte, also allgemeine Erfahrung auftaucht.

Das neue Zeitbewusstsein, dem er literarisch die Zunge löst, macht Heine zu unserem Zeitgenossen. Wir teilen mit ihm das moderne Bewusstsein eines dynamisierten Zeitflusses, der wie Benjamins Engel von der Zukunft her auf die jetzt lebenden Generationen zustürzt, um diese aus der Vergangenheit herauszureißen und im Horizont ihrer jeweiligen Zukunft mit der Forderung zu konfrontieren, zwischen offenen Alternativen verantwortlich zu wählen und die richtige Antwort zu finden. Zugleich begreifen die Zeitgenossen den Motor, der den Zeitfluss derart beschleunigt, als »die Moderne«. Sie möchten diesem Prozess in die Speichen fassen, sei es um die Modernisierung zu *bremsen* oder *zu beschleunigen*. Aus dieser Perspektive gewinnt die Zeitgeschichte nicht nur die Qualität eines Appells, dem sich die Gegenwart stellen muss. Der Geschichtsprozess gewinnt zugleich eine Richtung, sodass es Völker gibt, die zur Avantgarde gehören, und solche, die zurückbleiben. Es gibt jetzt einen Maßstab für das Avancieren, und am Avanciertesten bemisst sich die Gleichzeitigkeit des Ungleichzeitigen. So ist beispielsweise für Heine die deutsche Philosophie nichts anderes als der Traum der Französischen Revolution. Und Marx wird sagen, dass seine deutsche Gegenwart »unter dem Niveau der Geschichte« steht und in »die Rumpelkammer der modernen Völker« gehört.

Die Dimensionen von Vergangenheit und Zukunft nehmen für die Zeitgenossen, je nachdem wie sie die von der Modernisierung erwarteten Gewinne und Verluste gewichten, negative oder positive Werte an. Diese politische Einfärbung der Zeitdimensionen hatte sich räumlich zum ersten Mal in der Sitzordnung der französischen Nationalversammlung abgebildet. Die konservativen Geister scheiden sich von den liberalen. Die einen sind davon überzeugt, dass die Verluste, die mit der Desintegration überkommener Lebensformen eintreten, die in Aussicht gestellten Gewinne eines schimärischen Fortschritts überwiegen. Die anderen halten dem entgegen, dass der durchschnittliche Nettogewinn der schöpferischen Zerstörung die Schmerzen der Modernisierungsverlierer weit übertreffen wird. Schließlich zeichnet sich die Linke dadurch aus, dass sie für die Paradoxien des Fortschritts sensibel ist: Die Wunden, die die gesellschaftliche Modernisierung unvermeidlich schlägt, sollen nur durch den revolutionären Sprung in die wahre Moderne geheilt werden können.

So dachte auch Heine. Die entwurzelten Lebensformen der Vergangenheit bergen eine unantastbare Substanz, die die Männer der Tat nur dann für künftige Generationen retten, wenn sie sich von einer radikalisierten Lesart des Fortschritts leiten lassen. Heines Mentalität ist tief gezeichnet von dieser Ambivalenz zwischen dem fälligen Umsturz der repressiven Gewalten des Adels und der Kirche, welche zu seiner Zeit den Fortschritt aufhalten, und der Rettung eines versehrbaren, weil nicht regenerierbaren Menschheitserbes, das dem fanatischen Zugriff der Bilderstürmer entzogen bleiben muss. Der von der Julirevolution entzückte Heine feiert gewiss den Bruch mit der Vergangenheit: »der Tradition wird alle Ehrfurcht aufgekündigt« (B III, 590). Aber als er nach der Julirevolution in Paris eintrifft, ist sein erster Gang zur Bibliothèque Royale, wo er sich die Manessische Handschrift und die Manuskripte der Minnesänger zeigen lässt.

Wir sind Zeitgenossen dieses modernen Zeitbewusstseins geblieben. An der politischen Farbenlehre und der Sitzverteilung der Parlamente, worin sich die Verlust- und Gewinnrechnung eines ökonomisch trivialisierten Fortschritts nach wie vor spiegelt, hat sich nichts geändert. Gewiss, im Hinblick auf die globale Angleichung gesellschaftlicher Infrastrukturen mag man behaupten, dass es heute *nur noch* moderne Gesellschaften gibt. Aber die gescheiterten Programme der Entwicklungshilfe und erst recht der Misserfolg naiver Versuche, demokratische Einrichtungen und Verfahren Hals über Kopf in beliebige Weltteile zu exportieren, belehren uns über die Ungleichzeitigkeit der kulturellen Gewohnheiten und Mentalitäten. So sehr wir uns mit Werturteilen über andere Kulturen zurückhalten, so selbstverständlich handhaben wir nach wie vor den Maßstab der Modernisierung, jedenfalls in den ökonomischen Maßeinheiten von Lohnstückkosten und Wettbewerbsfähigkeit. Täglich lesen wir ja, dass die europäischen Südländer hinter dem exportstarken Norden »zurückgeblieben« sind.

Was sich ebenso wenig – oder doch nur dem euphemistischen Namen nach – geändert hat, sind die Suppenküchen für die Armen. Verbraucht hat sich jedoch das revolutionäre Pathos, das zu Heines Zeiten noch jugendfrisch war. Heine hatte eine zum Code Napoléon gereifte Französische Revolution im Rücken; hinter uns türmen sich die im Zeitalter der Extreme aufgehäuften Leichenberge der Geschundenen und Ermordeten. Wir leben in einer postrevolutionären Situation; schon 1968 hatte die Revolution die Gattung gewechselt – von der Oper zur Operette. Was sich damit geändert hat, ist zwar nicht das Zeitbewusstsein als solches, aber das Modernitätsbewusstsein, d. h. die Einstellung der politisch Handelnden zum Zeitpfeil der Modernisierung. Diese hat inzwischen die Gestalt eines systemisch selbstläufigen Prozesses angenommen. Und dem sollen wir nicht mehr in die Speichen greifen können. Verschoben hat sich der *locus of control* vom Eingreifen zur Anpassung. Wir verhalten uns zur Zukunft nicht mehr im Modus von Herausforderung und Antwort, *challenge and response*, sondern – wie uns die Bundeskanzlerin einschärft – im Modus von Tina: *there is no alternative*.

An dieser Stelle könnten Heinekenner freilich einhaken, vor billiger Polemik warnen und den Spieß umdrehen: War es nicht gerade Heine, der in seiner Matratzengruft die revolutionären Jugendphantasien von der Herstellung des Himmelreichs auf Erden widerrufen hat? Hat er nicht den Fehler der Inflationierung von Ansprüchen und der Überforderung unserer politischen Kräfte eingesehen? Hat er nicht die Sünde der Selbstvergöttlichung mit einer späten Konversion zum Glauben an den persönlichen Gott abgegolten? Hätte nicht gar ein guter Schuss Fatalismus, jedenfalls Selbstbescheidung angesichts der Grenzen politischer Eingriffs- und Gestaltungsmöglichkeiten unsere Völker vor den Extremen des 20. Jahrhunderts bewahren können? Allein, diese Fragen suggerieren nicht nur ein falsches Bild von Heine, sie legen auch die falschen Konsequenzen nahe. Statt politischen Ansprüchen, die sich ins Phantastische aufspreizen, begegnen wir heute einer Politik, die sich duckt. Wir alle ducken uns unter den Forderungen der Finanzmärkte und bestätigen durch Stillhalten die scheinbare Ohnmacht einer Politik, die die Masse der Steuerbürger anstelle der spekulierenden Anleger für den Schaden der Krise zahlen lässt. Heine hätte die Buchhalter der privatisierten Gewinne und der sozialisierten Kosten verspottet. Was hätte er, der ja den romantischen Blick zurück auch gewürdigt hat, wohl zur Entscheidung der stolzen Stadt Stralsund gesagt, die ihre mediävistischen Schätze an private Sammler verscherbelt, weil die öffentlichen Kassen leer sind? Was zu der armen Ost-Londoner Gemeinde Tower Hamlets, die eine von Henry Moore gestiftete Skulptur aus demselben Grund verhökert? Die neokonservative Warnung vor normativen Überspanntheiten ist nicht die richtige Antwort auf einen normativ abgerüsteten, auf Markt- und Selbstausbeutungsimperative umgestellten Zeitgeist. Vor allem aber lese ich aus Heines später religiöser Wende etwas ganz anderes heraus als eine akkommodierende Unterwerfung unter höhere Gewalten. Wir müssen genau hinsehen, um festzustellen, was der späte Heine in seinen »Geständnissen« tatsächlich widerruft und woran er festhält.

III.

Heine datiert seine religiöse Wende auf das Jahr 1848 – als die Revolution missglückte und zur gleichen Zeit seine lähmende Krankheit in ein bedrückendes Stadium eintrat. Bis dahin hatte Heine auf eine radikale Umwälzung gehofft, weil das Volk im Juli 1830 zwar für die Bourgeoisie einen Sieg erfochten, aber selbst von diesem nicht profitiert hatte. Aus dieser fast schon marxistischen Sicht war die Revolution, die Napoleon III. zur Macht brachte, ein Fehlschlag. Heine seufzt: »Eine Revolution ist ein Unglück, aber ein noch größeres Unglück ist eine verunglückte Revolution« (B IV, 78). Unabhängig von persönlichen Motiven war Heines Enttäuschung über die Revolution von 1848 historisch nicht unberechtigt. Es sollte ein weiteres Jahrhundert dauern, bis sich eine Demokratie auf deutschem Boden dauerhaft durchsetzen konnte.

Vor diesem pessimistischen Hintergrund verschärften sich damals auch die politischen Differenzen zwischen Heine und den »deutschen Jakobinern« in Paris. Über die hässliche Spitaltracht ihres aschgrauen Gleichheitskostüms hatte Heine schon in seiner Schrift gegen Börne gelästert. Darin hatte er bereits vor einer

»Radikalkur« gewarnt, »die am Ende doch nur äußerlich wirkt« (B IV, 140). Diese bis 1848 erst *köchelnde* Furcht vor der Furie der gewaltsamen Gleichmacherei und des kunstfeindlichen Ikonoklasmus (»sie hacken mir meine Lorbeerwälder um, und pflanzen darauf Kartoffeln« (B V, 232)) fängt nach der – aus Heines Sicht verunglückten – Revolution von 1848 gewissermaßen an zu *brodeln*. Sie wird zu einem der Motive, die ihn »in jenen Tagen des allgemeinen Wahnsinns« (B VI/1, 475) zu einer Revision seiner tatphilosophischen Überzeugungen bewegen.

Heine-Preisträger Jürgen Habermas bei seiner Dankesrede im Düsseldorfer Rathaus am 14. Dezember 2012
Foto: © Benedikt Jerusalem, Düsseldorf

Bis dahin hatte sich Heine Hegels Philosophie des Geistes als die Nachzeichnung eines Prozesses der Selbstvergöttlichung des Menschen zurechtgelegt. Nach dieser Lesart sollte Hegel gelehrt haben, »wie der Mensch zum Gotte werde durch Erkenntnis oder, was dasselbe ist, wie Gott im Menschen zum Bewußtsein seiner selbst gelangt« (B VI/I, 479 sowie B II, 510). Der vom Saint-Simonismus beeindruckte Heine war überzeugt, nur das »Schulgeheimnis« des deutschen Idealismus auszuplaudern, wenn er – als einer der ersten Junghegelianer – den Imperativ verkündete, vom Gedanken zur Tat, von der Theorie zur Praxis überzugehen. Allerdings hatte sich dieser philosophische Gedanke einer radikalen Umwälzung in Heines lyrischem Ich von Anfang an romantisch verfärbt. Die Partei der Blumen und der Nachtigallen sollte für die Verschwisterung der sozialen Gerechtigkeit mit Schönheit und Glück sorgen. Endlich sollte der Traum einer Versöhnung von Jerusalem mit Athen, den Hegel, Hölderlin und Schelling im Tübinger Stuft geträumt hatten, in Erfüllung gehen. Endlich sollte der »Spiritualismus« mit dem »Sensualismus«, wie Heine jetzt sagt, also die egalitäre Befreiung der Gesellschaft mit einer Emanzipation der Sinne und des Fleisches verschmelzen. Diese Utopie klingt später noch in dem Wunsche nach, den »judäischen Asketismus« mit dem »hellenischen Naturell« zu versöhnen. Aber abschwören wird Heine nun dem überschwänglichen Revolutionsgedanken einer hybriden Selbstvergöttlichung. Dabei kann er seiner bis dahin unterdrückten Revolutionsfurcht freien Lauf lassen. So gesteht Heine 1854:

> Gleich vielen anderen heruntergekommenen Göttern jener Umsturzperiode [d. i. zwischen 1830 und 1848 – JH] musste auch ich kümmerlich abdanken und in den menschlichen Privatstand wieder zurücktreten... Ich kehrte zurück in die niedrige Hürde der Gottesgeschöpfe, und ich huldigte wieder der Allmacht eines höchsten Wesens. (B VI/1,475)

Natürlich reflektiert der ans Bett gefesselte Heine auch auf die Gebrechlichkeit des hilfesuchenden Kranken als ein weit weniger überzeugendes Motiv seiner Umkehr. Er selbst hatte früher gehöhnt: »Auf dem Totenbette sind so viele Freidenker bekehrt worden« (B III, 634) – und nun kroch er selbst zu Kreuze. So kann auch das beinahe kindlich Rührende des Lamentos, das er in seiner Matratzengruft anstimmt, nicht ganz den maliziösen Zweifel wegwischen, den der Gedanke an den karitativen Sinn seiner religiösen Wende in ihm weckt. Die Melodie von Heines Geständnis ist wie alles andere selbstironisch gebrochen:

> In diesem Zustand ist es eine wahre Wohltat für mich, dass es jemand im Himmel gibt, dem ich beständig die Litanei meiner Leiden vorwimmern kann, besonders nach Mitternacht, wenn Mathilde sich zur Ruhe begeben, die sie oft sehr nötig hat. Gottlob! In solchen Stunden bin ich nicht allein, und ich kann beten und flennen soviel ich will, und ohne mich zu genieren. (B VI/1, 476)

Dieser Tenor bestimmt auch die Art und Weise, wie sich der Lazarus Heine mit seinem Zustand post mortem beschäftigt. Diese besänftigende, fast schon versöhnte Melancholie hat uns eines seiner schönsten Gedichte beschert:

> Keine Messe wird man singen,
> Keinen Kadosch wird man sagen,
> Nichts gesagt und nichts gesungen
> Wird an meinen Sterbetagen.
>
> Doch vielleicht an solchem Tage,
> Wenn das Wetter schön und milde,
> Geht spazieren auf Montmartre
> Mit Paulinen Frau Mathilde.
>
> Mit dem Kranz von Immortellen
> Kommt sie mir das Grab zu schmücken,
> Und sie seufzet: Pauvre homme!
> Feuchte Wehmut in den Blicken.
>
> Leider wohn ich viel zu hoch,
> Und ich habe meiner Süßen
> Keinen Stuhl hier anzubieten;
> Ach! sie schwankt mit müden Füßen.
>
> Süßes, dickes Kind, du darfst
> Nicht zu Fuß nach Haus gehen;
> An dem Barrieregitter
> Siehst Du die Fiaker stehen. (B VI/I, 113)

IV.

Für einen Heine-Vortrag wäre das ein schöner, ein angemessener Schluss, aber mein Gedanke hat noch ein lose hängendes Ende. Heine schwört zwar einem überschwänglichen Revolutionsgedanken ab, aber seinem Kampf, dem Kampf für die politische Durchsetzung der Menschenrechte, der »zehn Gebote des neuen Weltglaubens« (B IV, 52), bleibt er treu. Er bleibt, wie er selber sagt, »bei denselben demokratischen Prinzipien, denen meine früheste Jugend huldigte« (B VI/I, 184). Wenn er jetzt die Schwächen des souveränen Volkes beklagt, fällt er sich immer wieder ins Wort und entwickelt im Vorbeigehen das ganze sozialdemokratische Programm der kommenden Zeit. Es klingt schon ganz wie bei Brecht: »Diese Häßlichkeit (des Volkes) entstand durch den Schmutz und wird mit demselben schwinden, sobald wir öffentliche Bäder bauen, worin seine Majestät das Volk sich unentgeltlich baden kann.« (B VI/I, 468) Was immer die religiöse Wende für Heine persönlich bedeutet haben mag, intellektuell bedeutet die Ersetzung von Homer durch die Bibel eine tieferliegende normative Verankerung einer unveränderten politischen Radikalität. Heine nimmt jetzt die kantische Einsicht ernst, dass dem »lebenden Gesetz der Moral und dem Quell alles Rechts und aller Befugnis« (B VI/1, 474) alles bloß Subjektive abgestreift werden muss. Der Moral und dem Recht kommt eine andere Art der Objektivität zu als der aus der Subjektivität geschöpften Kunst.

Heine hat immer schon mit einem religiösen Gestus gespielt. Er hatte dem Intellektuellen und Schriftsteller von Anfang an die Rolle des »Apostels« einer Freiheitsreligion zugeschrieben. Dass er sich dabei mit Saint-Simons und Hegels Hilfe, gut atheistisch, wesentliche Impulse des Alten Testamentes angeeignet hatte, kommt ihm im Alter auf andere Weise zu Bewusstsein. In der »Sittlichkeit des alten Judentums« erkennt er jetzt die egalitär-universalistischen Wurzeln seines eigenen militanten Gerechtigkeits- und Freiheitspathos wieder. Der bekehrte Heine muss an seiner Geschichtsbetrachtung keine großen Revisionen vornehmen, auch wenn protestantische Konversion und jüdische Herkunft nun nicht länger abgewehrt werden und in einem affirmativen Licht erscheinen: Die Juden haben der Welt ihren Gott geschenkt und dessen Wort, die Bibel. Später ist das Buch der Bücher – im Zuge der Reformation – in alle Landessprachen übersetzt, über den Erdball verbreitet und »der Exegese, der individuellen Vernunft« ausgehändigt worden. Das hat schließlich die »große Demokratie« gefördert, »wo jeder Mensch nicht bloß König, sondern auch Bischof in seiner Hausburg sein soll« (B VI/1, 485).

Vor allem aber nimmt Moses nun ein überlebensgroßes Format an: Freiheit sei »immer des großen Emanzipators letzter Gedanke« gewesen, und dieser Gedanke habe sich »in allen seinen Gesetzen, die den Pauperismus betreffen« (B VI/1, 488), entzündet. Freilich kann Heine das alte Vexierspiel nicht einmal im Angesicht des Todes lassen. Jeder Leser seiner Gedichte macht die Erfahrung, dass ihn dieser Autor zunächst lockt, sich dem einschmeichelnd-desublimierenden Sog des anrührenden Tones hinzugeben, dann aber spätestens in der letzten Zeile den betörenden Bann bricht, um den fast schon gefangenen Leser vom Abgleiten ins Sentimentale abzuhalten. So streut Heine, weil ihn die Feuerbach'sche Religionskritik immer noch juckt, auch in seine Mosesverehrung augenzwinkernd solche »letzten Zeilen« ein: »Gott verzeih mir die Sünde, manchmal wollte es mich bedünken, als sei dieser mosaische Gott nur der zurückgestrahlte Lichtglanz des Moses selbst, dem er so ähnlich sieht, ähnlich in Zorn und in Liebe.« (B VI/I, 480)

Wie immer wir die religiöse Wende verstehen, eines ist sie nicht: Sie ist keine Deflationierung des Anspruchs auf eine *Verbesserung dieser Welt*. Heine hat am Ende seines Lebens die immer schon religiös getönte Glückssehnsucht des Poeten aufs Jenseits verschoben, aber das hat den Freiheitsenthusiasmus des Liedermachers, den politischen Zorn und die militante Auflehnung des in seinem Gerechtigkeitsgefühl getroffenen Intellektuellen und Bürgers nicht gebrochen. Er macht keine Abstriche an seiner kantisch inspirierten Geschichtsphilosophie in weltbürgerlicher Absicht. Kein Anzeichen spricht dafür, dass er den trostlosen Realismus derer, die »über unsre Freiheitskämpfe den Kopf schütteln«, im Alter weniger verachtet hätte als in jüngeren Jahren, oder dass er nachgegeben hätte im Kampf gegen den Fatalismus derer, für die es »nichts Neues gibt unter der Sonne«. Seine Polemik gegen die Geschichtsauffassung »der Weltweisen der historischen Schule«, der Savignys und der Rankes, bleibt in Kraft: »Sie lächeln über alle Bestrebungen eines politischen Enthusiasmus, der die Welt besser und glücklicher machen will.« (B III, 21)

In seinen schwärzesten Momenten mag der alte Heine gedacht haben, dass nicht einmal die bestehende, schäbige Balance zwischen Gut und Schlecht erhalten bleibt, wenn wir nicht ohne die Angst, uns zu blamieren, das Äußerste versuchen, die Welt trotz allem besser zu machen. »Weltverbesserung« hat in Deutschland immer einen pejorativen Klang gehabt. Heute, in einer Zeit des rasenden Stillstandes, ist diese erst recht ein schrilles Wort. Unter der Wucht der lähmenden Komplexität eines »zu Geld gewordenen Gottes« (Heine) verbreitet sich die resignative Stimmung, dass sich zwar alles ändert, aber nichts mehr geht. Jeder über den Tag hinausgreifende Gedanke steht unter Verdacht. Und doch haben wir hundert Jahre nach Heines verunglückter Revolution von 1848 gesehen, dass es Fortschritte, wenigstens solche in der Legalität gibt. Heines vorauseilende liberale Vorstellungen von einer Demokratie in Deutschland haben sich durchgesetzt. Warum sollten nicht auch seine europäischen Vorstellungen von der Überwindung der Nationalvorurteile mithilfe der List der ökonomischen Vernunft wahr werden?

Als der 25-jährige Student Heine auf Einladung eines Freundes nach Polen reist, ist er vom überströmenden Patriotismus, den er dort antrifft, tief berührt. Angesichts des unglückseligen Schicksals dieser zum dritten Mal geteilten Nation ruft er aus: »Dieses Todeszucken des polnischen Volkskörpers ist ein entsetzlicher Anblick!« Aber das Mitgefühl hindert ihn nicht an der gleichzeitigen Überlegung:

> [...] alle Völker Europas und der ganzen Erde werden diesen Todeskampf überstehen müssen, damit aus dem Tod das Leben, aus der heidnischen Nationalität die christliche Fraternität hervorgehe. Ich meine hier nicht alles Aufgeben schöner Besonderheiten, worin sich die (Vaterlands-)Liebe am liebsten abspiegelt, sondern jene...von unsern edelsten Volkssprechern Lessing, Herder, Schiller usw. am schönsten ausgesprochene allgemeine Menschenverbrüderung – das Urchristentum. (B II, 80f.)

Das ist es, was wir heute von Heine lernen können.

Anmerkungen

1 Höhn ²1997, VII.

2 Wolfgang Hädecke beginnt seine Biographie mit einem Resümee von Heines berüchtigtem Memoire, dessen Selbstbeobachtungen durch den taktischen Zweck der Anfertigung dieses Schriftstückes nicht entwertet werden. Vgl. Wolfgang Hädecke: Heinrich Heine. Eine Biographie. München 1985, S. 7 ff.

3 Vgl. Jürgen Habermas: Heinrich Heine und die Rolle des Intellektuellen in Deutschland. – In: ders.: Eine Art Schadensabwicklung. Kleine politische Schriften VI. Frankfurt a. M. 1987, S. 27–54. Wiederabgedr. in: Heinrich Heine. Neue Wege der Forschung. Hrsg. von Christian Liedtke. Darmstadt 2000, S. 68–89.

4 Vgl. Jan-Christoph Hauschild, Michael Werner: »Der Zweck des Lebens ist das Leben selbst.« Heinrich Heine. Eine Biographie. Köln 1997, S. 449 ff.

Heinrich-Heine-Institut
Sammlungen und Bestände
Aus der Arbeit des Hauses

Kommentiertes Bestandsverzeichnis der Düsseldorfer Heine-Autographen Neuerwerbungen: 1999–2013

Von Christian Liedtke, Düsseldorf

Die folgende Aufstellung setzt die Verzeichnung der neu in das Archiv des Heinrich-Heine-Instituts aufgenommenen Werkmanuskripte des Dichters fort.[1] Der Aufbau sowie die kontinuierliche Pflege und Erweiterung dieser Sammlung zu einem der bedeutendsten deutschen Dichterarchive mit internationaler Ausstrahlung wäre nicht möglich ohne die ebenso stetige wie großzügige Unterstützung durch verschiedene Förderer. Neben der Stadt Düsseldorf selbst engagieren sich hier das Land Nordrhein-Westfalen, die Nordrhein-Westfalen-Stiftung Naturschutz, Heimat- und Kulturpflege, die Kunststiftung NRW, die Kulturstiftung der Länder, der Beauftragte der Bundesregierung für Kultur und Medien, die Stadtsparkasse Düsseldorf, die Stiftung van Meeteren (Düsseldorf) und in ganz besonderer Weise die Heinrich-Heine-Gesellschaft und ihre Mitglieder. Ihnen sowie auch den vielen nicht namentlich genannten Einzelstiftern sei dafür ein herzlicher Dank ausgesprochen.

Ausführlich beschrieben und gegebenenfalls vollständig mitgeteilt werden hier nur diejenigen Textzeugen, die bisher unbekannt waren und noch nicht oder nicht vollständig andernorts veröffentlicht wurden bzw. in die Lesartenapparate der historisch-kritischen Ausgaben eingearbeitet sind. Gewählt wurde dafür die Form einer einfachen, linearen genetischen Darstellung[2]; in einigen Fällen werden nur die Lesarten zum edierten Text wiedergegeben. Als Referenzedition dient in allen Fällen die Düsseldorfer Ausgabe (DHA). Nicht aufgeführt sind in diesem Verzeichnis die neu aufgefundenen Briefe von und an Heine, diese werden gesondert veröffentlicht.³ In den vorangegangenen Berichten zu den Werkhandschriften wurden ausschließlich die Neueingänge im Archiv des Heinrich-Heine-Instituts vorgestellt. Zusätzlich dazu werden hier nun – analog zu den Artikeln über die neuen Heine-Briefe – auch die innerhalb des Berichtszeitraums bekannt gewordenen, neu oder wieder aufgefundenen Manuskripte aus anderen Archiven sowie die im Autographenhandel angebotenen Stücke verzeichnet.

»Buch der Lieder«

»Ein Fichtenbaum steht einsam«
(»Lyrisches Intermezzo« XXXIII; DHA I, 165)

> Eigh. Gedichtms. (Reinschrift, Albumblatt) m. eigh. U. (»H. Heine«), Tinte, 1 Bl., 1 beschr. S.
> Undatierter Eintrag (ca. 1841) auf S. 32 von insges. 87 gebundenen, nachträglich paginierten Seiten im Album von Victoire Clara Beaumarié
> 2007.5025.32.TG⁴

Von Bedeutung für die Textkritik ist hier die Lesart »glühender« (V. 8), die von der gedruckten Version des Gedichts in »Tragödien. Nebst einem lyrischen Intermezzo« (1823) und im »Buch der Lieder« (1827) abweicht, wo es jeweils »brennender« (DHA I, 165) heißt. Dieselbe Variante findet sich auch auf Heines Albumblatt für Anna Embden vom 9.10.1844 (vgl. DHA I, 813 f.).

»Neue Gedichte«

»Verdrossnen Sinn im kalten Herzen hegend«
(»Neuer Frühling« XLII; DHA II, 29)

> Eigh. Gedichtms. (Reinschrift), Tinte, ¼ Bl., 1 beschr. S.
> Beschnittenes, stark gebräuntes Papier, am unteren Seitenrand und verso alte Sammlervermerke
> 2009.5031.1.TG

Das Blatt mit der Handschrift war verschollen, lediglich einige darauf befindliche Varianten zum Drucktext hatte Jonas Fränkel 1912 in der Walzel-Ausgabe von Heines »Sämtlichen Werken« mitgeteilt⁵, sie wurden danach in die kritischen Ausgaben übernommen.⁶ Nach dem Vergleich mit dem Original sind Fränkels Mitteilungen zu ergänzen und zwar um die folgenden, von ihm nicht verzeichneten Lesarten zum edierten Text der Düsseldorfer Ausgabe⁷:

DHA II, 29: XLII.] *(fehlt)*
ebd., 29,3 hält] hällt
ebd., 29,4 Gegend.] Gegend
ebd., 29,5 hin und] hin u
ebd., 29,6: Bäumen] Baumen
ebd., 29,7 kahle] kale
ebd., Feld,] Feld –
ebd., 29,8 regent] regnet

Diese zahlreichen Abweichungen von Fränkels Lesung – wobei die von ihm mitgeteilten Lesarten alle mit dieser neu erworbenen Handschrift übereinstimmen – lassen es als möglich erscheinen, dass es sich hier doch um ein anderes Manuskript als dasjenige handelt, das Fränkel seinerzeit einsehen konnte. Es wäre dann neben dem von ihm herangezogenen Blatt und Heines Aufschrift auf dem Porträt von Ludwig Emil Grimm[8] der dritte handschriftliche Textzeuge zu diesem Gedicht – und in dem Falle wohl der früheste. Denn wenn es auch kein Arbeitsmanuskript mit Korrekturen ist, so ist es wiederum – anders als die Verse, die Heine in Kassel auf Grimms Zeichnung schrieb – für eine repräsentative Reinschrift etwas zu nachlässig abgefasst (fehlende Punkte über dem Umlaut, abgekürztes »und«, fehlendes Satzzeichen am Versende). Vielleicht ›übte‹ Heine auf diesem Blatt, bevor er das Gedicht dann auf sein eigenes Porträt setzte? Gewissheit darüber gibt es nicht.

Interessant an dieser Fassung ist die Variante beim letzten Wort. Sowohl in Heines eigenhändiger Bildaufschrift als auch in den gedruckten Fassungen des Gedichts findet sich immer die ungewöhnliche Form »regent«, was für die Vermutung spricht, dass die vorliegende, neu erworbene Handschrift eine frühere Entstehungsstufe darstellt, da sie von der gedruckten Fassung hier noch abweicht. Die Verwendung von »regent« wird gemeinhin als rheinische Spracheigentümlichkeit Heines angesehen.[9] Sie lässt sich aber auch als bewusster humoristischer Effekt verstehen, der durch den Reimzwang erzielt wird[10] und dadurch die Unwilligkeit des »Verdrossnen« lyrischen Subjekts in diesem Anti-Frühlingsgedicht besonders verdeutlicht. In Prosatexten wie in Briefen schreibt Heine stets »regnet« (DHA VI, 16; DHA VIII, 94; DHA XII, 55 und 196; HSA XX, 381). Dies ist also ganz offensichtlich die für ihn reguläre Verbform, weswegen er sie auch zunächst in diesem Gedicht wählte, wie diese Handschrift nun zeigt. Die Verwendung von »regent« ist also keine persönliche »Spracheigentümlichkeit«, sondern das Ergebnis einer bewussten poetischen Wahl. Die Tatsache, dass Heine eine gezielte Änderung zu Gunsten der ungewöhnlicheren Form vorgenommen hat, deutet darauf hin. Die hier überlieferte, ursprüngliche Form »regnet« zeigt seinen ersten Versuch, am Ende des Gedichts eine Schlusspointe durch das Spiel mit dem Reim zu konstruieren: in diesem Falle noch mit der Reimverweigerung, die gewissermaßen die lautliche Versinnbildlichung für den »Verdrossnen Sinn« des lyrischen Ich darstellt. Er entschied sich am Ende für den humoristisch wirkungsvolleren Reimzwang.

»Ein schöner Stern geht auf in meiner Nacht«
(»Verschiedene«, »Katharina« I; DHA II, 65)

>Eigh. Gedichtms. (Reinschrift) m. eigh. U. (»Von Heinrich Heine.«), Tinte, 1/2 Bl., 1 beschr. S.
>Eingeklebt auf S. 114 von insges. 483 gebundenen, nachträglich paginierten Seiten im Album der Familie Kistner; unten rechts Zusatz von fremder Hand (Julius Kistner?): »Andenken / Paris 23 May 1839.«
>2001.5008

>Lied.
>–
>Ein schöner Stern geht auf in meiner Nacht,
>Ein Stern, der süßen Trost hernieder lacht
>Und neues Leben mir [verheißt –] verspricht –
>O, lüge nicht!
>
>Gleichwie das Meer dem Mond entgegenschwillt,
>So flutet meine Seele, froh und wild,
>Empor zu deinem holden Licht –
>O, lüge nicht!
>–
>Von Heinrich Heine.

Varianten zu den beiden gedruckten Fassungen sind der dort fehlende bzw. in »O, lüge nicht« (DHA IV, 526) geänderte Titel »Lied« sowie die Schreibung »flutet« statt »fluthet« (DHA II, 65) in Vers 6 – beide finden sich auch in H[1], der ersten der beiden überlieferten Sammelhandschriften, in denen das Gedicht enthalten ist[II] –, außerdem der gestrichene Schreibfehler »verheißt« und die getrennte Schreibung von »hernieder lacht«.

Dieser Befund legt nahe, dass diese Niederschrift des Gedichtes zeitlich vor H[1] einzuordnen ist; möglicherweise war sie für eine nicht zustande gekommene Einzelveröffentlichung gedacht. Dafür sprechen auch der hier einzeln angebrachte Autorschaftsvermerk »Von Heinrich Heine.« und die nachträglich von fremder Hand hinzugefügte Datierung, denn dieses Datum liegt kurz nach der Absendung der (verschollenen) für die »Zeitung für die elegante Welt« bestimmten Druckvorlage an Gustav Ferdinand Kühne am 21. Mai 1839[12], einer Sammelhandschrift, in die Heine dieses Gedicht aufgenommen hatte; danach wurde dieses Einzelmanuskript dann nicht mehr benötigt, so dass Heine es verschenken konnte – wie Kruse vermutet, an den zu jener Zeit gerade in Paris weilenden Heinrich Laube, der es dann an den – auch als Mittelsmann zwischen ihm und Heine fungierenden – Julius Kistner weitergab.[13] Von ihm dürften die Datierung sowie die Beschriftung als »Andenken« stammen, und durch ihn gelangte das (nicht von vornherein als Albumblatt gedachte) Stück schließlich in das Stammbuch der Familie Kistner in Leipzig, das von Elisabeth Kistner, der Tochter des Musikverlegers Friedrich Kistner, begonnen worden war und von ihrem Bruder Julius fortgeführt wurde.

»Nachtgedanken«
(»Zeitgedichte« XXIV; DHA II, 129 ff.)

> Eigh. Reinschrift, Tinte, 1 Dbl., 3 beschr. S.
> Teil der Druckvorlage der »Neuen Gedichte« (Hamburg 1844); Paginierung auf S. 1 und 3 oben rechts von fremder Hand (»116.«; »117.«) eigh. gestrichen und durch eigh. Paginierung (»22.«, »23.«) ersetzt.
> 2003.5008.G.1 / NG[14]

»Atta Troll. Ein Sommernachtstraum«

Caput XVI
»Als ich solche Rede hörte«

> Eigh. Arbeitsms. der Verse 33–34 (DHA IV, 49), Tinte, 1 Papierstreifen, 1 beschr. S.
> Abgeschnittener, schmaler Papierstreifen, montiert, mit einigen durch Stickgarn befestigten Haarlocken. Verso Echtheitsbestätigung von Helene Hirsch: »Ich bescheinige, daß dieses die Handschrift meines Onkels / Heinrich Heine ist / Helene Hirsch / geb. Embden-Heine / als Nichte / Berlin d. 30 Dez. / 1898.«
> 2003.5011

> Als ich solche Rede hörte
> Sprach ich: liebster Schnee, ich zweifle,

Von philologischer Bedeutung ist die Wendung »solche Rede« als Variante zu »diese Reden« (DHA IV, 49), wie es sowohl in der Buchfassung von 1847 als auch in der Journalfassung von 1843 heißt. Diese Variante findet sich ebenfalls in H^1 (Entwurfshandschrift) und in H^2 (Zwischenreinschrift).[15] Da hier wie dort ebenfalls die Anführungszeichen vor dem Beginn der wörtlichen Rede noch fehlen, ist sie wohl in dieselbe Entstehungsphase einzuordnen, möglicherweise als Stufe zwischen H¹ und H² oder als Einschub zu einer der beiden. Auf dem Papierstreifen, der vom unteren Rand einer Seite abgetrennt wurde, sind oberhalb der erhaltenen Zeilen noch Unterlängen und Bögen zu erkennen, die auf eine großflächigere Streichung des abgeschnittenen, ursprünglich darüber stehenden Textteils hindeuten.

Die Herkunft der mit rosa Stickgarn an dem Papierstreifen befestigten Haarlocken ist ungewiss. Dass sie von Heine selbst stammen, erscheint eher unwahrscheinlich, zumal sich die Echtheitsbescheinigung von Helene Hirsch nur auf das Schriftstück bezieht.

»Deutschland. Ein Wintermährchen«

Die Manuskriptteile zu Heines berühmtem Versepos bilden die größte Gruppe unter den Neuerwerbungen innerhalb des Berichtszeitraumes. Das hat einen überlieferungsgeschichtlichen Grund: Das Konvolut mit Heines erstem Entwurfsmanuskript für das gesamte Werk war in den Besitz seines Neffen Ludwig von Emden in Hamburg übergegangen; von diesem wurde es nach und nach geteilt und einzeln, mitunter in sehr kleinen Teilen verschenkt – an andere Familienmitglieder, meist aber an Heine-Verehrer und Autographensammler. Dafür zerschnitt er häufig die Manuskriptseiten, manchmal mitten durch die Strophe hindurch. Fragmente aus dieser Handschrift befinden sich heute an rund zwanzig verschiedenen Standorten.[16] Alle hier anzuzeigenden, neu ins Archiv des Heinrich-Heine-Instituts gelangten Stücke gehören zu diesem Manuskript.

Caput I
»Ein neues Lied, ein besseres Lied«

> Eigh. Arbeitsms. der Verse 53–60 (DHA IV, 92), Tinte, 1/2 Bl., 1 beschr. S.
> Abgeschnittener Teil eines Blattes; am linken Rand eigh. Anstreichung und die Einweisungsziffer »1«; verso Echtheitsbestätigung von Helene Hirsch: »Eigenhändige Zeilen von meinem Onkel Heinrich Heine / Helene Hirsch / geb. Embden«
> 2006.5001.9

Es handelt sich um einen Teil des neu entworfenen und umgruppierten Kapitelendes, und zwar um das von dem – ebenfalls im Archiv des Heine-Instituts befindlichen – Blatt »Und fehlt der Pfaffensegen dabey«[17] abgeschnittene Stück. Es enthält auch die noch zu dem auf jenem befindlichen, von Heine am Rand mit der Einweisungsziffer »2« versehenen Strophenentwurf gehörende, gestrichene Verszeile »Sie [dr] wirbeln darin wie Fackel« (DHA IV, 1025). Dieser abgetrennte Teil war bisher nur durch ein Faksimile aus einem Auktionskatalog von 1922 bekannt, das Original selbst galt als verschollen.[18] Mit dem Ankauf sind die beiden zusammengehörenden Stücke des Blattes wieder zusammengeführt. Durch die nun wieder mögliche Autopsie ergeben sich keine Korrekturen an der Edition, die auf das Faksimile zurückgeht.

Caput IV
»[O lächerlicher Wahn!]«

> Eigh. Arbeitsms. der Verse 49–64 (DHA IV, 99), Tinte, 1 Bl., 1 beschr. S.
> Verso alte Sammlervermerke
> 2001.5007

[O lächerlicher Wahn!] Man [will] glaubt
[Man konn]

Ihr armen Schelme vom Domverein
[Mit Euren] °Ihr wollt mit° schwachen Händen
Fortsetzen das unterbrochene Werk
Und die alte Zwingburg vollenden!

O thörigter Wahn! Vergebens wird
[Gebettelt im Norden u Süden
Bey Juden u Heiden, [recht tolerant] [gebettelt]]
[Recht] geschüttelt der Klingelbeutel
[Recht tolerant] Gebettelt bey [Juden] Christen u Juden sogar,
Ist alles [nutzlos] °fruchtlos° u eitel.

Vergebens wird der große Franz Lißt
Zum Besten des Doms musiziren
[Ver] Und ein talentvoller Koenig wird
Vergebens deklamiren!

[Doch immerhin, schleppt nur herbey
Die Steine, u wird vollendet
[Der Bau, ich] Das Haus, so seid versichert man wird's
Zu besseren Zwecken verwenden.

Die heilgen drey Könige werden wir]

[[Ich] [Ist alles vergebens, das]
[Er wird nicht vollendet – [u] [das ist sicher] [eben] [er ist] [bleib] [°bleibt°] °Doch er ist°
In seiner Unvollendung
[Ist er] [Recht eigentlich] Ein [sprechendes] [herrliches] Denkmal [zu] [von] [der Kraft],
                                                                    °das ewig spricht°
[Und das] Von [Deutschland u seiner] /:Deutschland:/s [°Zuk°] °Kraft u° Sendung.]

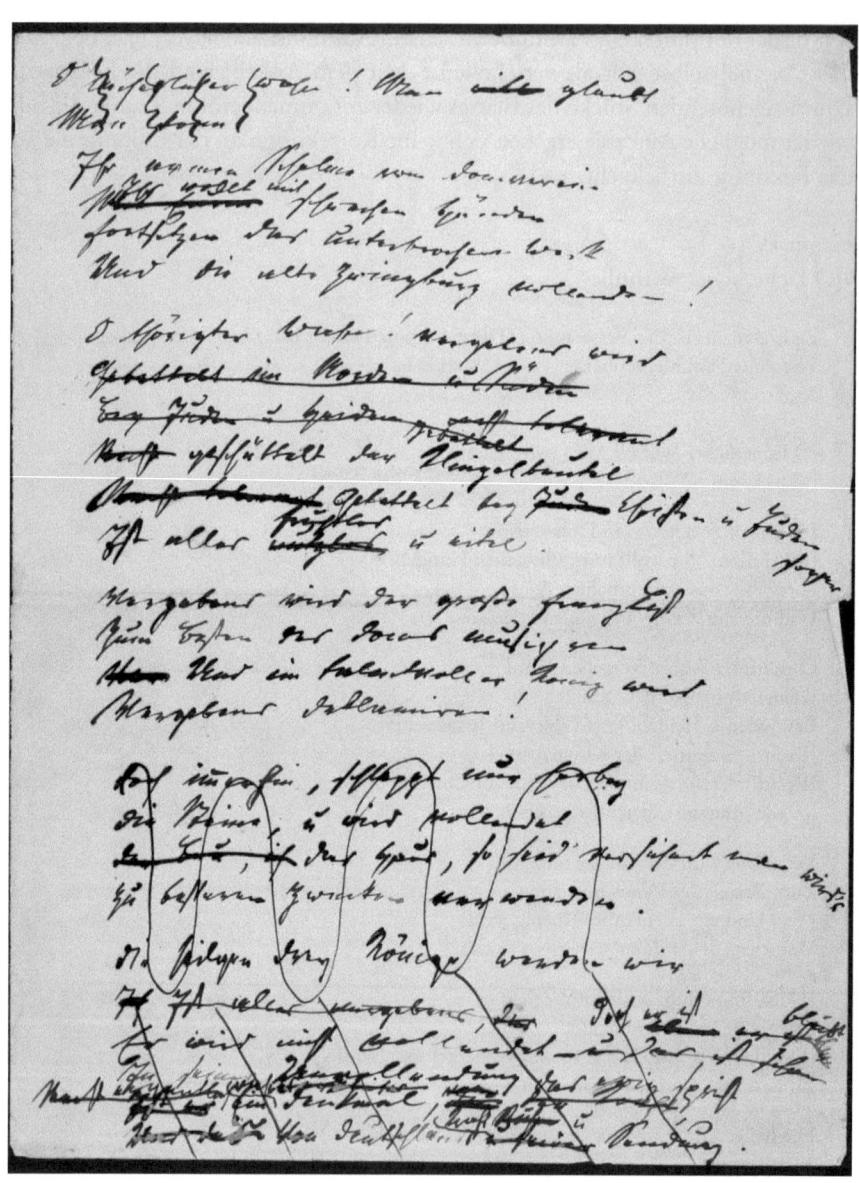

»O lächerlicher Wahn!«
Heinrich Heine: Arbeitsmanuskript zu »Deutschland. Ein Wintermährchen«, Caput IV,
Vers 49–64
Heinrich-Heine-Institut, Düsseldorf (Neuerwerbung)

Fast möchte man meinen, die langwierige Bauarbeit am Kölner Dom spiegele sich auch in Heines mühevoller Ausarbeitung der Passage über seine symbolische Bedeutung. Drei Blätter mit Entwürfen zu dieser Stelle waren bisher bereits bekannt und konnten im kritischen Apparat berücksichtigt werden.[19] Dieses weitere, neu erworbene Blatt, das daran anschließt, enthält Bestandteile, die sich alle in der Endfassung wiederfinden, wenn auch anders platziert.

Der Gedanke, der die Quintessenz daraus bildet und der hier dementsprechend noch am Schluss steht, nämlich dass der Dom gerade durch seine »Nichtvollendung« (DHA IV, 99; hier noch »Unvollendung«) zum Denkmal »von Deutschlands Kraft / Und protestantischer Sendung« (ebd.) werde, brauchte lange bis zu seiner Vollendung auf dem Papier und ist dann von Heine später weiter nach vorne gerückt worden (V. 51/52 in der Endfassung). Die Frage nach der späteren praktisch-säkularen Verwendung des Kirchenbaus und dem Schicksal der Heiligen Drei Könige (hier nur im Ansatz vorhanden) rückte dagegen weiter ans Ende des Kapitels und wurde dann auch noch breiter ausgestaltet als hier.

Caput VII
»Franzosen und Russen gehört das Land«

Eigh. Arbeitsms. der Verse 21–28 (DHA IV, 106), Tinte, 1 Bl., 1 beschr. S.
Leichter Textverlust durch Tintenfraß. Links oben Paginierung von unbekannter Hand (»2«), verso Echtheitsbestätigung von Ludwig Embden: »Aus den hinterlassenen Papieren / meines Onkels Heinrich Heine / von seiner Hand geschrieben. – / Ludwig Embden« 2008.5011.TG

Franzosen und Russen gehört das Land,
Das Wasser gehört den Britten
Doch [dir gehört das][°du°] [°hast°] [°uns°] °wir° besitz[st]en [in dem] °/:i:/m° Reiche des Traums,
[Gehört dir unbestritten]
Die Herrschaft [dir erstritten] °unbe°/:stritten:/.

Hier [deutsche Seele, bist du groß] [°sind°] °üben wir die Hegemonie°
[XXX[20] [einig] °frey°,] °Sind groß und° unzerstückelt
Die andern Völker haben sich
Auf platter Erde entwickelt. [–] [–]

Nur wachend, am Tage, ist uns nicht wohl,
Dann fehlen der Seele die Federn;
[Du hast dich g] Sie hat sich gemausert, die arme Seel,
Und wurde hölzern u ledern. –

Das Blatt (s. die Abbildung auf S. 48) schließt unmittelbar an das ebenfalls im Heine-Institut befindliche, von fremder Hand mit »I.« paginierte Entwurfsmanuskript zu Vers 19–20 an (»Man schläft sehr gut u traumt auch gut«)[21] und setzt den dort begonnenen Textverlauf fort.

Die letzte dieser drei Strophen, die in allen bekannten Entwurfsstufen vorkommt, wurde in leicht abgewandelter Form noch in die Druckvorlage übernommen, dort aber schließlich gestrichen.[22] Das Spiel mit dem Sinn des Wortes »Federn«, das die »Federbetten« vom Kapitelanfang aufgreift, in denen die schlafende »deutsche Seele« (DHA VI, 106) sich frei fühlt, und mit jenen Federn verbindet, die den Schwingen der »gemauserten« Seele am Tage fehlen, so dass sie sich nicht zum Flug erheben kann, ist damit endgültig getilgt. Zudem ist hier, wie auch in den bereits bekannten Entwürfen zu dieser Stelle, bei Heines Änderungen die Tendenz zu erkennen, die ursprünglich etwas deutlichere Personifizierung der »deutschen Seele« weiter zurückzudrängen, indem die Anzahl ihrer Apostrophen durch den Erzähler reduziert wird.

Caput XXII
»Auch Gumpelino fand ich nicht mehr«

> Eigh. Arbeitsms. zu den Versen 35–40 (DHA IV, 140), Tinte, ¼ S., 1 beschr. S.
> Abgeschnittener Papierstreifen, montiert, auf dem Trägerblatt Echtheitsbescheinigung von Ludwig von Embden: »Autograph von Heinrich Heine, / solches bescheinigt sein Neffe / Baron Ludwig v. Embden.«
> 2013.5005

> Auch Gumpelino fand ich nicht mehr
> Er hatte vor wenig Tagen
> Die große Seele ausgehaucht
> Nach langen Erdenplagen.

Diese Verse gehören in die Reihe der Reminiszenzen an Verstorbene in den Hamburg-Kapiteln des Versepos. Sie zählen zu den frühen Entwürfen und wurden schon vor Anfertigung der letzten Reinschrift ausgeschieden, möglicherweise zur selben Zeit wie die Verse über den »kleine[n] Meyer« (DHA IV, 1066).[23] Lediglich eine Formulierung wurde schließlich in den fertigen Text übernommen: der Ausdruck »Die große Seele« (ebd., 140), womit Heine sowohl auf die philanthropische Großzügigkeit als auch auf den beträchtlichen Leibesumfang des während seines Hamburg-Besuches am 9. November 1843 verstorbenen Bankiers Lazarus Gumpel anspielt. Die »Gumpelino«-Verse verteilen sich in der Endfassung auf sechs Verszeilen in zwei Strophen.

Hatte Heine den Namen des Grundstücksnachbarn seines Onkels Salomon »mit seinem wohlhabenden Lächeln und gottgefälligem Bauche« (DHA VII, 88) in den »Reisebildern« für die Karikatur eines religions- und bildungsbeflissenen Italien-Reisenden und zum Katholizismus konvertierten Juden verwendet – wobei die reale Person mit seinem literarischen Namensvetter wohl wenig gemein hatte[24] –, so hat die Würdigung in den »Wintermährchen«-Strophen trotz ihrer leichten Ironie auch ein versöhnendes Moment. Das ausgestaltete Motiv des zum »Seraph [...] / Am Throne Jehovas« (DHA IV, 140) verklärten Gumpelino, das in diesem Entwurf noch fehlt, verweist auf Gumpels Bedeutung als Mitbegründer des Neuen Israelitischen Tempelvereins in Hamburg und auch auf die zeitgenössischen Debatten um das Reformjudentum[25], insbesondere in Hamburg, am Schluss von Caput XXII (vgl. ebd., 141).

Caput XXIII
»Der Rheinwein stimmt mich immer weich«

> Eigh. Arbeitsms. der Verse 45–48 (DHA IV, 143); enthält auch den Text des »Bruchstücks A 6« (DHA IV, 294f.), Tinte, 1 Bl., 1 beschr. S.
> Schäden durch Tintenfraß. Verso Echtheitsbestätigung von Ludwig von Embden: »Umstehend Autograph von / Heinrich Heine, solches / bescheinigt als Erbe der / hinterlassenen Papiere, / sein Neffe/ Ludwig v. Emden«; in Querschrift ein späterer Besitzvermerk: »Am 28. April 1877 kam dieses Autograph in meinen Besitz. / Alfred Joseph«
> 2003.5008.G.2[26]

Caput XXIV
»Du bist mein Liebling jetzt«

> Eigh. Arbeitsms. der Verse 17–20 (DHA IV, 146), Tinte, 1/4 Bl., 1 beschr. S.
> Abgeschnittener Teil eines Blattes, montiert, darunter auf dem Trägerblatt Echtheitsbestätigung durch Ludwig von Embden: »Autograph von Heinrich Heine, / solches bescheinigt sein Neffe / Baron L. v. Embden«
> 2000.5028

> Du bist mein Liebling[sdichter] jetzt, [daß] °es° hängt
> Dein Bildniß zu Häupten des Bettes
> [Ein frischer Lor] Und siehst du, ein frischer Lorbeer umkränzt
> Den R[h]ahmen des holden Portraites[!]/:.:/

Alle Änderungen dieses bisher unbekannten Entwurfes wurden in die Endfassung der Strophe übernommen; in seiner korrigierten Form entspricht er bereits der endgültigen Ausgestaltung.

»Ich sehnte mich nach den Plätzen sogar«

> Eigh. Arbeitsms. der Verse 65–72 (DHA IV, 147), Tinte, 1/3 Bl., 1 beschr. S.
> Abgeschnittener Teil eines Blattes, verso Echtheitsbestätigung Ludwig von Embdens: »Autograph v Heinrich Heine; / solches bescheinigt der Erbe der / hinterlassenen Papiere, sein Neffe / Ludwig v Embden«
> 2007.5012.1.G.

Die auf dem Blatt befindlichen Varianten hatte Jonas Fränkel 1912 mitgeteilt[27], danach galt das Stück als verschollen. Spätere Ausgaben gaben den Inhalt nach Fränkels Edition in der Walzel-Ausgabe wieder.[28] Nach der nun wieder möglichen Autopsie ist zu ergänzen, dass in der ersten dieser beiden Strophen das Wort »Dornen« ursprünglich gestrichen war und Heine diese Streichung durch Unterpunktierung rückgängig gemacht hat, sodass er es mit dem am Schluss stehenden »kronen« zu »Dornenkronen« (DHA IV, 147) zusammenziehen konnte. In dem gestrichenen Teil der letzten Zeile der ersten Strophe heißt es zudem »Gekront« (nicht »Gekrönt«; ebd., 1072), in der letzten Strophe findet sich zu »thörigte« (ebd., 147) noch die bisher nicht verzeichnete Variante »thorigte«.

Caput XXVII
»Im letzten Capitel hab ich versucht«

> Eigh. Arbeitsms. der Verse 29–56 (DHA IV, 156), Tinte, 1 Dbl., 2 beschr. S.
> Jeweils oben links Paginierung von fremder Hand (»1)«; »2)«), alte Sammlervermerke, verso Echtheitsbestätigung Ludwig von Emdens: »Umstehend Autograph von meinem Onkel Heinrich Heine, welches als Erbe der hinterlassenen Papiere bestätigt: Ludwig v. Embden«
> 2004.5007.G[29]

»Literärische Anzeige« <1. 5. 1837>

»Literärische Anzeige« (DHA X, 302 f.)

> Eigh. Ms. (Reinschrift) m. U. (»Heinrich Heine«) u. Dat. (»Paris, 1.5.1837«), Tinte, 1/2 Bl., 1 beschr. S.
> 2003.5008.G.3[30]

»Lutezia«

»Menschen welche lange gezittert«

> Eigh. Arbeitsms. zu »Communismus, Philosophie und Clerisey. II« (DHA XIV, 111,7–17), Tinte, 1 Bl. 1/2 beschr. S.
> Am unteren Rand Echtheitsbestätigung durch Ludwig von Embden: »Autograph von Heinrich Heine, / solches bescheinigt sein Neffe / Ludwig v. Emden«
> 2007.5017.2.1[31]

»Geständnisse«

»Wie schwer das Verständniß der Hegelschen Schriften ist«

> Ms. (Reinschrift) von Schreiberhand (Reinhardt) (zu DHA XV, 34 f.)., Tinte mit Paginierung oben links (»61. b.«; ursprüngliche Paginierung »436« evtl. eigh. von Heine) und Einweisungsvermerken von Reinhardts Hand; alte Sammlernotizen am Kopf und am Fuß; 1 Bl., 1 beschr. S.
> Textbeleg für DHA 34,35–35,7
> 2007.5025.A

Es handelt sich um einen Teil von Reinhardts zweiter Reinschrift zu den »Geständnissen«, seiner Abschrift des eigenhändigen Überlieferungsträgers H⁵, die in der Düsseldorfer Ausgabe mit h⁷ bezeichnet ist[32] – und zwar um einen Einschub zu der dazugehörigen, nicht überlieferten Seite 61a. Dieser Bogen trug oben links zunächst die möglicherweise von Heine selbst eingetragene Seitenzahl »436«, die von Reinhardt gestrichen wurde. Sein Einweisungsvermerk über dem Text lautet:

> 61 b. Seite [xxx] °[xxx] 61,a. – unten –° einzuschieben hinter: zu einer Parthie Whist einzuladen.

Über dem Text markiert ein kurzer Strich den Beginn des neuen Absatzes, der mit »Wie schwer...« beginnt. Am Schluss des einzuschiebenden Stückes steht dann der in Klammern gesetzte Anschlussverweis: »(w. Seite 62.-)«. Das Blatt enthält also den Text von »zu einer Parthie...« bis »... Vorsatz gefaßt,« (DHA 34,35–35,7); als letzte handschriftliche Überlieferungsstufe bietet es demnach auch den Textbeleg dazu. Mit Blick auf den Drucktext, dem es bereits weitgehend entspricht, sind folgende Lesarten zu verzeichnen:

DHA XV, 34,40 nachzuconstruiren] nachzukonstruiren
ebd., gelernt] gelernt hat
ebd., 35,2 gesunden] °gesunden°
ebd., 35,4 der Dolmetsch] man
ebd., was er] was man
ebd., 35,7 nemlich] nämlich

»Begriff ist gezwungen«

    Eigh. Arbeitsms. (DHA XV, 35,5–6 und Lesart zu ebd., 35,16 / 144,38), Bleistift, mit Korrekturen (Tinte) von Schreiberhand (Reinhardt) und eigh. Einweisungszeichen (»x-e«, »#«); 1 Bl., 1 beschr. S.
    2005.5005.4

    Begriff [wird seiner mystischen] [muß das mystische] °ist gezwungen° {die [dunkeln]} /:mystische:/{n} Gew{ä}³³nd{er} fallen <zu> lassen und sich in seiner Nacktheit °zu° zeigen. Ich hatte nemlich den Vorsatz gefaßt x-e

    [# P. 116 / Es ist hier der Ort ein Geständniß abzulegen, welches meine damalige Verlegenheit einigermaßen erklären wird]

Die oberen Zeilen auf diesem Blatt sind ein Einschub Heines, der wohl der Phase der Überarbeitung der mit H² oder der mit H⁵ bezeichneten Entstehungsstufe³⁴ zuzuordnen ist und in seiner korrigierten Form schließlich auch in die Endfassung Eingang fand (vgl. DHA XV, 35,5–6).³⁵ Das Manuskript wurde geringfügig von Heines Schreiber Reinhardt bearbeitet, der die letzten darin enthaltenen Korrekturen ausgeführt hat. In der Abfolge der Überlieferungsträger ist es unmittelbar nach dem bisherigen »6. Abschnitt« (DHA XV, 319) einzuordnen, dessen Beginn »Ich hatte die Absicht« (ebd., 426,31) dann durch die hier enthaltene Wendung »Ich hatte nemlich den Vorsatz gefaßt« (s. o.) ersetzt wurde. Der Wortlaut dieses Einschubs (von »Begriff« bis »gefaßt«) ist von Reinhardt dann ohne weitere Änderungen (bis auf die Hinzufügung eines Kommas nach »gefaßt«) in die von ihm angefertigte Reinschrift dieser Passage übertragen worden, die sich auf dem ebenfalls kürzlich neu erworbenen Blatt »Wie schwer das Verständniß der Hegelschen Schriften ist« (s. o.) erhalten hat.

    Der unten stehende Satz ist eine schließlich wieder gestrichene Variante zu Heines Formulierungsversuchen am Übergang zwischen der Darstellung seiner Hegel-Kritik und seinen Ausführungen zur Bedeutung der Bibellektüre. Er ist ebenfalls ein zwischenzeitlicher Einschub aus der Überarbeitungsphase einer früheren Entstehungsstufe. In der Endfassung heißt es an der Stelle stattdessen kürzer: »Ich war in eine sonderbare Verlegenheit gerathen:« (DHA XV, 35,16). Diese Wendung fehlte noch in H² und wurde auf dem nächsten erhaltenen Entwurfsmanuskript H⁵ per Einweisungszeichen eingefügt.³⁶ Ob die auf diesem neu aufgefundenen Blatt überlieferte Streichfassung jener voranging und dann durch sie ersetzt wurde oder aber danach als Alternative zu ihr formuliert, aber wieder verworfen wurde, lässt sich nicht mit Sicherheit feststellen.

Das Einweisungszeichen, das Heine anfügt – »# P. 116.« (s. o.) – passt nicht zu den niedrigen Seitenzahlen seiner letzten eigenhändigen Entwürfe zu dieser Stelle (ein Neuansatz, den er von »1« bis »5« paginierte; vgl. DHA XV, 319) und auch nicht zu denen der späteren Abschriften durch Richard Reinhardt (wie das oben beschriebene Stück daraus zeigt, müsste diese Stelle dort nach der S. 61 stehen). Die Abkürzung »P.« für »Seite« ist in dieser Zeit in seinen deutschen Manuskripten ohnehin nicht gebräuchlich, wohl aber in seinen französischen, für »page«.³⁷ Sie wäre demnach ein Indiz dafür, dass Heine diesen Einschub für die »Geständnisse« verworfen, stattdessen aber dem parallel dazu entstehenden Manuskript für die »Aveux d'un poète« bzw. »Aveux de l'auteur« zugewiesen hätte. Eine fast wörtliche Übersetzung dieses Satzes, der in den »Geständnissen« fehlt, findet sich jedenfalls an dieser Übergangsstelle in den »Aveux de l'auteur«: »C'est ici l'endroit de faire un aveu qui expliquera mes embarras d'alors.« (DHA XV, 144)³⁸ In Reinhardts Grundübersetzung der »Geständnisse«, die zur Arbeitsbasis für die »Aveux« wurde (h¹ᴿ), stand er noch nicht³⁹; die zugehörige Seite im Manuskript trägt hier die Seitenzahl 104 – zieht man in Betracht, dass die (nur fragmentarisch überlieferte) zweite Version des »Aveux«-Manuskripts, in die Reinhardt alle Ergänzungen und Änderungen Heines aufgenommen hatte⁴⁰, deutlich umfangreicher war, könnte Heines Verweis »P. 116« also durchaus dazu passen. Der Satz wäre dann also sowohl den Lesarten zu den »Geständnissen« als auch zu den »Aveux de l'auteur« zuzuordnen, und dieses neu erworbene Manuskript wäre ein weiterer Beleg für den engen entstehungsgeschichtlichen Zusammenhang von deutscher und französischer Version.⁴¹

Zu »Geständnisse«. »Aveux de l'auteur«

Arbeitsspuren

Vermischte Schriften von Heinrich Heine. Erster Band. Hamburg. Hoffmann und Campe. 1854. 8°, 322 S. Druckereiangabe: Halle, Druck von H. W. Schmidt.
Mit eigh. Bleistiftanstreichungen am Rand von »Geständnisse« aus der Vorbereitungsphase für die Buchausgabe der »Aveux de l'auteur« (zwischen Oktober 1854 und Januar 1855). Englische Broschur, Mosaik-Einband, Halbleder, Vortitel fehlt. Besitzvermerk von Henry Babington Smith (Juli 1890), auf dem hinteren Vorsatzblatt Notizen von der Hand Lucy Duff Gordons
2007.5013.1

Von den drei Bänden der »Vermischten Schriften« gab es jeweils einen Zwillingsdruck. Von diesen beiden leicht unterschiedlichen Drucken, die ein und derselben Auflage zugerechnet werden, handelt es sich in diesem Falle um die zuerst hergestellte, fehlerhafte Variante, die in der Düsseldorfer Ausgabe mit »HI 1« bezeichnet wird.[42] Das vorliegende Exemplar gehört zu denjenigen Büchern aus Heines Besitz, die er im Herbst 1855 an Lucie Duff Gordon schickte, wie aus seinem Brief an sie vom 30. September 1855 hervorgeht.[43] Die Tochter von Heines Freundin Sarah Austin plante eine englische Edition seiner Schriften – die allerdings nicht zustande kam –, und Heine sandte ihr dafür verschiedene Ausgaben seiner Werke, die er zuvor selbst zur Vorbereitung seiner bei Michel Lévy Frères erscheinenden »Œuvres complètes« verwendet und dafür mit Anstreichungen und Korrekturen versehen hatte.[44]

Diesem Zweck scheinen auch die hier angebrachten Textmarkierungen in den »Geständnissen« zu dienen. Die folgenden Abschnitte sind von Heine am Seitenrand mit Bleistift markiert:

S. 62, Z. 20, bis S. 63, Z. 4: »ins Französische ... , um sie« (DHA XV, 35,3–8)
S. 67, Z. 12 bis 13; »sonderbar! ... Vernunft!« (ebd., 36,36–37)
S. 70, Z. 6 bis 19: »über die Hegel'sche ... die Hegel'sche« (ebd., 37,37–38,10)
S. 77, Z. 1 bis 16: »Nach der Stelle ... derselben Andacht –« (ebd., 40,23–34)
S. 94, Z. 8: »... Jahr Unrecht ... Recht.« (ebd., 47,11–12)

Heine kennzeichnete offenbar Stellen, an denen er noch einmal Änderungen vornehmen wollte, durch die sich die Buchversion der »Aveux de l'auteur«, wie sie in der Neuausgabe von »De l'Allemagne« erschien, am Ende noch einmal leicht von der Journalfassung der »Aveux d'un poète« aus der »Revue des Deux Mondes« unterschied. Geringfügige Änderungen am Wortlaut, der hier in Nuancen wieder dem der deutschen »Geständnisse« aus den »Vermischten Schriften« angeglichen wird, markiert die erste Anstreichung (vgl. DHA XV, 35,3–8/144,21 ff.; Varianten der Journalfassung ebd., 673 f.). Gleiches gilt für die zweite Anstreichung, eine kleine Markierung in Form eines Häkchens: Hier wird das Ausrufezeichen hinter »sonderbar!« / »curieuse!« (ebd., 36,36/144,29), das in der »Revue des Deux Mondes« im Unterschied zu den »Geständnissen« noch fehlte (vgl. ebd., 689,27), eingefügt. Bei der dritten Markierung, die sich auf den gesamten Absatz bezieht, wurden Kleinigkeiten geändert (vgl. ebd., 38,9–19/146,18–25 und die Journalfassung ebd., 696,16 ff.), dennoch bleibt der Absatz kürzer als in den »Geständnissen«. Ähnlich ist es bei der vierten Anstreichung (vgl. ebd., 40,23–34/148,31–43 und die Journalfassung ebd. 708 ff.), während der von Heine in diesem Exemplar angestrichene Satz »hundert Jahr Unrecht machen nicht ein Jahr Recht« (ebd., 47, 11–12) daraufhin in die Buchversion der »Aveux« zusätzlich in deutscher Sprache eingefügt wird (vgl. ebd., 155,10) – in der »Revue des Deux Mondes« stand er nur auf Französisch (vgl. ebd., 736,10).

Zu »Geständnisse« <Waterloo. Fragment>

»Dieser provisorische Löwe«

E. Arbeitsms. (DHA XV, 192f.), Bleistift, ½ Bl., 1 beschr. S.
Mit eigh. Einweisungszeichen (»Ø«) und dem eigh. Vermerk »ad 25«.
2000.5001

Ø °ad 25° / Dieser provisorische Löwe war [ebenfalls] °ebenfalls° kein Adler, [war] [wenig] [weder ein napoleonischer] [w] [jedenfalls kein] [kein] °weder ein° imperialer, noch ein olympischer mit dem Blitz im Schnabel – er war kein Blitzschleuderer, sondern ein Blitzableiter, wie er sich selber naiv nannte als man ihm vorwarf daß er mit den Chefs [aller] [der] aller republikanischen Partheyen konspirirt habe: »ich habe mit ihnen konspirirt wie der *paratonnere* mit dem Blitze konspirirt« – das sind die *ipsissima verba* dieses falschen Bruders.

Dieses Manuskript zu dem Abschnitt über Lamartine, an dem Heine ausgesprochen intensiv gearbeitet hat, stellt eine Zwischenstufe dar, die in der Textgenese zwischen den bisher bekannten, ersten Entwurfsstufen[45] und der etwas ausführlicher gestalteten Endfassung anzusiedeln ist. Der hier überlieferte Text ist im Lesartenapparat dort anzufügen, wo die mit H⁵ bezeichnete Entwurfsstufe abbricht (vgl. DHA XV, 960,8), an deren Stelle er von Heine gesetzt wurde. Vermutlich korrespondiert das darauf befindliche Einweisungszeichen mit dem entsprechenden Verweisungsvermerk, dem bisher ein anderer Abschnitt zugeordnet wurde[46] – jener Vermerk (ebenfalls mit dem Zeichen »Ø«) steht auf der von Heine eigenhändig mit »25a« paginierten Seite[47], auf die sich seine auf diesem neu erworbenen Blatt von ihm eingefügte Verweisung »ad 25« beziehen dürfte. Die Passage, die dort »durch Quer und Diagonallinien gestrichen« (DHA XV, 953) ist[48], wurde im Entstehungsprozess also zwischenzeitlich durch dieses Textstück ersetzt.

Zwei Grundtendenzen von Heines Überarbeitung dieser Stelle treten durch die Kenntnis dieses bisher unbekannten Blattes und mit Blick auf die Endfassung besonders deutlich hervor: zum einen die endgültige Tilgung der ursprünglichen, antikisierenden Zeus/Jupiter-Assoziationen (»Adler«, »Blitz im Schnabel« [s. o. und DHA XV, 949], »Jupiter« [ebd., 951]), zum anderen die weitgehende Ersetzung französischsprachiger Ausdrücke durch deutsche Begriffe: statt »*faux frère* (DHA XV, 952) heißt es in der Druckfassung und auf dem hier überlieferten Zwischenschritt dorthin »falschen Bruders« bzw. »Dieser falsche Bruder« (s. o. und DHA

XV, 193), statt »*paratonnére*« (ebd., 949) steht am Ende »Blitzableiter« (ebd., 192) – in dieser ›Zwischenhandschrift‹ kommen der deutsche und der französische Ausdruck noch nebeneinander vor (s. o.) –; für »*lyric ambitieux*« (DHA XV, 951, und »ambitieux lyric« [ebd., 953]) wird schließlich »lyrischer Ehrgeitzling« (ebd., 193) gesetzt, »Parolier« (ebd., 949 und 951) fällt ohne Entsprechung weg.

»Memoiren«

»hübsches Mühmchen, welches«

> Eigh. Arbeitsms. (zu DHA XV, 77), Bleistift, 2 Papierstreifen
> Vom oberen und unteren Rand zweier aufeinander folgenden Seiten abgeschnitten, montiert, der zweite Streifen oben links eigh. paginiert (»81.«)
> 2006.5010.1[49]

Neue Werkmanuskripte in anderen Archiven und Sammlungen

»Neue Gedichte«

»Die schlanke Wasserlilje«
(»Neuer Frühling« XV; DHA II, 18)

> Eigh. Arbeitsms., am Fuß bezeichnet mit »IX«; 1 Bl., 1 beschr. S.
> Angeboten bei Stargardt, Berlin, Auktion Nr. 678 (2004)[50]

»Französische Zustände«

»Französische Zustände. Paris 25' Junius«

> Eigh. Ms. (Reinschrift mit Korrekturen) der Journalfassung von Artikel IX (DHA XII, 173 ff.), Tinte, 10 Dbl., 40 beschr. S. Eigh. paginiert (»1.« bis »40.«), zahlreiche Zusätze und Streichungen von fremden Händen
> Hamburg, Verlagsarchiv Hoffmann und Campe

Das Manuskript des in der »Allgemeinen Zeitung« nicht veröffentlichten Artikels, der in der Buchversion der »Französischen Zustände« in anderer, nicht auf diese Handschrift zurückgehender Gestalt publiziert wurde, galt als verschollen. Ernst Elster hatte seinen Inhalt erstmals mitgeteilt[51], alle späteren Editionen konnten nicht mehr auf das Original zugreifen, sondern gaben Elsters Fassung wieder, welche die Korrekturen und Streichungen Heines sowie die Fremdeingriffe allerdings nicht vollständig verzeichnete. Inzwischen liegt eine Faksimile-Edition dieser wieder aufgefundenen Handschrift vor.[52]

Zu »Geständnisse« <Waterloo. Fragment>

»Ludwig Philipp war ein großer und edler König.«

Eigh. Arbeitsms. (zu DHA XV, 188f.), Bleistift, mit eigh. Vermerk »zu Seite 18«; 2 Bl, 2 beschr. S.
Angeboten bei Stargardt, Berlin, Auktion Nr. 674 (2001)[53]

Das Blatt ist vermutlich nach den Entwurfsstufen H¹ und H⁵ sowie vor der von Reinhardt angefertigten Reinschrift h⁶ᴿ einzuordnen.[54] Die darin enthaltenen Änderungen sind alle in Reinhardts Abschrift dieser Passage[55] eingeflossen, und da es dem Wortlaut der letztgültigen Fassung jenes am Ende aus dem »Geständnisse«-Kontext ausgesonderten und von Heine nicht publizierten Stückes bereits recht nahe kommt, werden hier nur die Lesarten zum edierten Text der Düsseldorfer Ausgabe aufgeführt.

DHA XV, 188,42 bürgerliche Tugenden] [guten Eigenschaften]
ebd. *Bourgeois*] [honetten Bürgers] [bürgerlich] [honetten Mannes]
        Bourgeois *(in Kurrentschrift, nicht lat.)*
ebd., 188,43 kein] [einziges Laster] [/:kein:/s von allen /:Lastern:/n des]
ebd., Laster] °[edelmannisches]° Laster
ebd., *grand seigneur.*] [Edelmanns] °*grand Seigneurs.*°
ebd., Pferd] Pferde
ebd., bis 189,1 , was ... ist,] *(fehlt)*
ebd., 189,1 er] *(fehlt)*
ebd., 189,1 Jemappes und] Jemappes u
ebd., 189,2 Frau von] Frau v.
ebd., leitete] [hatte]
ebd., Erziehung,] Erziehung
ebd., wissenschaftlich gebildet] [mit ebens] °wissenschaftlich gebildet°
ebd., 189,4 verdienen,] verdienen
ebd., 189,6 höflich] [sanft,] °[wohlwollend]°
ebd., großmüthig, und] großmüthig u
ebd., 189,7 Verläumdern,] Verläumndern
ebd. Meuchelmördern] [Leiche]
ebd., 189,8 womit ..., doch] [die gegen seine] °womit die eigne° Brust
        [gerichtet waren] °bedroht, doch°

189,8–9 als es galt] [doch wenn es drauf ank] [hatt] [befehligte er] [es drauf anka]
  [wenn jene darauf] [ihn] [verzich]
189,9 überschlich] über[fielen] /:über:/°schlich°
189,9–10] die ... Weichherzigkeit] [die phi] /:die alten[n]
  philantropisch:/en [Grillen] /: °Weichherzigkeit°:/
189,10 er warf ... seinen] [er fasste] [er nahm] [aber] °[ergr]°
ebd., und nahm] [und] °und nahm°
189,11 alten] °alten°
ebd., und seine] u seine
ebd., empfahl sich] [u ging fort]
189,12 ein Mensch] [war] °ein Mensch°
ebd. groß war sein Reichthum] [reich] °groß war sein Reichthum°
ebd. blieb] [war]
189,13–14 ist ... heimgesucht] [hat] °ist° auch nie [die] °von den° Pocken [bekommen]
  heimgesucht
189,14 gerecht,] gerecht
ebd. nie den] nie de[m] /:de:/n *(m korrigiert zu n)*
ebd. Eid ... den] °Eid den er de[m] /:de:/n *(m korrigiert zu n)*°
189,15 Gesetzen] [Staate] Gesetze[n]
ebd. geschworen.] [den geschworenen Eid.]
189,16 Geliebte,] Geliebte
189,17 Er war tolerant] [Er war das Muster eines] *(Seitenende, genaue Zuordnung
  der gestrichenen Wörter zum Lemma daher unsicher)*

»Sie konnten mit Recht sagen«

Eigh. Arbeitsms. (zu DHA XV, 190f.), Bleistift, 1 Bl., 1 beschr. S.
Angeboten bei Stargardt, Berlin, Auktion Nr. 676 (2002)[56]

Das Stück gehört zur selben Entstehungsstufe wie das oben beschriebene, ist also nach H¹ und H⁵ sowie vor der Abschrift Reinhardts[57] einzuordnen, in die auch in diesem Falle fast alle darin enthaltenen Änderungen aufgenommen wurden. Folgende Lesarten zum edierten Text in der Düsseldorfer Ausgabe sind zu verzeichnen:

DHA XV, 190,35 – konnten sie doch] Sie konnten
ebd., 190,36 Es] es
ebd. anno] [vor]
ebd., 190,37 ältern] [B]
ebd., 190,38 Zärtlichkeit] [Vorliebe]
ebd. Napoleon Bonaparte] [Corsen]
ebd., 190,39 führten,] führten
ebd. erschlugen,] erschlugen
ebd., 190,40 zu] [be]
ebd. Sankt-Helena,] Sankt-Helena

ebd., Dank!] Dank
ebd., So] so
ebd., lebte,] lebte
ebd., 190,41 ist,] ist
ebd. unter] °auch° unter
ebd., 190,42 Regierungslöwen] *1)* Löwen *2)* °Regierungs-°/:Löwen:/
ebd. befindet ... uns] [seines Schlages sich befindet] [kein] °sich befindet der an einen°
    Napoleon [sich befindet der] °erinnerte und uns°
ebd., unsre] unsre[r]
ebd., 190,42–43 liebe ... könnte] [Ruhe gefährlich wäre]
ebd., 190,43 gleichgültig,] ganz gleichgültig
ebd., 190,43–191,1 in ... regirt] auf dem Throne Frankreichs sitze
ebd., 191,1 Louis] ob [Ludwig] °Louis° Philipp oder [Ludwig]
ebd., General] [noch kleinere]
ebd., 191,2–7 der ... einher,] [welcher freylich] [der ebenfalls sehr klein]
    °welcher noch kleiner° [ist], [ab] aber doch noch lange nicht [von]
    so klein ist wie der selige Hofzwerg [der] /:de:/s *(überschrieben)*
    Kurfürsten von Sachsen °gewesen°, der in einer [Gänseleber] Pastete
    [verschlossen] °eingebacken° auf die [koni] kurfürstliche Tafel gesetzt
    wurde und mit seinem Säbel und seinen Zähnen sich [heldenmäßig]
    durchhieb und durchfraß –
ebd., 191,8 Heldenstück, welches] Heldenstück das
ebd. Eurem] dem [werte]
ebd., Blanc] Blank
ebd., 191,9–10 dürfte ... herausfrißt.«] möchte [und von welch] so daß wir °in der That°
    begierig sind zu sehen wie er sich aus [sein] der °xxx Februar-°
    Pastete [worinn er sitzt] wieder herausfressen wird.«

Anmerkungen

1 Vgl. zuletzt Marianne Tilch: Bestandsverzeichnis der Düsseldorfer Heine-Autographen. Neuerwerbungen: 1983–1998. – In: HJb 38 (1999), S. 231–241, und Inge Hermstrüwer: Bestandsverzeichnis der Düsseldorfer Heine-Autographen. Neuerwerbungen: 1975–1982. – In: HJb 22 (1983), S. 202–209, für die Zeit davor das Gesamtverzeichnis: Heinrich Heine 1797–1856. Handschriften aus dem Bestand des Heinrich-Heine-Instituts Düsseldorf. Düsseldorf 1981.

2 Dabei werden die folgenden diakritischen Zeichen verwendet: Von Heine gestrichene Passagen sind durch eckige Klammern gekennzeichnet: [ ]. Wörter, die Heine nachträglich oberhalb einer Zeile eingefügt hat, stehen zwischen zwei Gradzeichen: °. Streichungen, die Heine durch Unterpunktierung rückgängig gemacht hat, werden durch Unterpunktierung gekennzeichnet. Durch gestrichelte Unterstreichung werden unsichere Lesungen markiert, nicht entzifferte Wörter werden durch »xxx« angezeigt; Wiederholungen von Wörtern oder Interpunktionszeichen, die in der Handschrift nur einmal vorkommen, stehen zwischen /: und :/; von Heine in lateinischer Schrift geschriebene Wörter werden *kursiv* wiedergegeben, Textteile von Schreiberhand stehen zwischen geschweiften Klammern: { }, von mir selbst vorgenommene Er-

gänzungen von Wörtern, die Heine irrtümlich ausgelassen hat, zwischen <spitzen Klammern>. Herausgebertext steht *(kursiv in runden Klammern).*

3 Vgl. zuletzt Christian Liedtke: »Eine ganze Ladung Schmeichelworte«. Neue Heine-Briefe (Berichtszeitraum 2005–2012). – In: HJb 51 (2012), S. 185–214, sowie Joseph A. Kruse und Marianne Tilch: »Ich hatte mir so oft vorgenommen Ihnen zu schreiben«. Neue Heine-Briefe (Berichtszeitraum Mitte 1996-Ende 2004). – In: HJb 44 (2005), S. 204–219.

4 Abgebildet in: Das Album der Madame C. Beaumarié. Hrsg. von der Kulturstiftung der Länder in Verbindung mit dem Heinrich-Heine-Institut, Düsseldorf. Berlin 2009 (Patrimonia 304), S. 11. Vgl. dazu auch Francis Maillard: Madame C. Beaumarié: das Album, das Reisetagebuch und der Zufall. – In: HJb 51 (2012), S. 86–98. Die Datierung ist erschlossen aus den Daten anderer Albumeinträge sowie der Paris-Aufenthalte Clara Beaumariés.

5 Vgl. Heinrich Heine: Sämtliche Werke in zehn Bänden. Unter Mitwirkung von Jonas Fränkel, Ludwig Krähe, Albert Leitzmann und Julius Petersen hrsg. von Oskar Walzel. Bd. 2. Leipzig 1912, S. 384. Die Handschrift befand sich demnach im Besitz von Friedrich Geßner (Magdeburg); leider fertigte Fränkel keine ausführlichere, über die Wiedergabe der Lesarten hinausgehende Beschreibung an.

6 Vgl. DHA II, 382 f., unter der Sigle d^W.

7 Dabei steht, wie im Lesartenapparat der DHA, nach der Angabe von Seite und Zeile im gedruckten Text der DHA das Lemma in der dortigen Gestalt und danach durch eine eckige Klammer davon abgetrennt die Variante, wie sie sich in der hier neu verzeichneten Handschrift findet.

8 Vgl. DHA XVI, 30 f., unter der Sigle H* und die Abbildung in: Heinrich Heine im Porträt. Wie die Künstler seiner Zeit ihn sahen. Hrsg. von Christian Liedtke. Hamburg 2006, S. 22.

9 Vgl. Gerhard Zilligenz: Rheinische Eigentümlichkeiten in Heinrich Heines Schriften. Eine mundartliche Plauderei. Waren 1893, S. 3, und DHA II, 282.

10 Den gleichen komischen, ›erzwungenen‹ Reim verwendet er noch einmal in der Spätzeit in dem Gedicht »Himmelfahrt«, vgl. DHA II, 208.

11 Vgl. DHA II, 525 f., und die Lesarten ebd., 526. Die Schreibung »flutet« steht auch in H^2 (in den Lesarten ebd. irrtümlicherweise nicht vermerkt, auch nicht in HSA II K 1, 294).

12 Art, Inhalt und Datierung (Poststempel) dieser verschollenen Druckvorlage, die sich in der Sammlung Louis Koch (Frankfurt a. M.) befand, sind bekannt durch die Beschreibung Hirths. Vgl. Heinrich Heines Briefwechsel. Gesammelt, eingel. u. hrsg. von Friedrich Hirth. München, Berlin 1914–1920. Bd. V, S. 278, sowie DHA II, 526, und HSA XXI K, 214.

13 Vgl. Joseph A. Kruse: »Ein schöner Stern geht auf in meiner Nacht«. Das Album aus dem Musikverlag Kistner in Leipzig. – In: Schumanniana nova. Festschrift Gerd Nauhaus zum 60. Geburtstag. Hrsg. von Matthias Wendt, Bernhard R. Appel, Ute Bär. Sinzig 2002, S. 387–400, hier S. 397 ff.

14 Vgl. die Beschreibung der seinerzeit noch in anderem Besitz befindlichen Handschrift und ihre Einarbeitung in die Lesarten in DHA XVI, 44 f. Sie wurde zudem abgedruckt als Faksimile-Beigabe in »Denk ich an Deutschland in der Nacht...«. Autographen von Heinrich Heine und Robert Schumann aus einer Rheinischen Privatsammlung. Düsseldorf 2004.

15 Vgl. DHA IV, 424 und die entsprechenden Lesarten ebd., 569 f.

16 Vgl. die Übersicht in HSA II Kommentar III, 55 ff., sowie DHA IV, 1011 ff.

17 Heinrich-Heine-Institut, Düsseldorf, 62.5912. Vgl. die Beschreibung unter der Sigle E in DHA IV, 1015.

18 Vgl. Katalog LXXIX der Firma Henrici, Berlin 1922, S. 55, beschrieben in DHA IV, 1015, unter der Sigle E. Danach in die Lesarten ebd., 1025, eingearbeitet.

19 Vgl. ihre Beschreibung unter der Sigle E in DHA IV, 1016, und die Lesarten ebd., 1031 ff.
20 Textverlust durch Tintenfraß. Das (gestrichene) Wort könnte »Und« lauten oder auch »Sind«.
21 Heinrich-Heine-Institut, Düsseldorf, 79.5021. Vgl. die Beschreibung unter der Sigle E in DHA IV, 1017.
22 Vgl. ebd., 1045.
23 Sie wären in der DHA demnach der Entwurfsstufe E zuzuordnen und in den Lesarten ebd., 1065, nach Z. 40 oder ebd., 1066, nach Z. 7 einzufügen.
24 Über Gumpel vgl. Joseph A. Kruse: Heines Hamburger Zeit. Hamburg 1972, S. 112 ff., und Irmgard Stein: Lazarus Gumpel und seine Stiftung für Freiwohnungen in Hamburg. Hamburg 1991 (Hamburger Beiträge zur Geschichte der deutschen Juden 18).
25 Zu Heines Kritik am Reformjudentum vgl. zuletzt Regina Grundmann: »Rabbi Faibisch, was auf Hochdeutsch heißt Apollo.« Judentum, Dichtertum und Schlemiltum in Heinrich Heines Werk. Stuttgart, Weimar 2008, S. 100 ff., über die Haltung des jungen Heine zu den unterschiedlichen Reformströmungen unter den Hamburger Juden vgl. Klaus Briegleb: Bei den Wassern Babels. Heinrich Heine, jüdischer Schriftsteller in der Moderne. München 1997, S. 32 ff.
26 Es handelt sich um das bekannte, zuvor in anderem Besitz befindliche Blatt. Vgl. die Beschreibung unter der Sigle E in DHA IV, 1019.
27 Vgl. Heine: Sämtliche Werke in zehn Bänden [Anm. 5], S. 446. Im Besitz des Heine-Instituts befindet sich auch das Schreiben (vom 11. Oktober 1911), mit dem Jonas Fränkel das Blatt an den damaligen Besitzer zurücksandte, der es ihm für seine Arbeit an der Edition überlassen hatte. Als weitere Beilage zu diesem Blatt ist im Heine-Institut zudem ein Schreiben von Maria della Rocca, geb. Embden, vom 6. Februar 1881 überliefert, aus dem hervorgeht, dass eine vorherige Besitzerin in Aarau das Blatt von ihr erhalten hatte.
28 Vgl. DHA IV, 1020 und 1072 unter der Sigle d^W.
29 Vgl. die Beschreibung der damals noch in anderem Besitz befindlichen Handschrift in DHA IV, 1022, und die Einarbeitung in die Lesarten ebd., 1084 ff., unter der Sigle E.
30 Vgl. die Beschreibung dieser früher in Privatbesitz befindlichen Handschrift in DHA X, 820.
31 Vgl. die Beschreibung dieser früher in anderem Besitz befindlichen Handschrift in DHA XIV, 1070, unter der Sigle E^1 und die entsprechenden Lesarten ebd., 1088 f.
32 Vgl. DHA XV, 319.
33 Von Reinhardt durch Hinzufügung von Umlautpunkten von »a« zu »ä« umgewandelt.
34 Vgl. DHA XV, 314 f. Möglicherweise bezieht er sich aber auch auf H^3, deren Überlieferung allerdings nicht bis zu dieser Stelle reicht. Vgl. ebd., 316.
35 Die Streichungen sind dementsprechend als Lesarten im Apparat bei DHA XV, 426, nach Z. 33 einzuordnen.
36 Vgl. ebd., 428. Dieser gestrichene Satz ist also als Lesart ebd., nach Z. 20 einzuordnen.
37 Vgl. z. B. die Aufstellung der eigh. Einschübe Heines zu Reinhardts Arbeitsmanuskript. ebd., 568 f. Die meisten tragen den Seitenverweis »P.«.
38 In der Journalfassung der »Revue des Deux Mondes« heißt es statt »l'endroit« hier »le lieu« (ebd., 674).
39 Vgl. ebd., 674.
40 Vgl. ebd., 569 f.
41 Zur zeitweiligen Parallelität von Heines Arbeit an den »Geständnissen«, Reinhardts Übersetzung und deren redaktioneller Bearbeitung durch Heine für die französische Version

in den »Aveux« vgl. die konzise Darstellung von Dirk Fuhrig in HSA XVI/XVII Kommentar II, 623 ff.

42   Vgl. die Beschreibungen der beiden Drucke des ersten Bandes der »Vermischten Schriften« in DHA XV, 320. Zur Frage des Doppeldrucks bei dieser Publikation – allerdings nur mit Blick auf »Lutezia« – vgl. Paul Laveau: Julius Campe als Briefpartner Heinrich Heines. – In: Heinrich Heine. Streitbarer Humanist und volksverbundener Dichter. Internationale wissenschaftliche Konferenz Weimar 1972. Weimar o. J. [1974], S. 301–319, hier S. 313 f., und daran anschließend Volkmar Hansen: »Männchen auf Männchen setzen«. Der Doppeldruck von Heines »Vermischten Schriften« (1854). – In: Germanistik – Forschungsstand und Perspektiven. Vorträge des Deutschen Germanistentages 1984. 2. Teil. Hrsg. von Georg Stötzel. Berlin, New York 1985, S. 337–354. Für die Behauptung von Campes betrügerischer Absicht dabei gibt es jedoch keinen Beleg, vgl. gegen Hansens Argumentation jetzt [Stephan Lustenberger, Christoph Schäfer:] Heine Sammlung Söhn. Katalog mit buchgeschichtlichen Erläuterungen. Düsseldorf 2010, S. 136 f.

43   »Damit Sie sich provisorisch über unsere Arbeit orientiren können, würde ich Ihnen gern alle meine deutsche Schriften schicken, aber in meinem Bücherschrank finde ich, außer den poetischen Werken die Sie bereits besitzen, nur folgendes: [...] 3° der Band vermischte Schriften worin das Buch Lazarre [...].« Inge Hermstrüwer, Joseph A. Kruse, Marianne Tilch: »Blätter verweht zur Erde der Wind nun«. Neue Heine-Briefe (Berichtszeitraum 1983–1996). – In: HJb 35 (1996), S. 176–223, hier S. 215 f. Zudem schickte er ihr auch »die 4 ersten Bände der französischen Ausgabe meiner unglückseligen Werke« (HSA XXIII, 458).

44   Zu den eigenhändigen Anstreichungen und Arbeitsspuren Heines in diesen Büchern, die sich zum größten Teil im Heinrich-Heine-Institut befinden, vgl. DHA XVI, 65; ebd., 90 f.; ebd., 96 f. und ebd., 114 f. Das Exemplar von Bd. 1 der »Vermischten Schriften« hat auf der zweiten Seite des Vorsatzes den Eintrag: »H Babington Smith / July 1890. / From the library / of Maurice Duff Gordon.« Maurice Duff Gordon (1849–1896) war der Sohn von Lucie Duff Gordon. Deren Notizen auf dem vorletzten, hinteren Vorsatzblatt sind ein kleines Register zum Inhalt des Buches mit Schlagwörtern und Seitenverweisen: »Weitling – p 58«; »Hegels philosophy 62«; »Rumours of his conversion 95–8«; »His early school life at Dusseldorf, 106« etc. Dass sie von ihr stammen, bestätigt der Vermerk auf der nächsten Seite: »The opposite page is in Lady Duff-Gordon's writing.« Sie besaß auch Band 2 und 3 des Buches aus Heines Hand, diese Exemplare gelangten zusammen mit dem vorliegenden ins Heine-Institut (2007.5013.2 und 2007.5013.3; identische Ausstattung, beide mit Exlibris von Henry Babington Smith, das in Bd. 1 fehlt). Sie weisen jedoch keine Anstreichungen oder sonstigen Arbeitsspuren auf.

45   Vgl. die mit I bis VII gekennzeichneten Abschnitte in DHA XV, 949 ff., sowie den dort als »2. Abschnitt« bezeichneten erneuten Ansatz ebd., 956 ff., und die Beschreibung der dazu gehörigen Überlieferungsträger H^1 und H^5 ebd., 918 f.

46   Vgl. ebd., 952, Z. 1 und den Hinweis auf das für diesen Abschnitt geltende Verweisungszeichens ebd., 953,33 sowie ebd., 918,15.

47   Vgl. ebd., Z. 16.

48   Diese Streichung ist mit der Sigle a^{4}ff. ebd., 952 f., verzeichnet und bezieht sich auf den dort als Ansatz III ausgewiesenen Textteil (vgl. ebd., 953,33). Durch Heines diagonal und quer gezogene Linien erscheint der gestrichene Textteil als »Kästchen«, neben dem das Einweisungszeichen steht.

49   Vgl. Text, Beschreibung und Kommentar bei Joseph A. Kruse: ‹Textlücke›. Ein bisher verschollenes Bruchstück aus dem »Memoiren«-Fragment Heinrich Heines. – In: HJb 49 (2010), S. 229–241.

50 Vgl. Stargardt, Berlin, Katalog 679 (2004), S. 56 (Nr. 144). Es handelt sich um die durch Faksimile-Abbildungen bekannte und danach unter der Sigle H¹ in der DHA mitgeteilte erste Niederschrift des Gedichts. Vgl. DHA II, 359.
51 Vgl. Heinrich Heines sämtliche Werke. Hrsg. von Ernst Elster. Leipzig, Wien o. J. [1887–1889], Bd. 5, S. 506–521.
52 Vgl. Heinrich Heine: Französische Zustände. Artikel IX vom 25. Juni 1832. Urfassung. Faksimile-Edition der Handschrift. Mit einem Essay von Martin Walser. Hrsg. von Christian Liedtke. Hamburg 2010. Zur Gestalt und Überlieferungsgeschichte dieser Handschrift vgl. Christian Liedtke: Das wiedergefundene Manuskript. – In: ebd., S. 108–150, hier S. 128 ff.
53 Vgl. Stargardt, Berlin, Katalog Nr. 674 (2001), S. 52 f. (Nr. 133), Abb. ebd., S. 51.
54 Vgl. die Beschreibung diese beiden Überlieferungsträger in DHA XV, 918 f.
55 Vgl. deren Wortlaut unter der Ziffer (III) ebd., 929 f.
56 Vgl. Stargardt, Berlin, Katalog Nr. 676 (2002), S. 76 (Nr. 151), Abb. ebd., S. 77.
57 Vgl. unter Ziffer (III) bis (VII) und der Sigle h⁴ᴿ in DHA XV, 940 ff.

Von Skandalen, Positionen, Politik und Poesie
15. Forum Junge Heine Forschung 2012 mit neuen Arbeiten über Heinrich Heine

Von Karin Füllner, Düsseldorf

Bereits zum 15. Mal hatten Heinrich-Heine-Institut, Heinrich-Heine-Gesellschaft und Heinrich-Heine-Universität Düsseldorf zum Forum Junge Heine Forschung eingeladen, um jungen Wissenschaftlerinnen und Wissenschaftlern aus aller Welt zu ermöglichen, »ihre frischen Erkenntnisse über den Dichter auszutauschen«[1] und um zu einem Netzwerk der jungen Forschung beizutragen. Zur Jubiläumsveranstaltung zum 215. Heine-Geburtstag waren sechs Vortragende zu Gast: Martin Kraus aus Bamberg, Hans Kruschwitz aus Aachen, Philipp Ritzen aus Düsseldorf, Eva Axer aus Nottingham, Miriam Rosenbohm aus Köln und Georges Felten aus Zürich.[2] Das zahlreiche Publikum verfolgte die Vorträge sehr interessiert und diskutierte angeregt die neuen Einsichten und Ausblicke.

Martin Kraus, der in Bamberg über »Literaturskandale in der Weimarer Republik« promoviert und gemeinsam mit Prof. Dr. Andrea Bartl an einem Projekt zu Skandalautoren arbeitet, leitete am Morgen die Vortragsfolge ein. Im Kontext seiner Recherchen zu Literaturskandalen stellte er die spannende Frage, inwiefern Heine als Skandalautor zu verstehen sei. Heine »irritierte«, »provozierte« und »polarisierte«, aber einen »Skandal« lösten vor allem seine beiden Texte »Die Bäder von Lucca« und »Ludwig Börne. Eine Denkschrift« aus. Literaturskandale sind, so Kraus, »zu ›chronischen‹ Riten unseres Kulturbetriebs geworden«. Motiviert seien sie durch den »Kampf um das kostbare Gut Aufmerksamkeit in einer strukturgewandelten Öffentlichkeit«. Es gehe, wie Kraus mit dem Vokabular Pierre Bourdieus erläuterte, »um die Position des Autors im literarischen Feld bzw. im sozialen Raum«. Im Platen-Heine-Skandal machte er das komplexe Beziehungsgeflecht im literarischen Feld deutlich, in das auch Immermann und die Verleger Campe und Cotta eingebunden waren. Während die Skandalisierung Platens Heines Reputation geschadet habe, sei Campe an einem erhöhten Verkaufserfolg interessiert gewesen. Ähnlich wurde auch die Denkschrift über Ludwig Börne weitgehend negativ aufgenommen und erregte gleichzeitig großes Aufsehen. Jedoch, so arbeitete Martin Kraus sehr interessant heraus, haben beide skandalösen Texte Heines keine »überkommenen Tabus gebrochen und weiterführende Diskussionen ausgelöst«: »Hier wurden keine veralteten Normen, Konventionen und Werte hinterfragt und abgelöst.« Der Skandal um die beiden Heine-Texte führte nicht zu »wegweisenden Innovationen« in der Literatur und hatte letztlich nur Unterhaltungswert.[3]

Hans Kruschwitz, der mit einer Arbeit über Kafka promoviert wurde und an der RWTH Aachen als wissenschaftlicher Mitarbeiter im Lehr- und Forschungsgebiet Europäisch-jüdische Literatur- und Kulturgeschichte tätig ist, ging der von Joachim Bark und Gerhard Höhn konstatierten Positionsverweigerung Heines im »Wintermährchen« nach. Unter dem Titel »Kämpe und Gourmand der Revolution. Zur Genussdoktrin in Heines ›Deutschland. Ein Wintermährchen‹« präsentierte er sehr eindrucksvoll eng auf die Texte bezogen seine Sicht der Heine'schen Positionierung. Heines Plädoyer für den Genuss stehe seinem revolutionären Engagement durchaus nicht entgegen. Immer wieder bekunde Heine in seinen Texten eine »Herzensnähe« zur Revolution, während er die revolutionäre Tat gleichzeitig als »Geistesirrtum« verdamme: »Wir sehen also, dass Heine den revolutionären Rausch als Herzenswahrheit billigt und als Geistesirrtum verwirft, sobald er von Empörung in blinden Terror überzugehen droht.« Den »gehbaren Weg«, den Heine uns weise, bestimmte Kruschwitz mit Rekurs auf Heines Darstellung seines Vaters. In den »Memoiren« stelle Heine einen Zusammenhang zwischen »Genuss, Liebe und Gleichheitsliebe« her. Seinen Vater charakterisiere er zum einen als »genußsüchtig«, zum anderen sei er voller Seelengüte, die ihn dazu führe, den Armen »freimütig zu geben und zu helfen«. »Der richtige Weg«, so Kruschwitz, »bestünde dann darin, richtig genießen, richtig lieben und richtig Gerechtigkeit üben zu lernen.« Mit dem Aufzeigen dieses Weges wende Heine sich nicht an das Proletariat, sondern an seine Leser, an die Bourgeoisie, die er vor einem Eskalieren der Klassengegensätze warnen wolle. Sie seien Adressat seiner politisch engagierten Literatur.[4]

Nach der Mittagspause präsentierte Philipp Ritzen, der zurzeit über Heine und die Geschichte an der Heinrich-Heine-Universität Düsseldorf promoviert, einen Einblick in seine entstehende Arbeit. Ausgehend von grundsätzlichen Überlegungen zu Gemeinsamkeiten und Unterschieden zwischen Geschichtsschreibung und Dichtung schon bei Aristoteles fragte er mit sehr interessanten Beispielen aus Heines »Romanzero« nach dem »poetischen Surplus« in Heines dichterischer Gestaltung von Geschichte. An »Rhampsenit«, dem Eingangsgedicht des »Romanzero«, zeigte Philipp Ritzen sehr schön, wie Heine Historisierung ironisiert: »Obwohl es sich doch um eine sagenhafte Erzählung handelt, werden gleich zwei historische Daten genannt: der 3. bzw. 4. Juni 1324 sowie der 3. Januar 1326 vor Christus.« Dass Rhampsenit bereits vor Christi Geburt selbst nach dem gregorianischen Kalender rechne, sei »grotesk«, dass er darüber hinaus in zeitlich falscher Richtung die – allemal nur fiktiven – Jahreszahlen angebe, zeige »die Absurdität historischer Datierung«. Geschichtsschreibung, so zeige Heine poetisch in seinen »Romanzero«-Texten, sei immer subjektiv. Umgang mit der Geschichte sei bei Heine auch immer Arbeit an der eigenen Biographie, wie sich etwa an dem Gedicht »Carl I.« ablesen lasse. Und schließlich, so belegte Ritzen am Gedicht »1649–1793-???«, »ermöglicht es der poetische Umgang mit Geschichte, nicht-verwirklichte Möglichkeiten der Vergangenheit aufzuzeigen bzw. einen Blick in die Zukunft zu werfen«.[5]

Der Vortrag von Eva Axer, die an der University of Nottingham an einem Projekt zur Funktion der deutschen Kunstballade in Diskursen über Volk und Nation arbeitet, widmete sich Heines »Buch der Lieder« und Arno Holz' »Buch der Zeit«. Unter dem Titel »Von der Möglichkeit ein Volksdichter zu werden« untersuchte sie, wie es Heine mit seinem »Buch der Lieder« gelang, als »Volksdichter« rezipiert zu werden und warum Arno Holz sechzig Jahre später – anknüpfend an sein Vorbild – dieser Erfolg versagt blieb. »Beide«, so parallelisierte sie die Ambitionen von Heine und Holz, »schreiben zu Beginn ihrer literarischen Laufbahn Lieder im Volkston, die ihnen sowohl die Anerkennung der kulturellen Elite wie die Zuneigung der Menge einbringen sollen.« Beide wollten mit ihren Texten gleichermaßen Klassizität und Popularität erreichen. Sehr interessant verwies Eva Axer auf den unterschiedlichen Zusammenhang von Popularität und Politik in Bezug auf Entstehung und Rezeption beider Werke und die veränderte politische Situation in Deutschland. Heines politisches Anliegen sei Allgemeinverständlichkeit gewesen, Wissen sollte nicht esoterisch sein. In der Rezeption habe sich, so Axer, eine Politisierung ergeben »durch Faktoren, die nicht notwendigerweise im Buch selbst liegen (darunter etwa Heines Exilantentum)«. Holz' Sammlung sei indes so »disparat«, »sowohl die Stilmittel als auch die politische Ausrichtung betreffend« – von sozialistisch bis nationalistisch –, dass die Gedichte zu unterschiedliche Kreise angesprochen hätten und die Buchpublikation ihr Publikum nicht erreichte. Heines Lyrik sei trotz seines ironischen Spiels mit dem Volksliedton vielfach naiv rezipiert worden, besonders die Vertonungen trugen zur Popularisierung bei. Holz' Gedichten fehle die »Musikabilität«, sie seien letztlich nur noch Form und konnten nicht populär werden.[6] In der anschließenden Diskussion um den Vortrag zeigte sich im Publikum, dass Arno Holz' Texte wenig bekannt waren, der Vergleich daher schwierig nachvollziehbar und Textbeispiele sehr gewünscht gewesen wären.

In ganz anderer Weise setzte sich auch der folgende Vortrag mit der Heine-Rezeption auseinander. Unter dem Titel »Die fehlende Dichterliebe eines ›narzisstischen Nazis‹« untersuchte Miriam Rosenbohm die Neutextierungen einiger

Heine-Vertonungen Robert Schumanns von Hans Venatier 1944 und stellte damit das Thema ihrer zurzeit entstehenden Dissertation vor. Der schlesische Schriftsteller Venatier, in den 40er Jahren in Nazi-Deutschland bekannt und ausgezeichnet, wollte den Ideen nationalsozialistischer Kulturpolitik entsprechend die Musik des »urdeutsch empfindenden Musikers« Schumann (Richard Paetzold) wieder aufführbar machen, indem er sie »von ›jüdischen‹ Einflüssen befreit[e]«: »die rührselige und weinerliche Art Heines mußte durch Gedichte von einfacher, klarer Haltung ersetzt werden« (Venatier). Äußerst anschaulich analysierte Miriam Rosenbohm die Umdichtungen Venatiers, die unter dem Titel »Ein Lebenslauf« in Analogie zu Chamissos »Frauenliebe und Leben« eine völlig neue Geschichte erzählten, zugleich aber durch Umstellungen von Liedern, vielfachen metrischen Änderungen und anderen Reimen entscheidend in den musikalischen Zyklus von Schumann eingriffen. Mit Klangbeispielen zeigte sie, wie der neue Text Venatiers zur ironischen Schumann-Vertonung von Heines »Ein Jüngling liebt ein Mädchen« zu unfreiwilliger Komik führe und »zutiefst unpassend wirkt«. Selbst die »Reichsstelle für Musikbearbeitungen« hat solch engagierter Neutextierung gegenüber vorgezogen, dass »die öffentliche Wiedergabe [des] Zyklus ›Dichterliebe‹ auf längere Zeit unterbleibt.« Die nationalsozialistische Taktik des »Verschweigens« von Heines Werken, so konstatierte Rosenbohm mit Bezug auf Steinecke, betraf damit schließlich auch die Vertonungen seiner Gedichte.[7]

Einem einzigen Text aus Heines »Buch der Lieder«, seinem weltweit berühmtesten Gedicht, widmete sich der letzte Vortrag des Forums. Georges Felten sprach über »Odysseus am Rhein. Heines ›Ich weiß nicht, was soll es bedeuten‹ als poetologische Selbstverortung«. Der Vortrag faszinierte vor allem dadurch, dass er über das so ungemein bekannte und vielfach interpretierte Gedicht noch interessantes Neues zu sagen vermochte, indem er aus dessen intertextuellen Bezügen Heines poetologische Selbstverortung extrahierte. Beeindruckend war zudem der zugleich sehr genaue und raffiniert sprachspielerische Umgang mit den untersuchten Texten. In das Zentrum seiner Überlegungen stellte Felten dabei den auch von Heine in anderen Kontexten vielfach angesprochenen Bezug zu Homers »Odyssee«. Als »hintersinnige ›Mimesis zweiten Grades‹« deckte er die Nachahmung der List des Odysseus – »die Sirenen singen zu hören, ohne dabei zugrunde zu gehen« – als »spezifische List des Textes« auf: Das Alter Ego des Odysseus sei in Heines »Loreley«-Gedicht nicht in einer Figur, sondern im Text selbst zu finden, im »Übergang von der poetischen *oratio soluta* des Märchens zur *oratio ligata* des Heine'schen Lieds«. Im prosaischen Tonfall des Gedichtschlusses sah Felten den Ausblick auf Heines politisch motiviertes »prosimetrisches Schreiben der zweiten Hälfte der 1820er Jahre«: zugleich die »melancholische Einsicht, dass die Poesie der alten Zeiten in den neuen nicht mehr ungebrochen

Bestand haben kann, sowie die Hoffnung, dass der in dieser Poesie vorgeführten Sprachmagie und Allbelebtheit dank aufklärerischer List dennoch so etwas wie ein utopischer Index innewohnt«.[8]

Den Preis für das 15. Forum Junge Heine Forschung erkannte die Jury[9] dem Beitrag von Georges Felten zu, der an der Sorbonne und der Universität Basel mit einer Arbeit über »Narration, Deskription und ihre ästhetisch-politischen Implikationen[10] in Texten von Arno Schmidt und Peter Weiss« promoviert wurde und zurzeit als Oberassistent am Deutschen Seminar der Universität Basel tätig ist. Die Heine-Gesellschaft verlieh ihm den Preis im Rahmen ihrer Mitgliederversammlung am 12. März 2013. Die Suche nach Heines politisch-poetischer Positionierung und deren Rezeption standen im Zentrum der Beiträge des 15. Forums und ausgesprochen spannend war für das wissenschaftliche wie auch das zahlreiche öffentliche Publikum zu erleben, wie die junge Forschung theoretisch fundiert immer wieder sehr genau am Text Heines poetischem Verfahren auf die Spur zu kommen sucht.

Anmerkungen

1 Neue Rhein-Zeitung, Düsseldorf, vom 6. Dezember 2011.

2 Zu Konzeption, Organisation und Geschichte des von Heinrich-Heine-Institut, Heinrich-Heine-Gesellschaft und Heinrich-Heine-Universität gemeinsam veranstalteten Forums vgl. auch die Berichte über die vorangegangenen Kolloquien: Karin Füllner: »...eine neue Zeit mit einem neuen Prinzipe«. Das Düsseldorfer-Studierenden-Kolloquium mit neuen Arbeiten über Heinrich Heine. – In: HJb 40 (2001), S. 164–173; dies.: »Dieses ist die neue Welt!« Das Düsseldorfer Studierenden-Kolloquium 2001 mit neuen Arbeiten über Heinrich Heine. – In: HJb 41 (2002), S. 245–247; dies.: »und gerade Heine überzeugt mich«. Das Düsseldorfer Studierenden-Kolloquium 2002 mit neuen Arbeiten über Heinrich Heine. – In: HJb 42 (2003), S. 188–191; dies.: »Europäischer Heine«. Das Düsseldorfer Studierenden-Kolloquium 2003 mit neuen Arbeiten über Heinrich Heine. – In: HJb 43 (2004), S. 277–281; dies.: Heinrich Heine: europäisch, musikalisch und kulinarisch. Das Düsseldorfer Studierenden Kolloquium 2004 mit neuen Arbeiten über Heinrich Heine. In: HJb 44 (2005), S. 232–236; dies.: Heinrich Heine: Über Groteske, Poesie und Mythos. 8. Forum Junge Heine Forschung 2005 mit neuen Arbeiten über Heinrich Heine. - In: HJb 45 (2006), S. 249–253; dies.: Politik und Maskerade. Von Heine bis heute. 9. Forum Junge Heine Forschung 2006 mit neuen Arbeiten über Heinrich Heine. – In: HJb 46 (2007), S. 223–228; dies.: »Heinrich Heine und die fröhliche Wissenschaft«. 10. Forum Junge Heine Forschung 2007 mit neuen Arbeiten über Heinrich Heine. – In: HJb 47 (2008), S. 246–250; dies.: Musterhafte Vorbilder. 11. Forum Junge Heine Forschung 2008 mit neuen Arbeiten über Heinrich Heine. – In: HJb 48 (2009), S. 227–232; dies.: »Im Namen des Dichters«. 12. Forum Junge Heine Forschung 2009 mit neuen Arbeiten über Heinrich Heine. – In: HJb 49 (2010), S. 250–254; dies.: »Das ausgesprochne Wort ist ohne Schaam«. 13. Forum Junge Heine Forschung 2011 mit neuen Arbeiten über Heinrich Heine. – In: HJb 50 (2011), S. 214–218; dies.: »Emanzipazion der ganzen Welt«. 14. Forum Junge Heine Forschung 2012 mit neuen Arbeiten über Heinrich Heine. – In: HJb 51 (2012), S. 215–220.

3 Zitiert nach dem von Martin Kraus vorgelegten Beitrag
4 Zitiert nach dem von Hans Kruschwitz vorgelegten Beitrag, der im vorliegenden Jahrbuch vollständig abgedruckt ist.
5 Zitiert nach dem von Philipp Ritzen vorgelegten Beitrag.
6 Zitiert nach dem von Eva Axer vorgelegten Beitrag.
7 Zitiert nach dem von Miriam Rosenbohm vorgelegten Beitrag.
8 Zitiert nach dem von Georges Felten vorgelegten Beitrag, der im vorliegenden Jahrbuch vollständig abgedruckt ist.
9 Mitglieder der Jury waren in diesem Jahr: Dr. Sabine Brenner-Wilczek, Prof. Dr. Volker Dörr, Dr. Karin Füllner, Katy Heady, Prof. Dr. Joseph A. Kruse, Renate Loos und Prof. Dr. Manfred Windfuhr.

Reden

Spiegelbilder
Gedanken zum Düsseldorfer Heine-Denkmal
2012

Von Joseph Anton Kruse, Berlin

Von Spiegelbildlichkeiten unterschiedlichster Art wird im Folgenden ausdrücklich oder zwischen den Zeilen fortwährend die Rede sein müssen. Denn eine Betrachtung aus Anlass des Heine-Denkmals 2012, des großen heineschen Buchobjektes für die Düsseldorfer Universität von Bert Gerresheim[1], wird nicht umhin können, manche allgemeinen wie speziellen Prozesse wieder ins Gedächtnis zu rufen, die zu den Traumata im Rahmen dieses Schriftstellerlebens und seiner Nachwirkung gehören.

Der bildhauerische Hinweis auf solche Verwerfungen in der Biographie wie durch die Historie von Ablehnung oder Wertschätzung Heines zählt freilich seinerseits zu der seit über drei Jahrzehnten auf den Dichter sich beziehenden und in der Öffentlichkeit überaus präsenten Kunst Bert Gerresheims. Er hat sich nämlich mit Überzeugungskraft und Darstellungsgabe nie gescheut, dem Andenken an den Schriftsteller, den Kämpfer für die Menschenrechte und gleichzeitig den Schmerzensmann in seiner Matratzengruft, einen gebührenden Raum zu erobern.

Dabei hat Gerresheim der Heine-Kunst nicht nur hier am Rhein maßgebliche Impulse verliehen, wofür wir ihm mit großem Nachdruck Dankbarkeit schulden. Sein damals absolut unbequemes Heine-Monument, ein Fragemal oder die Visualisierung der Matratzengruft in einer zerbrochenen Vollendung von 1981 auf dem Düsseldorfer Schwanenmarkt strahlt samt den zahlreichen anderen Heine-Arbeiten, darunter beispielsweise die Ehrengabe der Heine-Gesellschaft – zunächst als »Lazarus«-Kopf, dann als Buchobjekt »Die Schere der Zensur« –, weit darüber hinaus. Ja, bis zum jüngst eingeweihten und viel bewunderten Ausnahme-Porträt Heines aus Carrara-Marmor in der Walhalla. Den Ort bei Regensburg würde der Dichter wegen früherer Sarkasmen vielleicht sonderbar, den weißen Marmor mit jenem den Statuten abgerungenen Riss dagegen als völlig angemessen empfunden haben.

Gerresheim, der seine Heine-Schöpfungen ebenso beredt wie wunderbar selbst zu erklären versteht, hat im Übrigen seinen eigenen Kopf lange dafür hinhalten müssen, wenn etwelche Gruppen Probleme mit unserem Dichter hatten, und die offenen oder versteckten Angriffe wegen seiner eigenen diffizilen Heine-Auffassung wie -Darstellung, übrigens bis heute, ausgehalten und die wehrhafte Sache nie aufgegeben.

Denn Heinrich Heine, nach dem diese Universität mit Recht benannt ist, was quälend lange, ja allzu lange hat auf sich warten lassen angesichts aller mit seinem Namen verknüpften Fakten und Erinnerungen, gehört eingestandenermaßen zu den großen poetischen und dabei von Beginn an trotz mancher Lagerkämpfe vermittelnden Genies der Weltliteratur. In seiner Persönlichkeit und seinem Werk spiegelt sich die von ihm erlebte Zeit mit ihren Vorzügen und Abgründen. Gespiegelt sind aber auch Vorzeit und Nachwelt, so dass auch wir selber, wenn wir in sein Werk schauen, uns dort wieder zu erkennen vermögen. Als habe er ein Fernrohr und Vergrößerungsglas auf alles gerichtet gehabt, bündeln sich in den von ihm nacherzählten Entwürfen wie Bildern über das, was die Welt zusammenhält, Realität und Fiktion, Wahrheit und Utopie, Groteskes und Banales – und das stets mit jener Ironie oder dem Grad von Humor oder Sarkasmus, für deren unnachahmlich untergründige Präsenz er berühmt geworden ist.

Heine entstammt, worauf er durchaus stolz war – trotz seiner den obwaltenden Umständen geschuldeten Konversion zum Protestantismus sowie der katholischen Trauung und obgleich er auf Distanz zu fast allen religiösen Formen hielt – dem Volk des Buches und der Propheten, dem Judentum. Oft genug hat er sich in dieser Tradition einer zwingenden Verpflichtung und eines höheren Auftrags verstanden. Das Buch der Bücher, die Bibel, ist immer wieder Bezugspunkt seines literarischen Ausdrucks und Selbstverständnisses gewesen. Ohne das Buch Hiob aus dem Alten Testament und ohne die Anwendung der zweifachen Figur des Lazarus, einmal des armen Lazarus aus der Gleichniserzählung, zum anderen des vom Tode auferweckten Freundes Jesu im Neuen Testament als rettende Figuration für die Bewältigung von Krankheit und Tod ist vor allem seine Pariser Spätzeit nicht zu begreifen. Und schließlich hatte er schon als Bonner Student in seiner Tragödie »Almansor« über das Autodafé des Korans in Granada während der spanischen Rechristianisierung den tiefsinnigen Satz über das untrennbare Bücher- und Menschenschicksal geprägt: »Das war ein Vorspiel nur, dort wo man Bücher / Verbrennt, verbrennt man auch am Ende Menschen.«

Das Heine-Denkmal von Bert Gerresheim auf dem Campus der Heinrich-Heine-Universität, Düsseldorf. Es hat die Form eines offenen Buches und zeigt die Silhouette des jungen und des alten Heine, eine Narrenschelle und eine Schere.

Foto: Ivo Mayr
© Heinrich-Heine-Universität, Düsseldorf

Dass Bert Gerresheim also für die Universität als Signum oder Signal für unsere Sicht auf Heine und als Symbol für den Zeugen des Wortes ein Buch wählt mit Darstellungen des jungen Dichters vorne samt seiner Silhouette innen und des, wenn auch für heutige Begriffe gar nicht sehr alten, so doch leidenden Schriftstellers hinten und obendrein einen Text einspielt aus dem Jahre 1833 vom Zweck des Lebens, der das Leben selbst sei, mag als Reverenz vor dem Autor und als naheliegender Verweis auf die Wirkmächtigkeit von Heines literarischem Vermächtnis gelten. Heine war, auch wenn er das gerne unterschlug, ein belesener und gelehrter Autor mit über 1.500 Nennungen des Wortes Buch in Werken und Briefen, der allerdings das Bücherwissen verständlich weiterzugeben sich bemühte. Er übte nach und aufgrund der Lektüre anschließend Solidarität mit dem Publikum, das ihn als Mittler brauchte, als den ägyptischen Joseph, der in Hungerszeiten die Kornscheuern öffnete. Und dass Bücher ihre seltsamsten Schicksale haben können, davon erzählt dieses gewissermaßen berufsspezifische Denkmal wie nebenbei auch, weil Heine außen drauf steht und innen drin ist und doch nur zu greifen ist, wenn man sich seinen Texten, seinen Botschaften anvertraut.

Erinnerungssüchtig war Heine zweifellos mehr, als ihm gelegentlich selber lieb sein konnte. Dieser Ausdruck fällt im Zusammenhang mit seiner zum romantischen Gefühlshaushalt gehörenden gescheiterten Kusinen-Beziehung und beschwört unabänderliche Liebesschmerzen als Ungenügen am sozialen Umfeld, was der junge Düsseldorfer Poet in seiner zweiten Heimat Hamburg durch unsterbliche Gedichte sublimiert hat. Erinnerungen beziehen sich auf das verlorene Leben und müssen sich wandeln zu Einsätzen für das zukünftige, selbst wenn es noch in den Sternen von Freiheit und Gleichheit steht. Letztendlich bestimmte das den eigenen zeitgenössischen Bedingungen nachspürende und somit autobiographische Element das gesamte Schreiben. Dabei gaben sich allerdings privates Befinden und öffentliche Rolle die oft nicht zueinander passenden Hände. Erwartung und Wirklichkeit gerieten einfach aus unterschiedlichen Gründen immer wieder in Konflikt. Der Autor und die offizielle Politik seiner Zeit, und lange darüber hinaus, waren nicht ohne weiteres kompatibel.

Ob in der Lyrik oder in seiner Prosa, immer war vom Ich die Rede, auch wenn wir uns angewöhnt haben, diese Selbstbezeichnung nicht durchgängig oder ohne jegliche Objektivierung auf den Schriftsteller anzuwenden. Dafür wissen wir zu genau von seinem rasanten Theaterspiel mit der Realität und sind ihm bei zahlreichen geradezu rheinisch-karnevalistischen Maskeraden auf die Schliche gekommen. Als Spiegelbilder im Vexierkabinett der Literatur betrachtete er, was in der Welt geschah und sich in der Brust des Schriftstellers wiederfand. Er machte daraus jene Botschaften, die Augen zu öffnen verstanden und die Hoffnung nährten, die Vernunft und die Prinzipien der Humanität würden endlich siegen. Und genau diese Anknüpfungspunkte von Zwiespalt, Tatkraft, Glück und Vergeblichkeit sind es, die Bert Gerresheim immer wieder aufgegriffen und zur Darstellung gebracht hat. Mit Heine verbindet ihn der Anspielungs- und Formenreichtum des geborenen Mystikers, der hinter die Dinge blickt und immer wieder die Würde des Menschen durchscheinen lässt, der die verlorene Augensprache, wie sie der Dichter beruft, tatsächlich versteht.

Gedenken und Erinnerung jedoch als subjektive Hinwendung zu persönlichen Belangen oder Lebensspuren im großen Welttheater waren nicht das einzige, was Heine beunruhigte. Natürlich war ihm wichtig zu wissen, ob seine letzte Ruhestätte nun unter Linden am Rhein oder unter Palmen im Süden zu finden sei. Wie alle Gräber würde es jedenfalls eine ganze Weltgeschichte bezeichnen. Das ist der Sieg unseres Individuums über die rücksichtslos verschlingenden Interessen des namenlosen Großen und Ganzen. Eine Impression davon empfangen wir auf dem Düsseldorfer Schwanenmarkt beim Anblick von Gerresheims Heine-Monument, das die zerschlagene Totenmaske in der rheinischen Heimat die Geschichte seiner Leiden erzählen lässt. Das alles lange vor der Benennung der Universität nach Heine. Das akademische Leben ist oft viel langsamer und begriffsstutziger als die Kunst. Heine selbst prägte für die Sonderformen von unverständlicher Gelehrsamkeit kurzerhand das Adjektiv »spinnwebig«.

Heines Sorgen betrafen über die privaten Verhältnisse hinaus jedoch durchaus vor allem auch den unsterblichen Ruhm außerhalb seiner zahllosen deutschen und französischen Wohnungen und zwar räumlich wie zeitlich enorm über einen solchen individuellen Radius hinaus. Solche Popularität nämlich, wie er das nannte, hatte er vor allem als selbstbewusster und gleichzeitig zerrissener Dichter durch seine weltweit ständig gesungenen Verse und seine die mannigfaltigsten Zustände wirksam verändernden Beschreibungen in unzähligen Übersetzungen unweigerlich gewonnen. Dennoch blieb er stets, was Gerresheim oft ausgedrückt hat und was ihm auch bei diesem großen Buchprojekt wichtig war, ein Opfer von Zensur und Verfolgung, jedoch auch der Narr unter seinem Publikum, ein Narr des Glücks, wie er Shakespeare zitiert, der Elend oder Exil aushält.

Ein solcher heinescher Nachruhm bedarf in der Tat stets auch eines dankbaren, jedenfalls aufmerksamen Publikums. Das gilt für die gesamte Welt, verständlicher-, um nicht zu sagen natürlicherweise vor allem für die Erinnerungskultur an seinem Geburtsort. Dort wenigstens werde man ihm, vermutet der Dichter 1837 voller Melancholie wegen einiger damaliger Misserfolge, wohl ein Denkmal errichten. Wenn etwas schief läuft, soll die Heimat einem wieder jene Zuflucht gewähren, die der Lauf der Zeit und die damit einhergehenden Veränderungen geraubt haben.

Denkmäler oder Erinnerungsmale, das sind überall die Fixpunkte der Andenkenpflege. Gerade damit hatte Heine es allerdings, trotz der bei der deutschen Leserschaft geradezu genetisch bedingten Denkmalswut, außerordentlich schwer. Es gibt kaum einen Dichter, dessen Denkmalsgeschichte zugleich die Geschichte der sozialen und politischen Befindlichkeiten spiegelt, wie das bei Heine der Fall gewesen ist und das bis in die jüngste Zeit hinein: Wir wollen an das gescheiterte Denkmal für Düsseldorf der Kaiserin Elisabeth von Österreich erinnern, das heute in New York steht und dessen Denkmalsfonds den Grundstock für das Ersatz-Denkmal, das Heine-Archiv, bildete; an das just zu Beginn der Herrschaft des Nationalsozialismus für Düsseldorf gefertigte Denkmal von Georg Kolbe, das nach dem Kriege lange Jahrzehnte hindurch wegen der politischen Unzuverlässigkeit des Bildhauers ohne Bezug auf den Dichter im Ehrenhof seinen Platz fand; an die Gestalt der Harmonie von Aristide Maillol, die zu Ehren des Dichters auf dem Napoleonshügel knapp zehn Jahre nach dem Kriege als Krönung einer Heine-Denkmalsanlage aufgestellt wurde und im friedlichen Grün des Hofgartens ein stilles Dasein fristet.

Offenbar musste sich die Universität seiner Geburtsstadt nach ähnlichem Muster in kleinen homöopathischen Dosen an den Dichter gewöhnen: Nach und nach breitete sich dieser über das ganze Gelände als Abbild, Text oder auch eigens verliehener Sub-Name aus, das galt mit quasi heimlichen bzw. Ersatzhandlungen bis zur Benennung im Jahre 1988, gelegentlich aber auch bis heute. Wer erlebt hat, wie zuerst eine jugendstilige Heine-Büste als Abguss eines Originals aus dem Heine-Institut das Germanistische Seminar der Alma Mater erreichte; wie der wunderbare Schieferstein mit Heines Versen aus dem »Enfant perdu«-Gedicht durch den unermüdlichen Wilhelm Gössmann den Weg zwischen Universitätsbibliothek und Mensa zu säumen begann; wie der weiße Abguss des alten Heine vom Pariser Montmartre-Friedhof auf diplomatischem Wege das Rektorat zu zieren sich anschickte; wie die bronzene Heine-Gestalt nach dem Bozzetto des zerstörten Hamburger Lederer-Denkmals aus dem Besitz des rabiaten und vordem gefürchteten Verfechters der Umbenennung der Universität friedlich-schiedlich vor dem Bibliotheksgebäude sich seine jahrelang unergründlichen Gedanken macht –

Wer das alles miterlebt hat oder in den Annalen der Heine-Wirkungsgeschichte, die Spreu vom Weizen scheidend, einmal nachliest, der ahnt, dass wir es in diesem Jahre des Herrn 2012 mit Gerresheims großem Heine-Buch auf dem Universitätsgelände endlich so weit gebracht haben, dass aus der Not keine Tugend gemacht wird, sondern dass die Tugend sich zur bildnerischen Tat bekennt. Das durch die Zensurschere in Schieflage geratene Buch, wie der Künstler selber betont, erzählt vom ewigen Konflikt, lässt den sich wandelnden Dichter erkennen, gibt seine Botschaft weiter, hat Seiten, die der Betrachter – in welchem Medium auch immer – wird lesen, ausdeuten und umblättern können. Im Übrigen löscht diese Buch-Tat die anderen Heine-Orte auf dem Campus keineswegs aus. Im Gegenteil, sie steckt allen bisherigen Bemühungen ein Licht auf, nach dem Motto des heiligen Augustinus: Nimm und lies! Heines romantischer Fragmentarismus lässt grüßen! Die einzelnen Dinge zusammengenommen ergeben im dialektischen Sprung eine Synthese als Mehrwert von Erkenntnis über die Mühe und die Not, sich einem Dichter wie Heine adäquat zu nähern. Wir sind am heutigen Tage damit einen gewaltigen Schritt weiter gekommen.

Auch das sei beim Gerresheim'schen Buchobjekt gesagt: Es ist trotz einer simpel wirkenden Form vieldeutig und vielsagend. Und natürlich hat darin auch eine besondere Düsseldorfer Leistung ihren Ausdruck gefunden, die von der Universität erst am Ende überhaupt als auch eigenes Verdienst wahrgenommen und verinnerlicht wurde: die historisch-kritische Heine-Ausgabe von Manfred Windfuhr, dem hiesigen Neugermanisten der ersten Generation, eine Edition, die inzwischen durch das Heine-Portal des Heine-Instituts im Internet allgemein abrufbar geworden ist.

Ich wünsche dem bronzenen, glücklicherweise nicht einfach zu versteckenden oder zu übersehenden Heine-Buch, das man, wie könnte es anders sein, natürlich auch mit seinem eigenen Longseller für Tausende von Vertonungen in Verbindung bringen darf, dem »Buch der Lieder« nämlich, eine befreiende und aufklärende Wirkung an dieser Stelle, Besinnungsmomente, die verknüpfende Kraft freudiger Erkenntnis im Zusammenführen sämtlicher Heine-Spuren auf dem Felde der Düsseldorfer Universität und Wissenschaft, ob sichtbar oder unsichtbar, und möchte diese Wünsche verbinden mit dem von Herzen kommenden Dank an den Künstler sowie die Gießerei Schmäke und nicht zuletzt auch an die Stifterfamilie Aengevelt und die Rheinische Post Mediengruppe. Der Heinrich-Heine-Universität aber ein Glückwunsch, wie er nicht größer sein könnte! Es handelt sich hier um einen imposanten und würdigen Höhepunkt in der Geschichte von Heines Nachwirkung!

Ich danke Ihnen für Ihre Aufmerksamkeit und dafür, heute dabei sein zu dürfen!

Anmerkung

1 Eingeweiht am 30. Oktober 2012 durch den Rektor der Heinrich-Heine-Universität, Düsseldorf, Prof. Dr. Dr. H. Michael Piper. Die hier abgedruckte Rede wurde bei der Enthüllung vorgetragen.

Rede zur Einweihung des Bremer Heine-Denkmals am 1. Oktober 2010

Von Arie Hartog, Bremen

Sehr geehrter Herr Präsident,
sehr geehrter Herr Bürgermeister,
sehr geehrte Damen und Herren,

Heinrich Heine hatte nie eine gute Presse in Deutschland. Aber – und das ist ja das Besondere an diesem Land – die Kunst hat sich durchgesetzt. Natürlich weil sie (die Kunst) so gut war, aber auch, weil sich Menschen zu ihr bekannt haben. Kunst lebt von der Resonanz. Aber – und das ist das eigentliche Thema – Kunst kann Resonanz einfordern, gar provozieren. Und diese Figur von Waldemar Grzimek hat eine Reaktion herausgefordert. Sie stand als Gips in unserem Depot und nun steht sie als Denkmal hier in den Wallanlagen.[1] Und das ist wichtig: für Heine, für Grzimek, für Bremen – und spannen wir den Bogen noch weiter: für Deutschland?

Braucht Bremen ein Heine-Denkmal? Der Dichter war im Ratskeller[2], aber wir setzen ja nicht jedem Besucher dieses Etablissements ein Denkmal, wobei das aus der Perspektive des Tourismusmarketings sicher eine Erfolg versprechende Kampagne wäre. Und so ist die Frage auch falsch gestellt: Braucht Bremen *dieses* Heine-Denkmal? Und da ist die Antwort: ja! Das hat weniger mit Heine als mit Waldemar Grzimek zu tun und auch mit diesem bestimmten Kunstwerk.[3] Denkmäler bedeuteten etwas, im 19. Jahrhundert, im 20. Jahrhundert und auch im 21. Jahrhundert. Im 19. Jahrhundert sind sie Zeichen des bürgerlichen Selbstverständnisses oder der staatlichen Macht, und mit beiden Zeichen des Stolzes tun wir uns heute schwer. Die guten Denkmäler des 20. Jahrhunderts verhalten sich kritisch zu dieser Tradition des Stolzes, und das heißt, dass Denkmäler seitdem immer historisch sein müssen. Sie dokumentieren etwas, und sie verhalten sich zu anderen Denkmälern. Und dieses Verhalten, das ist der Kern dieses Kunstwerkes. Anders gesagt: Nur wer versteht, was ein Denkmal in Deutschland bedeutet, versteht die besondere Qualität dieser Lösung. Denn, da haben die Kritiker Recht, es ist kein modisches Denkmal.

Das Heine-Denkmal von Waldemar Grzimek in den Bremer Wallanlagen
© Gerhard-Marcks-Stiftung, Bremen 2013

Wo gehört ein Heine-Denkmal hin? Nach Düsseldorf, wo er geboren wurde, oder nach Paris, wo er seit 1831 im Exil lebte? Heinrich Heine repräsentiert eine Kombination von Poesie und Kritik, von Politik und Kunst, deutscher Sprache und Judentum, die im 19. und auch im 20. Jahrhundert kaum vorstellbar war für ein Denkmal. Das Problem an Denkmälern als Form ist, dass sie immer einen Aspekt herausgreifen. Der Mensch hingegen, sicher der Mensch im 21. Jahrhundert, ist immer widersprüchlich oder, um es neudeutsch auszudrücken, besitzt multiple Identitäten. Was sich im 19. Jahrhundert nur wenige zusammen vorstellen konnten – Balladen und Feuilleton, deutscher Dichter und Jude – diese Überlappung von Identitäten ist im 21. Jahrhundert zu einer Selbstverständlichkeit geworden. Und es geht schon längst nicht mehr darum, wo man herkommt oder wo man stirbt, sondern eher darum, wo man etwas für eine Gesellschaft bedeutet – oder bedeuten soll.

Aber dieser Zeit heute fehlt die Form, um diese Problematik in ein Kunstwerk zu verpacken. Und da lohnt es sich, die Figur von Waldemar Grzimek anzuschauen, die den Dichter sowohl freundlich als auch ironisch darstellt, den Lyriker und den Kritiker, die gerade nicht eindeutig ein bestimmtes ideologisches Heine-Bild verkörpert und darum schon zu DDR-Zeiten angegriffen wurde. Es zeigt die Komplexität eines Menschen und macht diese nachvollziehbar. In den Reliefs wird sowohl auf das Leben wie auf die Werke des Dichters angespielt, in einer quasi naiven Form, die den Volksliedvarianten des Dichters gar nicht so unähnlich ist. Dieser Heine spricht und horcht und zielt auf alle Betrachter. Kennen Sie Heine? Lohnt sich! Lesen! Als Kunstwerk dokumentiert es eine Formauffassung der 1950er Jahre, aber es spricht hier heute zu uns.

Die Einweihung dieses Denkmals im Umfeld der Feierlichkeiten zur deutschen Einheit verweist natürlich auch auf die Tatsache, dass Heinrich Heine in der Bundesrepublik der 1950er Jahre nicht denkmalwürdig war. Aber ich möchte hier heute vor allem auf Waldemar Grzimek hinweisen. Nicht umsonst ist der Nachlass von Waldemar Grzimek in Bremen gelandet. Genauso wie Gerhard Marcks ist er ein Berliner im Exil: Es geht um den ideellen Kern der deutschen Tradition der figürlichen Bildhauerei, und der – das ist übrigens ein Alleinstellungsmerkmal dieser Stadt – wird seit den frühen 1970er Jahren hier in Bremen gepflegt. Natürlich weil die Kunst so gut ist, aber vor allem, weil sich Menschen zu ihr bekennen.

Das Problem lässt sich einfach erklären. Stereometrische Formen, denken Sie an Kuben und Kugeln, sind übersichtlich, aber sie sind auch langweilig, und umgekehrt ist das menschliche Leben voller Spannung und Aufregung – aber unübersichtlich. Und diese moderne deutsche figürliche Tradition macht sich zur Aufgabe, von Fall zu Fall ein Gleichgewicht zu finden. Es muss lebendig sein, und es muss übersichtlich sein, es muss übersichtlich sein und lebendig. Und gerade dieser Heine zeigt große vereinfachte Formen und präzise Psychologie in einem. Schauen Sie in diesem Zusammenhang auch mal von der Stadtbibliothek aus auf den Heine.

Waldemar Grzimek – und daran sollte man heute auch erinnern – war ein Bildhauer, der sich zwischen beiden deutschen Staaten bewegte. Er und Gerhard Marcks sind die Verbindung zwischen der modernen Figur in Ost- und der modernen Figur in Westdeutschland. Das heißt, es gab eine Mauer, es gab auch eine Mauer in den Köpfen, aber auf dem Gebiet der Kultur wurden diese Grenzen immer wieder überwunden. Die nicht-heroische menschliche Figur in der Bildhauerei wäre danach so etwas wie ein gesamtdeutsches Erbe, auch etwas, woran man erinnern sollte. Einer der Gründe – und als Ausländer darf ich das ja wohl behaupten –, weshalb die Einheit gefeiert werden kann, ist auch, dass die Kultur ihr einen gemeinsamen Boden bereitet hat. Gerade in Bremen wusste man das, und darum verlieh man Grzimek auch 1984 den Bremer Bildhauerpreis. Es hat 26 Jahre gedauert, bis man diese mutige Entscheidung durch die öffentliche Aufstellung eines Kunstwerks ergänzte, und dann – war kein öffentliches Geld mehr da. Aber es hat sich durchgesetzt. Natürlich weil die Kunst so gut war, aber auch weil sich Menschen zu ihr bekannt haben. Und so danke ich allen Unterstützern sehr herzlich.

Meine Damen und Herren, Heinrich Heine hatte nie eine gute Presse in Deutschland. Dieser Heine hatte auch oft schlechte Presse, und das ist schade, weil die Öffentlichkeit von einer Kombination von Engagement und Auseinandersetzung lebt. Aber Engagement auch Anerkennung verdient. Irgendwann erzählte mir Herr Dr. Hübotter, er würde die wirkliche Geschichte des Denkmals auf einem Zettel aufschreiben, in eine Metallhülse drehen und dann unter dem Denkmalsockel verbergen. Und ich fragte mich, ob er dies gemacht hat. Die Idee ist gut: Das muss man tun. Und so haben wir die Namen der Unterstützer in Bronze am Denkmal und die Namen von einigen anderen Menschen, von den Guten und den Bösen, in einer Metallhülle im Sockel. Vielleicht sogar zwei Mal. Ich bin mir sicher, das hätte Heinrich Heine gefallen. Ich wünsche Ihnen einen schönen Tag.

Anmerkungen

1 Mit dem Nachlass Waldemar Grzimeks (1918–1984) gelangte 2005 auch der Gips des Heine-Denkmals in den Besitz der Gerhard-Marcks-Stiftung, Bremen. Mit ihm verknüpfte sich der Wunsch, die großartige Figur ein weiteres Mal gießen zu lassen. Durch das großzügige Engagement mehrerer Bremer Förderer wurde dies möglich. Grzimek hatte 1984 den »Bremer Bildhauerpreis« (heute »Rolandpreis für Kunst im öffentlichen Raum«) erhalten, mit dem üblicherweise die Realisierung eines Projektes verbunden ist. Im Falle Grzimeks fehlte dies bisher. Für die Figur wurde ein Platz in den Wallanlagen hinter der Kunsthalle gewählt. In seiner doppelten Funktion als Plastik des Bildhauers Waldemar Grzimek und Bildnis des Dichters Heinrich Heine befindet sich das Denkmal dort in symbiotischer Nachbarschaft zu wichtigen literarisch und kunsthistorisch ausgerichteten Institutionen auf der »Kulturmeile«: Stadtbibliothek, Theater am Goetheplatz und Villa Ichon sowie der Kunsthalle, die über eine qualitätvolle Plastiksammlung, unter anderem mit Werken Grzimeks, verfügt, und dem Gerhard-Marcks-Haus [Anmerkung von Veronika Wiegartz, Gerhard-Marcks-Haus, Bremen].

2 Bei seinem Aufenthalt in Bremen (1826) könnte Heinrich Heine nicht nur im Ratskeller gesessen haben, sondern auch durch die Wallanlagen flaniert sein, die zwischen 1802 und 1811 zu einer Promenade im Stil eines englischen Landschaftsgartens umgestaltet worden waren. [Anmerkung von Veronika Wiegartz, Gerhard-Marcks-Haus, Bremen]

3 Eine erste Fassung von Grzimeks Heine-Denkmal wurde 1953 in Ludwigsfelde bei Berlin aufgestellt, eine zweite 1956 im Berliner Weinbergspark. Dieses Denkmal war eigentlich für einen repräsentativen Standort (Unter den Linden) vorgesehen, da es jedoch nicht den Vorgaben für ein »sozialistisches« Standbild entsprach, kam es schließlich »nur« in den Weinbergspark. Inzwischen wurde auch der ursprüngliche Plan ausgeführt: Seit 2002 steht ein zweiter Abguss jenes Denkmals am Ostflügel der Berliner Humboldt-Universität. Zur Geschichte von Grzimeks Heine-Denkmal vgl. Dietrich Schubert: »Jetzt wohin?« Heinrich Heine in seinen verhinderten und errichteten Denkmälern. Köln, Weimar, Wien 1999, S. 282 ff., und Erich Wulf: Das Berliner Heine-Denkmal von Waldemar Grzimek. – In: HJb 38 (1999), S. 215–224.

»Generalschlüssel zum Verständnis der ›Lutezia‹« Volkmar Hansens Heine-Studien

Von Manfred Windfuhr, Kaarst

Von den beiden Hälften, in die Volkmar Hansens bisherige wissenschaftlich-berufliche Biographie aufzuteilen ist, möchte ich Sie etwas näher in die erste Phase zurückführen, die vor allem unter dem Zeichen Heinrich Heines stand. Ich war sein Partner in dieser Periode, war Augenzeuge, etwas Hebamme und nicht zuletzt Nutznießer. Es geht um Hansens Jahre bei der Düsseldorfer Heine-Ausgabe und um die Vorgeschichte.

Wir lernten uns im Wintersemester 1968/69 am Ende meiner Bonner Zeit kennen, meiner ersten Professur. Hansen, fortgeschritten im Studium von Germanistik, Geschichte und Philosophie, beteiligte sich an meinem Seminar über die Mörike-Forschung mit einem schönen Referat über den Forschungsstand zum »Maler Nolten«. Im folgenden Semester wechselte ich nach Düsseldorf, um dort mit meinen Schülern und Mitarbeitern das Fachgebiet der neueren deutschen Literaturwissenschaft zu begründen, auch Hansen folgte mir und war wieder Teilnehmer meines ersten Düsseldorfer Seminars. Eine Postkarte an mich vom 16. Juni 1969 trägt zum Kolorit dieser Zeit bei, denn darin entschuldigte er sich für das Fehlen bei einer Sitzung mit der Begründung (Sie werden sich wundern): »da ich in Bonn bei der Organisation eines aktiven Streiks beteiligt bin.«

Man schmunzelt heute, aber es waren die unruhigen Jahre von 1968/69, die manche Verkrustungen besonders im akademischen Bereich aufbrachen. Volkmar Hansen folgte offensichtlich einer vernünftigen Lebensmaxime, die Theodor Fontane auf die einleuchtende Formel gebracht hat: »Wer mit 19 kein Revolutionär ist, hat kein Herz. Wer mit 40 immer noch ein Revolutionär ist, hat keinen Verstand.« Es war aber nicht Hansens hochschulpolitisches Engagement, was uns näher zusammenführte, sondern seine eindeutige philologische Begabung. Sie war für mich der Anlass, ihm die Promotion anzubieten; er wählte als Thema »Thomas Manns Heine-Rezeption«. Aus diesem Kontext stammt eine andere Hansen-Postkarte, diesmal aus der Schweiz vom 16. September 1972, in der er mir »herzliche Grüße von einem ergiebigen Ausflug ins Thomas Mann Archiv«

schickte und weiter erklärte: »Die Arbeit geht so zügig voran, daß ich vermutlich nur zwei Wochen brauche.«

Bei der Durchsicht des Thomas-Mann-Nachlasses stieß er besonders in der umfangreichen Nachlass-Bibliothek auf reiche Spuren für sein Thema – Anstreichungen, Randnotizen von Thomas Mann in seinen Heine-Beständen, die auch zahlreiche kryptische, also nicht deklarierte Bezüge aufzuhellen erlaubten. Der Autor brachte keine Fußnoten an, Sie bemerken meine Anspielung auf die aktuellen Plagiatsaffären. Insgesamt fanden sich weit über hundert Belegfälle, ein höchst sprechendes intertextuelles Feld.

Die Dissertation lag 1974 abgeschlossen vor, im selben Jahr wurde in der Arbeitsstelle der von mir geleiteten Düsseldorfer Heine-Ausgabe eine Redakteursstelle frei, die ich gerne mit Hansen besetzte und die er bis 1992 innehatte. Es waren sehr produktive wissenschaftliche Jahre in geradezu klösterlicher Abgeschiedenheit, am längsten im Hinterhof der Bilker Straße 12, ein ziemliches Kontrastprogramm zu dieser noblen Adresse hier am Jägerhof. 18 Jahre lang ganztägig strengste Heine-Philologie betreiben, Leseartenapparate schichten, die entlegensten Heine-Anspielungen aufschlüsseln, diffizilen biographischen Bezügen nachgehen usw., dazu muss man schon ein Vollblutwissenschaftler sein. Hansen sorgte mit für die Stabilität der Arbeitsstelle und zeigte bemerkenswerte Solidarität bei Streitfragen, die es bei Editionen immer gibt und geben muss. Als Redakteur war er besonders für fünf der sechzehn Bände mitverantwortlich. Seine Hauptleistung war aber die Bandbearbeiterschaft für die »Lutezia«, Heines letzte, wichtigste Artikelserie für die Augsburger »Allgemeine Zeitung«, das größte Teilgebiet der Ausgabe. Die Bände 13 und 14 in 4 Teilen umfassen über 3700 Seiten, 670 Seiten Heine-Text, über 3000 Seiten Apparat. Schon die Quantität zeigt an, was hier zu erschließen war, eine riesige handschriftliche Überlieferung, eine Unmasse an kommentarbedürftigen Textaussagen: eine verwickelte Genese der über 70 Einzelartikel sowie der deutschen und französischen Buchausgaben, die unterschiedliche zeitgenössische Rezeption in Frankreich und Deutschland. Entsprechend seinem universalistischen Ansatz charakterisierte Heine nicht nur die politische und soziale Lage in Paris, sondern auch sonst im europäischen Raum und beschäftigte sich darüber hinaus breit mit der musikalischen, literarischen, künstlerischen und wissenschaftlichen Situation im Frankreich dieser Jahre. Mit seinem gewaltigen Kommentar lieferte Hansen einen »Generalschlüssel zum Verständnis der ›Lutezia‹« – eine Formulierung von Helmut Koopmann. Die Bände 13 und 14 wurden vom Fach angemessen gewürdigt und sind inzwischen ein unverzichtbares Hilfsmittel für die Heine-Forschung weltweit. Mit den darstellenden Teilen des Kommentars konnte sich Volkmar Hansen an unserer Fakultät habilitieren und rückte anschließend zum apl. Professor auf.

Hansen hat dieses sein bisheriges wissenschaftliches Hauptwerk mit einer Reihe von anregenden und souveränen Aufsätzen flankiert, von denen ich wenigstens einige vorstellen möchte. Sein Schriftenverzeichnis ist sehr stattlich und enthält manche Heine-Studie auch noch aus seiner Goethe-Periode. Zu Recht betont er immer wieder, dass es nicht die Quantität an Informationen und Anspielungen ist, die Heines Texte so gewichtig machen, sondern die Einblicke in die Tiefenschichten der sozialen, politischen und kulturellen Entwicklung, die Unabhängigkeit seines Urteils und die Meisterschaft seines literarischen Stils. Was die Editionsprinzipien angeht, so setzte er sich für einen »Hermeneutischen Realkommentar« ein (ein Begriff von Hansen) und widmete ihm einen Aufsatz im Heine-Jahrbuch 1978, in deutlicher Abgrenzung von Klaus Brieglebs Position. Briegleb hatte eine recht selbstgewisse »Theorie der philologischen Subjektivität« proklamiert und den »Editor als Autor« ausgerufen, d. h. ihm einen fast unbegrenzten Freiraum zugestanden ohne genügende Absicherung durch die objektive Quellenlage und realen Fakten. Dass Edition immer auch ein stückweit Interpretation ist, diese These hatte ich schon 1957 vertreten. Hansen zeigte aber durch seine Analyse von Brieglebs Heine-Ausgabe im Hanser-Verlag, wohin die unkontrollierte Ausdehnung der Editor-Lizenzen praktisch führt, nämlich zu unbelegten Thesen, genetischen Fehleinschätzungen und wegen rein politisch gefärbter Erläuterungen zur Fixierung eines subjektiven Heine-Bildes, was in selbständigen Interpretationen erwünscht und geboten ist, aber sich mit der Neutralitätspflicht editorischer Kommentierung nicht vereinbaren lässt. Briegleb hat auch keine Handschriften herangezogen.

Die Subjektivität und Individualität literarischer Werke zu erfassen, ist allerdings ein Hauptziel literaturwissenschaftlicher Forschung. Nach Jean Bollak, dem gerade verstorbenen französischen Gräzisten, führt der philologische Arbeitsaufwand nur dann an die Dichtung heran, wenn der Interpret die dem Werk gemäße Subjektivität aufbringt, d. h. mehr erfasst als nur die Textoberfläche und Leidenschaft mitbringt. Bei aller Textnähe, die Hansen immer einhält, dringt er durch Affinität mit dem Autor in die inneren Bezirke der jeweiligen Autorvorstellungen ein und überträgt sie in Wissenschaftssprache. Die philologische Basis bleibt, aber sie wird geöffnet für politologische, soziologische und kulturgeschichtliche Folgerungen.

In Hansens Aufsatz über Heines bedingten Bonapartismus von 1982 interpretiert er Heines Vorliebe für Napoleon I. und Napoleon III. als Plädoyer für ein Volkskaisertum, eine Synthese von demokratischem Volkswillen und charismatischer Herrschaft. Heine habe dem genialen und machtbewussten Einzelnen eher zugetraut, die Menschenrechte zu verwirklichen, als den gleichmacherischen Republikanern, die das parlamentarische System nur mechanisch anwenden. In seiner Studie von 1988 »Paris gespiegelt in Heines Augen« erweitert

Hansen den Blick auf den Kulturraum, in dem sich der Autor bewegte. Hansen zeigt, dass Heines Parisbild gelegentlich noch Züge des alten Sündenbabel enthält, aber als entscheidender erkennt er seine Aufgeschlossenheit, ja Begeisterung für Paris als Zentrum der Zivilisation, Kultur und Politik. Für Heine war die Lutetia die »leuchtende Hauptstadt der Welt« (DHA III, 190), die »Hauptstadt der Revolution« (DHA XI, 56). Freilich spürte er hellsichtig auch, dass in den 1840er und 1850er Jahren die inneren und äußeren Spannungen wachsen und diesen idealen Kosmos bedrohen, das Leben in ihm als Tanz auf dem Vulkan erscheinen lassen. Das Aufkommen des Kommunismus beantwortete er mit mehr sozialer Verantwortlichkeit, die internationalen Konflikte mit stärkeren Friedensappellen. Heine gehört zu den Anregern von Walter Benjamins »Passagenwerk« und zum Vorbild für die Paris-Korrespondenzen von Kurt Tucholsky und Joseph Roth.

Der Wechsel von der Heine- zur Goethepflege führte bei Hansen nicht zur Heinephobie. Schon während unserer gemeinsamen Arbeit gab es im Hinblick auf diese beiden so unterschiedlichen Autoren keinerlei Streitpotential. Es ist ein außerordentlicher Glücksfall, dass die Sammlung Kippenberg in Heines Geburtsstadt kam und dadurch zwei der allerersten Sterne an unserem Literaturhimmel dokumentarisch an einem Ort vereinigt sind, zwei Schatzhäuser, das Goethe-Museum und das Heine-Institut. Heine wanderte im Herbst 1824 über 150 km zu Fuß von Göttingen über den Harz nach Weimar, um Goethe seine Aufwartung zu machen. Wäre er 150 Jahre später geboren worden, brauchte er nur knapp drei Kilometer zu spazieren, um von der Bolker oder Bilker Straße zum Schloss Jägerhof zu kommen und sich in Goethes Handschriften, Zeichnungen und sonstige Hinterlassenschaften zu vertiefen. Da also zwischen Heine und Goethe keinerlei Mauer besteht, ist mir sehr daran gelegen, Sie in Zukunft wieder stärker zu Heine hinüberzuziehen. Ich wünsche Ihnen noch glückliche und produktive Jahre.

Deutsch-französische Symbiose: literarisch, sprachlich und optisch
Bernd Kortländer zum Abschied

Von Manfred Windfuhr, Kaarst

Ich möchte etwas zu Bernd Kortländers deutsch-französischen Arbeiten sagen, das sind die Heineaner ihm schuldig. Ein Referat ist nicht zu befürchten, ich will nur einige Streiflichter zu einem Themenfeld liefern, das bekanntlich zu Heines Zentrum gehörte und entsprechend auch zu Bernd Kortländers. Er hat mit großer Intensität praktiziert, worum es bei der Komparatistik, der vergleichenden Literaturwissenschaft und Literaturdidaktik, geht, nämlich darum, die Grenzen der einzelnen Nationalliteratur zu überschreiten und sich auf eine supranationale, internationale Beschäftigung mit Literatur einzulassen: im konkreten Fall mit den Verwandtschaften und Verschiedenheiten der deutschen und französischen Literaturen und immer auch der Sprachen.

Heine hat die meisten seiner Werke in beiden Sprachen publiziert. Dem Kenner dieser Materie ist vertraut, dass dabei zwar wesentliche Vorstellungen, Ideen, Stoffe, Kreationen aller Art des Autors auch für den fremdsprachigen Leser zugänglich werden, aber im Detail mit mancherlei strukturellen Unterschieden und inhaltlichen Abweichungen. Das ergibt sich schon durch die faktischen Sprachdivergenzen, den unterschiedlichen Rhythmus, Satzbau, Wortschatz usw. Aber auch dadurch, dass Heine seine Texte auf die unterschiedliche Leserschaft hin zuschnitt, aktualisierte, ergänzte, hier steigerte, dort abschwächte. Kortländer hat vor zwei Jahren anhand von »Poèmes et Légendes« (1855), der französischen Sammelausgabe von Heines Lyrik und Versepen, gezeigt, was dieser Transport in die andere Sprache auslöste.[1] Erst jetzt konnte sich – nach vielen verstreuten Einzelübertragungen – ein umfassenderes Bild des Lyrikers und Versdichters Heine in Frankreich etablieren, also erst an seinem Lebensende. Zu den Strukturmerkmalen der damaligen französischen Übertragungen gehörte es, Heines Versdichtung überwiegend in Prosaform, also ohne feste Metren und ohne Reime, vorzustellen. Auch in dieser Form lässt sich rezipieren, mit welchen Themen er sich beschäftigte und wie er sie strukturierte und pointierte. Dies reichte aus, um ihn zu einem der wichtigsten Anreger des französischen Symbolismus zu machen, ihm eine Brückenfunktion zu Baudelaire und seinen Nachfolgern zu sichern.

Aber es versteht sich, dass bei dieser Form des Übertragens der eigentliche lyrische Sprachgestus verloren ging und Heine in Frankreich eher durch seine Prosa bekannt war, als Vermittler des deutschen Geistes, als »Reisebilder«-Autor, als Zeitkritiker und Weltdeuter, als eine Nachtigall in Voltaires Perücke, ohne dass man den Klang seiner lyrischen Texte vernehmen konnte – mit Ausnahme von denjenigen französischen Lesern, die über deutsche Sprachkenntnisse verfügten.

Bernd Kortländer hat für Heines Aufnahme in Frankreich manche andere Facette sichtbar gemacht und das Bild dadurch erheblich erweitert, dass er das ganze Umfeld des literarischen Frankreich mit einbezog, die großen Matadore und die Gebrauchsformen der Tagesliteratur. Seit den 1980er Jahren veranstaltete er eine Serie von Ausstellungen, Vorträgen und wissenschaftlichen Tagungen, die sich auf verschiedenen Ebenen mit den reziproken Beziehungen zwischen der Literatur und Kultur der Nachbarländer beschäftigten. Allein neun Ausstellungen machten uns mit den literarischen Größen Frankreichs bekannt: von Marivaux und Diderot als Vorgängern Heines über die Heine-Zeitgenossen Balzac, Hugo, Nerval und Gautier bis zu von Heine inspirierten modernen Autoren wie Baudelaire und Valéry – ein Kranz von Planeten um die Zentralsonne Heine. Zu allen diesen Anlässen steuerte er instruktive Publikationen bei. Ich erinnere mich z. B. an das Begleitheft zur Balzac-Ausstellung, in dem er auf engstem Raum eine umfassende Einführung in Balzacs Leben, Werk und Wirkung vorlegte, abgefasst in der für ihn typischen Handschrift: konkret, anschaulich und glänzend formuliert. Immer machte er auch überraschende Funde, in diesem Fall ein bisher nur vage zugeordnetes, verdecktes Heine-Porträt in Balzacs kleiner Erzählung »Les Martyrs ignorés. Fragment du Phédon d'aujourd'hui« (1837). Darin lässt Balzac in einer Gesprächsrunde über Struktur und moralische Folgen des Denkens auch den deutschen Autor »Tschoërn« auftreten, einen Mann mit philosophischen, politischen und okkulten Neigungen, Flaneur und Frauenliebhaber. Kortländer kann ihn mit überzeugenden Argumenten auf Heine beziehen.[2]

Bei diesen weiten Ausblicken in den französischen Kulturraum ging Kortländer auch intensiv der Frage nach, wie französische Texte in deutsche Sprache übertragen wurden und welche Wirkung von ihnen ausging. Ein Aufsatz beschäftigt sich mit »Adaptionen französischer Lustspiele im Vormärz«[3], ein anderer direkter mit Übersetzungen aus dem Französischen im Vormärz, in einem ganzen Band, der sich mit diesem Thema beschäftigt, 2008 zusammen mit Hans T. Siepe herausgegeben.[4]

Dem war schon der zusammen mit Fritz Nies edierte Tagungsband »Französische Literatur in deutscher Sprache« (Düsseldorf 1986) vorangegangen, eine kritische Bilanz, wie der damalige Übersetzungsstand mit seinen Stärken und Schwächen einzuschätzen war – mit Verbesserungsvorschlägen.

In der Baudelaire-Ausstellung gab es eine Vitrine mit zahlreichen Übersetzungsvarianten zu einem einzigen Baudelaire-Gedicht, verfasst von Stefan George und anderen modernen deutschen Lyrikern – eine große Spannweite zwischen möglichster Textnähe und freier Nachdichtung, in der sich sowohl die Personalstile der Übersetzer als auch die jeweiligen Stilmoden widerspiegelten. Dieses Ensemble war ein wunderbarer Test für die Spielräume des Übersetzens und regte dazu an, in die poetische und geistige Identität der beteiligten Autoren einzudringen, aber auch in die kulturelle und mentale Innenausstattung des jeweiligen literarischen Zeitgeistes.

In Kortländers stattlichem Schriftenverzeichnis machen die dem komparatistischen Themenfeld gewidmeten Arbeiten über 30 Titel aus. Es ist nicht zu hoch gegriffen, dass damit weltweit etwas ganz Singuläres geschaffen wurde, eine über Jahrzehnte gewachsene, breite, mosaikartige Erkundung in unterschiedlichen Medien, in der Museumspädagogik, wissenschaftlichen Forschung und Publizistik. Die erhoffte deutsch-französische Symbiose wird optisch und sprachlich-literarisch sehr weit vorangetrieben. Ich kenne in dieser Vielschichtigkeit nichts Vergleichbares.

Ich ziehe daraus zwei Folgerungen. Die eine ist eine Anregung, ein Wunsch des befreundeten Kollegen: Würde es sich nicht lohnen, die schriftlichen Resultate dieses Themenfeldes in einem Sammelband mit vielen Abbildungen und Dokumenten zusammenzufassen? Die Einzelteile sind sehr verstreut erschienen und so als zusammenhängende Arbeits- und Deutungslinie zu wenig sichtbar. Sie sollten nicht untergehen. Ergänzungen und Zusammenfassungen könnten das Bild der deutsch-französischen Literaturverhältnisse noch weiter abrunden. Die zweite Folgerung betrifft das Heine-Institut: Wer wird Bernd Kortländer jetzt ersetzen, wer kann ihn ersetzen? Selbst wenn er auf diesem Gebiet weiter arbeiten wollte, entsteht hier eine empfindliche Lücke. Es wird nicht leicht sein, diesen für das Heine-Verständnis so elementaren Horizont in Zukunft weiter lebendig zu erhalten und noch in anderen Teilbereichen aufzuschließen. Meine herzlichen Wünsche gelten dem Abschied, nicht zuletzt der Wunsch, sich häufig wiederzusehen.

Anmerkungen

1 Anmerkungen zum französischen Heine-Bild im 19. Jahrhundert. Vortrag beim Kolloquium »Heine-Bilder« im Heinrich-Heine-Institut am 23. Oktober 2010.

2 Vgl. Bernd Kortländer: Balzac und Heine – Heine und Balzac. – In: Balzac und Deutschland – Deutschland und Balzac. Hrsg. von Bernd Kortländer und Hans Siepe. Tübingen 2012, S. 117–130, hier S. 124 ff. Balzac nahm den Text in die Rubrik »Études philosophiques« seines Gesamtwerks auf.

3 In: Theaterverhältnisse im Vormärz. Jahrbuch des Forum Vormärz Forschung 7 (2001). Hrsg. von. Maria Porrmann und Florian Vaßen, S. 197–212.

4 Übersetzen im Vormärz. Bielefeld 2008, S. 13–26. Vgl. auch Bernd Kortländer und Sikander Singh (Hrsg.): »Das Fremde im Eigentum«. Die Funktion von Übersetzungen im Prozess der deutschen Nationenbildung. Tübingen 2011.

Astrid Gehlhoff-Claes (1928–2011)
Gedanken zu ihrem 85. Geburtstag

Von Joseph Anton Kruse, Berlin

Wenn wir ehrlich miteinander umgingen, könnten wir weder uns selbst noch andere vorbehaltlos loben. Darum suchen wir im steten Bemühen wenigstens nach der jeweils passenden Redeform, um für Gratulation, Laudatio oder Nachruf gerüstet zu sein und die möglichst guten, ja gewinnend günstigen Seiten hervorzuheben, wobei wir selber bei diesem Geschäfte auch einigermaßen anständig wegkommen möchten. Oft gelingt das auch.

Astrid Gehlhoff-Claes wurde schon öfter, auch und gerade von dieser Stelle aus, mit liebevollen Worten bedacht, ihre literarische Arbeit und Lebensleistung gewürdigt.[1] Das Heinrich-Heine-Institut und die Heinrich-Heine-Gesellschaft zählten zweifellos zu ihren heimatlich rheinischen Adressen, die ihr wichtig und vertraut waren. Ich darf sogar sagen: Wir mochten uns und versuchten zusammenzuhalten. Sie galt als schwierig. Mir hat sie immer wohlgetan. Offenbar gab es erkennbare Verbindungen vom einen zum anderen. Nun, da sie zu ihrem 85. Geburtstag seit gut einem Jahr nicht mehr unter uns ist, sie uns also in der ersten Reihe mit seitlich gesenktem Kopf und skeptischem Blick nicht etwa sogar missverstehen kann, müssen wir glücklicherweise nichts zurücknehmen von dem, wie wir sie zu charakterisieren versucht haben. O ja, diese besonderen Eigenschaften haben immer noch Geltung und Bestand: ihre zerbrechliche Besonderheit, ihre Leidens- und Mitleidensfähigkeit, ihre Hartnäckigkeit und das soziale Engagement in der literarischen Gefängnisarbeit, ihre spannungsreichen Rollenspiele zwischen »angewandter Bennologie«, von der Florian Illies einmal gesprochen hat[2], und eigener Lyrik, ihr Poetentum und die Gabe der Vermittlung, ihr schwieriges Selbstbewusstsein und die problematische Erfahrung als Mutter einer bedeutenden Autorin, wie die mit 50 Jahren verstorbene Undine Gruenter es war, die seit 2002 auf dem Pariser Montmartre-Friedhof begraben liegt, wo auch Heine seit über anderthalb Jahrhunderten seinen Platz hat.

Was wir deutlicher sagen oder betonen dürfen, ist, wie sehr sie herzzerreißenden Mut bewies trotz mancher, nein dauernder Nackenschläge des Lebens (so konnte sie beispielsweise wegen eines Nachts zuvor erlittenen Unfalls ihres Mannes nicht zur Beerdigung dieser Tochter, die nicht die seine war), wie klug und sachlich sie angesichts aller Katastrophen einer vorsichtigen Frömmigkeit verhaftet blieb, gerade in und trotz verzweiflungsvoller Situationen, wie starr und herrisch sie sein konnte trotz aller Höflichkeit und Zartheit. Ja, sie war eine anstrengend liebende Rheinländerin und eine liebevoll quälende Freundin voller Ansprüche, die demütiger wirkte, als sie war. Aber wäre sie nicht ohne ihren Stolz an allem zuschanden geworden? Waren nicht die Erwartungen des zugleich unzeitgemäß eigenständigen Anfangs mit seinen privaten Überforderungen, der alle Kräfte verlangt hatte, schließlich zu einem nur noch erbarmungswürdig elenden Ende an der Rheinallee gelangt, am Rhein, der ihr Ein und Alles gewesen ist? War sie nicht eines jener Beispiele unter uns Menschen, denen immer nur bedingt zu helfen war oder die sich nur bedingt helfen lassen wollten, genauso wie man ihr, Gott sei es geklagt, selber auch nur bedingt zu helfen vermochte? Und hatte sie einen selbst dennoch nicht tatkräftig mitgetragen, wenn man ihrer und ihres Mannes Joachim Gehlhoff, des bedeutenden Wirtschaftsjournalisten, tatkräftiger Hilfe bedurfte? Dann war die Melancholie aufgrund des Einblicks in die Unzuverlässigkeit der menschlichen Gesellschaft wie weggefegt, und sie handelte, sprach unter der verschleierten Trauer ihrer Augen Mut zu mit jenem unverwechselbaren Timbre ihrer tiefen Stimme, die zugleich tröstete und aufrichtete.

Beschönigte sie? Wenig. Machte sie sich etwas vor? Wahrscheinlich auch nicht, selbst wenn sie kleine Korrekturen der Bedeutsamkeit vornahm wie beim Geburtstag Anfang Januar, den sie einfachheitshalber den Heiligen Drei Königen anvertraute. Denn Köln ließ sie nie los. Sie war bei allem schlichtweg zutiefst davon überzeugt, dass sowohl aktiv wie passiv auf uns die Worte zutreffen, die im 11. Vers des 116. Psalms stehen und die in der Übersetzung des Büchner-Preisträgers Arnold Stadler lauten: »Die Menschen lügen. Alle«.[3] Wir lügen uns bei aller Selbsterkenntnis und Ehrlichkeit etwas in die Tasche und werden belogen, dass sich die Balken biegen. Hoffnung und Hilfe liegen anderswo. Womit wir einerseits wieder bei der Frömmigkeit oder dem Glauben von Astrid Gehlhoff-Claes wären, aber andererseits auch beim Anfang unserer Überlegungen über die Mehrdeutigkeit unserer Existenz.

An einem Gedicht aus ihrer Sammlung von 1989 mit dem Titel »Nachruf auf einen Papagei« haben wir beide gemeinsam besonders gehangen, uns die gegenseitige Lektüre gewissermaßen zum unvergesslichen Geschenk gemacht. Dort werden Karfreitag und Ostern als Erfahrung von Einsamkeit, ja Verlassenheit nachvollzogen, wobei sich das österlich hoffnungsvolle Geschehen der Auferstehung fürs erste jedenfalls schmerzlich verbirgt. Ich vermute, dass viele ihrer Erfahrungen in diesen Zeilen ihren biblisch grundierten poetischen Ort gefunden haben. Undine Gruenter hielt die Zeit für solche religiösen Anmutungen, vor allem aber den lyrischen Ausdruck dafür, im Übrigen für längst überholt.

Das Gedicht ist mit »Osterlamm« überschrieben, hat zwei Strophen und überliefert aus Träumen ein Trauma der Kindheit: Die Anteilnahme an der Schur des weißen Lieblings- und Osterlamms wird durch die natürliche Angst des Tieres zu einem Sturz vom Schertisch und somit zum Erlebnis des Schreckens und der Verstoßung.[4]

> Gestern, in Träumen,
> war ich wieder das Kind,
> legte mich bei der Schafschur
> zu meinem Lieblingslamm
> auf die harten Planken
> hoch über dem Pflaster,
> geduldet vom gleichmütigen Schäfer,
> der mein Schaf scheren wollte.
> Lag dort reglos bei dem
> reglosen Gesicht aus Angst,
> die Arme um den Wollnacken geschlungen,
> und taten unseren Mund nicht auf,
> bis das Schermesser nahte.
>
> Da stieß mich mein weißes Lamm,
> aller Sanftmut vergessend,
> mit seinen kräftigen Hufen
> mit jäher Wucht
> vom Schertisch,
> streckte seine Füße gegen mich,
> bäumte sich auf wider alles,
> was Mensch war,
> opferte meine Liebe,
> um sich zu retten.
> Aber alles war verloren,
> das Schaf überwältigt,
> ich auf den Boden gestürzt
> und schrie und schrie:
> Warum
> hast du mich
> verlassen.

Wir danken Astrid Gehlhoff-Claes von Herzen für die Hoffnung, die sie zu vermitteln verstand, auch gegen alle Hoffnung!

Anmerkungen

1 Vgl. Joseph A. Kruse: Laudatio auf Astrid Gehlhoff-Claes aus Anlaß der Würdigung ihres Lebenswerkes durch die Trude-Droste-Gabe, Heinrich-Heine-Institut, 26. März 2003. – In: Astrid Gehlhoff-Claes: Der lyrische Sprachstil Gottfried Benns. Düsseldorf 2003, S. 191–198. Der hier wiedergegebene Beitrag wurde vorgetragen bei der Feierstunde zum 85. Geburtstag von Astrid Gehlhoff-Claes am 13. Januar 2013 im Heinrich-Heine-Institut, Düsseldorf.

2 Florian Illies: Einsamer nie, glücklicher nie. Benn im Blick: Autobiographisches von Astrid Gehlhoff-Claes. – In: Frankfurter Allgemeine Zeitung, 28. Januar 2003, Nr. 23, S. 34 (Besprechung von Astrid Gehlhoff-Claes: Inseln der Erinnerung. Düsseldorf 2002).

3 »Die Menschen lügen. Alle« und andere Psalmen. Aus dem Hebräischen übertragen und mit einem Nachwort versehen von Arnold Stadler. 6. Aufl. Frankfurt a. M., Leipzig 2000, S. 85.

4 Astrid Gehlhoff-Claes: Nachruf auf einen Papagei. Gedichte. Krefeld 1989, S. 26 f.

Buchbesprechungen

Ralf Georg Czapla / Franca Victoria Schankweiler (Hrsg.): »*Meine liebe Marie*« – »*Werthester Herr Professor*«. *Der Briefwechsel zwischen August Wilhelm von Schlegel und seiner Bonner Haushälterin Maria Löbel. Historisch-kritische Ausgabe.* Bonn: Bernstein-Verlag 2012. 368 S. € 34,80.

Um sich auf dem literarischen Markt zu positionieren, hat der dichtende Jurastudent Harry Heine gerne darauf hingewiesen, dass einer der prominentesten seiner Bonner Professoren, der als Übersetzer und Philologe bekannte August Wilhelm von Schlegel, sich seiner (und vor allem seiner lyrischen Versuche) angenommen habe: Im »Bemerker«, der Beilage zum »Gesellschafter«, druckt Gubitz 1821 einen dreiteiligen »Sonetten-Kranz an Aug. W. v. Schlegel« des jungen Dichters (vgl. DHA I/1, 114f. und 438f.), von denen es ein Sonett in die »Gedichte« von 1822 und noch ins »Buch der Lieder« schafft. Als Heine das Manuskript einer ersten Gedichtsammlung im November 1820 dem Verleger Friedrich Arnold Brockhaus anbietet, wird der große Name als Garant für die Qualität und Originalität der eigenen Dichtungen eingesetzt und erscheint als »mein Meister A.W. v. Schlegel, welcher (vorigen Winter und Sommer in Bonn) meine Gedichte mehrmals kritisch durchhechelte, manche Auswüchse derselben hübsch ausmerzte, manches Schöne besser aufstutzte, und das Ganze, Gott sey Dank, ziemlich lobte.« (HSA XX, 32) Und noch als er im November 1826 Wilhelm Müller ein Exemplar des ersten Teils der »Reisebilder« übersendet, vergleicht er den Volksliedton seines »Lyrischen Intermezzos« mit den Gedichten Müllers, vergisst dabei aber nicht zu erwähnen, dass ihm »späterhin, als ich in Bonn studirte, [...] August Schlegel viel metrische Geheimnisse aufgeschlossen« habe (HSA XX, 250). Später distanziert sich Heine dezidiert von Schlegel, lässt aber – mitten in der gründlichen Hinrichtung des Romantikers im zweiten Buch der »Romantischen Schule« – immerhin seine Verdienste als Übersetzer und Metriker bestehen: »Vielleicht mit Ausnahme des Herren Gries und des Herren Grafen Platen, ist Herr A. W. Schlegel überhaupt der größte Metriker Deutschlands.« (DHA VIII/1, 168) Was es bedeutet, dass Schlegel hier in eine Reihe mit dem an anderer Stelle von Heines Polemik getroffenen August von Platen gestellt wird (und wie der Übersetzer Johann Diederich Gries in das Kleeblatt geraten ist), wäre einiges Nachdenken wert, das allerdings nicht an dieser Stelle erfolgen kann.

Für Heine jedenfalls waren Begegnung und persönlicher Umgang mit dem akademischen Lehrer August Wilhelm von Schlegel in seiner kurzen Bonner Studienzeit bedeutsam, ganz gleich, in welcher Intensität die kritische Lektüre Heine'scher Gedichte durch Schlegel tatsächlich erfolgte oder von dem jungen Dichter bloß behauptet und als Marketinginstrument eingesetzt wurde. Schlegel, der sich gegen einen Ruf an die Berliner Universität und für einen an die neu zu gründende »Preußische Rhein-Universität« entschieden hatte, mietete für sich und seine junge Ehefrau Sophie Paulus ein repräsentatives Wohnhaus an der Bonner Sandkaule (das diese – die Geschichte der skandalträchtigen, nie vollzogenen Ehe ist bekannt – nie bezog). Zur Haushälterin nahm er die Bonner Offizierstochter Maria Löbel (1776–1843). Aus Beständen der Universitätsbibliotheken Straßburg und Dresden ließ sich der Briefwechsel der beiden aus den Jahren 1820 bis 1843 rekonstruieren, der im zu besprechenden Band erstmals gedruckt vorgelegt wird. Die 62 Schreiben (von denen leider nur acht von Maria Löbel stammen, so dass, bei diesen Überlieferungslücken, von einem Brief*wechsel* im eigentlichen Sinne kaum die Rede sein kann) geben Einblicke in den Bonner Professorenhaushalt: Schlegel erteilt von seinen Reisen nach Paris, London und Berlin Aufträge an die Haushälterin, sich um die Weinvorräte oder die Herrichtung von Zimmern für erwartete Logisgäste zu kümmern, bittet um die Nachsendung von Briefen und Büchern oder bittet die Haushälterin, Bonner Bekannten Grüße des Abwesenden zu überbringen. Maria Löbel ihrerseits berichtet vom Fortschritt handwerklicher Arbeiten im Haus an der Sandkaule und vom Zustand der Pferde und richtet Gegengrüße von Hausgenossen und Professorenkollegen aus. Seine Haushälterin muss Schlegel sehr geschätzt haben: Zwei Mal fließt ihm in Briefen aus dem Frühjahr 1821 die Anrede »Sophie« statt »Marie« aus der Feder, als nähme die treue Bedienstete die Stelle der entsprungenen Ehefrau ein (was sich, so kann man eine Passage in einem weiteren Brief Schlegels wohl deuten, Maria Löbel streng verboten hat). Seine Briefe an sie nahm er nach ihrem Tode 1843 an sich und verwahrte sie wohlgeordnet. Dass die Aufschrift des Konvoluts »Briefe von mir an Marien während meiner Abwesenheiten vom Hause« von den Herausgebern aufgrund der für die Gottesmutter üblichen Flexion »an Marien« als Ausdruck einer tiefen religiösen Bewegung durch die mehrmonatige, von der Betroffenen gottergeben ertragene Leidenszeit nach einem Schlaganfall war, erscheint, auch angesichts der im Anhang dazu mitgeteilten Quellen aus dem Umfeld Schlegels, ein wenig überinterpretiert: Nicht jeder Romantiker ist ein Brentano, nicht jede Maria »Jungfrau und reine Magd« und »Mittlerin zu der *vera religio*, deren Zauber wieder band, was die Mode der Konfessionalismus streng geteilt hatte.« (S. 20).

Einen besonderen Reiz zieht die Korrespondenz aus dem Kontrast der wohlgesetzten Briefe des Gelehrten mit der manchmal krausen und dialektal gefärbten Schriftsprache seiner Hausangestellten. Ob die diplomatische Wiedergabe der Briefe jedoch das Etikett »historisch-kritisch« für diese Ausgabe rechtfertigt, da doch keine unterschiedlichen Textzeugen darzustellen und gegeneinander abzuwägen waren, sei dahingestellt. Immerhin ist der Band mit einem sehr ausführlichen Erläuterungsteil versehen (auf 81 Seiten Briefwechsel kommen 173 Seiten Erläuterungen), der kaum Fragen offen lässt, allerdings an manchen Stellen etwas sehr weit ausholt, etwa wenn auf die Erwähnung der Stadt Siegburg in einem Briefe Schlegels hin aus einem zeitgenössischen Handbuch für Reisende nicht allein die Passage über die rechtsrheinische Stadt, sondern auch gleich über den Reiseweg nach Köln und das beste Gasthaus in Deutz zitiert wird (vgl. S. 123) oder dem Leser mit der Erläuterung, dass sich hinter dem Namen Emmel der Schreinermeister Nikolaus Joseph Emmel aus der Welschnonnenstraße in Bonn verbirgt, noch die Information geliefert wird, dass, ausweislich der Heiratsurkunde im Bonner Stadtarchiv, seine Ehefrau »ebenso wie ihre Mutter des Schreibens nicht kundig war und daher mit einem Kreuz unterzeichnete« (S. 134) – nun weiß der Leser, dass Anfang des 19. Jahrhunderts Bonner Handwerkergattinnen nicht unbedingt schreiben gelernt hatten, aber wozu? Ebenso wenig weiterführend sind Erläuterungen, die schlicht noch einmal paraphrasieren, was im Brieftext hinreichend eindeutig geschrieben steht, beispielsweise S. 129 zum Angebot von Schlegels Vermieter, vorerst ins Hinterhaus des noch anderweitig belegten Hauses an der Sandkaule zu ziehen, oder S. 151 zu Schlegels Bitte an Maria Löbel, bei nachzusendenden Briefen alle unbeschriebenen Flächen abzuschneiden, um beim nach Gewicht berechneten Porto zu sparen.

Dazu kommen gelegentliche Nachlässigkeiten, bei der doppelten Nennung von Geburtsorten (S. III: »*Köln, 13. Mai 1708 in Köln«) oder wenn ein erkennbar wörtliches Zitat aus dem Grimm'schen Wörterbuch nicht als solches ausgewiesen wird (S. 132: »Wachstaffet, auch wachstaffent, wachstafftm. mit einem glänzendem firnisz überzogener taffet, wodurch er wasserdicht wird; siehe Grimm 27, 1922, Sp. 147.«). In einem Zitat aus den »Nachrichten« im ersten Band von Schlegels »Indischer Bibliothek« (Bonn 1823, S. 369) wird aus der berühmten Pariser Buchdruckerei Didot die »Druckerei des älteren Diderot« (S. 141), und der britische Indologe Charles Wilkens war für Schlegel sicherlich nicht wegen seines »*Verfahrungsschatzes* in der Herausgabe indischer Texte« (S. 150) ein interessanter Gesprächspartner.

Bei alledem bietet der Band Einblicke in die Reisen und Projekte Schlegels, vor allem aber in den Alltag einer Universitätsstadt, die auch Heines erste akademische Heimat war. Die Sandkaule, seit der Neugestaltung des alten Bonner Rheinviertels nach dem verheerenden Bombenangriff vom 18. Oktober 1944 (an einem Jahrestag der Universitätsgründung) ein gesichtsloses Stück der vierspurigen Nord-Süd-Passage der Bundesstraße 9 durch die Bonner Innenstadt, trifft im rechten Winkel auf die zum Rhein hinunterführende Josephstraße, in der Heinrich Heine während seiner beiden Bonner Semester wohnte – die Nachbarschaft erleichterte den persönlichen Umgang. In der vornehmlich von Hofbeamten und Kaufleuten bewohnten Josephstraße besaß Schlegel, so lässt sich dem Briefwechsel entnehmen, einen nahen Bekannten in dem Hofagenten Samuel Caesar Wolff, Mitglied der relativ großen jüdischen Gemeinde Bonns und als Kaufmann und Bankier Mitbegründer des späteren Bankhauses Sal. Oppenheim. Schlegel schickt Maria Löbel mit »bestem Empfehlungen« zu Wolff in die Josephstraße (S. 50, vgl. auch S. 52), diese übermittelt Gegengrüße, und auch wenn es um Geldmittel für den Haushalt des Abwesenden geht, wird die Haushälterin zum Hofagenten geschickt (vgl. S. 53). Dieser Kontakt zum vermögenden Teil der örtlichen Judenschaft legt die Vermutung nahe, dass der stud. jur. Harry Heine auch deshalb Schlegels Wohlwollen gefunden haben könnte, weil er der Neffe seines reichen Hamburger Onkels war (und Schlegel seinerseits, mit dem älteren Bruder Carl August Moritz Schlegel, Superintendent in Harburg, über Kontakte und Informationsmöglichkeiten im Hamburger Raum verfügte). Einmal möglichen geschäftlichen oder verwandtschaftlichen Kontakten zwischen Salomon Heine und den Familien Wolff und Oppenheim nachzugehen, könnte da Aufschluss bringen und Adolf Strodtmanns Verwunderung über die freundliche Aufnahme Heines bei Schlegel auflösen, da dieser doch »höchstens bisweilen solche Studenten [zu seinen Soiréen] heranzog, welche als stimmbegabte Sänger an den zur Unterhaltung der Gäste veranstalteten musikalischen Aufführungen mitwirken konnten«, wie es im Bonn-Kapitel seiner Heine-Biographie (Bd. 1, S. 74) heißt. Auch bei seinen Pariser Aufenthalten pflegt Schlegel den Kontakt zu den Kreisen, zu denen auch Heine aufgrund seiner verwandtschaftlichen Beziehungen Zugang hat: Nicht ohne Stolz berichtet er im September 1831 an Maria Löbel, dass er nicht nur bei den Gesandten Preußens, Russlands und Österreichs, sondern auch »bei der Baronin Salomon von Rothschild auf dem Lande, wo alles ganz herrlich eingerichtet war« (S. 75), zum Essen geladen gewesen sei.

Den Band bereichern Abbildungen und Faksimiles, und schon der Einband zeigt das eindrucksvolle, um 1830 entstandene Gemälde Schlegels von Adolf Hohneck, das heute im Dekanatssaal der Philosophischen Fakultät der Bonner Universität hängt und bei jeder Fakultätsratssitzung den großen Vorgänger in Erinnerung ruft. Der, das sei abschließend bemerkt, in Haushaltsdingen durchaus praktischen Lösungen zugetan war: »Bey dem Zuschneiden der leinenen Hemden bitte ich darauf zu achten, daß […] die hintere Seite nicht zu kurz ausfällt; denn es wäre doch möglich daß sie mir als Tagehemden nicht gefielen, und daß ich zu Nachthemden brauchen möchte.« (S. 28)

Robert Steegers

Christian Friedrich / Ulf Jacob / Marie-Ange Maillet (Hrsg.): *Fürst Pückler und Frankreich. Ein bedeutendes Kapitel des deutsch-französischen Kulturtransfers.* Berlin: be.bra 2012 (Edition Branitz, Bd. 7). 359 S., € 29,95.

Die schillernde Gestalt des Fürsten (die Erhebung in den preußischen Fürstenstand erfolgte 1822; sein Vater war »nur« Reichsgraf) Hermann Ludwig Heinrich von Pückler-Muskau (1785–1871) ist den Lesern Heines nicht unbekannt. Lernten sich die beiden auch erst recht spät persönlich kennen (im April 1854), gab es schon viel früher briefliche Kontakte (vgl. z. B. das Schreiben von Pückler an Heine vom 16.1. 1837 – HSA, XXV, 16 f.), und ein großer gemeinsamer Bekanntenkreis (z. B. um den Salon von Rahel und Karl August Varnhagen von Ense) stellte noch früher Beziehungen zwischen ihnen her. Eine besondere Position nimmt dann Heines Widmung der »Lutezia« in der Form eines Zueignungsbriefes an den Fürsten ein (datiert auf den 23.8. 1854 – DHA XIII, 15 ff.; HSA, XI, 7 ff.), welcher dessen Namen für immer mit dem seinen assoziiert.

Als genialer Landschaftsarchitekt und Gartengestalter, als auch von Heine geschätzter Schriftsteller und schließlich als unermüdlicher Reisender, der zahlreiche Länder auch jenseits Europas erkundete, genießt Pücklers Name auch sonst einen hohen Bekanntheitsgrad. Wie durch das Adjektiv »schillernd« schon angedeutet werden sollte, besaß Pücklers facettenreiche Persönlichkeit allerdings auch Züge, die seinem Nachruhm geschadet haben. Bereits als ostelbischer Großgrundbesitzer und Hochadeliger konnte auch er den Kritiken am »Junkertum« anheimfallen, die bis weit ins 19. Jahrhundert zurückreichen, zunächst von der liberalen, später sozialistischen Opposition getragen wurden, noch in solchen Romanen wie Theodor Fontanes »Der Stechlin« und Heinrich Manns »Der Untertan« literarischen Ausdruck fanden und zu DDR-Zeiten wohl dazu beigetragen haben, dass der Name des Schöpfers der berühmten Parkanlagen zu Branitz eher verschwiegen wurde. Auf persönlicher Ebene schadete Pückler das zum Teil selbst inszenierte Bild als Abenteurer, »Frauenheld«, ja »Mitgiftjäger« (in den späten 1820er Jahren in England), ohne hier noch näher auf die besonders skandalträchtige Affäre mit Machbuba einzugehen, einer 1837 in Kairo als Sklavin gekauften Minderjährigen (wohl der Ethnie der Oromo zugehörig, jedenfalls aus Äthiopien stammend), die dann bis zu ihrem Tode in Muskau (1840) Pücklers Leben teilte, wobei gelegentlich benutzte Bezeichnungen wie »Kammerfrau« oder »Haushälterin« wohl niemanden über die wahre Natur des Verhältnisses zur »schwarzen Venus« hinwegtäuschten. Ohne die dunkleren Seiten von Pücklers Persönlichkeit zu verschweigen, gilt es, auch seine Leistungen und Wirksamkeit zu würdigen. In diesem Sinne pflegt die Schriftenreihe »Edition Branitz« der Stiftung des Branitzer Schlosses und Gartens (bei Cottbus), dem Erbgut und Wohnsitz (ab 1845) des Fürsten, dessen Gedächtnis keineswegs unkritisch.

Bei dem hier vorliegenden, siebten Band der Reihe handelt es sich um ein reich bebildertes und elegant gestaltetes Buch, welches Pücklers Beziehungen zu Frankreich gewidmet ist. Es geht auf eine deutsch-französische Tagung zurück, die im Oktober 2011 in Branitz/Cottbus stattgefunden hat und deren Akten nun von Marie-Ange Maillet (für die französische Seite) und von Christian Friedrich und Ulf Jacob (für die deutschen Gastgeber) herausgegeben werden. Dahinter stehen natürlich auch der französische Schirmherr und bekannte Heine-Forscher Michel Espagne und Gert Streidt, der Direktor der Pückler-Stiftung.

Die Thematik ist tatsächlich ein bislang eher vernachlässigtes Forschungsfeld gewesen, wie dies M.-A. Maillet (auch sie ist mit ihrer 2004 in Buchform erschienenen Dissertation über Heine in München und anderen Studien in der Heine-Forschung hervorgetreten) in ihrer umsichtigen Einleitung (S. 19–39) aufzeigt. Sie belegt darin nicht nur die einschlägigen Fakten zu

Pücklers zahlreichen Frankreichaufenthalten (erstmals 1808, über die längste Reise des Jahres 1834, bis zum letzten Aufenthalt im Jahre 1862), sondern geht auch den Gründen der bisherigen Vernachlässigung des Themas nach: von den eher zurückgehenden Französischkenntnissen in Deutschland (in Pücklers Familie war es noch selbstverständlich, dass Französisch gesprochen wurde), über die Dominanz der englischen Erfahrungen des Fürsten in der Pückler-Literatur, die relativ geringe Zahl und die eher schlechte Qualität der französischen Übersetzungen von Pücklers Texten etc. Ihr Text kann auch als Organisationsstruktur des ganzen Bandes gelesen werden, welcher die einzelnen Beiträge den diversen Themen zuordnet.

Aus der Fülle der siebzehn weiteren Beiträge – abgesehen von den fünf (!) Gruß- und Geleitworten und den Einführungen der seinerzeitigen (auf der Tagung) Diskussionsleiter zu den fünf Gliederungspunkten des Bandes: 1. Familiengeschichte; 2. Frankreichbild zwischen Erfahrung und Fiktion; 3. Literatur; 4. Bildende Kunst, Architektur, Gartenkunst; 5. Gesellschaft, Politik, Weltanschauung – können aus Raumgründen in der Folge nur einige vorgestellt werden, wobei die Auswahl eher den Interessen des Rezensenten als der inhärenten Bedeutung der Aufsätze entspricht.

In einem schon so lange zentralisierten Land wie Frankreich muss Paris im Mittelpunkt stehen, und so widmet sich Michel Espagne dem entscheidenden Thema »Pücklers Wahrnehmung von Paris« selbst (S. 77–89). Der erste Abschnitt, der Pücklers Wanderungen durch Paris als Frühform des *flâneur* deutet, ist besonders gelungen, denn tatsächlich scheinen die einzelnen Szenen, die Pückler beobachtet, für ihn weniger wichtig als »das fließende Ineinandergehen der einzelnen Bilder« (S. 79). Die »filmische Wahrnehmung« der Stadt mag auch schon – dies ist meine Assoziation – Siegfried Kracauer ankündigen. Die dunklen Seiten seiner eigenen Persönlichkeit scheinen den Fürsten auch auf die Schatten- und Nachtseiten der Metropole aufmerksam gemacht zu haben, jedenfalls hat er die »mehreren hundert Freudenmädchen«, die den Palais Royal bevölkerten, ebenso wahrgenommen wie das Elend jener Menschen, die im Straßenkot nach Essensresten suchten (S. 78 f.). Da Pückler die Gelegenheit hatte und wahrnahm, auch mit den Spitzen der Gesellschaft umzugehen – er wurde von Louis-Philippe ebenso empfangen wie später von Napoleon III, von den Vertretern des Hochadels ebenso wie von dem neuen Geldadel (etwa James und Betty von Rothschild) – kann tatsächlich von einem »Puzzle gesellschaftlicher Kreise« gesprochen werden (S. 82). Die Wahrnehmung der Kunst (dazu ausführlicher der Beitrag von France Nerlich) und der »Wende« im Pariser Theaterleben von der Klassik zur Romantik (S. 86 f.) runden den grundlegenden Beitrag ab.

Aus der Gruppe der Aufsätze über Pücklers Berührungen mit der französischen Literatur hat mich derjenige von Jana Kittelmann besonders angesprochen, welcher sich mit dessen Rezeption der französischen Briefliteratur, ganz besonders mit den Briefen der Madame de Sévigné (1626–1696) auseinandersetzt (S. 115–130). Die Autorin geht den Parallelen, ja, dem von Seiten des Fürsten expliziten Vorbildcharakter der Korrespondenz der geborenen Marie de Rabutin-Chantal mit seinem eigenen Werk liebevoll nach. Meines Wissens wurden diese Bezüge vorher noch nicht so gründlich erforscht, und der Beitrag muss deshalb zu den innovativsten Beiträgen des Bandes gezählt werden.

Unter den Beiträgen zu Pücklers Wahrnehmung der französischen Kunst scheint mir derjenige von France Nerlich (S. 181–195) eine vergleichbare Rolle zu spielen, da er ebenfalls Neuland betritt. Der Beitrag von Stéphanie de Courtois zur Gartenkunst mag ebenfalls innovativ sein, doch fehlt dem Rez. die Fachkompetenz zu seiner angemessenen Beurteilung. Man könnte denken, dass France Nerlich vor einer schwierigen Aufgabe stehe, denn viele der Künstler, die damals in Paris *en vogue* und auch international schon gefragt waren, werden in Pücklers Berichten gar nicht oder nur am Rande erwähnt. Was auf den ersten Blick als Schwäche des Fürsten erscheinen mag, dass er im Unterschied zu Heine den Wert der Künstlergeneration um 1830 nicht zu würdigen wusste, vermag Nerlich in eine Stärke zu verwandeln: Pückler ging es um etwas anderes, und darin war er hervorragend: »Ihn interessierten viel mehr die Geschichten, die sich mit den Bildern verbinden ließen, und der persönliche Bezug zu den dargestellten Helden.« (S. 192) So interessierte sich der Fürst für das Pariser Straßenleben und deshalb für die populäre Druckgraphik, dann aber auch für die Bilder der Erinnerungsorte (*lieux de mémoire*), die ihm (und seinen Lesern) die aktuelle Tagespolitik und seinen Protagonisten Louis-Philippe zu verstehen halfen.

In der letzten Themengruppe zu gesellschaftlichen und politisch-weltanschaulichen Fragen kommen zwei hervorragende Kenner des Varnhagen-Kreises, Werner Greiling und Nikolaus Gatter (der verdienstvolle Vorsitzende der Varnhagen Gesellschaft), zu Wort und bringen ihre Kompetenz im Hinblick auf Pückler ein. Doch möchte ich diese Bemerkungen mit einem Hinweis auf den Beitrag der jungen Nachwuchswissenschaftlerin Nina Bodenheimer beenden (als Preisträgerin des Forums Junge Heine Forschung und als Beiträgerin zu diesem Jahrbuch schon hervorgetreten), weil darin noch unveröffentlichtes französisches Archivmaterial zu Pücklers Zusammentreffen mit führenden Vertretern des Saint-Simonismus in Ägypten ausgewertet wird.

Eine Rezension des vorliegenden Bandes im Heine-Jahrbuch drängt sich, so sei abschließend gesagt, also nicht nur wegen der oben angedeuteten Beziehungen zwischen dem Fürsten und Heine auf, sondern auch deshalb, weil die hier unternommene Dokumentation und Analyse der Frankreichbezüge Pücklers es ermöglichen, einen weiteren »Fall« (etwa neben denjenigen von Ludwig Börne und Eduard Gans, deren Frankreichbilder schon öfter behandelt wurden) im Vergleich zu Heines eigener Wahrnehmung und Deutung der französischen Erfahrungen heranzuziehen.

Norbert Waszek

Lydia Fritzlar: *Heinrich Heine und die Diaspora. Der Zeitschriftsteller im kulturellen Raum der jüdischen Minderheit.* Berlin, Boston: de Gruyter 2012 (= Europäisch-Jüdische Studien. Beiträge; Bd. 3). 296 S. € 99,95.

Um es vorweg zu sagen: Lydia Fritzlars Arbeit über Heinrich Heine und die Diaspora, erschienen in der vom Moses Mendelssohn Zentrum herausgegebenen Reihe »Europäisch-Jüdische Studien«, ist ein sehr anregendes Buch. Sauber gegliedert und in einem klaren Stil verfasst, beginnt es mit einem längeren historisch-soziologischen Aufriss des Problemfelds jüdische Diaspora, bevor der Hauptteil auf das eigentliche Thema zu sprechen kommt. Heine, das wird dabei noch einmal deutlich, steht für einen kulturellen Wendepunkt, der mit einer Neuausrichtung jüdischen Selbstverständnisses und einer Neustrukturierung des kulturellen und religiösen Raums der Diaspora zwei Generationen nach Moses Mendelssohn und der Haskala verbunden war. Diese historische Verortung macht Sinn, denn ohne sie ist das eigentümliche Spannungsverhältnis zwischen deutscher (nach)romantischer Kultur und säkularem jüdischem Außenseiterdasein, in dem sich Heine zeit seines Lebens bewegt hat, kaum zu verstehen.

Er empfand sich, wie er in seinem frühen »Nordsee«-Essay schreibt, immer in der Tradition der »Gejagten«, und in seine Biographie sind diese Wunden schon in frühester Zeit eingeschrieben. War er deshalb ein »jüdischer Dichter«? Die Forschung hat sich, trotz Max Brod, Hannah Arendt und anderen, dieser Frage erst relativ spät intensiv zugewandt, wobei die genauen Textuntersuchungen Klaus Brieglebs eine herausragende Rolle spielen. Lydia Fritzlar schlägt vor, ihn als einen Dichter der jüdischen Diaspora zu lesen, um damit zugleich das Spannungsfeld mit zu umreißen, in dem er sich zur Kultur der Mehrheitsgesellschaft befunden hat. Auch das macht Sinn. Selbst wenn die Frage damit noch nicht beantwortet ist, wie weit dieser Aspekt angesichts der Komplexität von Person und Dichtung Heines tatsächlich trägt.

Heines Bedürfnis, ein »jüdischer Dichter« zu werden, war nie so ausgeprägt wie zur Zeit seiner Bindung an den von Fritzlar kenntnisreich dargestellten »Verein für Cultur und Wissenschaft der Juden«. Doch die Geschichte dieses Vereins war für ihn letztlich die Geschichte eines notwendigen Scheiterns. Er selbst scheiterte mit einem ursprünglich in großen Dimensionen konzipierten Projekt aus dieser Zeit, dem »Rabbi von Bacherach«, der Fragment blieb und dessen literarische Stimmigkeit nicht nur von Lion Feuchtwanger immer wieder hinterfragt wurde. Dennoch lassen sich dem Fragment wichtige Konfessionen entnehmen, die für Heines Verhältnis zum Judentum von Bedeutung sind.

Fritzlar charakterisiert das Fragment als ein Dokument der Zurücknahme von geschichtlichem Optimismus. Die Diaspora ist ein lebensfeindlicher Ort, der kaum mehr als die Wahl lässt zwischen Anpassung und Renegatentum. Dafür stehen bei Heine – an Orten existentieller Not wie Bacharach oder dem Frankfurter Getto – mit deutlichem Gegenwartsbezug Metaphern der Welt als Tollhaus. Schon Heines wichtigste Bezugsperson im »Verein«, Moses Moser, hat übrigens, wie man Adolf Strodtmanns Pionierbiographie entnehmen kann, die jüdische Existenz seiner Zeit in solchen Bildern beschrieben. Irgendwie war diese Sicht, angesichts der Rücknahme des preußischen Emanzipationsedikts von 1812, in der Zerfallszeit des »Vereins« *common sense*, aber bei weitem nicht das letzte Wort. Dieses lautet für Heine vielmehr, wie auf dem (imaginären) Schlachtfeld von Marengo, Emanzipation, »und zwar der ganzen Welt, absonderlich Europas«, die aber auch ihre jüdischen Wurzeln hat. Fritzlar analysiert in diesem Kontext unter anderem überzeugend die im »Rabbi« dargestellte Sederfeier als ein säkular deutbares Freiheitsversprechen und als Beispiel dafür, wie jüdische Tradition zu einem Impuls der Moderne werden kann.

Die Bestrebungen des »Vereins«, das bis dahin nahezu unbekannte Erbe der jüdischen Kultur zu integrieren, sind bei Heine immer lebendig geblieben, bis in seine späte Lyrik. Damit meinte er keinen unbestimmten Synkretismus, sondern einen multiplen Erneuerungs- und Bereicherungsprozess der europäischen Kultur von ihren bisherigen Rändern her. Anfang der 20er Jahre setzte er allerdings (was Fritzlar nicht erwähnt) ähnliche Hoffnungen in die kulturelle Erneuerung Polens während der beginnenden Mickiewicz-Zeit. Wie der polnische sollte auch der jüdische Impuls in einer künftigen (postnationalen) europäischen Kultur aufgehen, ohne unterzugehen. Letztere (hegelianische) Formel stammt von Eduard Gans, ebenfalls einem Mitglied des »Vereins«.

Heine hat diese Dialektik der bestimmten Negation nie ganz übernommen. Dafür war er zu sensibel den politischen und mentalen Realitäten gegenüber. Vielmehr stehen bei ihm Ungleichzeitigkeiten, Brüche und misslungene Versöhnungen im Vordergrund, was sich auch, aber nicht nur auf die seit 1819 spürbar wieder zunehmenden antijüdischen Ausschreitungen und Ressentiments bezieht. Dazu, so Fritzlar, gehören ebenso jüdische Narrengestalten, die in der Assimilation scheitern können, wie Gumpelino oder Shylock als bemitleidenswertes, keineswegs dämonisches Sinnbild eines im Niedergang begriffenen traditionellen Judentums. Shylock ist als Antiheld mit weit stärkeren Bindungen an Tora und Synagoge denn an das Geld für Heine eine tragische Figur, die – wie seine Zeitgenossen im 19. Jahrhundert – den Herausforderungen der Akkulturation hilflos ausgesetzt bleibt. Der jüdische Glaube an den Geist ist eine fixe Idee, aber, richtig verstanden – so die »Börne«-Schrift – auch eine schöne und sehr zeitgemäße Idee. Grundsätzlich erklärt sich aus Heines Außenseiterposition eines Schriftstellers in der Diaspora, des »nie abzuwaschenden Juden«, sein Gegensatz zu eindeutigen (nationalen, aber auch politischen) Definitionsräumen sowie die kulturelle Hybridität seines Schreibens. Lydia Fritzlar kommt bei der genauen Untersuchung solcher ambivalenten Kontexte zu beachtlichen Ergebnissen.

Zu den stärksten Teilen ihrer Arbeit gehören die Schlusskapitel. Ihre These ist: Heine musste auf Grund seiner reflektierten jüdischen Außenseiterposition fast zwangsläufig zum Zeitschriftsteller werden, um nicht Außenseiter zu bleiben. Er musste damit aber auch einen Weg finden, sich von den Wunden und Deformationen der Diaspora zu befreien. Die Wüste der Diaspora, im »Rabbi« verortet im Rheintal und in Frankfurt, erkennt Fritzlar in Heines Schilderung mancher Züge des Pariser Exils und besonders der Person Ludwig Börnes wieder. Hier, so eine zentrale Aussage der »Börne«-Denkschrift – deren durchgehendes Thema laut Fritzlar »die Verbindung von Exil und Wahnsinn« ist –, kann die Isolation des Außenseiters schnell zu einer Brutstätte von mentalem Nazarenertum, aus Heilserwartungen entsprungener fixer Ideen und politischer Realitätsenthobenheit werden. Das zu wissen und dem gleichzeitig zu entkommen, ist die eigentliche Aufgabe eines Schriftstellers, der sich nicht an die Zeit verlieren, sondern auf der Höhe seiner Zeit stehen will.

Der Blick auf Heine kann aus der Sicht »Jüdischer Studien«, wie Fritzlars herausfordernde Arbeit zeigt, deutlich geschärft werden. Er hat aber auch seine Grenzen. Die Perspektive der Diaspora mag vieles erklären, aber bei weitem nicht alles. Schon Heines frühe lyrische Liebes-Zyklen zeugen auf einem ganz anderen Erfahrungshintergrund von der Gefahr fixer Ideen, den Verlockungen des Wahnsinns und der Auseinandersetzung damit, ebenso der »William Ratcliff«, das napoleonische Drama des »Buchs Le Grand«, seine Sicht auf das Juste Milieu Louis Philippes als »Zank eines Wahnsinnigen mit einem Gespenste« (»Über die französische Bühne«) und natürlich sein Blick auf die deutsche Romantik, um nur ein paar Beispiele zu nennen. Schließlich lebte Heine in einer von säkularen Umwälzungen in allen äußeren und inneren Lebensbereichen geprägten, unruhigen Zeit. Bemerkenswert ist vor allem, dass er, der »Gejagte« und »entlaufene Romantiker«, dabei nicht den Kopf verlor.

Rolf Hosfeld

Georg Herwegh: *Werke und Briefe. Kritische und kommentierte Gesamtausgabe.* Hrsg. von Ingrid Pepperle in Verb. mit Volker Giel, Heinz Pepperle, Norbert Rothe und Hendrik Stein. Bd. 4: *Prosa 1849–1875*. Bearbeitet von Ingrid und Heinz Pepperle. Mitarbeit: Hendrik Stein. Bielefeld: Aisthesis 2013. 336 S. € 98,-.

> Alles Schöne wirkt auch befreiend. – Erst wenn zu den vielen Denkmalen auch das von Heinrich Heine sich gesellt, wird der Deutsche sagen dürfen: »Ich bin kein Philister mehr!« (Georg Herwegh, 1863)

Von der auf sechs Bände angelegten kritischen Georg-Herwegh-Ausgabe sind nun bereits vier Bände erschienen: Darunter mit den Bänden 5 und 6 die beiden für die Herwegh-Forschung, aber auch darüber hinaus für den gesamten Vormärz so eminent wichtigen Briefbände (vgl. Rez. in HJb 45 (2006) und 50 (2011)) und der von Volker Giel bearbeitete Band »Gedichte 1835–1848«. Der in diesem Jahr erschienene vierte Band enthält Herweghs späte Prosa aus den Jahren 1849 bis 1875. Als letzte Texte Herweghs ließen sich drei Korrespondenzen im November und Dezember 1871 für die Zeitung »République française« nachweisen, sie beschließen die Edition der späten Prosa, die 80 journalistische Arbeiten, Artikel, Korrespondenzberichte, politische Stellungnahmen, Kritiken, Offene Briefe, Einleitungen zu Herweghs eigenen Shakespeare-Übersetzungen und ein Vorwort aus der Feder Herwegh umfasst.

Als Journalist war Georg Herwegh bisher kaum bekannt. Nur wenige seiner verstreut und zumeist anonym publizierten, vorwiegend journalistischen Arbeiten nach der 1848/49er Revolution sind bisher in Werk- oder Auswahlausgabe wieder veröffentlicht worden. Und wie bei der Entdeckung des Satirikers Georg Weerth war es wieder der engagierte Vormärz-Forscher Bruno Kaiser, der noch während des Zweiten Weltkriegs mit dem Aufbau des Herwegh-Archivs im schweizerischen Liestal die Grundlage legte für die erst Jahre später einsetzende und immer wieder unterbrochene Forschung. In seiner Veröffentlichung »Der Freiheit eine Gasse. Aus dem Leben und Werk Georg Herweghs« (1948), die parallel zu einer ersten Auswahl aus dem Werk Georg Weerths erschien, zeichnete er ein wohl konturiertes Bild der späten journalistischen Arbeiten Herweghs und präsentierte eine Auswahl von 20 zumeist seit ihrem Erstdruck nicht wieder publizierten Artikeln.

Die im vorliegenden Band kritisch edierten und kommentierten Texte spiegeln den weitgehend unbekannten nachrevolutionären Werdegang eines politischen Schriftstellers über einen Zeitraum von mehr als zwei Jahrzehnten wider. Einen Zeitraum, der innenpolitisch stark geprägt war von restaurativen Elementen, außenpolitisch von kriegerischen Auseinandersetzungen mit den Nachbarstaaten Preußens, sozialpolitisch u. a. von der Gründungsphase des Allgemeine Deutsche Arbeitervereins (ADAV) und der schließlich endete mit dem Deutsch-Französischen Krieg und der anschließenden Reichsgründung.

Mit Herweghs engagierter Auseinandersetzung mit der politischen Linie des »Social-Demokraten. Organ des Allgemeinen deutschen Arbeitervereins«, ebenso wie mit seiner ausführlichen Berichterstattung über Studentenunruhen am Zürcher Polytechnikum und mit den klugen Einleitungen zu seinen Shakespeare-Übersetzungen präsentiert der vorliegende Band einen weiteren, bisher wenig beachteten Teilbereich von Herweghs schriftstellerischer Tätigkeit. In besonderem Maße bieten seine journalistischen Arbeiten zentrale Zeugnisse von Herweghs Ringen um Denk- und Redefreiheit, die vor dem Hintergrund des von Jürgen Habermas beschriebenen »Strukturwandels der Öffentlichkeit« mit der Wiederanbindung der ästhetischen Sphäre an andere Diskurse die Grenzen der politischen Öffentlichkeit neu zu bestimmen suchten.

Herweghs Kritiken und Auseinandersetzungen mit zeitgenössischen Autoren zeugen beispielhaft von seinem auch weiterhin bestehenden Interesse an kulturpolitischen Auseinandersetzungen und an literaturpolitischen Entwicklungen. Eine besondere Rolle spielt dabei eine späte Reaktion auf den verstorbenen Heinrich Heine, der zu Lebzeiten Herweghs politische Lyrik als »Tendenzpoesie« desavouierte. In seinem 1863 in Adolf Strodtmanns Zeitschrift »Orion. Monatsschrift für Literatur und Kunst« erschienenen Gedicht »Heinrich Heine« führt Herwegh ein fiktives Gespräch mit dem späten Heine des »Romanzero«, der ihn in einem 1841 verfassten, jedoch zu Heines Lebzeiten nicht veröffentlichten Gedicht despektierlich als »eiserne Lerche« bezeichnet hatte (DHA II, 186). Die Handschrift dieses Gedichts hatte Herwegh, versehen mit Datum und Heines Unterschrift, während seines Paris-Aufenthalts 1841/42 von dem Dichter persönlich erhalten (vgl. HSA II K, 107 und 601). Anfang 1863 hat er es dann dem Herausgeber der ersten Heine-Ausgabe und Heine-Biographen Adolf Strodtmann für den Abdruck in seiner Zeitschrift »Orion« zur Verfügung gestellt. Herweghs Gedicht schließt mit einem betont freundschaftlichen Gruß an Heine:

> Grüß den Aristophanes
> Dort auf Asphodeloswiesen;
> Ich hier oben will indeß
> Deinen Lorbeer fromm begießen.

In einem Begleitschreiben zu seinem Gedicht hatte Herwegh Adolf Stodtmann eine mehr als nur versöhnliche Anmerkung mitgeteilt, die den Abdruck begleitete. Darin heißt es unter anderem:

> Diese Verse wurden skizziert nach dem Erscheinen des »Romancero«, den man dabei gegenwärtig haben muß [...]. Zugleich wollt' ich einmal das feiernde und denkmalsetzende Deutschland an das Grab auf dem Montmartre erinnern. In den Kultus des Genius, der jetzt so gewaltig blüht, mischen sich eine gewisse Biedermeierei, zahlungsfähige Moral und selbst provinzieller Dünkel, die vor Allem ihre eigene Tüchtigkeit, Wichtigkeit und Nichtigkeit an den Großmannstagen leuchten zu lassen beflissen sind. Diese verhalten sich natürlich abwehrend gegen so freie Köpfe wie Heine, der alle Philister so gründlich ausgelacht hat [...]. Kaum hat ein anderer deutscher Dichter hohes und niederes Gesindel mit den Wassern des Wortes und des Witzes so tödlich zu treffen gewusst, wie der Verfasser des Atta Troll und des Wintermärchens.

Da die Texte des vorliegenden Bandes zum übergroßen Teil auf gedruckten Quellen beruhen, liegen die Schwierigkeiten bei der Textkonstitution weniger in einer komplizierten Transkription von handschriftlich überlieferten Zeugen oder in der übersichtlichen Darstellung komplizierter Textgenesen. All diese Probleme reduzieren sich auf die umfangreichen Varianten zwischen Erstdruck und handschriftlichen Zeugen zu den drei Einleitungen von Herweghs Shakespeare-Übersetzungen »König Lear«, »Zähmung einer Widerspenstigen« und der »Komödie der Irrungen«. Stattdessen standen die Bandbearbeiter von Beginn an vor Problemen eines eindeutigen Autorschafts-Nachweises, denn von den 80 präsentierten Texten sind nur 22 von Herwegh gezeichnet. Bei dieser komplexen Identifizierungsarbeit erwies es sich als vorteilhaft, dass die Bearbeiter auf die bereits erschienenen Briefbände zurückgreifen konnten, immerhin konnten so acht Beiträge durch Herweghs eigene Briefe oder Briefe an ihn identifiziert werden, worauf im Einzelnen jeweils im Apparat hingewiesen wird. Darüber hinaus konnten die Bandbearbeiter bei der Zuschreibung der zahlreichen nur mit Korrespondenzsigle gezeichneten Beiträge die im Herwegh-Archiv in Liestal vorhandene chronologische Belegsammlung einzelner Seiten, Bogen, ganzer Zeitungsnummern von Erst- und weiteren zeitgenössischen Drucken der Prosaarbeiten nutzen. Eigenhändige Korrekturen Herweghs oder Hinweise von Emma oder Marcel Herwegh auf die Autorschaft Georg Herweghs waren zusätzlich hilfreich dabei, eine größtmögliche Präzision beim Autorschaftsnachweis zu erreichen.

Der Hauptteil der Artikel erschien zuerst im »Zürcher Intelligenzblatt«, dessen Bedeutung und Bekanntheit aber wohl kaum über die Grenzen der Schweiz hinausreicht. Hinzu kommen Beiträge im »Nordstern«, einer der frühen und raren Zeitungen der deutschen Arbeiterbewegung, deren Namen auf den berühmten »Northern Star« der englischen Chartisten anspielt. Außerdem publizierte Herwegh in der »Deutschen Monatsschrift« von Adolf Kolatschek, die aber aufgrund des baldigen Verbots kaum größere Verbreitung fand, einzig die Veröffentlichungen in der »Neuen Zürcher Zeitung«, die bereits im 19. Jahrhundert überregionale Bedeutung hatte, könnten einen größeren Bekanntheitsgrad erlangt haben. Weitere Artikel Herweghs wurden zuerst publiziert im »Tagblatt der Stadt Zürich«, in der »Deutschen Allgemeinen Zeitung«, der »Berliner Reform«, der »Neuen Frankfurter Zeitung«, dem von Adolf Strodtmann herausgegebenen »Orion. Monatsschrift für Literatur und Kunst«, in der Wiener »Tages-Presse« und in französischer Sprache in der »République française«, einem Organ Léon Michel Gambettas. Im ersten seiner drei Korrespondenzberichte für die »République française« vom 17. November 1871 kommentierte Georg Herwegh Sieg und Niederlage im Deutsch-Französischen Krieg aus französischer Sicht:

> Machen wir aus der Niederlage einen Sieg, so wie der Feind bereits seinen Sieg in eine Niederlage verwandelt hat, und zwar in der Gestalt eines Kaiserreichs, das anscheinend mit demjenigen rivalisieren will, von dem Sie das Unglück auf so glückliche Weise befreit hat, hoffentlich für immer. (S. 195)

Im Apparat des vierten Bandes stellen die BandbearbeiterInnen Ingrid und Heinz Pepperle sowie Hendrik Stein wie in den bereits erschienenen Bänden einen in Umfang und Inhalt ausgewogenen Kommentar zu Verfügung. Aufgrund der jahrzehntelangen Beschäftigung mit dem Dichter, die als geballte Kompetenz dahinter steht, gelingt es mit sicherer Hand, erläuterungswürdige Stellen in den Artikeln, Korrespondenzen und politischen Stellungnahmen auszumachen und den Leser mit präzisen, mit der erforderlichen Akribie recherchierten Informationen zu versorgen. Auch bei komplizierten historischen oder biographischen Hintergründen kommen die Erläuterungen mit einer gewissen Leichtigkeit daher, lassen dabei aber den erforderlichen Tiefgang nicht vermissen.

Der Aufbau des Apparats ist leicht überschaubar. In den Angaben zur Überlieferung, d. h. zum identifizierten Erstdruck und weiteren Drucken, folgt eine kurze Angabe über die Art der Unterzeichnung der jeweiligen Texte durch den Autor, der selten genug mit vollem oder abgekürztem Namen unterschrieb. Besonderes Augenmerk wurde auch im vorliegenden Band auf eine weitestgehende Entschlüsselung der zahllosen kleinen, heute kaum mehr bekannten, Personen aus dem kulturellen und politischen Umfeld jener Zeit gelegt. Dabei konnten zahlreiche bisher bestehende Unsicherheiten beseitigt werden, Lücken anderer Ausgaben zur Literatur des Vormärz geschlossen bzw. Fehler beseitigt werden. Auch intertextuelle Verweise und Hinweise auf Herweghs Lektüre zeitgenössischer Zeitungen und Zeitschriften sowie auf Versuche Herweghs, sich in öffentliche Diskurse einzuschalten beziehungsweise zu positionieren, werden mit der nötigen Präzision und in engem Bezug zu in den Texten tatsächlich verhandelten Sachverhalten ohne überflüssige Digressionen erläutert. Das ausgezeichnete Personenregister, das in der vorliegenden Qualität längst nicht trivial ist, soll hier nicht unerwähnt bleiben.

Allein etwas unglücklich scheint mir die Entscheidung, das Erscheinungs- oder Entstehungsjahr der jeweiligen Texte nicht im Inhaltsverzeichnis anzugeben. Alternativ dazu hätte auch vor den einzelnen edierten Texten eine Angabe des jeweiligen Publikationsortes (in Kurzform) mit der entsprechenden Datierung dem Leser die Orientierung erleichtern können. Das schmälert freilich nicht die überaus verdienstvolle Edition der späten Prosa, die einen weiteren Baustein zu einer Neubewertung des nachmärzlichen Werkes von Georg Herwegh darstellt, der in der neueren deutschen Literaturwissenschaft – wenn überhaupt – vor allem als Tendenzpoet des Vormärz oder mit dem Heine'schen Verdikt als »eiserne Lerche« behandelt wird.

Nach wie vor gibt es nur zu einigen wenigen Autorinnen und Autoren des Vormärz verlässliche Editionen, eine Lücke, die die seit 2006 erscheinende »Kritische und kommentierte Gesamtausgabe« der Werke und Briefe Georg Herweghs in hervorragender Weise zu schließen hilft.

Bernd Füllner

Yvonne Joeres: *Die Don-Quijote-Rezeption Friedrich Schlegels und Heinrich Heines im Kontext des europäischen Kulturtransfers. Ein Narr als Angelpunkt transnationaler Denkansätze.* Heidelberg: Universitätsverlag Winter 2012. 404 S., € 62,00.

> Vielfach nachgeahmt ward seitdem die Doppelfigur, die dem Roman des Cervantes eine so kunstvolle Natürlichkeit verleiht, und aus deren Charakter, wie aus einem einzigen Kern, der ganze Roman mit all seinem wilden Laubwerk, seinen duftigen Blüthen, stralenden Früchten und Affen und Wundervögeln, die sich hauf den Zweigen wiegen, gleich einem indischen Riesenbaum sich entfaltet. (DHA X, 261 f.)

Es mögen auch monetäre Anreize gewesen sein, die Heine bewogen haben, sich mit einer von ihm stammenden Einleitung an der im Herbst 1837 veröffentlichten neuen Ausgabe des Romans »Der sinnreiche Junker Don Quixote von La Mancha« zu beteiligen. Das Sujet der anzufertigenden Auftragsarbeit dürfte aber vor allem das Interesse des Dichters geweckt haben. Die Begeisterung, mit der Heine den Roman von Miguel de Cervantes Saavedra wohl seit dem »Knabenalter« (DHA X, 249) immer wieder rezipierte, wird in dem Einleitungstext auf mehreren Ebenen deutlich. Jedoch äußert sich Heine nicht nur persönlich sowie literaturtheoretisch in diesem Rahmen über den spanischen Nationaldichter und sein berühmtestes Werk, vielmehr sind Spuren der Cervantes-Rezeption in Heines eigenem literarischen Œuvre zu finden.

In ihrer Dissertation mit dem Titel »Die Don-Quijote-Rezeption Friedrich Schlegels und Heinrich Heines im Kontext des europäischen Kulturtransfers« widmet sich Yvonne Joeres eben jenen Rezeptionsspuren in einem größeren, transnationalen Wirkungszusammenhang. Somit reicht das inhärente Erkenntnisinteresse der Literaturwissenschaftlerin über die bisherigen Untersuchungen und Studien zu Heines Spanien- und Cervantes-Bezügen hinaus. Joeres bewertet die rezeptive Arbeitsweise Heines unter Betrachtung der kulturellen Transferprozesse, die im ausgehenden 18. und frühen 19. Jahrhundert eine gänzlich veränderte Sichtweise auf Spanien und insbesondere auf spanische Literatur im deutschsprachigen Raum bewirkt haben. Die einsetzenden Transferprozesse kulminierten laut Joeres vor allem während der Frühphase der Romantik in einem regelrechten Rezeptionshöhepunkt, sodass sich Heine mit seinen komplexen Spanien- und »Don-Quijote«-Bezügen »trotz seiner offen formulierten Abwendung von den idealistisch-ästhetisch orientierten Dichtern der frühen Romantik in vielen Punkten auf deren transnational-europäischer Denkweise und ihrer dadurch geformten Spaniensicht« (S. 11) bezog. Joeres verdeutlicht in ihrer umfänglichen Arbeit somit die Gemeinsamkeiten sowie Divergenzen der »transnationalen Denkansätze Friedrich Schlegels und Heinrich Heines« (S. 28) sowie die bewirkten kulturellen Transferleistungen beider Autoren.

Um den genuin-außergewöhnlichen Charakter der romantischen Sichtweise auf Spanien zu verdeutlichen, ermöglicht Joeres den Leserinnen und Lesern der vorliegenden Arbeit zunächst einen kulturhistorischen Überblick des südeuropäischen Landes. In den folgenden Unterkapiteln zeichnet sie die Entwicklung des durch und durch negativen Spanienbildes nach, das seit dem Mittelalter im europäischen Ausland und insbesondere in Deutschland mit wenigen Ausnahmen omnipräsent war. Somit wird deutlich, wie stark die sogenannte »leyendra negra« (die »schwarze Legende«, S. 41) die Außenwahrnehmung Spaniens über Jahrhunderte hinweg geprägt hat. Die durch Inquisition, koloniale Eroberungsfeldzüge und andere Grausamkeiten bedingte bzw. erklärbare antispanische Grundhaltung beeinflusste die Rezeption spanischer Kulturgüter in Europa nachhaltig, sodass sich diesbezüglich erst im 18. Jahrhundert ein tatsächlicher »Perspektiven- und Paradigmenwechsel« (S. 68) vollzog. Joeres vermittelt diese transkulturellen

Zusammenhänge stets im Hinblick auf das eigentliche Erkenntnisinteresse ihrer Studie, sodass man keineswegs mit einer bloßen Reproduktion historischer Fakten konfrontiert wird. Somit ist es vor allem von Interesse, welche Auswirkungen die »leyendra negra« auf literarische Spanienbezüge vor der Zeit Schlegels und Heines hatte. In der Folge wird der Bogen von Wilhelm von Humboldt über Friedrich Justin Bertuch bis hin zu Johann Gottfried Herder gespannt, um zu verdeutlichen, wie die europäische Auseinandersetzung mit dem Land positivere Züge angenommen hat. Laut Joeres nimmt vor allem der »Don-Quijote« eine entscheidende Rolle im Rehabilitierungsprozess Spaniens ein, was schließlich in der regelrechten »Hispanophilie« (S. 167) der sogenannten romantischen Epoche mündete.

Gerade der Cervantes-Roman erfüllte die »von den Frühromantikern geforderte Gattungs- und Stilmischung« (S. 192) in hohem Maße, sodass der »*Don-Quijote* in seiner philosophischen und ästhetischen Ausgestaltung als der Prototyp des romantischen Romans« (S. 200) gewertet wurde und eine entsprechende Vorbildfunktion einnahm. Darüber hinaus vermittelt die Autorin wie die »Gegenüberstellung verschiedener Kulturen und Nationen« (S. 215) zu einem zentralen Movens der Frühromantiker wurde und belegt diese These stichhaltig anhand der Schriften Friedrich Schlegels. Dabei ist es von entscheidender Bedeutung, dass sich kulturelle Einheit und Vielfalt keineswegs diametral gegenüber stehen müssen. Im Gegenteil erachteten Schlegel und andere der Frühromantik zuzurechnende Zeitgenossen die Gattung des spanischen Romans, vornehmlich repräsentiert durch Cervantes' prototypisches Werk »Don-Quijote«, als stilistisch überaus geeignet, um die »Gesamtheit der Welt widerzuspiegeln« (S. 249).

An diesem gedanklichen Knotenpunkt richtet Joerges ihr Interesse auf Heines spezifische Spanienrezeption und knüpft an eine zu Beginn der Abhandlung formulierte Kernthese an. Demnach habe sich Heine über viele Jahrzehnte stets mit dem Protagonisten des Cervantes-Romans identifiziert und für sich den »Donquichottismus, das Streben nach einem nicht zu erreichenden Ideal, einem vielleicht sogar irrationalen Ziel, das Nicht-Aufgeben trotz aller Hindernisse, aller Feinde, allen Spottes, das Anrennen gegen die eigene Vernunft« (S. 19), zu einem Lebensmotto und einer literarischen Prämisse erwählt. Vielmehr noch reflektiert die Autorin die bekannten Identitätsfragen im Heine'schen Sinne und die bereits in der Forschungsliteratur ausgiebigst diskutierte »Zerrissenheit« (S. 256) des Dichters. Joeres rückt anschließend Heines »politischen Kosmopolitismus« in die Nähe zu den »transnationalen Denkansetzen der kritisierten philosophischen Ästheten« (S. 260) der Romantik und erklärt die jeweilige »Don-Quijote«-Rezeption zu einer gemeinsamen Basis. Der essentielle Unterschied liege allerdings in der politisch-gesellschaftlichen Dimension, die Heine seinem Europagedanken beigemessen hat. So habe Heine am spanischen Prätext und durch weitere intertextuelle Bezüge eine Schreibstrategie entwickelt, die es ihm ermöglichte, »transkulturelle Ziele anzuvisieren« (S. 264). Ohnehin sei der Protagonist des Cervantes-Romans für den Kosmopoliten Heine die »Verkörperung seiner europäischen Ideenutopie« (ebd.).

Joeres weist in der Folge die vielen intertextuellen Cervantes-Bezüge im literarischen Werk Heines nach, konzentriert sich jedoch vornehmlich auf die »Einleitung« zur 1837 erschienenen »Don-Quijote«-Ausgabe sowie auf die Figurenkonstellationen in den »Lukka«-Passagen der »Reisebilder«. Die Autorin arbeitet anhand der »Einleitung« beispielsweise Heines Vorstellung von einer gemeinschaftlich geprägten europäischen Literaturgeschichte heraus, in der die verschiedenen »Nationen miteinander wetteifern und einander ergänzen« (S. 339), was einem impliziten Optimierungsprozess zu gleichen scheint. Eine Vorstellung, die eine enorme gedankliche Nähe zu Friedrich Schlegels Ausführungen zu eben jenem Thema aufweist.

Der Roman des Miguel de Cervantes sei für Heine zudem in verdichteter Weise ein Ideal gewesen, um daran seine europäische Ideenutopie aufzuzeigen. Das Figurenpaar des »Don-Quijote« und des »Sancho Panza« wird entsprechend als »Paradigma der sich ergänzenden Widersprüche« (S. 345) gewertet. Eine Figurenkonstellation, die Heine in »Die Bäder von Lukka« sowie in »Die Stadt Lukka« entsprechend angewendet habe, um eine »weitreichende, transnational-europäisch aufgebaute, bezugreiche Parodie von komplexer Bedeutungsvielfalt« (S. 370) zu kreieren, wie am Figurenpaar »Gumpelino« und »Hyazinth« nachgewiesen wird. Heine transportiere so, wie Joeres resümiert, Ideen kultureller Vielfalt aus dem Roman einer spanischen Vergangenheit in das Europa seiner Zeit, um die »dualistische und krude Realität der Gegenwart« (S. 374) offenzulegen und progressiv Veränderungen bewirken zu können. Dabei sei der »Don-Quijote« für Heine stets Bezugspunkt eines »utopischen Gesellschaftsideal[s]« (S. 375) gewesen, Ausgangspunkt eines Wunsches nach der »Einheit von Kunst und Leben, Schönheit und Wahrheit« (ebd.), die es künstlerisch zu verwirklichen gilt.

Insgesamt gelingt es Joeres in überzeugender Art und Weise, den von Schlegel und Heine beförderten Paradigmenwechsel im transnationalen Kulturtransfer zu erklären und zu belegen und gleichsam die Unterschiede beider Ansätze zu exemplifizieren, auch wenn diverse Teilaspekte in früheren Studien zu den intertextuellen Cervantes-Bezügen im Werk Heinrich Heines bereits in anderer Gewichtung thematisiert wurden.

Jan von Holtum

Hartmut Kircher: *Heinrich Heine*. Marburg: Tectum 2012 (= Literatur Kompakt; Bd. 1). 268 S. € 14,90.

Der erste Band der neuen Reihe »Literatur Kompakt« überzeugt durch ein attraktives und modernes Layout. Trotz des ungewöhnlichen quadratischen Formats ist das Taschenbuch handlich und leicht zu transportieren. Ob als Schüler oder Schülerin am heimischen Schreibtisch, als Student oder Studentin im Park oder als Heine-Interessierte(r) in der Straßenbahn – das kleine gelbe Buch ist überallhin zur Mitnahme geeignet. Zahlreiche didaktisch qualitativ aufbereitete Visualisierungen des dargestellten Wissens unterstützen ebenso sehr wie die Haptik des Buches Neugierde und Interesse für Heinrich Heine. Im Hinblick auf die Zielgruppe (Studierende im ersten Semester und Schülerinnen und Schüler der Gymnasialen Oberstufe) bietet sich über das Layout des Buches hinaus anhand von übersichtlichen Grafiken und vielfältigen Informationen ein niedrigschwelliger Zugang.

Hartmut Kircher gelingt eine konzentrierte Einführung in leicht verständlicher, kurzweiliger und zugleich unterhaltsamer Sprache. *En passant* schafft es Kircher, Leben, Werk, Gattungsgeschichte, Sekundärliteratur, kritisch ausgewogene Forschungspositionen, intertextuelle Verflechtungen und Bedeutungen von Heines Werk in der Gegenwart in eine wohlgeordnete Struktur zu integrieren. Sinnabschnitte mit Stichworthilfen am Seitenrand fördern eine schnelle Orientierung. In nur wenigen Sätzen verhandelt Kircher ebenso Kontextwissen und Schreibtechniken Heines.

Selten gibt es vergleichbare Einführungswerke, die präzise auf den Punkt komplexe Wissensstränge formulieren. Heines Schaffen wird bereits auf den ersten Seiten umfassend geschildert. Analog zu einem Impulsreferat in Schule oder Universität heißt dann auch das erste Kapitel »Impuls« (S. 9–16). Wie in der Physik ein Impuls alles ihm Nachfolgende anstößt bzw. in Bewegung setzt, eröffnet Kircher seine Einführung geschickt mit der Heine-Verehrung durch die populäre österreichische Kaiserin Elisabeth. Als »glühende Anhängerin« (S. 9) kann sie sicherlich heute noch weitere Heinefans gewinnen. Ausgehend von Kaiserin Elisabeths Verehrung für einen der modernsten europäischen Dichter des 19. Jahrhunderts schildert Kircher eine prägnante Geschichte zu Heine-Denkmälern; die Diskussion um diese erlange besonders im Nationalsozialismus ihren Höhepunkt und wirke bis in die Gegenwart. Sinnbildlich wird hier die Denkmalrezeption auf Heines Gesamtwahrnehmung übertragen: »Zum Denkmalstreit anlässlich des fünfzigsten Todestages von Heine (1906) trug der Deutschnationale Adolf Bartels […] ein voluminöses Buch bei: *Heinrich Heine. Auch ein Denkmal*« (S. 12). Heine werde hier antisemitisch angegriffen. »[…] Stimmen von Heine-Befürwortern wie Heinrich Mann, Detlev von Liliencron, Gerhart Hauptmann, Alfred Kerr und später auch Thomas Mann, […] fanden weniger Gehör im Widerstreit der Meinungen.« (S. 13).

Dieser Faden wird im letzten Kapitel »Wirkung« (S. 219–224) fortgesetzt, ohne das anfänglich Aufgeführte zu wiederholen. Heines Lebensweg wird mit Originalzitaten zeitgenössischer Kritiker verdeutlicht. Gleichzeitig verstehen Leserinnen und Leser Heines umstrittene Position als Poet im 19. Jahrhundert. Im restaurativen deutschen Klima der aufeinanderfolgenden Revolutionen erscheint Heine zwischen Sensualismus und Spiritualismus. Hier sucht er seine eigene, individuelle religiöse Position. Kircher verweist auf das häufig bis in unsere Tage hinein als blasphemisch kritisierte Schreibverfahren Heines, indem er es differenziert darstellt. Die Differenzierung gelingt Kircher mit einer kurzen Herleitung: Als jüdisches Kind in Düsseldorf aufgewachsen, identifiziert Heine sich, durch Napoleons Einzug in das Rheinland, mit den Ideen der Französischen Revolution und lernt in Relation zu anderen jüdischen Gemeinden eine liberale Gesinnung gegenüber den Juden kennen. In Düsseldorf wurden sie zu dieser Zeit nicht gettoisiert. Dennoch ist Heine schon in frühen Jahren Repressalien, beispielsweise im Kontext der »Hepp-Hepp-Bewegungen«, ausgesetzt und konvertiert in späteren Jahren zum Protestantismus, um als Anwalt zu arbeiten – was aber aufgrund restriktiver katholisch-klerikaler Gegenmacht nicht gelingt.

Heines religiöse Sozialisierung verwebt sich als Grundthema in all seinen Schriften – seien sie lyrisch, journalistisch, der Prosa verhaftet oder autobiographisch in Briefen vorhanden. Kircher belegt eindrucksvoll durch Faksimileabdrucke seine Originalquellen und bringt mit Heines Handschrift Persönlichkeit und die Faszination des Authentischen ins Spiel. Weiterhin zeigt Kircher Heines historisches Interesse und seine freundschaftliche Verbindung zum Judentum auf. Gleichsam allen Kirchen wirft Heine die von ihren Obrigkeiten abgesonderte Biedermeierlichkeit vor. Seine Freiheitsbestrebungen wirken auf der politischen Ebene in der Errichtung eines demokratischen Europas, in dem die Zensur nicht in die künstlerische Freiheit eingreift. Seine Vermittlungsarbeiten finden genauso Niederschlag in seinem Œuvre. Eine hervorgehobene Rolle kommt in dieser Beziehung dem deutsch-französischen Verhältnis zu. Auf der emotionalen Ebene möchte Heine die von strengen Sittlichkeitswächtern verordnete Trennung von Körper und Geist überwinden.

Das zweite größere Kapitel widmet sich klassisch dem Leben und Werk Heines. Wie in der restlichen Einführung führt Kircher alle wichtigen Fäden in übersichtlichen Abschnitten zusammen. Chronologisch bei Heines Eltern beginnend, die Rolle der Mutter Betty hervorhebend, werden der jüdische Kontext, Heines beruflicher Werdegang mit der Parallelisierung des Schreibens, wichtige erste Begegnungen wie die mit Börne in der Frankfurter Judengasse oder August Wilhelm Schlegel an der Bonner Universität, aufgefächert. Heines Salonbekanntschaften, insbesondere in Berlin und Paris, sind mit Porträts dargestellt. In Verbindung mit der Vielzahl der genannten Namen berühmter historischer Persönlichkeiten gelingt es dem visuellen Gedächtnis besser, alle Namen zu erinnern. Landschaftliche und urbane Eindrücke werden mit Abbildungen von Gemälden angeboten.

Der Einfluss der preußischen Zensur auf Heines Schreibtechniken der Camouflage, seine autofiktionale und intertextuelle Arbeitsweise in Verknüpfung kosmopolitischer Einstellungen spannt Kircher bis zum Ende Heines in seiner »Matratzengruft«. Die späte Wende seiner religiösen Kritik hin zu einem persönlichen Gott und in der gesamten Einführung thematisierte Entwicklung Heines zwischen Romantik, Absage an Goethe, Revolution, Moderne und drastischer Industrialisierung werden ebenfalls herausgearbeitet.

Nach Kirchers zweitem Kapitel folgt eine sehr gut aufbereitete Grafik (S. 50 f.). Diese als Zeitstrahl angelegte Grafik soll in der Rezension Erwähnung finden, weil sie chronologisch Heines Biografie mit geografischen Punkten seines Reiselebens und den damit verbundenen Publikationen verbindet. In vertikaler Linie kann zudem zu einem bestimmten Jahr zusätzlich abgelesen werden, welche Kontakte Heine hatte, ob sie mit der Entstehungsgeschichte eines Textes verbunden werden können und welches geschichtliche Hintergrundereignis stattfand.

Die wichtigsten Fakten und Diskussionen sind zusammenfassend am Anfang der Einführung in den Kapiteln »Impuls« und »Leben und Werk« zu finden. Vom Gesamten ausgehend, das durch eine optisch im Stile des Lettrismus aufgeführte Stichwort-Mind Map präsentiert wird, kann es jetzt »ans Eingemachte« gehen. Heines Œuvre folgt kompetent analysiert in den gattungsgeschichtlichen Kategorien Tragödie, Lyrik, Versepos und Reisebild. Wobei die »Reisebilder« pointiert eine eigene, moderne Gattung bilden, welche dem Klassizismus eine Absage erteilt. Der Held der modernen Reiseliteratur Heines ist subjektiv und selbstreflexiver Naturwanderer, welcher nicht mehr einem vorherbestimmten Reifungsprozess hinterherreist. Freie Assoziationen und lockere szenische Reihungen mit der Kontrastierung der Natur und lyrischen, mythischen und märchenhaften Einsprengseln machen Heine nach Kircher mit ironisch-witzigem Schreibstil zu einem Gegenwartsdiagnostiker und Wegbereiter der Moderne. Bereits vor Freuds Traumanalyse kompensieren Heines Figuren in Träumen Triebunterdrückungen. Diese Ansätze werden von Kircher in schnellen, präzisen Gedanken hergeleitet und machen gleichzeitig auf interessante Forschungsaspekte aufmerksam.

Alle prominenten Heine-Klassiker werden vorgestellt. In jeder Interpretation werden Entstehungsgeschichte, historischer Kontext, Thematik, biographische Verflechtung und Rezeption vermittelt. Dabei lernen die Leserinnen und Leser unbemerkt die wichtigsten theoretischen Statements der aktuellen Heineforschung kennen. Eingeflochten werden lyrische Formensprache, indirekte erotische Aspekte, und immer wieder wird auf Heines Wortschöpfungskunst aufmerksam gemacht. Die Nennung der Vorlagentexte für Heines eigenes Schaffen weckt das Interesse, selbst zu vergleichen, wie Heine bereits vorhandene Literatur umgearbeitet hat.

Das Glossar von Kirchers Einführung ist im Internet auffindbar, was eine rasche Einstiegshilfe bei der praktischen Hausarbeitserstellung am PC ermöglicht. Fremdwörter sind auf einen Blick entschlüsselbar. Im obligatorischen Literaturverzeichnis sind die Biographien und Bibliographien jeweils mit Kurzkommentaren zu ihrer Qualität versehen. Abbildungsverzeichnis, Werkregister und Stichwortregister runden die Recherchemöglichkeiten innerhalb Kirchers Einführung ab. Sie ist unverzichtbares Stück Einführungsliteratur, welches äußerst lebendig Lust auf Heine macht!

Sandra Heppener

Hilde Winter: *Heinrich Heine und »Das Buch«. Funktionen der Bibelzitate und -anspielungen in seinen Werken und Briefen. Mit einer Datenbank auf CD.* Hildesheim, Zürich, New York: Georg Olms Verlag 2012 (= Germanistische Texte und Studien; Bd. 89). 251 S., € 48,-.

Was natürlich seit langem bekannt war und innerhalb der Forschung gesondert oder variiert in verschiedenen Fragestellungen und Zusammenhängen auch immer wieder thematisiert worden ist, dabei aber keineswegs abschließend oder gänzlich befriedigend bzw. materialreich genug ins Bewusstsein gehoben wurde, hat die Autorin auf sachlich-technische Weise sehr überraschend und gründlich auf neue, endlich die richtigen Maße beachtende und enorm bewundernswerte Befunde zurückgeführt. Allein dafür haben wir ihr, nachdem bei diesem Thema von Bibelkenntnis, Theologie und religiöser Überzeugung Heines so lange Zeit im Nebel der Vermutung oder geheimen Vorurteile herumgestochert wurde, zu danken, jedoch auch für die Erörterungen selbst, die als Funktionen der Heine'schen Bibelzitate und Bibelanspielungen die drei großen Aspekte von Sakralisierung, Personalsatire und Gesellschaftskritik umreißen. Manches mag dabei gelegentlich unvermittelt nebeneinanderstehen oder aufeinanderfolgen. Insgesamt ergibt sich jedoch eine Fundgrube, aus der in Zukunft bei solchen Fragen gerne geschöpft werden wird.

Heine kannte die Bibel und lebte mit ihr. Nicht umsonst heißt es in seiner Schrift »Zur Geschichte der Religion und Philosophie in Deutschland« bei der Beschreibung der Lutherbibel mit ihren Ausdrücken und Wendungen, die deutsch seyen, über die zukünftige Freiheit, welche ihrerseits überall werde sprechen können: »und ihre Sprache wird biblisch seyn« (DHA VIII, 40). Dabei war Heine, wie Hilde Winter eindrucksvoll belegt, nicht nur mit dem Alten, sondern genauso mit dem Neuen Testament vertraut bzw. berücksichtigte beide als deutsch-jüdischer Autor, der sich zum Abschluss seines juristischen Studiums zweifellos aus auch pragmatischen Gründen in Heiligenstadt, im katholischen Eichsfeld gelegen und allein der Unauffälligkeit wegen weit genug von Göttingen entfernt, evangelisch taufen ließ, auf ebenso nachdrückliche wie nachvollziehbare Weise; ja, je länger desto mehr als »Dichterprophet« (S. 222). Dabei konnte er sich mit sämtlichen Bibelbezügen auf ein einvernehmlich kenntnisreiches Publikum verlassen, das seine Lutherbibel kannte. Das ist heute tatsächlich, und schon seit einiger Zeit, längst nicht mehr vorauszusetzen. Sämtliche Traditionen solcher Bildungsgeschichte haben sich verflüchtigt und bedürfen ihrerseits der genauen Erklärung. Diese Arbeit liefert zum Verständnis des Zusammenhangs von biblischer Herkunft und moderner Anverwandlung völlig unprätentiöse Schlüssel.

Gerade darum auch ist das Verdienst dieser Arbeit als Interpretationshilfe umso mehr anzuerkennen. Die Verf. hat Heine gründlich gelesen, die Zwischentöne seiner Formulierungen und Argumente mit ihrer eigenen subtilen Bibelkenntnis, der Luthersprache und dem daraus resultierten Kirchenlied zu verknüpfen gewusst – und vermochte allein damit schon zu zahlenmäßigen Ergebnissen zu gelangen, die zunächst beim ersten Blick erstaunen, dann aber völlig begreiflich werden. Statt einer Zahl von vordem geschätzten gut 600 oder auch nur gut 400 Bibelanlehnungen bzw. Bibelzitaten, von denen Peter Guttenhöfer oder Beate Wirth-Ortmann in ihren spezifischen Untersuchungen ausgingen (S. 7), kann die Verfasserin ihrerseits mit berechtigtem Stolz und durchaus nachvollziehbar auf 1.742 Bibelstellen hinweisen, die sogar bei vermischter Zählung von sich überkreuzenden Verwendungen bzw. thematischer Verschiebung noch um einige hundert anwachsen, so dass zwar die eigentlichen Bibelbezüge sich nicht vermehren, wohl aber deren Präsenz im Heine'schen Schreiben je nach eingenommenem Untersuchungsverhalten (vgl. die dritte Tabelle zu »Hauptfunktionen der Bibelbezüge«, S. 234, die bei elf Unterscheidungen von Personalsatire bis Prophetie sogar eine von der Verfasserin nicht eigens ausgeworfene Summe von 2.433 ergibt). Die drei Tabellen am Schluss des Bandes (die erste zur »Verteilung der Bibelbezüge auf Werke und Briefe«; die zweite bezogen auf die drei »Schaffensphasen« 1817–30, 1831–48 und 1848–56) erweisen überhaupt die Nützlichkeit auch schlicht zählender Übersichten und Gliederungen des Befundes von 1.742 Stellen aufs Überzeugendste. Die beigefügte CD hält dann das, was im Buche an unterschiedlichen Komplexen thematisiert wird, auf geordnete Weise in sieben Spalten fest: Die Funktion (wie Sprache und Stil oder Sakralisierung usw.) steht neben dem zugehörigen Heine-Zitat, dem die genaue Textstelle an die Seite gestellt ist; dem Bibelauszug folgt die Bibelstelle, die wiederum von außerbiblischen Quellen flankiert wird, was schließlich mit Angabe der Heine'schen Schaffensphase an ein sinnvolles Ende der ganzen Reihe gelangt. Dass der Benutzung ermöglicht wird, sich in dieses tabellarische System durch Anmerkungen, Ergänzungen oder Korrekturen hineinzuarbeiten, ergibt letztendlich so etwas wie ein biblisch-heinesches Lektürespiel, das nie seinen absolut sicheren Schluss findet. Treffender könnten Herkunft und Fortschritt nicht symbolisiert werden.

Joseph Anton Kruse

Simon Wortmann: »*das Wort will Fleisch werden*«. *Körper-Inszenierungen bei Heinrich Heine und Friedrich Nietzsche*. Stuttgart, Weimar: Metzler 2011 (= Heine-Studien). 306 S. € 69,95.

Heinrich Heine und Friedrich Nietzsche zusammenzudenken liegt spätestens auf der Hand, seit Nietzsche selbst – nicht sehr bescheiden – diese produktive Verbindung im Schreiben gezogen hat; Heine und er würden einmal als »die ersten Artisten der deutschen Sprache« gesehen werden (KSA VI, 286). Beide erfahren die Welt als Außenseiter und generieren gerade aus dieser krisenhaften Identität, der daraus resultierenden Spannung, ihre schreibende Position. Simon Wortmann verbindet in seiner Studie das Motiv der Krise mit dem der Körper-Inszenierung und liest in den Texten beider Autoren den Willen, »den Leser für das Erfahrungspotenzial des Körpers im Zeichen einer [...] Krise zu sensibilisieren und ihn auf die von ihnen beiden angenommene historische Misere der verdrängten menschlichen Sinnlichkeit aufmerksam zu machen« (S. 1). Methodisch orientiert sich die Arbeit hauptsächlich an der »Ästhetik des Performativen« von Erika Fischer-Lichte, womit die Untersuchungen einen theatral-aufführungstheoretischen Fokus einnehmen.

Dass die Ästhetik der beiden Autoren eine nahe Verwandtschaft in Bezug auf ein »Weltbild theatralischer Inspiration« aufweist, hat neben anderen schon Gerhard Höhn herausgestellt (vgl. Höhn: »Farceur« und »Fanatiker des Ausdrucks«. – In: HJb 36 (1997), S. 138). Simon Wortmann führt diesen Gedanken nun aber konsequent weiter, indem er in drei Arbeitsschritten der Frage nach verwandter Körper-Inszenierung nachspürt. Dabei geht er im ersten Komplex von der Kategorie der Inszenierung aus und richtet diese auf die beiden Erzählinstanzen in den Texten beider Autoren. Bei Heine lässt sich die leibliche Anwesenheit der erzählenden Position als ein Beobachter der erlebten und betrachteten Geschichte kennzeichnen. Heine wird hier als Regisseur und Augenzeuge zugleich begriffen, der durch seine Gegenwart im Text »die sinnliche Wahrnehmung des Augenzeugens als Ereignis mitzuteilen« (S. 26) vermag. Darüber hinaus verfolgt die Arbeit hier Hildebrands Diagnose in Bezug auf Heine als »Fürsprecher des Leibes« (Hildebrand: Emanzipation und Versöhnung. Tübingen 2001, S. 1), indem sie am Beispiel der »Memoiren« Heines schriftliche Verkörperung des roten Sefchens als Verteidigung der Sinnlichkeit herausstellt. Nietzsche werden ähnliche Verkörperungsprozesse mit Aufführungscharakter nachgewiesen, wenn Wortmann beispielsweise Zarathustra als »Verkünder« liest, der sich »selbst als das leibhaftige Beispiel für den eigenen unerhörten Lehrversuch verstehen will« (S. 7) und sich so als körperliche Position in den eigenen Texten inszeniert, als eine Doppelrolle zwischen Beobachter und Teilnehmer der Ereignisse, die er gleichzeitig beschreibt und erschafft.

In einem zweiten Schritt nimmt Wortmann die sprachlichen Besonderheiten der beiden Autoren in den Blick und betrachtet die narrativen Strategien in Bezug auf Verkörperlichungen im Text. Dabei wird deutlich, dass das Wort, wie der Titel der Arbeit schon programmatisch vorgibt, bei Heine zum »Fleisch« werden will, also eine kreatürliche Kraft in sich birgt, die er ganz bewusst als eine Erzeugungsstrategie (vgl. S. 111) zum Einsatz bringt. Wortmann bedient hier umfangreich das Vokabular der Regie und kann so seinem Anspruch gerecht werden, inszenatorische Elemente der Sprache beider Autoren in den Mittelpunkt seiner Untersuchungen zu stellen. Nietzsche, so wird deutlich, verfolgt noch expliziter die Strategie, den Leser durch sein Schreiben zu verwandeln und tatsächlich physischen Einfluss auf ihn zu nehmen. Für diesen Anspruch steht die Forderung Nietzsches: »[D]er Leser sollte seinen Körper dazu geben und zeigen, dass das Bewegende auch ihn bewegt« (KSA VIII, 618 f.). So ist denn auch das Fazit Wortmanns konsequent, wenn er konstatiert, Heine und Nietzsche forderten gleichermaßen ein »leiblich engagiertes Lesen« (S. 123).

Schließlich analysiert die Arbeit in einem dritten und sehr umfangreichen Komplex die literarischen Körper-Inszenierungen bei Heine und Nietzsche systematisch anhand einzelner Kategorien, die aus Gegensatzpaaren generiert werden: Der Fokus der Einzelanalysen liegt auf den Kontrastpaaren Maskierung und Entlarvung, Ernst und Lachen und schließlich Überwinden und Überwältigen. Diese werden von Wortmann im ersten Teil der Studie entwickelt und fungieren nun als Fährten für die Verfolgung der narrativen Strategien in Krisen- und Übergangssituationen. Überzeugend argumentiert die Studie am Beispiel der »Bäder von Lukka«, dass der Leib bei Heine zum »Agenten« wird, der »den Leser [...] durch seine affektive Beteiligung der Lektüre für das emanzipatorische Vorhaben des Autors [...] beflügel[t]« (S. 143). Die folgenden Passagen widmen sich mit Blick für das Detail den Textschichten unter der Makrostruktur und fördern bei Heine und Nietzsche das subversive Potenzial des Lachens ebenso hervor wie die revolutionäre »Gewalt des sprachlichen Rhythmus« (S. 265) in Bezug auf das Motiv des Tanzens – zu beobachten in Heines »Lutezia« und den »Florentinischen Nächten« ebenso wie in Nietzsches »Zarathustra«.

Nicht immer sind die Struktur und die Auswahl der einzelnen Texte, insbesondere die Heinrich Heines, für die Analyse stringent und für den Leser nachvollziehbar, und auch die Abgrenzung der drei von Wortmann so benannten »Arbeitsschritte« voneinander wird nicht immer deutlich genug. Vielmehr sieht sich der Leser einer Verflechtung der Gedanken über die drei Hauptteile der Arbeit hinweg gegenüber, die das Nachvollziehen der Argumente streckenweise erschwert. Hier wünscht man sich noch mehr Stringenz und eine klarere Fokussierung, wenn nötig um den Preis der Reduktion.

Darüber hinaus wird die Frage nach der geschlechtlichen Dimension der Körper-Inszenierungen in der Studie nicht explizit gestellt, auch wenn einige Einzelanalysen hier durchaus ihren Beitrag leisten, so besonders in der Untersuchung des Tanzes der Laurence aus Heines »Florentinischen Nächten«. Dass Wortmann den Begriff der Gender Studies wenig beachtet, verwundert insofern, als die Kategorien der Maskerade und der Inszenierung maßgeblichen Anteil an der Strukturierung der Monografie haben und als literaturwissenschaftliche Methode von den Gender Studies in den letzten zehn Jahren stark beeinflusst und weiterentwickelt wurden. Hier hätte der Autor sicherlich produktive Anregungen für seine Fragestellungen erfahren können. So bleibt eine Leerstelle, deren Begründung aufschlussreich gewesen wäre.

Hilfreich ist wiederum das »Methodische Fazit« am Ende, das nicht eine reine Auflistung der Ergebnisse einzelner Analysen vornimmt, sondern aus diesen den übergreifenden Schluss zieht, die Ästhetik des Performativen eröffne einen Blick auf die Epochenschwelle 1890–1910. Hier, so Wortmann, falle eine Wiederaufnahme der Körper-Inszenierungen in der deutschen Literatur ins Auge, die wiederum im Zeichen der alles verändernden Krise als geeignet scheinen, den Erzähler zum körperlichen Agenten seiner Zeit zu machen. An diesem Punkt sei eine Anknüpfung an die Untersuchungen zu Heine und Nietzsche möglich, wie denn auch der Ausblick auf Thomas Manns Roman »Buddenbrooks« als »Erzähltheater« (S. 292) etwas überraschend, auf den zweiten Blick aber durchaus stimmig zeigt. Leider ist Wortmann hier in seinen mitunter artifiziellen Formulierungen zu vage – der Gehalt des Fazits bleibt daher hinter den eigentlichen Möglichkeiten zurück und lässt eine klare, treffsichere Konsequenz vermissen. Dieses Problem hat die Arbeit mit vielen deutschsprachigen Dissertationen der letzten Jahre gemeinsam, deren Schreibduktus zeitweise in Worthülsen abdriftet – eine Modeerscheinung und vielleicht auch nur eine Geschmacksfrage.

Insgesamt gelingt der Arbeit aber eine spannende Perspektive, indem sie die »Ästhetik des Performativen« produktiv umsetzt und besonders im starken dritten (Haupt-) Teil sehr wache

Beobachtungen aufweist, welche für sehr viele Fragestellungen zukünftig befeuernd wirken können. Gerade die stark intersektionale Orientierung schafft Verbindungen und lässt an einigen Stellen offene Fäden liegen, die sicherlich in den folgenden Jahren aufzunehmen sind. Ganz besonders wertvoll erscheint mir an der Arbeit jedoch, dass sie wieder einmal das besondere Verhältnis zwischen dem Autor und dem Leser in den Fokus der Analyse von Text richtet – der Leser wird sichtbar als weiterer Agent des Textes; erst in der Verbindung zwischen den Autoren (ob Heine oder Nietzsche) und den Lesern beginnt die Inszenierung der Körper, wird das »Wort« zum »Fleisch«.

Anne Stähr

Heine-Literatur 2012 mit Nachträgen

Zusammengestellt von Elena Camaiani

1 Primärliteratur

1.1 Gesamtausgaben
1.2 Einzelausgaben und Teilsammlungen
1.3 Texte in Anthologien
1.4 Übersetzungen

2 Sekundärliteratur

2.1 Studien zu Leben und Werk
2.2 Untersuchungen zur Rezeption
2.3 Forschungsliteratur mit Heine-Erwähnungen und -Bezügen

3 Literarische und künstlerische Behandlung von Person und Werk

3.1 Literarische Essays und Dichtungen
3.2 Werke der bildenden Kunst
3.3 Werke der Musik, Vertonungen
3.4 Das Werk auf der Bühne, im Film

4 Rezensionen

5 Allgemeine Literatur mit Heine-Erwähnungen und -Bezügen

1 Primärliteratur

1.1 Gesamtausgaben

1.2 Einzelausgaben und Teilsammlungen

Heine, Heinrich: Deutschland. Ein Wintermärchen. Heftbearb.: Elke und Uwe Lehmann. Husum 2011. 80 S. (Hamburger Lesehefte; 164).

Heine, Heinrich: Die Harzreise. Hrsg. und mit e. Nachw. vers. v. Christian Liedtke. Hamburg 2012. 172 S.: Ill.
Heine, Heinrich: So zärtlich, Herz an Herz. Die schönsten Liebesgedichte. Ausgew. von Günter Berg. Hamburg 2012. 91 S.
Heiteres von Heine. Mit Ill. von Saskia Bannasch. Ostfildern 2012. 64 S.: zahlr. Ill.

1.3 Texte in Anthologien

Ans Meer. Gedichte. [Ohne Hrsg.]. Ostfildern 2012. 64 S.: zahlr. Ill.
Arch+ 206/207, 2012. [Heine, Heinrich: Französische Zustände. Heinrich Heine schreibt über die Cholera-Epidemie in Paris für die Augsburger »Allgemeine Zeitung«. S. 54–55].
Bergglühen. Literarische Gipfelstürmer. Hrsg. von Daniel Kampa. Zürich 2012. 275 S. (Diogenes-Taschenbuch; 24216).
Berlin literarisch. Hrsg. von Jürgen Engler. Berlin 2012. 335 S.: Kt. (Aufbau-Taschenbücher; 2810).
Die Blumen des Frühlings. Veilchen träumen schon. Texte und Bilder. Fotogr. und Textausw. von Martina Hochheimer. Sonderausg. 2012 ›100 Jahre Insel-Bücherei‹. Berlin 2012. 70 S.: zahlr. Ill. (Insel-Bücherei; 1364).
Diese Rose pflück ich dir. Die schönsten Rosengedichte. Hrsg. von Heinke Wunderlich. Stuttgart 2012. 160 S.: Ill.
Freidenker-Kalender 2012. Ulmer Freidenker. Idee und Hrsg.: Siegfried Späth. Aschaffenburg 2012. 16 Bl.
Freu dich! Mit Fotogr. von Tina und Horst Herzig. München 2001. [40 S.]: überw. Ill.
Frühling. Ein Poesiealbum. Zusammengest. von Günter Berg. Hamburg 2012. 57 S.: zahlr. Ill.
Frühlingsboten – Hoffnungsglück. Genehmigte Sonderausg. Bergisch Gladbach 2005. 110 S.: zahlr. Ill. (Edition Poesie).
Für alle Liebeslagen. Hrsg. von Michael Skasa. Freiburg i.Br. [u.a.] 2004. 192 S. (Herder-Spektrum; 7029).
Gedichte der Romantik. Hrsg. von Wolfgang Frühwald. Erw. Neuausg. Stuttgart 2012. 555 S. (Reclams Universal-Bibliothek; 8230)
Gedichte für einen Herbsttag. Hrsg. von Gudrun Bull. München 2012. 144 S. (dtv; 14139).
Gedichte fürs Gedächtnis. Zum Inwendig-Lernen und Auswendig-Sagen. Ausgew. und komm. von Ulla Hahn. Mit einem Nachw. von Klaus von Dohnanyi. 20. Aufl. Stuttgart 2010. 302 S.
Ein Hauch von Heiligkeit. Kevelaer, der Gnadenort am Niederrhein. [Sonderedition aus dem Buch »Durchbetete Wege« anlässlich des 25. Jahrestages der Kevelaer-Wallfahrt von Joseph Kardinal Ratzinger, Papst Benedikt XVI. am 11. September 1987]. Klaus Hurtz (Hrsg.). Einmalige, limitierte Aufl. Mönchengladbach 2012. [24] S.: Ill.
Herzworte. Deutsche Lyrik im Porträt. Hrsg. von Gunter E. Grimm. Darmstadt 2012. 189 S.: Ill.
In unseren Träumen weihnachtet es schon. Vorfreude mit Fallada, Tucholsky & Co. [Ohne Hrsg.]. Berlin 2012. 287 S.
Kittstein, Ulrich: Deutsche Lyrik. Ein Lesebuch mit Gedichten und Interpretationen. Darmstadt 2011. 221 S.
Kleine Wunder in Pfarrers Garten. Hrsg., Fotografie, Gestaltung Richard Harlacher. Grundremmingen 2011. 112 S.: überw. Ill.
Langenberg, Ruth: Engel. Von Dante Gabriel Rossetti bis Paul Klee mit Gedichten ihrer Zeit. München 2012. 127 S.: zahlr. Ill.

Nun lacht die Welt. Ein heiterer Streifzug durch die Weltliteratur. Hrsg. von German Neundorfer. Frankfurt a. M. 2011. 277 S. (Fischer-Taschenbücher; 90324: Fischer Klassik).
Die schönsten Balladen. Hrsg. von Evelyne Polt-Heinzl und Christine Schmidjell. Stuttgart 2012. 176 S. (Reclams Universal-Bibliothek; 19029).
So knallvergnügt. Hundert Gedichte über das Glück. Hrsg. von Jürgen Engler. Berlin 2011. 182 S.
Das Sommer-Lesebuch. Hrsg. von Günter Stolzenberger. München 2012. 185 S. (dtv; 14119).
Weihnachten in alten und modernen Gedichten & Geschichten. Ausgew. und gelesen von Dietrich Fischer-Dieskau. Musik von Wolfgang Amadeus Mozart. Duo Crommelynck. Thun 2003. 1 CD.
Weihnachten mit Katze. Neue Geschichten. Ausgew. von Mario Leis. 3. Aufl. Berlin 2010. 154 S. (Insel-Taschenbuch; 3636).
Weihnachtsgedichte und Weihnachtslieder für Kinder. Ausgew. von Sabina Berchtold. Mit Ill. von Claudia Weikert. Frankfurt a. M.; Leipzig 2009. 159 S.: Ill., Noten. (Insel-Taschenbuch; 3441).
100x Glück. Ein Geschenkbuch. Zusammengest. von Nicola Maria Hochkeppel. Berlin 2012. 300 S.
100x Liebe. Ein Geschenkbuch. Zusammengest. von Nicola Maria Hochkeppel. Berlin 2012. 271 S.

1.4 Übersetzungen

Heine, Heinrich: Alemanha. Um conto de inverno. Trad., introd. e notas Romero Freitas, Georg Wink. Edição bilíngue. Belo Horizonte 2011. 215 S. [Deutschland. Ein Wintermärchen <port.>].
Heine, Heinrich: Heine Hein? Poeta dos contrários. Introd. e trad. André Vallias. São Paulo 2011. 541 S.: Ill. (Coleçao signos; 53). [Gedichte dt. und port.].
Heine, Heinrich: Romantiikan koulu. Suomentanut Jarkko S. Tuusvuori. Tampere 2012. 394 S. [Die romantische Schule <finn.>].
Téere-woy yi = Das Buch der Lieder. Jukkib-tànneefu woy yu ñu tekke ci Almaa: Goethe, Heine, Bracht ak ñeneen. Wolof – Almaa. [Übers. und Nachdichtung hrsg. von Tamsir Anne]. Fredersdorf 2011. 63 S.: Ill.

2 Sekundärliteratur

2.1 Studien zu Leben und Werk

Appleby, Carol: German romantic Poetry. Goethe, Novalis, Heine, Hölderlin. 4. ed. Maidstone 2012. 174 S.

Bartholomae, Joachim; Keppel, Christopher: »Schlaffe Ghaselen« und »Knoblauchgeruch«. Platen, Immermann und Heine streiten über freche Juden, warme Brüder und wahre Poesie. Hamburg 2012. 247 S.

Battegay, Caspar: Die Palmen von Beth El und die Ros' im Ratskeller zu Bremen. Zu einem Trinklied Heinrich Heines und zum Begriff der deutsch-jüdischen Literatur. – In: Jüdische Studien als Disziplin – die Disziplinen der jüdischen Studien. Festschrift der Hochschule für Jüdische Studien Heidelberg 1979–2009. Hrsg. von Johannes Heil; Daniel Krochmalnik. Heidelberg 2010. S. 289–300. (Schriften der Hochschule für Jüdische Studien Heidelberg; 13).

Betz, Albrecht: Ein deutsch-französischer Intellektueller? Heinrich Heine zwischen Berlin und Paris. – In: Was ist ein Intellektueller? Rückblicke und Vorblicke. Hrsg. von Richard Faber. Würzburg 2012. S. 149–160.

Blecken, Gudrun: Textanalyse und Interpretation zu Lyrik der Romantik. Hollfeld 2012. 178 S. (Königs Erläuterungen spezial).

Blome, Eva: Vom ungebildeten Philister zum Bildungsphilister. Heinrich Heines Beitrag zu einer spannungsvollen Transformation. – In: Philister. Problemgeschichte einer Sozialfigur der neueren deutschen Literatur. Remigius Bunia u. a. (Hrsg.). Berlin 2011. S. 357–382.

Börne, Ludwig: Das große Lesebuch. Hrsg. von Inge Rippmann. Frankfurt a.M. 2012. 334 S. (Fischer-Taschenbücher; 90377). [»'gemeinschaftliche Feinde und gemeinschaftliche Gefahren'. Börne, Freund und Feind Heinrich Heines« S. 293–304].

Bunke, Carolin: Zur Faust-Rezeption in der Musik des 19. Jahrhunderts. Goethes Dichtung und die Kompositionen von Hector Berlioz, Richard Wagner und Franz Liszt. Freiburg i.Br. [u.a.] 2011. 445 S.: Ill., Notenbeispiele. (Rombach Wissenschaften / Reihe Litterae; 178). [Zugl.: Freiburg i.Br., Univ., Diss., 2009]. [»Die Kompositionsvorlagen – von Goethes ›Faust‹-Drama zu den ›Faust‹-Dichtungen von Lenau und Heine« S. 23–78].

Button, Robert: A Note on thematic Affinities in Max Weber and Heinrich Heine. Disenchantment, devaluing Reversal, and the Demonic. – In: Max Weber Studies 12, 2010, 1. S. 95–119.

Courtemanche, Eleanor: Marx, Heine and German Cosmopolitanism. The 1844 ›Deutsch-Französische Jahrbücher‹. – In: Telos 159, 2012, june 20. S. 49–63.

Deterding, Klaus: Leistung, Schönheit und Ausdruckskraft der deutschen Sprache in der Literatur. Bd. 2: »Die Nachtluft wie ein Atemzug«. Würzburg 2012. 299 S. [Kapitel IV »Heinrich Heines und Markantes« S. 256–261].

Fritzlar, Lydia: Heinrich Heine und die Diaspora. Der Zeitschriftsteller im kulturellen Raum der jüdischen Minderheit. Berlin [u.a.] 2013. XI, 296 S. (Europäisch-jüdische Studien / Beiträge; 3). [Zugl.: Potsdam, Univ., Diss., 2009].

Füllner, Karin: »Emanzipazion der ganzen Welt«. 14. Forum Junge Heine Forschung 2011 mit neuen Arbeiten über Heinrich Heine. – In: HJb 51, 2012. S. 215–220.

Garrett, Leah: A Knight at the Opera. Heine, Wagner, Herzl, Peretz, and the legacy of Der Tannhäuser. West Lafayette, IN 2012. IX, 147 S. (Shofar Supplements in Jewish Studies).

Gille, Klaus: Heine in Hamburg (1843). Heines Deutschlandreise 1843 und ihr literarischer Niederschlag in ›Deutschland. Ein Wintermärchen‹. – In: Städte und Orte. Expeditionen in die literarische Landschaft. Hrsg. von Jattie Enklaar u. a. Würzburg 2012. S. 77–88. (Deutsche Chronik; 59).

Gössmann, Wilhelm: Die Bedeutung der ästhetischen Erfahrung bei Heinrich Heine. – In: HJb 51, 2012. S. 131–136.

Gross, Helmut: Heinrich Heine als Gesellschaftskritiker. – In: Kulturerinnerungen – Erinnerungskulturen. Mozart, Heine, Benn. Musik, Literatur, Denkmäler. Wilfried Kürschner (Hrsg.). Berlin [u. a.] 2012. S. 121–138. (Vechtaer Universitätsschriften; 27).

Das große Düsseldorf-Lexikon. Clemens von Looz-Corswarem, Benedikt Mauer (Hrsg.). Köln 2012. 850 S.: ca. 650 Ill. u. Fotos.

Grossmann, Jeffrey A.: Auerbach, Heine and the Question of Bildung in German and German Jewish Culture. – In: Nexus 1, 2011. S. 85–107.

Häußler, Inge: Textwelten – Stilwelten. Stilanalysen zu Texten von Bertolt Brecht, Thomas Mann, Erwin Strittmatter, Heinrich Heine, Georg Britting, Odo Marquard (Loriot) und Jason Dark. Jena 2010. 120 S.

Heady, Katy: Nur Ideenschmuggel? Heine und die Zensur in den 1820er Jahren. – In: HJb 51, 2012. S. 21–31.

Heinrich Heine. Ein romantischer Klassiker? Ortsvereinigung Hamburg der Goethe-Gesellschaft in Weimar. Wettin OT Dößel (Saalekreis) 2012. 96 S. (Hamburger Goethe-Gesellschaft: Jahresgabe; 2012).

Herzworte. Deutsche Lyrik im Porträt. Hrsg. von Gunter E. Grimm. Darmstadt 2012. 189 S.: Ill.

Hinck, Walter: Gesang der Verbannten. Deutschsprachige Exillyrik von Ulrich von Hutten bis Bertolt Brecht. Stuttgart 2011. 200 S. [»Weckrufe aus Paris. Heinrich Heine« S. 38–75].

Höhn, Gerhard; Liedtke, Christian: Auf der Spitze der Welt. Mit Heine durch Paris. Hamburg 2012. 127 S.

Hollender, Martin: Frau Staatsrath Schleiden, Madame Helbert und ein entwendeter Heine-Brief. – In: HJb 51, 2012. S. 144–154.

Holtermann, Martin: Der deutsche Aristophanes. Die Rezeption eines politischen Dichters im 19. Jahrhundert. Göttingen 2004. 352 S. (Hypomnemata; 155). [Zugl.: Heidelberg, Univ., Diss. 1999 u. d. T.: Ders.: Die Rezeption des Aristophanes als eines politischen Dichters im Deutschland des 19. Jahrhunderts]. [Kap. 4.2 »Der Platen-Heine-Streit« S. 132–142].

Honsza, Norbert: »Ale kłamiesz Brutusie«. Heinrich Heine : Emigracja totalna. Część czwarta. – In: Zbliżenia interkulturowe 11, 2012. S. 7–34. [Teil 4].

Honsza, Norbert: »O Niemcy. Kraj dębów i tępoty«. Heinrich Heine: (nie)szczęście literatury niemieckiej. Część pierwsza. – In: Zbliżenia interkulturowe 8, 2010. S. 7–35. [Teil 1].

Honsza, Norbert: »O wolności, jesteś złym snem!« Heinrich Heine: geniusz i »błazen« epoki. Część druga. – In: Zbliżenia interkulturowe 9, 2011. S. 7–44. [Teil 2].

Honsza, Norbert: »Syn rewolucji przeprawił się przez Ren, pijany entuzjazmem«. Heinrich Heine: Pierwsze lata w Paryżu. Część trzecia. – In: Zbliżenia interkulturowe 10, 2011. S. 7–19. [Teil 3].

Honsza, Norbert: »Zawsze kochałem prawdę i gardziłem kłamstwem«. Heinrich Heine: Ostatnie lata w Paryżu. Część piąta. – In: Zbliżenia interkulturowe 12, 2012. S. 15–36. [Teil 5].

Hupfer, Cordula: Exkurs: der Journalist Heinrich Heine. – In: Zeitungen und ihre Zeit. 300 Jahre Düsseldorfer Presse. Lothar Schröder, Manfred Lotsch (Hrsg.). Düsseldorf 2012. S. 47–49.

István, Fried: Heine és Petőfi. – In: Ders.: Egy irodalmi régió ábrándja és kutatása. Kelet-közép-európai tévedések és tévelygések. Budapest 2010. S. 136–155. (Kisebbségkutatás könyvek).

Jasper, Willi: Die Wunde Heine. – In: Heinrich Heine. Ein romantischer Klassiker? Wettin OT Dößel (Saalekreis) 2012. S. 76–92. (Hamburger Goethe-Gesellschaft: Jahresgabe; 2012).
Joeres, Yvonne: Die Don-Quijote-Rezeption Friedrich Schlegels und Heinrich Heines im Kontext des europäischen Kulturtransfers. Ein Narr als Angelpunkt transnationaler Denkansätze. Heidelberg 2012. 404 S.: Ill. (Beiträge zur neueren Literaturgeschichte; 3, 305). [Zugl.: Gießen, Univ., Diss., 2012].
Kircher, Hartmut: Heinrich Heine. Marburg 2012. 268 S.: zahlr. Ill. (Literatur kompakt; 1).
Kircher, Hartmut: Inszenierte Sinnlichkeit. Zur Funktion der Erotik-Darstellungen bei Heine. – In: Emotionen in der Romantik. Repräsentation, Ästhetik, Inszenierung. Salzburger Kolloquium der Internationalen Arnim-Gesellschaft. Hrsg. von Antje Arnold und Walter Pape. Berlin [u.a.] 2012. S. 85–98. (Schriften der Internationalen Arnim-Gesellschaft; 9).
Kittstein, Ulrich: Deutsche Lyrik. Ein Lesebuch mit Gedichten und Interpretationen. Darmstadt 2011. 221 S. [»Zerbrechliche Innenwelt. Abseits der großen Politik« S. 98–116].
Kortländer, Bernd: Balzac und Heine – Heine und Balzac. – In: Balzac und Deutschland – Deutschland und Balzac. Bernd Kortländer, Hans T. Siepe (Hrsg.). Tübingen 2012. S. 117–130. (Transfer; 22).
Kortländer, Bernd: Bewegung und Stillstand. Zu Heines Napoleon-Bild. – In: Das Heute hat Geschichte. Forschungen zur Geschichte Düsseldorfs, des Rheinlands und darüber hinaus. Festschrift für Clemens von Looz-Corswarem zum 65. Geburtstag. Hrsg. von Benedikt Mauer. Essen 2012. S. 503–514. (Quellen und Forschungen zur Geschichte des Niederrheins; 10).
Kreienbrock, Jörg: Popular Ghosts. Heinrich Heine on German ›Geistesgeschichte‹ as Gothic Novel. – In: Popular Revenants. The German Gothic and its international Reception, 1800–2000. Ed. by Andrew Cusack and Barry Murnane. Rochester, NY 2012. S. 123–143. (Studies in German Literature, Linguistics and Culture).
Kruse, Joseph A.: Heine, Preußen und Berlin. – In: HJb 51, 2012. S. 1–20.
Kruse, Joseph A.: Eine Welt in Miniatur. Reale und fiktionale Elemente in Heines Hamburg-Darstellung. – In: Heinrich Heine. Ein romantischer Klassiker? Wettin OT Dößel (Saalekreis) 2012. S. 52–75. (Hamburger Goethe-Gesellschaft: Jahresgabe; 2012).
Kulturerinnerungen – Erinnerungskulturen. Mozart, Heine, Benn. Musik, Literatur, Denkmäler. Wilfried Kürschner (Hrsg.). Berlin [u.a.] 2012. 241 S.: graph. Darst. (Vechtaer Universitätsschriften; 27).
Lachmann, Renate: Heine und Puškin. – In: HJb 51, 2012. S. 53–85.
Laudage-Kleeberg, Regina; Sulzenbacher, Hannes: Harry / (Christian Johann) Heinrich Heine: Jude – Protestant. – In: Treten Sie ein! Treten Sie aus! Warum Menschen ihre Religion wechseln. Hrsg. für die Jüdischen Museen Hohenems, Frankfurt am Main und München von Regina Laudage-Kleeberg und Hannes Sulzenbacher. Berlin 2012. S. 186–188.
Liedtke, Christian: »Eine ganze Ladung Schmeichelworte«. Neue Heine-Briefe (Berichtszeitraum 2005–2012). – In: HJb 51, 2012. S. 185–214.
Liedtke, Christian: Heinrich Heine und sein Verleger Julius Campe. – In: Heinrich Heine. Ein romantischer Klassiker? Wettin OT Dößel (Saalekreis) 2012. S. 9–31. (Hamburger Goethe-Gesellschaft: Jahresgabe; 2012).
Liedtke, Christian: Heinrich Heines Eintrag im Fremdenbuch der Grube »Dorothea« bei Clausthal. – In: HJb 51, 2012. S. 137–143.
Liersch, Werner: Passanten in Potsdam. Kleist, Heine, Storm. – In: Ders.: Dichterland Brandenburg. Literarische Streifzüge zwischen Havel und Oder. Berlin 2012. S. 107–121.

Machov, Aleksandr E.: Brandes P Kolybel' ulu smertnyj odr literatura? – In: Social'nye i gumanitarnye nauki / Otecestvennaja i zarubeznaja literatura. Serija 7, Literaturovedenie 17, 2012, 1. S. 49–54. [Übersetzung von Brandes, Peter: Wiege oder Totenbett der Literatur? Das Bett als Geburtsort der Dichtung bei Goethe, Heine, Proust. – In: Zeitschrift für deutsche Philologie 129, 2010, 4. S. 489–513].

Ockel, Eberhard: Die Kultur der Teegesellschaft. Heines poetischer Blick. – In: Kulturerinnerungen – Erinnerungskulturen. Mozart, Heine, Benn. Musik, Literatur, Denkmäler. Wilfried Kürschner (Hrsg.). Berlin [u. a.] 2012. S. 139–150. (Vechtaer Universitätsschriften; 27).

Oei, Bernd: Komparatistik mit Heinrich Heine. – In: Ders.: Joseph Roth. Der verbrannte Himmel. Metaphysik des Zweifels. Berlin, Münster 2012. S. 59–61. (Grenzgänger zwischen Philosophie und Literatur; 4).

Oppeln-Bronikowski, Friedrich-Wilhelm von: Ein Sympathieträger Heinrich Heines: Alexander von Oppeln-Bronikowski. – In: Studien zur angewandten Germanistik II. Hrsg. von Andrzej Katny. Gdansk 2010. S. 307–345. (Studia Germanica Gedanensia; 23).

Pinkard, Terry: How to move from Romanticism to Post-Romanticism. Schelling, Hegel, and Heine. – In: Romanticism and Modernity. Ed. by Thomas Pfau and Robert Mitchell. London [u. a.] 2012. S. 103–119.

Rattner, Josef: Heinrich Heine, ein Jahrhundertdichter und Zeitgenosse für uns Heutige. – In: Ders.: Literaturporträts. Fortschritt, Freiheit und Humanität als Aufgaben der Dichtung. Berlin 2012. S. 50–59.

Rölleke, Heinz: »Die Flammenschrift an der Wand«. Zu einem Motiv in Heines Ballade »Belsatzar«. – In: Ders.: »... und Bestehendes gut gedeutet«. Deutsche Gedichte vom 12. bis zum 20. Jahrhundert. Erläuterungen und Interpretationen. Trier 2011. S. 153–156. (Schriftenreihe Literaturwissenschaft; 85).

Rölleke, Heinz: »Das Grauen«. Georg Trakl und Heinrich Heine? – In: Ders.: »... und Bestehendes gut gedeutet«. Deutsche Gedichte vom 12. bis zum 20. Jahrhundert. Erläuterungen und Interpretationen. Trier 2011. S. 235–138. (Schriftenreihe Literaturwissenschaft; 85).

Rohde, Carsten: »Krieg gegen die Materie« – »Rehabilitation der Materie«. Zur Problematik des ›ganzen Menschen‹ bei Friedrich Schiller und Heinrich Heine. – In: HJb 51, 2012. S. 32–52.

Schonfield, Ernest: Satire and Laughter in Heine's ›Deutschland. Ein Wintermärchen‹. – In: Oxford German Studies 41, 2012, 2. S. 181–196.

Seeba, Hinrich C.: Stadtbild Berlin. Urbane Raumerfahrung von Heine bis Benjamin. – In: Ders.: Denkbilder. Detmolder Vorträge zur Kulturgeschichte der Literatur. Bielefeld 2011. S. 62–81. (Sonderveröffentlichungen des Naturwissenschaftlichen und Historischen Vereins für das Land Lippe; 85).

Seitz, Erwin: Die Sehnsucht nach der Metropole. Heinrich Heine als Visionär. – In: Ders.: Die Verfeinerung der Deutschen. Eine andere Kulturgeschichte. Berlin 2011. S. 38–53.

Simon, Ralf: Kahnfahrt mit Hegel. Heines Gedicht ›Nächtliche Fahrt (Romanzero)‹ als Passage der Philosophie. – In: Das lyrische Bild. Ralf Simon u. a. (Hrsg.) Paderborn 2010 (Eikones). S. 87–112.

Skolnik, Jonathan: The strange Career of the Abarbanels from Heine to the Holocaust. – In: Sephardism. Spanish Jewish History and the modern literary Imagination. Ed. by Yael Halevi-Wise. Stanford, CA 2012. S. 114–128. (Stanford Studies in Jewish History and Culture).

Söhnen, Albrecht von: Zweimal Paris – Hamburg und zurück. Heinrich Heines 2. Deutschlandreise 1844. – In: Heinrich-Heine-Gymnasium <Oberhausen, Rheinland>: Schulzeitung 2012. S. 5–29.

Stähr, Anne: »... eine Mischung von Sinnlichkeit und Witz ...« Ironische Inszenierung der Geschlechter in Heinrich Heines ›Lutezia‹. Bielefeld 2012. 235 S. (Vormärz-Studien; 23). [Zugl.: Berlin, Humboldt-Univ., Diss., 2011].
Stein, Peter: Heinrich Heine – ein vor- und nachmärzlicher Lyriker? – In: Heinrich Heine. Ein romantischer Klassiker? Wettin OT Dößel (Saalekreis) 2012. S. 32–51. (Hamburger Goethe-Gesellschaft: Jahresgabe; 2012).
Vedda, Miguel: »... zwischen demütigem Entsagen und frecher Genußsucht«. Fausto y la materia faustica en el Heine tardío. – In: Fausto e a América Latina. Organizado por: Helmut Galle, Marcus Mazzari. São Paulo 2010. S. 221–238.
Verbeurgt, Eugénie: Heinrich Heines Reisen in Frankreich außerhalb von Paris zwischen 1831 und 1848. Paris / Halle (Saale), Univ., Bachelorarb., 2012. 53 Bl.
Winter, Hilde: Heinrich Heine und »das Buch«. Funktionen der Bibelzitate und -anspielungen in seinen Werken und Briefen. Hildesheim [u.a.] 2012. 251 S.: mit e. Datenbank auf CD. [Zugl.: Darmstadt, Univ., Diss., 2010].

2.2 Untersuchungen zur Rezeption

5 Jahre Heinrich-Heine-Club Offenbach. Demokratische Bildung & Kultur. Dokumentation. [Hrsg.: Heinrich-Heine-Club Offenbach e.V. Red.-Mitarb.: Norbert Müller u.a. Offenbach 2008. 39 S.: Ill.
Delille, Maria Manuela Gouveia: A recepção de Heinrich Heine em Portugal. Do romantismo à actualidade. – In: Portugal-Alemanha. Memórias e imaginários. Maria Manuela Gouveia Delille (coord. e pref.). Vol. 2: Séculos XIX e XX. Coimbra 2010. S. 67–102. (Colecçāo Minerva-CIEG; 17. Publicacoēsdo Centro Interuniversitafio de Estudos Germaniśticos).
Domanskij, Valerij: Poetische Metaphern von H. Heine in der russischen Literatur. Rezeption und Transformation. – In: Sprachbilder und kulturelle Kontexte. Eine deutsch-russische Fachtagung. Renate Hansen-Kokoruš u.a. (Hrsg.). St. Ingbert 2012. S. 127–138. (Mannheimer Studien zur Literatur- und Kulturwissenschaft; 50).
Giese, Thomas: Düsseldorf – ein Wintermärchen. – In: Terz 12, 2012. S. 8/9.
Graf, Alexander: La poésie de Heinrich Heine vue à travers la traduction d'Apollon Nikolaevič Majkov. – In: Slavica Occitania 10, 2000. S. 161–177.
Grossman, Jeffrey A.: The Invention of Love? Or How Moyshe Leyb Halpern read Heinrich Heine. – In: Leket: yidishe shtudyes haynt – Jiddistik heute – Yiddish Studies today. Hrsg. von Marion Aptroot u.a. Düsseldorf 2012. S. 129–152. (Yidish oysgabes un forshung; 1).
Hirschfeld, Michael: Erinnerungskultur im Dienste der Nation. Denkmäler der deutschen Dichter Heinrich Heine und Friedrich Schiller vom Kaiserreich bis zur NS-Zeit. – In: Kulturerinnerungen – Erinnerungskulturen. Mozart, Heine, Benn. Musik, Literatur, Denkmäler. Wilfried Kürschner (Hrsg.). Berlin [u.a.] 2012. S. 173–188. (Vechtaer Universitätsschriften; 27).
Honsza, Norbert: Marcel Reich-Ranicki und sein Heine-Bild. – In: Der Mensch und seine Sprachen. Festschrift für Professor Franciszek Grucza. Hrsg. von Magdalena Olpińska-Szkielko u.a. Frankfurt a.M. 2012. S. 327–334. (Warschauer Studien zur Germanistik und zur angewandten Linguistik; 3).
Kruse, Joseph A.: Richters »Wald« und Heines »Waldung«. Wie ein Dichter in die Textlegenden eines Künstlerbuches gerät. – In: Das Heute hat Geschichte. Forschungen zur Geschichte Düsseldorfs, des Rheinlands und darüber hinaus. Festschrift für Clemens von Looz-

Corswarem zum 65. Geburtstag. Hrsg. von Benedikt Mauer. Essen 2012. S. 515–534, 5 Abb. (Quellen und Forschungen zur Geschichte des Niederrheins; 10).

Laer, Hermann von: »Denk ich an Deutschland in der Nacht, so bin ich um den Schlaf gebracht«. Ist dies heute anders als zu Heines Zeiten? – In: Kulturerinnerungen – Erinnerungskulturen. Mozart, Heine, Benn. Musik, Literatur, Denkmäler. Wilfried Kürschner (Hrsg.). Berlin [u.a.] 2012. S. 151–172. (Vechtaer Universitätsschriften; 27).

Martino, Pilar: ›Libro de los Cantares‹ de H. Heine, en traducción de Teodoro Llorente (1855). – In: Cincuenta estudios sobre traducciones españolas. Francisco Lafarga & Luis Pegenaute (eds). Bern [u.a.] 2011. S. 339–344. (Relaciones literarias en el ambito hispanico; 5).

Martino, Pilar: ›Poesias‹ de H. Heine, en traducción de Teodoro Llorente (1908). – In: Cincuenta estudios sobre traducciones españolas. Francisco Lafarga & Luis Pegenaute (eds). Bern [u.a.] 2011. S. 351–360. (Relaciones literarias en el ambito hispanico; 5).

Oesterhelt, Anja: »Verfasser unbekannt«? Der Mythos der Anonymität und Heinrich Heines ›Loreley‹. – In: Anonymität und Autorschaft. Zur Literatur- und Rechtsgeschichte der Namenlosigkeit. Hrsg. von Stephan Pabst. Berlin [u.a.] 2011. S. 325–358. (Studien und Texte zur Sozialgeschichte der Literatur; 126).

Rotermund, Erwin: Choralzitat und Chopin-Allusion. Schumanns Heine-Vertonung op. 24, Nr. 8 – ein faszinierendes Unikum der deutschen Kunstlied-Geschichte. – In: Musik-Kontexte. Festschrift für Hanns-Werner Heister. Thomas Phleps und Wieland Reich (Hrsg.). Bd. 2. Münster 2011. S. 750–756. (MV-Wissenschaft).

Rüde, Florian: Heine im Deutschunterricht. Didaktische Überlegungen zur Ausweitung der Rezeption im schulischen Kontext. München 2012. 56 S.

2.3 Forschungsliteratur mit Heine-Erwähnungen und -Bezügen

Aizenberg, Edna: Sephardim and Neo-Sephardim in Latin American Literature. – In: Sephardism. Spanish Jewish History and the modern literary Imagination. Ed. by Yael Halevi-Wise. Stanford, CA 2012. S. 129–142. (Stanford Studies in Jewish History and Culture).

Albert, Georg: Naturbilder im Vormärz. – In: Sprachbilder und kulturelle Kontexte. Eine deutsch-russische Fachtagung. Renate Hansen-Kokoruš u.a. (Hrsg.). St. Ingbert 2012. S. 219–230. (Mannheimer Studien zur Literatur- und Kulturwissenschaft; 50).

Alexandre, Philippe: Pierre Grappin (1915–1997). Une germanistique au service de l'entente franco-allemande. – In: France-Allemagne au XXe siècle – la production de savoir sur l'autre. Etud. réunies par / Hrsg. von Michel Grunewald u.a. Vol. 2: Les spécialistes universitaires de l'Allemagne et de la France au XXe siècle. Bern [u.a.] 2012. S. 181–196. (Convergences; 69).

Baecker, Dirk: Der Professor. – In: Philister. Problemgeschichte einer Sozialfigur der neueren deutschen Literatur. Remigius Bunia u.a. (Hrsg.). Berlin 2011. S. 499–512.

Ballstaedt, Andreas: Vierhändig. Mendelssohn und das »Doppelspiel auf dem Klavier«. – In: Bürgerlichkeit und Öffentlichkeit. Mendelssohns Wirken in Düsseldorf. Hrsg. von Andreas Ballstaedt u.a. Schliengen 2012. S. 151–168. (Kontext Musik; 2).

Barbian, Jan-Pieter: Literaturpolitik im NS-Staat. Von der »Gleichschaltung« bis zum Ruin. Frankfurt a.M. 2010. 552 S. (Fischer; 16306: Die Zeit des Nationalsozialismus).

Beise, Arnd: Georg Büchner und die Romantik. – In: Georg Büchner und das 19. Jahrhundert. Hrsg. von Ariane Martin und Isabelle Stauffer. Bielefeld 2012. S. 215–230. (Vormärz-Studien; 22).

Berghahn, Cord-Friedrich: Wagner und die Literatur seiner Zeit. – In: Wagner-Handbuch. Hrsg. von Laurenz Lütteken u. a. Kassel [u. a.] 2012. S. 168–172.

Blecken, Gudrun: Textanalyse und Interpretation zu Lyrik der Romantik. Hollfeld 2012. 178 S. (Königs Erläuterungen spezial).

Birkner, Thomas: Das Selbstgespräch der Zeit. Die Geschichte des Journalismus in Deutschland 1605–1914. Köln 2012. 429 S.: Ill., graph. Darst. (Öffentlichkeit und Geschichte; 4). [Zugl.: Hamburg, Univ., Diss., 2012].

Börner-Klein, Dagmar: Die Simsongeschichte – jüdische Perspektiven. – In: Philister. Problemgeschichte einer Sozialfigur der neueren deutschen Literatur. Remigius Bunia u. a. (Hrsg.). Berlin 2011. S. 175–194.

Bosse, Heinrich: Musensohn und Philister. Zur Geschichte einer Unterscheidung. – In: Philister. Problemgeschichte einer Sozialfigur der neueren deutschen Literatur. Remigius Bunia u. a. (Hrsg.). Berlin 2011. S. 55–100.

Briegleb, Klaus: Wenn wir auch gemeinsam beteten – – – Versuch über Lessings Scheitern. – In: Lessing Yearbook / Jahrbuch XXXIX 2010/2011, 2012. S. 311–332.

Bunia, Remigius: Vom Philister zum Fundamentalisten. Mit guten Absichten Gewalt für alle – der 11. September nach Schlingensief und Sloterdijk. – In: Philister. Problemgeschichte einer Sozialfigur der neueren deutschen Literatur. Remigius Bunia u. a. (Hrsg.). Berlin 2011. S. 477–498.

Bunia, Remigius; Dembeck, Till; Stanitzek, Georg: Elemente einer Literatur- und Kulturgeschichte des Philisters. Einleitung. – In: Philister. Problemgeschichte einer Sozialfigur der neueren deutschen Literatur. Remigius Bunia u. a. (Hrsg.). Berlin 2011. S. 13–54.

Buschauer, Regine: Mobile Räume. Medien- und diskursgeschichtliche Studien zur Tele-Kommunikation. Bielefeld 2010. 361 S. (MedienAnalysen; 9).

Buschmeister, Matthias: Der Philister als literaturgeschichtliche Reflexionsfigur. Eichendorffs »Krieg den Philistern!« als Abgesang der Romantik. – In: Philister. Problemgeschichte einer Sozialfigur der neueren deutschen Literatur. Remigius Bunia u. a. (Hrsg.). Berlin 2011. S. 337–356.

Cusack, Andrew: Cultural Transfer in the ›Dublin University Magazine‹. James Clarence Mangan and the German Gothic. – In: Popular Revenants. The German Gothic and its international Reception, 1800–2000. Ed. by Andrew Cusack and Barry Murnane. Rochester, NY 2012. S. 87–104. (Studies in German Literature, Linguistics and Culture).

Dedner, Burghard: »Mehr Socialist als Republikaner«. Politischer und ökonomischer Egalitarismus im ›Hessischen Landboten‹. – In: Georg Büchner und das 19. Jahrhundert. Hrsg. von Ariane Martin und Isabelle Stauffer. Bielefeld 2012. S. 61–82. (Vormärz-Studien; 22).

Dedner, Burghard: Zu den Textanteilen Büchners und Weidigs im ›Hessischen Landboten‹. – In: Georg-Büchner-Jahrbuch 12, 2009–12. 2012. S. 77–142.

Defrance, Corine: Alfred Grosser. Le praticien des regards croisés franco-allemande. – In: France-Allemagne au XXe siècle – la production de savoir sur l'autre. Etud. réunies par / Hrsg. von Michel Grunewald u. a. Bd. 2: Les spécialistes universitaires de l'Allemagne et de la France au XXe siècle. Bern [u. a.] 2012. S. 217–230. (Convergences; 69).

Deterding, Klaus: Leistung, Schönheit und Ausdruckskraft der deutschen Sprache in der Literatur. Bd. 2: »Die Nachtluft wie ein Atemzug«. Würzburg 2012. 299 S.

Dorn, Thea; Wagner, Richard: Die deutsche Seele. 4. Aufl. München 2011. 560 S.: zahlr. Ill.

Eke, Norbert Otto: Büchner und die Zeit. – In: Georg Büchner und das 19. Jahrhundert. Hrsg. von Ariane Martin und Isabelle Stauffer. Bielefeld 2012. S. 11–28. (Vormärz-Studien; 22).

Erhart, Walter: Werther und die Philister. – In: Philister. Problemgeschichte einer Sozialfigur der neueren deutschen Literatur. Remigius Bunia u. a. (Hrsg.). Berlin 2011. S. 195–214.
Geck, Martin: Robert Schumann. The Life and Work of a romantic Composer. Transl. by Stewart Spencer. Chicago, IL; London 2013. XIII, 304 S.: Ill., Notenbeisp.
Geck, Martin: Robert Schumann. Mensch und Musiker der Romantik. Biografie. Pantheon-Ausg. München 2012. 319 S.: Ill., Notenbeisp.
Das große Düsseldorf-Lexikon. Clemens von Looz-Corswarem, Benedikt Mauer (Hrsg.). Köln 2012. 850 S.: ca. 650 Ill. u. Fotos.
Halevi-Wise, Yael: Introduction. Through the Prism of Sepharad. Modern Nationalism, literary History, and the Impact of the Sephardic Experience. – In: Sephardism. Spanish Jewish History and the modern literary Imagination. Ed. by Yael Halevi-Wise. Stanford, CA 2012. S. 1–34. (Stanford Studies in Jewish History and Culture).
Hertz, Deborah: Familienliebe und öffentliches Judentum. Die Konversionsproblematik im Deutschland des 19. Jahrhunderts. – In: Treten Sie ein! Treten Sie aus! Warum Menschen ihre Religion wechseln. Hrsg. für die Jüdischen Museen Hohenems, Frankfurt am Main und München von Regina Laudage-Kleeberg und Hannes Sulzenbacher. Berlin 2012. S. 178–183.
Hörmann, Raphael: »Zum sogenannten, so gescholtenen Pöbel«. Die radikale Aufwertung der sozialen Unterschichten bei Börne und Büchner. – In: Georg-Büchner-Jahrbuch 12, 2009–12. 2012. S. 143–164.
Hoffheimer, Michael H.: Eduard Gans and the Hegelian Philosophy of Law. Dordrecht [u. a.] 1995. XIII, 134 S. (Archives internationales d'histoire des idées; 143).
Holtermann, Martin: Der deutsche Aristophanes. Die Rezeption eines politischen Dichters im 19. Jahrhundert. Göttingen 2004. 352 S. (Hypomnemata; 155). [Zugl.: Heidelberg, Univ., Diss. 1999 u. d. T.: Ders.: Die Rezeption des Aristophanes als eines politischen Dichters im Deutschland des 19. Jahrhunderts].
Jeske, Michael: »Sensualistischer Pantheismus«. Seine heuristische Bedeutung im Werk Ludwig Feuerbachs. Frankfurt a. M. [u. a.] 2012. 243 S. (Philosophie in Geschichte und Gegenwart; 4). [Zugl.: Frankfurt a. M., Univ., Diss., 2009].
Kalisch, Volker: Bürgerlichkeit in der Musik. Mendelssohns Chormusik. – In: Bürgerlichkeit und Öffentlichkeit. Mendelssohns Wirken in Düsseldorf. Hrsg. von Andreas Ballstaedt u. a., Schliengen 2012. S. 107–129. (Kontext Musik; 2).
Kammann, Petra: Die Hölle ist das Paradies des Teufels. »Schwarze Romantik und Deutschland und Frankreich« – Phantastische Geschichten. – In: ... in Rheinkultur 2012, 2. S. 40–41.
Kerr, David S.: Caricature and French political Culture 1830–1848. Charles Philipon and the illustrated Press. Oxford 2000. XII, 242 S.: Ill., Kt.
Kiefer, Sascha: Die deutsche Novelle im 20. Jahrhundert. Eine Gattungsgeschichte. Köln [u. a.] 2010. 585 S. [Zugl.: Saarbrücken, Univ., Habil.-Schr., 2010].
Kilcher, Andreas B.: »Fechterschulen und phantastische Gärten«. Recht (Halacha) und Poesie (Aggada) in der jüdischen Literatur. – In: Recht und Literatur. Interdisziplinäre Bezüge. Hrsg. von Bernhard Greiner u. a. Heidelberg 2010. S. 257–272. (Beiträge zur neueren Literaturgeschichte; [3], 270).
Köppe, Tilmann: Lyrik und Emotion. – In: Zeitschrift für Germanistik / Neue Folge 22, 2012, 2. S. 374–387.
Kortländer, Bernd: »die Kunst hat ... einen repräsentativen Charakter angenommen«. Immermanns Düsseldorfer Theaterprojekt und Felix Mendelssohn Bartholdy. – In: Bürger-

lichkeit und Öffentlichkeit. Mendelssohns Wirken in Düsseldorf. Hrsg. von Andreas Ballstaedt u. a. Schliengen 2012. S. 27–40. (Kontext Musik; 2).

Kortländer, Bernd: Phantastische Geschichten. Schwarze Romantik in Deutschland und Frankreich. Eine Ausstellung des Heinrich-Heine-Instituts und der Maison de Balzac, Paris mit Unterstützung der Robert Bosch Stiftung 13. Mai – 15. Juli 2012. Düsseldorf 2012. 20 S.: zahlr. Ill.

Kruse, Joseph A.: Menschen, Orte und Kulturen. Portrait einer Flusslandschaft. – In: Zukunft Rhein = Future Rhine. Internationale Rheinkonferenz 2010. [17.–19. November 2010. World Conference Center Bonn]. [Hrsg.: Regionale 2010 Agentur. Konferenzkonzept und Red. Jörg Beste u. a. Köln 2011. S. 11–15.

Liersch, Werner: Die Abenteuer des Fürsten Pückler. – In: Ders.: Dichterland Brandenburg. Literarische Streifzüge zwischen Havel und Oder. Berlin 2012. S. 238–249.

Liersch, Werner: Ludwig Tieck, König der Romantik oder Labyrinthe der Liebe. – In: Ders.: Dichterland Brandenburg. Literarische Streifzüge zwischen Havel und Oder. Berlin 2012. S. 70–95.

Lüsebrink, Hans-Jürgen: »La patrie des droits de l'homme«. Zur Identifikation deutscher Frankreichforscher mit dem Frankreich der Aufklärung und der Französischen Revolution. – In: France-Allemagne au XXe siècle – la production de savoir sur l'autre. Etud. réunies par / Hrsg. von Michel Grunewald u. a. Bd. 2: Les spécialistes universitaires de l'Allemagne et de la France au XXe siècle. Bern [u. a.] 2012. S. 301–314. (Convergences; 69).

Luserke-Jaqui, Matthias: »Sie lieben alle den Schiller mehr – das verfluchte Volk«. Büchners Lenz und Georg Herweghs Schiller. – In: Georg Büchner und das 19. Jahrhundert. Hrsg. von Ariane Martin und Isabelle Stauffer. Bielefeld 2012. S. 231–254. (Vormärz-Studien; 22).

Maillard, Francis: Madame C. Beaumarié. Das Album, das Reisetagebuch und der Zufall. – In: HJb 51, 2012. S. 86–98.

Martin, Ariane: Absolut komisch. König Peter und die Philosophie in Büchners ›Leonce und Lena‹. – In: Georg Büchner und das 19. Jahrhundert. Hrsg. von Ariane Martin und Isabelle Stauffer. Bielefeld 2012. S. 183–198. (Vormärz-Studien; 22).

Martin, Ariane: Georg Büchner und das Straßburger Münster. – In: Georg Büchner und das 19. Jahrhundert. Hrsg. von Ariane Martin und Isabelle Stauffer. Bielefeld 2012. S. 121–142. (Vormärz-Studien; 22).

Meid, Volker: Das Reclam-Buch der deutschen Literatur. 3., durchges. und erg. Aufl. Ditzingen 2012. 526 S.: zahlr. Ill.

Mombert, Monique: Albert Fuchs ou le discours de la méthode. – In: France-Allemagne au XXe siècle – la production de savoir sur l'autre. Etud. réunies par / Hrsg. von Michel Grunewald u. a. Bd. 2: Les spécialistes universitaires de l'Allemagne et de la France au XXe siècle. Bern [u. a.] 2012. S. 141–154. (Convergences; 69).

Morawe, Bodo: »Bonjour, Citoyen!« Georg Büchner und der französische Republikanismus der 1830er Jahre. – In: Georg Büchner und das 19. Jahrhundert. Hrsg. von Ariane Martin und Isabelle Stauffer. Bielefeld 2012. S. 29–60. (Vormärz-Studien; 22).

Morawe, Bodo: »Dieß ist der Krieg zwischen Arm' und Reich'«. Der erste Aufstand der Seidenweber in Lyon im Spiegel der republikanischen Presse von Straßburg. – In: Georg Büchner und das 19. Jahrhundert. Hrsg. von Ariane Martin und Isabelle Stauffer. Bielefeld 2012. S. 307–328. (Vormärz-Studien; 22).

Morawe, Bodo: Faszinosum Saint-Just. Zur programmatischen Bedeutung der Konventsrede in ›Danton's Tod‹ (II/7) von Georg Büchner. Bielefeld 2012. 105 S.

Murat, Michel: La destinée de Novalis en France. – In: France – Allemagne, regards et objets croisés. La littérature allemande vue de France, la littérature française vue d'Allemagne. Didier Alexandre, Wolfgang Asholt (eds.). Tübingen 2011. S. 69–82. (Edition lendemains; 24).

Oesterhelt, Anja: Der Simson im Bürger. »BOGS der Uhrmacher« von Clemens Brentano und Joseph Görres. – In: Philister. Problemgeschichte einer Sozialfigur der neueren deutschen Literatur. Remigius Bunia u. a. (Hrsg.). Berlin 2011. S. 265–310.

Oschmann, Dirk: Anonymität als Symptom in der Literatur der Weimarer Republik. – In: Anonymität und Autorschaft. Zur Literatur- und Rechtsgeschichte der Namenlosigkeit. Hrsg. von Stephan Pabst. Berlin [u.a.] 2011. S. 289–306. (Studien und Texte zur Sozialgeschichte der Literatur; 126).

Ott, Michael: »... aufs Parquet.« Georg Büchner und die Autorschaft im 19. Jahrhundert. – In: Georg Büchner und das 19. Jahrhundert. Hrsg. von Ariane Martin und Isabelle Stauffer. Bielefeld 2012. S. 143–164. (Vormärz-Studien; 22).

Pabst, Stephan: Anonymität und Autorschaft. Ein Problemaufriss. – In: Anonymität und Autorschaft. Zur Literatur- und Rechtsgeschichte der Namenlosigkeit. Hrsg. von Stephan Pabst. Berlin [u.a.] 2011. S. 1–34. (Studien und Texte zur Sozialgeschichte der Literatur; 126).

Philosophisch-theologische Streitsachen. Pantheismusstreit – Atheismusstreit – Theismusstreit. Georg Essen, Christian Danz (Hrsg.). Darmstadt 2012. VII, 285 S.

Rippmann, Inge: Einleitung. – In: Börne, Ludwig: Das große Lesebuch. Hrsg. von Inge Rippmann. Frankfurt a. M. 2012. 334 S. (Fischer-Taschenbücher; 90377), S. 7–14.

Saure, Felix: Vom »aufgesteiften Leichnam des Vitruv« und »durchaus neuen Principien«. Karl Friedrich Schinkel und die Nationalisierung des Philisters im Architekturdiskurs um 1800. – In: Philister. Problemgeschichte einer Sozialfigur der neueren deutschen Literatur. Remigius Bunia u. a. (Hrsg.). Berlin 2011. S. 311–336.

Schmidt, Hans-Jörg: Die deutsche Freiheit. Geschichte eines kollektiven semantischen Sonderbewusstseins. Frankfurt a. M. 2010. 506 S. [Zugl.: Groningen, Univ., Diss., 2007].

Schneider, Gabriele; Sternagel, Renate: »Man kann mit dem Schreiben garnicht nachkommen vor Erleben«. Auszüge aus dem Briefwechsel zwischen Fanny Lewald und Adolf Stahr im Herbst des Revolutionsjahrs 1848. – In: HJb 51, 2012. S. 99–130.

Schoeps, Julius H.: Deutsch-jüdische Geschichte durch drei Jahrhunderte. Ausgewählte Schriften in 10 Bänden. Hrsg. vom Moses-Mendelssohn-Zentrum für Europäisch-Jüdische Studien. Bd. 10: Mein Weg als deutscher Jude. Autobiographische Notizen. Hildesheim [u.a.] 2012. 317 S.: Ill.

Schorsch, Ismar: The Myth of Sephardic Supremacy in nineteenth-Century Germany. – In: Sephardism. Spanish Jewish History and the modern literary Imagination. Ed. by Yael Halevi-Wise. Stanford, CA 2012. S. 35–57. (Stanford Studies in Jewish History and Culture).

Schwabach-Albrecht, Susanne: Schillerfeiern im Rheinland. – In: Das Heute hat Geschichte. Forschungen zur Geschichte Düsseldorfs, des Rheinlands und darüber hinaus. Festschrift für Clemens von Looz-Corswarem zum 65. Geburtstag. Hrsg. von Benedikt Mauer. Essen 2012. S. 535–558, 8 Abb. (Quellen und Forschungen zur Geschichte des Niederrheins; 10).

Seeba, Hinrich C.: Grenzfälle. Literarische Fallstudien zur Begrenzung und Ausgrenzung. – In: Ders.: Denkbilder. Detmolder Vorträge zur Kulturgeschichte der Literatur. Bielefeld 2011. S. 319–333. (Sonderveröffentlichungen des Naturwissenschaftlichen und Historischen Vereins für das Land Lippe; 85).

Seeba, Hinrich C.: »Heimat, deine Sterne!« Die Vertreibung aus dem Paradies und die Heimat der Sprache. – In: Ders.: Denkbilder. Detmolder Vorträge zur Kulturgeschichte der Literatur. Bielefeld 2011. S. 298–318. (Sonderveröffentlichungen des Naturwissenschaftlichen und Historischen Vereins für das Land Lippe; 85).

Seeba, Hinrich C.: Hermanns Kampf für Deutschlands Not. Zur Topographie der nationalen Identität. – In: Ders.: Denkbilder. Detmolder Vorträge zur Kulturgeschichte der Literatur. Bielefeld 2011. S. 11–28. (Sonderveröffentlichungen des Naturwissenschaftlichen und Historischen Vereins für das Land Lippe; 85).

Seeba, Hinrich C.: Immigranten. Zur Geschichte der multikulturellen Begegnungen in Deutschland. Von den Hugenotten und Holländern zu den Chinesen und Türken. – In: Ders.: Denkbilder. Detmolder Vorträge zur Kulturgeschichte der Literatur. Bielefeld 2011. S. 264–278. (Sonderveröffentlichungen des Naturwissenschaftlichen und Historischen Vereins für das Land Lippe; 85).

Seeba, Hinrich C.: Turmbau zu Babel. Zur Konstruktion sprachlicher Differenz. – In: Ders.: Denkbilder. Detmolder Vorträge zur Kulturgeschichte der Literatur. Bielefeld 2011. S. 229–242. (Sonderveröffentlichungen des Naturwissenschaftlichen und Historischen Vereins für das Land Lippe; 85).

Seeba, Hinrich C.: Zwischen den Kulturen. Wissenschaftsemigration und German Studies. – In: Ders.: Denkbilder. Detmolder Vorträge zur Kulturgeschichte der Literatur. Bielefeld 2011. S. 39–61. (Sonderveröffentlichungen des Naturwissenschaftlichen und Historischen Vereins für das Land Lippe; 85).

Seitz, Erwin: Die Verfeinerung der Deutschen. Eine andere Kulturgeschichte. Berlin 2011. 823 S.: Ill.

Senkel, Christian: Vom Nennen Gottes und der anonymen Autorschaft. Mit zunehmender Rücksicht auf Klopstock, Hamann und Herder. – In: Anonymität und Autorschaft. Zur Literatur- und Rechtsgeschichte der Namenlosigkeit. Hrsg. von Stephan Pabst. Berlin [u. a.] 2011. S. 129–150. (Studien und Texte zur Sozialgeschichte der Literatur; 126).

Stanitzek, Georg: Regenschirmforschung. Robert Walsers Bildungskritik im Zusammenhang der moralischen Tradition. – In: Philister. Problemgeschichte einer Sozialfigur der neueren deutschen Literatur. Remigius Bunia u. a. (Hrsg.). Berlin 2011. S. 451–476.

Steckmest, Sylvia: Isaak Heine und die Untersuchung wegen angeblicher Wechselfälschung während der Handelskrise 1799. – In: HJb 51, 2012. S. 155–164.

Stiening, Gideon: Büchners Schelling. Die Exzerpte zur ›Geschichte der Griechischen Philosophie‹ im Kontext der Philosophiegeschichtsschreibung der 1830er Jahre. – In: Georg Büchner und das 19. Jahrhundert. Hrsg. von Ariane Martin und Isabelle Stauffer. Bielefeld 2012. S. 165–182. (Vormärz-Studien; 22).

Stockinger, Claudia: Das 19. Jahrhundert. Zeitalter des Realismus. Berlin 2010. 256 S.: Ill. (Akademie-Studienbücher Literaturwissenschaft).

Tanzer, Ulrike: Gezähmte Gefühle. Ernst von Feuchtersleben und Ferdinand Raimund. – In: Emotionen in der Romantik. Repräsentation, Ästhetik, Inszenierung. Salzburger Kolloquium der Internationalen Arnim-Gesellschaft. Hrsg. von Antje Arnold und Walter Pape. Berlin [u. a.] 2012. S. 99–114. (Schriften der Internationalen Arnim-Gesellschaft; 9).

Tausch, Harald: Literatur um 1800. Klassisch-romantische Moderne. Berlin 2011. 259 S.: Ill. (Akademie-Studienbücher Literaturwissenschaft).

Theile, Gert: Hinter Glas. Romantische Facetten eines modernen Topos bei Hoffmann, Arnim und Tieck. – In: Emotionen in der Romantik. Repräsentation, Ästhetik, Inszenierung. Salzburger Kolloquium der Internationalen Arnim-Gesellschaft. Hrsg. von Antje Arnold und Walter Pape. Berlin [u. a.] 2012. S. 155–170. (Schriften der Internationalen Arnim-Gesellschaft; 9).

Trabert, Florian: »Eine besondere Liebe«. Balzac und die deutsche Musik. – In: Balzac und Deutschland – Deutschland und Balzac. Bernd Kortländer, Hans T. Siepe (Hrsg.). Tübingen 2012. S. 131–144. (Transfer; 22).

Wasserloos, Yvonne: Im Schatten. Düsseldorfs Verhältnis zu Mendelssohn vor und nach 1945. – In: Bürgerlichkeit und Öffentlichkeit. Mendelssohns Wirken in Düsseldorf. Hrsg. von Andreas Ballstaedt u. a. Schliengen 2012. S. 169–185. (Kontext Musik; 2)

Weddigen, Otto: Lord Byron's Einfluss auf die europäischen Literaturen der Neuzeit. Ein Beitrag zur allgemeinen Literaturgeschichte. Sorgfältig bearb. Nachdr. der Orig. Ausg. von 1884. Bremen 2012. XII, 153 S.

Zepter, Michael Cornelius: Maskerade. Künstlerkarneval und Künstlerfeste in der Moderne. Köln 2012. 584 S.: zahlr. Abb.

3 Literarische und künstlerische Behandlung von Person und Werk

3.1 Literarische Essays und Dichtungen

Ebersbach, Volker: Und als ein Fremdling geblieben. Erzählungen. Nachrichten. Halle (Saale) 2012. 168 S. (Edition Cornelius). [»Heine liegt« S. 87–103].

Karahasan, Dževad: Emigrieren ins Leben. [Rede zur Verleihung der Ehrengabe der Heinrich-Heine-Gesellschaft 2012]. – In: HJb 51, 2012. S. 179–184.

Kruse, Joseph Anton: Grußwort [zur Verleihung der Ehrengabe der Heinrich-Heine-Gesellschaft 2012]. – In: HJb 51, 2012. S. 165–169.

Merchant, Judith: Loreley singt nicht mehr. Kriminalroman. München 2012. 379 S. (Knaur; 50864).

Müller, Lothar: Der abwesende Zeitzeuge. Laudatio auf Dževad Karahasan. [Rede zur Verleihung der Ehrengabe der Heinrich-Heine-Gesellschaft 2012]. – In: HJb 51, 2012 S. 170–178.

Nasr, Ramsey: Onhandig bloesemend. Gedichten. Amsterdam 2004. 78 S. [Gedichte nach Heine S. 25–47 unter dem Titel »dichter liefde« [Dichterliebe].

Wolff, Bernd: Der Klippenwandrer. Heines Harzreise. Roman. Dornach 2012. 470 S.

3.2 Werke der bildenden Kunst

Heiteres von Heine. Mit Ill. von Saskia Bannasch. Ostfildern 2012. 64 S.: zahlr. Ill.

Klein, Karl-Heinz: Alte und neue Arbeiten. Düsseldorf 2012. 71 S.: überw. Ill.

Klein, Karl-Heinz: Bildhauerische Arbeiten für die Stadt Düsseldorf. Düsseldorf 2012. 51 S.: überw. Ill.

3.3 Werke der Musik, Vertonungen

Freistunde. Schreibzirkel »Es wird ...« des Winckelmann-Gymnasiums Stendal. Staßfurt 2008. 96 S.: Ill., 1 CD. [auf der CD: Nobody: »Die schlesischen Weber« von Heine].

Führe, Uli: Nach den Menschen mach ich Affen. Swingende Chorlieder. Für vierstimmig-gemischten Chor. Nach Texten von Heinrich Heine. Partitur. Boppard 2012. 40 S.: Noten.

Heine, Heinrich: Du bist wie eine Blume. 14 Lieder auf das Gedicht von Heinrich Heine für eine Singstimme und Klavier. Hrsg. von Martin Wiemer. Komponiert von Ferruccio Busoni, Franz Liszt, Anton Diabelli, Anton G. Rubinstein, Georg V. König von Hannover, Johann Vesque von Püttlingen, [Augusta Friederica Franziska von Spornberger, Benedict Randhartinger, Franz Commer, Robert Schumann, Friedrich Wilhelm Kücken, August J. N. Burgmüller, Hugo Wolf, Franz Paul Lachner]. Partitur. Magdeburg 2012. 31 S.: Noten.

Heine, Heinrich: Lieder on Poems of Heinrich Heine. Kevin McMillan, Baritone. Michael McMahon, Piano. [Robert Schumann, Johannes Brahms, Franz Liszt, Felix Mendelssohn, Franz Schubert]. Toronto 1992. 1 CD.

Kleinbub, Wieland: Morgenstern, Schiller & Co. Buch 1: 11 jazzige Chorlieder für eine Stimme und Klavier. Boppard 2008. 24 S.: Ill., Noten. (Der Kinderchor bei Fidula; 6). [»Ich weiß nicht, was soll es bedeuten« S. 12–14]. Buch 2: Eine Musical-Revue zu den Liedern im gleichnamigen Notenheft. 9–14 Jahre. Textausg. Boppard 2010. 8 S.: Ill. CD: Songs und Playbacks. Boppard 2008/2010. 1 CD (38 Min.). [»Ich weiß nicht, was soll es bedeuten«].

Nobody Knows: Folking. [Tangermünde] 2012. 1 CD. [»Lorelei«, »Guter Rat«].

Schumann, Clara: Arrangements for solo Piano. Ed. by Jonathan Kregor. Middleton, WI 2012. XIX, [5], 95 S.: Faks., Noten. (Recent Researches in the Music of the nineteenth and early twentieth Centuries; 56).

Schumann, Robert; Schumann, Clara: Songs and Letters. Diana Damrau, Soprano. Ivan Paley, Baritone. Stephan Matthias Lademann, Piano. Gelesen von / read by: Martina Gedeck und Sebastian Koch. Mechernich-Floisdorf 2006. 1 CD. [Myrten op. 25: Liederkreis nach Goethe, Rückert, Th. Moore, Heine, Burns, Byron und Mosen].

Stäbler, Gerhard: schön, rein, hold. Für Tenor und Klavier. München 2012. 10 S.: Noten. [Bezieht sich auf die Schumann'sche Musik zum Gedicht »Du bist wie eine Blume« von Heinrich Heine].

Die Streuner: Fürsten in Lumpen und Loden. Bonn 2004. 1 CD. [»Die Ballade von der Loreley«].

Die Streuner: Gebet eines Spielmanns. Bonn 2002. 1 CD. [»Die Liebe«].

Vesque von Püttlingen, Johann: Die Heimkehr. Hrsg. von Martin Wiemer. Partitur. Bd. 1: 16 ausgewählte Lieder für Tenor (oder Sopran) & Klavier. Nach Texten von Heinrich Heine. Magdeburg 2004. 50 S.: Noten. Bd. 2: 15 ausgewählte Lieder für Tenor (oder Sopran) & Klavier. Nach Texten von Heinrich Heine. Magdeburg 2007. 53 S.: Noten. Bd. 3: 15 Lieder auf Texte von Heinrich Heine. Magdeburg 2008. 49 S.: Noten.

Vesque von Püttlingen, Johann: Liedersammlung = Collection of Songs. Liedtexte von Adelbert von Chamisso, ..., Heinrich Heine. Hrsg. von Martin Wiemer. Magdeburg 2011. 39 S.

Wagner, Richard: Die beiden Grenadiere. Für 1 Singst. und Klavier. Transponiert. [Text:] Heinrich Heine. Partitur. Magdeburg 2011. 9 S.

3.4 Das Werk auf der Bühne

Landwehr, Helmut: Über Heines Romanzero. Zwei Theaterstücke. Version 1.01. Stuttgart 2012. 172 S.: Ill. (Edition Amici).

4 Rezensionen

Heine und die Nachwelt. Geschichte seiner Wirkung in den deutschsprachigen Ländern. Texte und Kontexte, Analysen und Kommentare. Dietmar Goltschnigg und Hartmut Steinecke (Hrsg.). Bd. 3: 1957–2006. Berlin 2011. 837 S.: Ill. – Rez.: Martin Bollacher in: Germanistik 52, 2011, 3–4. S. 803. – Rez.: Sabine Brenner-Wilczek in: HJb 51, 2012. S. 223–225. – Rez.: Jeffrey L. Sammons in: Modern Language Review 107, 2012, 3. S. 971–972.
Heine und Freud. Die Enden der Literatur und die Anfänge der Kulturwissenschaft. Sigrid Weigel (Hrsg.). Berlin 2010. 358 S. (LiteraturForschung; 7). – Rez.: Robert Steegers in: HJb 51, 2012. S. 247–248.
Heine, Heinrich: Heinrich Heine, Säkularausgabe. Werke, Briefwechsel, Lebenszeugnisse. Bd. 3K: Gedichte 1845–1956, Kommentar. Bearbeiter: Renate Francke unter Einbez. der Vorarb. von Helmut Brandt. Berlin; Paris 2008. 984 S. – Bd. 5K: Reisebilder I 1824–1828, Kommentar. Bearb.: Sikander Singh, Christa Stöcker. Berlin; Paris 2009. 559 S. – Rez.: Helmut Koopmann in: Germanistik 53, 2012, 1–2. S. 199–200.
Heinrich Heine und die Kunstkritik seiner Zeit. Akten des internationalen und interdisziplinären Kolloqiums, Paris, 26.–30. April 2006. Hrsg. von Ralph Häfner. Heidelberg 2010. 254 S.: zahlr. Ill. (Euphorion <Heidelberg> / Beihefte; 57). – Rez.: Christian Liedtke in: HJb 51, 2012. S. 226–228.
Henning, Astrid: Die erlesene Nation. Eine Frage der Identität. Heinrich Heine im Schulunterricht in der frühen DDR. Bielefeld 2011. 315 S. (Lettre). – Rez.: Bernd Kortländer in: HJb 51, 2012. S. 229–230.
Hessing, Jakob: Verlorene Gleichnisse. Heine Kafka Celan. Göttingen 2011. 147 S. – Rez.: Axel Schmitt in: Germanistik 53, 2012, 1–2. S. 101–102.
Höhn, Gerhard; Liedtke, Christian: Auf der Spitze der Welt. Mit Heine durch Paris. Hamburg 2012. 127 S. – Rez.: Leonie Achtnich: »Mit Heine durch Paris«. Ein Genießerstück für Paris- und Heine-Liebhaber in: Die Berliner Literaturkritik 25.06.10. URL: http://www.berlinerliteraturkritik.de/detailseite/artikel/mit-heine-durch-paris.html?txttnews[backPid] =34&cHash=cb735249408daddbdad823d2434a2d19 [Stand 04.07.2012]. – Rez.: Karlheinz Gromöller in: Groß-Bemrather 2012, Aug. – 61. S. 10–11.
Kupferberg, Yael: Dimensionen des Witzes um Heinrich Heine. Zur Säkularisation der poetischen Sprache. Würzburg 2011. 221 S. (Epistemata / Reihe Literaturwissenschaft; 720). – Rez.: Norbert Oellers in: Germanistik 52, 2011, 3–4. S. 804
Rhetorik als Skandal. Heinrich Heines Sprache. Kálmán Kovács (Hrsg.). Bielefeld 2009. 179 S. – Rez.: Jelena Spreicer in: Zagreber Germanistische Beiträge 19, 2010. S. 189–197.
Schuhmann, Klaus: Rezeptionsgeschichte als Zeitgeschichte. Goethe, Schiller, Hölderlin und Heine im literaturgeschichtlichen Kontext des 20. Jahrhunderts. Leipzig 2010. 340 S. – Rez.: Martin Bollacher in: Germanistik 52, 2011, 3–4. S. 749–750.
Simon, Ralf: Die Bildlichkeit des lyrischen Textes. Studien zu Hölderlin, Brentano, Eichendorff, Heine, Mörike, George und Rilke. München 2011. 436 S. – Rez.: Stephan Jaeger in: George-Jahrbuch 9, 2012. S. 291–295.

Singh, Sikander: Einführung in das Werk Heinrich Heines. Darmstadt 2011. 142 S. (Einführungen Germanistik). – Rez.: Sandra Heppener in: HJb 51, 2012. S. 237–242. – Rez.: Stefan Neuhaus in: Germanistik 52, 2011, 3–4. S. 805–806.

Stähr, Anne: »... eine Mischung von Sinnlichkeit und Witz ...« Ironische Inszenierung der Geschlechter in Heinrich Heines ›Lutezia‹. Bielefeld 2012. 235 S. (Vormärz-Studien; 23). [Zugl.: Berlin, Humboldt-Univ., Diss., 2011]. – Rez.: Madleen Podewski in: HJb 51, 2012. S. 243–246.

Stauf, Renate: Heinrich Heine. Gedichte und Prosa. Berlin 2010. 261 S. (Klassiker-Lektüren; 13: ESV basics). – Rez.: Sandra Heppener in: HJb 51, 2012. S. 237–242.

Zensur im 19. Jahrhundert. Das literarische Leben aus Sicht seiner Überwacher. Bernd Kortländer, Enno Stahl (Hrsg.). Bielefeld 2012. 267 S.: Faks., Ill. (Veröffentlichungen des Heinrich-Heine-Instituts). – Rez.: Peter Stein in: HJb 51, 2012. S. 231–233.

5 Allgemeine Literatur mit Heine-Erwähnungen und -Bezügen

Alexandre, Philippe: Elisabeth Genton (1.4.1923, Braunschweig – 2.11.2011, Nancy). Nachruf. – In: HJb 51, 2012. S. 249–250.

Brunner, Bernd: Die Kunst des Liegens. Handbuch der horizontalen Lebensform. Berlin 2012. 167 S.: Ill.

Ehrsam, Thomas: Silentium! Lesen und literarisches Leben in Zürich. Museumsgesellschaft und Literaturhaus. Mit einem Vorw. von Ulrich Pfister. Zürich 2009. 206 S.: Ill., graph. Darst.

Giese, Thomas: Kulturrevolution an der Seine. – In: Terz 07/08, 2012. S. 18–19.

Heißerer, Dirk: »Wat et nit all jibt!« Ein literarischer Spaziergang durch Düsseldorf. – In: Thalia-Magazin 2012, 3. 44–46.

Joest, Rolf Helmut: Local & global fuck. Ansichten und Einsichten, Menschliches und Weltliches. Ein Kaleidoskop. Frankfurt a. M. 2008. 195 S.

Joest, Rolf Helmut: Sind Menschen Menschen? Traktat über den Homo sapiens sapiens. Frankfurt a. M. 2010. 130 S.

Krüger, Thomas: Alarm auf Planet M. Ein Science-Fiction-Epos in lockeren Terzinen. Bielefeld 2004. 116 S.

Lüneburg und Umgebung. Von Michael Schnelle. 3., akt. und überarb. Aufl. Bremen 2012. 132 S.: überw. Ill. (Edition Temmen Reiseführer).

Paris. [Red. dieses Heftes: Jonas Morgenthaler]. Hamburg 2011. 140 S.: überw. Ill., Kt. (Merian; 64, 1).

Peters, Patrick: Der Rhein in Versen und Bildern. Rheinische Sagen. Teil 4: Die Rheinromantiker. – In: Mein Rheinland 2011, 5. S. 46–49.

Rushdie, Salman: Joseph Anton. A Memoir. [Autobiography]. New York, NY 2012. X, 636 S.

Welt, Wolfgang: Ich schrieb mich verrückt. Texte von Wolfgang Welt 1979–2011. Martin Willems (Hrsg.). Essen 2012. 357 S.

Yu-Dembski, Dagmar: Chinesen in Berlin. Berlin 2007. 160 S.: Ill. [Bezug zu Heines »Reisebilder. Erster Theil. Die Harzreise«].

Heine-Literatur 2012 mit Nachträgen

Hinweis:

Aktuelle Neuerscheinungen der Heine-Literatur (auch außerhalb des von dieser Jahresbibliographie abgedeckten Zeitraumes) werden fortlaufend in den Online-Katalog der Bibliothek des Heinrich-Heine-Instituts eingearbeitet und können dort recherchiert werden.
S. URL: http://www.duesseldorf.de/heineinstitut/bibliothek/ (dort unter »Online-Katalog«).

Veranstaltungen des Heinrich-Heine-Instituts und der Heinrich-Heine-Gesellschaft e. V.

Januar bis Dezember 2012

Zusammengestellt von Karin Füllner und Elise Langer

16.01.2012	Johann Friedrich Jacobi und die napoleonische Kirchenpolitik im nördlichen Rheinland. Vortrag von Dr. Andreas Becker. Veranstalter: Düsseldorfer Geschichtsverein in Verbindung mit dem Heinrich-Heine-Institut.
18.01.2012	Heine und Puškin. Zur Rezeption des Heine'schen Werks in Russland. Vortrag von Prof. Dr. Renate Lachmann. Veranstalter: Heinrich-Heine-Institut.
19.01.2012	William Shakespeare – Lieder und Gedichte. Lesung und Diskussion mit Dr. Kurt Kreiler. Musikalische Begleitung: Studierende der Robert Schumann Hochschule. Veranstalter: Heinrich-Heine-Institut und Heinrich-Heine-Gesellschaft. In Kooperation mit der Kunststiftung NRW und der Deutsch-Britischen Gesellschaft e. V. Düsseldorf.
25.01.2012	Anmerkungen zum »russischen Heine«. Mit Alexander Nitzberg. Veranstalter: Heinrich-Heine-Institut.
27./28. 01.2012	»Zuckererbsen für Jedermann«. Literatur und Utopie. Heine und Bloch heute. Öffentliche Tagung mit Vorträgen von PD Dr. Olaf Briese, Prof. Dr. Norbert Eke, Prof. Dr. Richard Faber, Prof. Dr. Justus Fetscher, Dr. Karin Füllner, Prof. Dr. Joseph A. Kruse, Prof. Dr. Michael Perraudin, Dr. Madleen Podewski, Dr. Mathias Richter, PD Dr. Francesca Vidal. Literarisch-musikalisches Abschlussprogramm: »Karola Bloch – Ein Leben für die Würde des Menschen«. Mit Welf Schröter und Anne Monika Sommer-Bloch. Veranstalter: Heinrich-Heine-Gesellschaft, Ernst-Bloch-Gesellschaft, Forum Vormärz Forschung in Kooperation mit dem Heinrich-Heine-Institut.

29.01.2012	Finissage der Ausstellung »Heine in Russland«. »Russkij Gejne«. Vortrag von Prof. Dr. Rolf-Dieter Kluge. Veranstalter: Heinrich-Heine-Gesellschaft.
02.02.2012	Reihe: Universität in der Stadt. Gedächtnis und kognitives Altern. Vortrag von Prof. Dr. Ute Bayen. Veranstalter: Heinrich-Heine-Universität Düsseldorf, Heinrich-Heine-Institut, Evangelische Stadtakademie, VHS Düsseldorf.
04.02.2012	»Die Schumanns in Düsseldorf«. Vortrag von Dr. Ursula Roth. Musikalische Umrahmung: Studierende der Robert Schumann Hochschule Düsseldorf. Veranstalter: Heinrich-Heine-Institut in Kooperation mit der Robert-Schumann-Gesellschaft.
10.02.2012	Postpoetry. Lesung der Preisträger Christoph Wenzel, Apolonia Gottwald und Anna-Kirstine Linke. Moderation: Nika Bertram. Veranstalter: Heinrich-Heine-Institut in Kooperation mit der Gesellschaft für Literatur NRW e. V. und dem Verein Aura09. Mit freundlicher Unterstützung des Landes Nordrhein-Westfalen.
11.02.2012	»Robert Schumann als städtischer Musikdirektor«. Vortrag von Dr. Irmgard Knechtges-Obrecht. Musikalische Umrahmung: Studierende der Robert Schumann Hochschule Düsseldorf. Veranstalter: Heinrich-Heine-Institut in Kooperation mit der Robert-Schumann-Gesellschaft.
12.02.2012	Ausstellungseröffnung. »›Ich bin nichts als ein Ergebnis der Zeit‹. B. Traven – die unbekannten Jahre«. Begrüßung: Dr. Sabine Brenner-Wilczek. Einführung: Dr. Jan-Christoph Hauschild. Führung durch die Ausstellung mit den Kuratoren. Musikalische Umrahmung: Studierende der Robert Schumann Hochschule Düsseldorf. Veranstalter: Heinrich-Heine-Institut und Theatermuseum der Landeshauptstadt Düsseldorf in Verbindung mit dem Filmmuseum Düsseldorf.
17.02.2012	Savoy-Theater, Graf-Adolf-Straße 47 Verleihung der Ehrengabe der Heinrich-Heine-Gesellschaft an Dževad Karahasan. Laudatio: Hon.-Prof. Dr. Lothar Müller. Veranstalter: Heinrich-Heine-Gesellschaft.
25./26.02.2012	Reihe: Text&Ton. Heinrich Heine und Franz Liszt in Paris. Sektfrühstück in der Bibliothek des Heine-Instituts mit musikalisch-literarischem Programm. Moderation und Rezitation: Dr. Karin Füllner und Dr. Ursula Roth. Am Flügel: Helmut Götzinger. Veranstalter: Heinrich-Heine-Institut und Heinrich-Heine-Gesellschaft.

Veranstaltungen

01.03.2012	Reihe: Universität in der Stadt. Jeanne d'Arc. Von der Kriegsheldin zur Heiligen. Vortrag von Prof. em. Dr. Gerd Krumeich. Veranstalter: Heinrich-Heine-Universität Düsseldorf, Heinrich-Heine-Institut, Evangelische Stadtakademie, VHS Düsseldorf.
03.03.2012	»Robert Schumanns Kompositionen aus der Düsseldorfer Zeit«. Vortrag von Prof. Dr. Bernd Kortländer. Musikalische Umrahmung: Studierende der Robert Schumann Hochschule Düsseldorf. Veranstalter: Heinrich-Heine-Institut in Kooperation mit der Robert-Schumann-Gesellschaft.
04.03.2012	»Über das Schmollen der Weiber« und andere Kabinettstückchen. Matinee zum 175. Todestag von Ludwig Börne. Rezitation: Axel Gottschick, Moderation: Christian Liedtke und Jan von Holtum. Veranstalter: Heinrich-Heine-Institut.
10.03.2012	Palais Wittgenstein Peter Härtling liest »Liebste Fenchel!«. Moderation: Dr. Karin Füllner. Veranstalter: Heinrich-Heine-Institut und Heinrich-Heine-Gesellschaft. In Kooperation mit dem Kulturamt der Landeshauptstadt Düsseldorf.
14.03.2012	Die lange B. Traven-Fernsehnacht Veranstalter: Heinrich-Heine-Institut und Theatermuseum der Landeshauptstadt Düsseldorf.
15.03.2012	Theatermuseum, Düsseldorf. Internationale wissenschaftliche Tagung zu B. Traven. Veranstalter: Heinrich-Heine-Institut und Theatermuseum der Landeshauptstadt Düsseldorf.
17.03.2012	Herbert Genzmer liest »Das perfekte Spiel«. Veranstalter: Heinrich-Heine-Institut und Literaturbüro NRW.
20.03.2012	Wunderbaum und Zauberwald – Märchen zum Weltgeschichtentag. Musikalische Begleitung: Da-Hee Jeong (Klavier). Veranstalter: Heinrich-Heine-Institut.
21.03.2012	Mitgliederversammlung der Heinrich-Heine-Gesellschaft e. V. Veranstalter: Heinrich-Heine-Gesellschaft.
21.03.2012	»Heine, Preußen und Berlin«. Vortrag von Prof. Dr. Joseph A. Kruse. Veranstalter: Heinrich-Heine-Gesellschaft und Förderverein Berliner Schloss e. V.
24.03.2012	»Clara Schumanns Düsseldorfer Jahre«. Vortrag von Dr. Sabine Brenner-Wilczek.

Veranstalter: Heinrich-Heine-Institut in Kooperation mit der Robert-Schumann-Gesellschaft.

31.03./01.04.2012 Paris / Treffpunkt: Passage des Panoramas
»Heine und die Frauen«. Ein literarischer Heine-Spaziergang im Pariser Montmartre-Viertel. Leitung: Dr. Bernd Füllner und Dr. Karin Füllner.
Veranstalter: Maison Heinrich Heine, Paris, Heinrich-Heine-Institut und Heinrich-Heine-Gesellschaft.

4. – 11.04.2012 Osterferienprogramm im Heinrich-Heine-Institut. Phantastische Geschichten/ Kinder zeichnen Heine-Comics / Papierschöpfen.
Veranstalter: Heinrich-Heine-Institut.

12.04.2012 Reihe: Universität in der Stadt. Deutsch-türkische Migrantenliteratur: inter- oder transkulturell? Mit Prof. Dr. Volker C. Dörr.
Veranstalter: Heinrich-Heine-Universität Düsseldorf, Heinrich-Heine-Institut, Evangelische Stadtakademie, VHS Düsseldorf.

17./18.04.2012 Filmmuseum Düsseldorf
Traven-Romanverfilmungen: »Das Totenschiff« und »Der Schatz der Sierra Madre«.
Veranstalter: Heinrich-Heine-Institut und Filmmuseum Düsseldorf.

22.04.2012 Finissage der Ausstellung. »›Ich bin nichts als ein Ergebnis der Zeit‹. B. Traven – die unbekannten Jahre«. Mit Lesung und anschließender Bücherauktion.
Veranstalter: Heinrich-Heine-Institut und Theatermuseum der Landeshauptstadt Düsseldorf.

24.04.2012 Reihe: Poesie und Leben. Rolf Hosfeld liest »Tucholsky. Ein deutsches Leben. Biographie«. Moderation: Dr. Helmut Mörchen.
Veranstalter: Heinrich-Heine-Institut und Heinrich-Heine-Gesellschaft.

28.04.2012 Nacht der Museen im Heine-Institut. »Heines starke Frauen«.
Themenführungen durch die Ausstellungen: »Heines Loreley« (Dr. Sabine Brenner-Wilczek), »Heines Frauen« (Dr. Karin Füllner), »Heines Politik« (Dr. Ursula Roth), »B. Traven« (Dr. Jan-Christoph Hauschild), »Heines Porträts« (Christian Liedtke), »Heines Verleger« (Jan von Holtum).
Performances: Kabarett-Soloprogramm mit Julia Hagemann: »Fort, Bildung!«. Staffan Holm im Gespräch mit Michael Serrer. »30 Minuten Kreisler und Kaléko« mit Patrizia Wapinska und Klaus-Lothar Peters (in Zusammenarbeit mit dem Düsseldorfer Schauspielhaus). Musik in den Ausstellungsräumen mit »Les Sirènes«.
Veranstalter: Heinrich-Heine-Institut.

03.05.2012 Reihe: Universität in der Stadt. Die unschönen Seiten der Schönheit. Vortrag von Prof. Dr. Ulrich Rosar.

Veranstaltungen 305

	Veranstalter: Heinrich-Heine-Universität Düsseldorf, Heinrich-Heine-Institut, Evangelische Stadtakademie, VHS Düsseldorf.
05./06.05.2012	Reihe: Text&Ton. Heine, Paris und die Musik. Sektfrühstück in der Bibliothek des Heine-Instituts mit musikalisch-literarischem Programm. Moderation und Rezitation: Dr. Karin Füllner und Dr. Ursula Roth. Am Flügel: Helmut Götzinger. Veranstalter: Heinrich-Heine-Institut und Heinrich-Heine-Gesellschaft.
13.05.2012	Ausstellungseröffnung: »Phantastische Geschichten. Schwarze Romantik in Deutschland und Frankreich«. Begrüßung: Dr. Sabine Brenner-Wilczek. Einführung: Prof. Dr. Bernd Kortländer. Veranstalter: Heinrich-Heine-Institut und Maison de Balzac, Paris.
20.05.2012	Internationaler Museumstag. »Welt im Wandel – Museen im Wandel«. Familienfest. Veranstalter: Heinrich-Heine-Institut und Heinrich-Heine-Gesellschaft.
22.05.2012	Reihe: Heine heute. Michael Kleeberg liest »Das amerikanische Hospital«. Moderation: Dr. Karin Füllner. Veranstalter: Heinrich-Heine-Institut und Heinrich-Heine-Gesellschaft.
14.–17.06.2012	Bücherbummel auf der Kö Heinrich-Heine-Institut und Heinrich-Heine-Gesellschaft präsentieren sich. Veranstalter: Heinrich-Heine-Institut und Heinrich-Heine-Gesellschaft.
14.06.2012	Reihe: Universität in der Stadt. Crosstalk zwischen Herz und Niere. Vortrag von Prof. Dr. L. Christian Rump. Veranstalter: Heinrich-Heine-Universität Düsseldorf, Heinrich-Heine-Institut, Evangelische Stadtakademie, VHS Düsseldorf.
16.06.2012	Reihe: Text & Ton. Heinrich Heine und Felix Mendelssohn Bartholdy. Sektfrühstück in der Bibliothek des Heine-Instituts mit musikalisch-literarischem Programm. Moderation und Rezitation: Dr. Karin Füllner und Dr. Ursula Roth. Am Flügel: Helmut Götzinger. Veranstalter: Heinrich-Heine-Institut und Heinrich-Heine-Gesellschaft. Im Rahmen der Düsseldorfer Literaturtage.
16.06.2012	Kulturzentrum zakk COMPETE20.12. 3.Internationales Jugendautorentreffen NRW. Abschlussveranstaltung mit Jurysitzung und Preisverleihung. Veranstalter: Heinrich-Heine-Institut und zakk. Gefördert vom Kulturamt der Landeshauptstadt Düsseldorf und vom Ministerium für Familie, Kinder, Jugend, Kultur und Sport des Landes NRW. Im Rahmen der Düsseldorfer Literaturtage.

17.06.2012	Sten Nadolny liest »Weitlings Sommerfrische«. Veranstalter: Heinrich-Heine-Institut und VHS Düsseldorf. Mit freundlicher Unterstützung des Kulturamtes der Landeshauptstadt Düsseldorf. Im Rahmen der Düsseldorfer Literaturtage.
17.06.2012	Hofgarten, vor dem Theatermuseum Düsseldorf Reihe: Reisebilder. Literatur im Hofgarten. Sherko Fatah liest »Ein weißes Land«. Moderation: Maren Jungclaus. Veranstalter: Literaturbüro NRW, Heinrich-Heine-Institut, Theatermuseum, Kulturzentrum zakk und Düsseldorfer Schauspielhaus. Mit freundlicher Unterstützung des Kulturamtes der Landeshauptstadt Düsseldorf. Im Rahmen der Düsseldorfer Literaturtage.
18.06.2012	Palais Wittgenstein »Théophile Gautier und die phantastische Literatur«. Eine musikalisch-literarische Hommage. Mit Françoise Masset und Nicolas Stavy. Veranstalter: Heinrich-Heine-Institut, das Institut français Düsseldorf, Maison de Balzac, Paris, Deutsch-Französischer Kreis Düsseldorf. Im Rahmen der Düsseldorfer Literaturtage.
18.06.2012	Eine Stunde mit... Dr. Norbert Kamp. Über die Bibliotheksarbeit. Gespräch mit Michael Serrer. Veranstalter: Heinrich-Heine-Institut und Literaturbüro NRW. Im Rahmen der Düsseldorfer Literaturtage.
19.06.2012	Gerhard Rühm. »Lügen über Länder und Leute«. Lesung und Gespräch. Moderation: Prof. Dr. Renate Kühn. Einführung: Paul Pechmann. Veranstalter: Heinrich-Heine-Institut und Heinrich-Heine-Gesellschaft. Gefördert vom Bundesministerium für Unterricht, Kunst und Kultur. Mit freundlicher Unterstützung des Kulturamtes der Landeshauptstadt Düsseldorf. Im Rahmen der Düsseldorfer Literaturtage.
20.06.2012	Reihe: Nähe und Ferne. Inka Parei liest: »Die Kältezentrale«. Moderation: Dr. Karin Füllner. Veranstalter: Heinrich-Heine-Institut, Literaturbüro NRW und Kulturzentrum zakk. Mit freundlicher Unterstützung des Kulturamtes der Landeshauptstadt Düsseldorf. Im Rahmen der Düsseldorfer Literaturtage.
23.06.2012	Hofgarten vor dem Theatermuseum Düsseldorf Reihe: Reisebilder. Literatur im Hofgarten. Veronika Peters liest »Das Meer in Gold und Grau«. Moderation: Dr. Karin Füllner. Veranstalter: Literaturbüro NRW, Heinrich-Heine-Institut, Theatermuseum, Kulturzentrum zakk und Düsseldorfer Schauspielhaus. Mit freundlicher Unterstützung des Kulturamtes der Landeshauptstadt Düsseldorf. Im Rahmen der Düsseldorfer Literaturtage.

Veranstaltungen

24.06.2012	Savoy Theater Roger Willemsen: Was will Literatur? Einführungen: Dr. Sabine Brenner-Wilczek und Prof. Dr. Joseph A. Kruse. Veranstalter: Heinrich-Heine-Institut und Heinrich-Heine-Gesellschaft. Mit freundlicher Unterstützung des Kulturamtes der Landeshauptstadt Düsseldorf. Im Rahmen der Düsseldorfer Literaturtage.
01.07.2012	Hofgarten, vor dem Theatermuseum Düsseldorf Reihe: Reisebilder. Literatur im Hofgarten. Rayk Wieland liest »Kein Feuer, das nicht brennt«. Moderation: Maren Jungclaus Veranstalter: Literaturbüro NRW, Heinrich-Heine-Institut, Theatermuseum, Kulturzentrum zakk und Düsseldorfer Schauspielhaus. Mit freundlicher Unterstützung des Kulturamtes der Landeshauptstadt Düsseldorf.
03.07.2012	Institut français Tagung: Journée scientifique: »Théophile Gautier – Phantastische Geschichten«. Mit Dr. Pierre Korzilius, Prof. Dr. Bernd Kortländer, Wilfried Kugel, Kirsten von Hagen, Prof. Dr. Hans T. Siepe, Stéphane Guégan. Veranstalter: Heinrich-Heine-Institut und Institut français.
05.07.2012	Literatur-Salon in Heines Gesellschaft. Veranstalter: Heinrich-Heine-Gesellschaft.
15.07.2012	Finissage der Ausstellung »Phantastische Geschichten«. Lesung mit Prof. Dr. Bernd Kortländer. Veranstalter: Heinrich-Heine-Institut.
29.07.2012	Ausstellungseröffnung »»gepfeffert – salzig – bittersüß«. Frauenliteraturgeschichte(n)«. Einführungen: Dr. Sabine Brenner-Wilczek und Gaby Köster. Musikalische Umrahmung durch Studierende der Robert Schumann Hochschule. Veranstalter: Heinrich-Heine-Institut. Gefördert durch die Arbeitsgemeinschaft Literarischer Gesellschaften und Gedenkstätten e. V. aus Mitteln des Beauftragten der Bundesregierung für Kultur und Medien.
01./15.08.2012	Sommerferienprogramm im Heinrich-Heine-Institut: »Kleine Druckwerkstatt« und »Dioramen basteln – Gedichte ›begreifen‹«. Veranstalter: Heinrich-Heine-Institut.
22.08.2012	Eine Stunde mit... Kay Lorentz. Über die Arbeit des Kom(m)ödchens. Gespräch mit Michael Serrer. Veranstalter: Heinrich-Heine-Institut und Literaturbüro NRW.
24.08.2012	»Ich will Dich – Begegnungen mit Hilde Domin«. Filmvorführung und Gespräch mit der Regisseurin Anna Ditges. Veranstalter: Heinrich-Heine-Institut und Heinrich-Heine-Gesellschaft.

25.08.2012	Literarischer Tagesausflug der Heinrich-Heine-Gesellschaft ins Münsterland. Veranstalter: Heinrich-Heine-Gesellschaft.
02.09.2012	Kindererlebnistag im Heinrich-Heine-Institut. Abenteuer für Leseratten und Musikmäuse im Alter von sechs bis zwölf Jahren. Mit zahlreichen Mitmachstationen und Lesungen von Finn Ole Heinrich und Tanya Lieske. Veranstalter: Heinrich-Heine-Institut und Heinrich-Heine-Gesellschaft.
06.09.2012	Schloss Moyland Reihe: Universität in der Stadt. Exkursion nach Schloss Moyland. Veranstalter: Heinrich-Heine-Universität Düsseldorf, Heinrich-Heine-Institut, Evangelische Stadtakademie, VHS Düsseldorf.
13.09.2012	Savoy Theater Alice Schwarzer: »Lebenslauf«. Lesung aus der Autobiographie. Veranstalter: Heinrich-Heine-Institut und Heinrich-Heine-Gesellschaft. Mit freundlicher Unterstützung der Arbeitsgemeinschaft Literarischer Gesellschaften und Gedenkstätten e. V. aus Mitteln des Beauftragten der Bundesregierung für Kultur und Medien und des Gleichstellungsbüros der Landeshauptstadt Düsseldorf.
19.09.2012	Niklas Stiller zum 65. Geburtstag. Veranstalter: Heinrich-Heine-Institut und Literaturbüro NRW.
20.09.2012	Margot Schroeder zum 75. Geburtstag. »Testament der Augenblicke«. Moderation: Dr. Karin Füllner und Regina Ray. Veranstalter: Heinrich-Heine-Institut und Verband Deutscher Schriftsteller.
23.09.2012	Hedwig Lachmann: »Wir haben das Schweigen verlernt«. Literarisch-musikalische Matinée mit Paula Quast und Henry Altmann. Veranstalter: Heinrich-Heine-Institut, Heinrich-Heine-Gesellschaft und Gesellschaft für Christlich-Jüdische Zusammenarbeit.
30.09.2012	Gina Mayer – Buchpremiere: »Das Maikäfermädchen«. Moderation: Dr. Ansgar Mayer. Musikalische Begleitung: Silke Kunz und Miroslaw Tybora. Veranstalter: Heinrich-Heine-Institut in Zusammenarbeit mit dem Verlag Rütten & Loening.
07.10.2012	Finissage der Ausstellung »›gepfeffert-salzig-bittersüß‹ Frauenliteraturgeschichte(n)«. Ursula Krechel liest »Landgericht«. Veranstalter: Heinrich-Heine-Institut. Mit freundlicher Unterstützung der Arbeitsgemeinschaft Literarischer Gesellschaften und Gedenkstätten e. V. aus Mitteln des Beauftragten der Bundesregierung für Kultur und Medien und des Gleichstellungsbüros der Landeshauptstadt Düsseldorf.

Veranstaltungen 309

11.10.2012	Reihe: Universität in der Stadt. Spätantike neu entdeckt. Vortrag von Prof. Dr. Markus Stein. Veranstalter: Heinrich-Heine-Universität Düsseldorf, Heinrich-Heine-Institut, Evangelische Stadtakademie, VHS Düsseldorf.
16.10.2012	Herbstferienprogramm im Heinrich-Heine-Institut. »Klimpere nie! Spiele immer frisch zu.« Zu Besuch bei der Familie Schumann. Veranstalter: Heinrich-Heine-Institut.
17.10.2012	Reihe: Neuseeländische AutorInnen zu Gast in NRW. Emily Perkins liest »Die Forrests« – Roman einer Familie. Moderation und Übersetzung: Philipp Holstein. Einführung und deutscher Text: Dr. Karin Füllner. Veranstalter: Heinrich-Heine-Institut. Mit freundlicher Unterstützung des Kulturamtes der Landeshauptstadt Düsseldorf.
18.10.2012	»Korczak. Versuch einer Biographie«. Gespräch mit Joanna Olczak-Ronikier. Moderation: Katarzyna Zimmerer. Veranstalter: Heinrich-Heine-Institut und Polnisches Institut Düsseldorf.
21.10.2012	Vernissage der Ausstellung »Märchenhaft. Eine Ausstellung im Grimm-Jahr 2012«. Einführung: Jan von Holtum. Veranstalter: Heinrich-Heine-Institut. Gefördert vom Ministerium für Familie, Kinder, Jugend, Kultur und Sport. Mit freundlicher Unterstützung des Rahmenprogramms für Kinder und Jugendliche durch das Kulturamt der Landeshauptstadt Düsseldorf.
28.10.2012	»Die Ansichten des Herrn Wendriner«. Eine Hommage an Kurt Tucholsky. Mit Ulrich Raue und Burkard Sondermeier. Veranstalter: Heinrich-Heine-Institut, Heinrich-Heine-Gesellschaft und Gesellschaft für Christlich-Jüdische Zusammenarbeit.
31.10.2012	Reihe: Archiv aktuell. Rolf Dieter Brinkmann-Abend. Mit Prof. Dr. Sibylle Schönborn, Dr. Roberto di Bella, Henning John von Freyend und Linda Pfeiffer. Moderation: Dr. Enno Stahl. Veranstalter: Heinrich-Heine-Institut in Kooperation mit dem Germanistischen Seminar der Heinrich-Heine-Universität Düsseldorf.
08.11.2012	Reihe: Universität in der Stadt. Hat Einstein Recht? Vortrag von Prof. Dr. Stephan Schiller. Veranstalter: Heinrich-Heine-Universität Düsseldorf, Heinrich-Heine-Institut, Evangelische Stadtakademie, VHS Düsseldorf.
11.11.2012	Preußen und die Juden. Vortrag von Prof. Dr. Julius H. Schoeps Veranstalter: Heinrich-Heine-Institut und VHS Düsseldorf.
17./18.11.2012	Text & Ton. Heinrich Heine und Franz Liszt in Paris.

Sektfrühstück in der Bibliothek des Heine-Instituts mit musikalisch-literarischem Programm. Moderation und Rezitation: Dr. Karin Füllner und Dr. Ursula Roth. Am Flügel: Helmut Götzinger.
Veranstalter: Heinrich-Heine-Institut und Heinrich-Heine-Gesellschaft.

21.11.2012 Eröffnung der Treppenhausausstellung »Voyage«.
Veranstalter: Heinrich-Heine-Institut und Verein Düsseldorfer Künstlerinnen e. V.

24.11.2012 »Der Singende Knochen«. Erzähltheater für Kinder ab 10 Jahren. Begleitprogramm zur Ausstellung »Märchenhaft – Eine Ausstellung im Grimm-Jahr 2012«. Mit dem Schauspieler Thomas Karl Hagen.
Veranstalter: Heinrich-Heine-Institut. Mit freundlicher Unterstützung des Kulturamtes der Landeshauptstadt Düsseldorf.

25.11.2012 »Heine erzählt Märchen«. Erzählvormittag für Kinder ab 6 Jahren. Mit Dr. Sabine Brenner-Wilczek und Thomas Karl Hagen.
Veranstalter: Heinrich-Heine-Institut. Mit freundlicher Unterstützung des Kulturamtes der Landeshauptstadt Düsseldorf.

28.11.2012 Reihe: Eine Stunde mit... Dr. Marion Ackermann. Gespräch mit Dr. Sabine Brenner-Wilczek.
Veranstalter: Heinrich-Heine-Institut und Literaturbüro NRW.

02.12.2012 Reihe: Text & Ton. Heinrich Heine und Felix Mendelssohn Bartholdy. Sektfrühstück in der Bibliothek des Heine-Instituts mit musikalisch-literarischem Programm. Moderation und Rezitation: Dr. Karin Füllner und Dr. Ursula Roth. Am Flügel: Helmut Götzinger.
Veranstalter: Heinrich-Heine-Institut und Heinrich-Heine-Gesellschaft.

03.12.2012 Bernt Hahn liest Iring Fetscher: »Wer hat Dornröschen wachgeküsst?«
Moderation: Dr. Jan-Christoph Hauschild.
Veranstalter: Heinrich-Heine-Institut. Mit freundlicher Unterstützung des Kulturamtes der Landeshauptstadt Düsseldorf.

04.12.2012 Vortragssaal der Universitäts- und Landesbibliothek Düsseldorf
Heine-Kongress: »›was die Zeit fühlt und denkt und bedarf‹. Die Welt des 19. Jahrhunderts im Werk Heinrich Heines«. Mit Vorträgen von Prof. Dr. Michael Werner, Prof. Dr. Bernd Kortländer, Prof. Dr. Paul Peters, Prof. Dr. Stephan Braese, Prof. Dr. Volker C. Dörr, Prof. Dr. Markus Winkler, Dr. Gerhard Höhn, Prof. Dr. Ralph Haefner, PD Dr. Sikander Singh, Prof. Dr. Dr. Volker Kalisch, Dr. Sabine Brenner-Wilczek, PD Dr. Olaf Briese, Dr. Karin Füllner, Dr. Florian Trabert, Prof. Dr. Michael Perraudin.
Veranstalter: Heinrich-Heine-Institut, Heinrich-Heine-Universität Düsseldorf und Universität des Saarlandes, Saarbrücken mit Unterstützung der Gerda Henkel Stiftung, Düsseldorf.

Veranstaltungen

05.12.2012	Grenzüberschreitungen einmal anders: Niederländer im Visier der preußischen Polizei. Vortrag von Prof. Dr. Hein Hoebink. Veranstalter: Düsseldorfer Geschichtsverein in Kooperation mit dem Heinrich-Heine-Institut.
06.12.2012	Reihe: Universität in der Stadt. Leberkrankheiten – Neue Heilungschancen. Vortrag von Prof. Dr. Dieter Häussinger. Veranstalter: Heinrich-Heine-Universität Düsseldorf, Heinrich-Heine-Institut, Evangelische Stadtakademie, VHS Düsseldorf.
08.12.2012	15. Internationales Forum Junge Heine Forschung. Neue Arbeiten über Heinrich Heine. Vorträge und Diskussionen. Mit Vorträgen von Martin Kraus, Dr. Hans Kruschwitz, Philipp Ritzen, Dr. Eva Axer, Miriam Rosenbohm, Dr. Georges Felten. Begrüßungen: Dr. Sabine Brenner-Wilczek, Prof. Dr. Volker C. Dörr, Prof. Dr. Joseph A. Kruse. Leitung und Moderation: Dr. Karin Füllner. Veranstalter: Heinrich-Heine-Institut, Heinrich-Heine-Gesellschaft und Heinrich-Heine-Universität Düsseldorf.
08.12.2012	Palais Wittgenstein Geburtstagskonzert für Heine. Mit Liu Wei und Jori Schulze-Reimpell. Im Rahmen des China-Kulturjahres. Veranstalter: Heinrich-Heine-Gesellschaft und Heinrich-Heine-Institut in Zusammenarbeit mit dem Konfuzius-Institut Düsseldorf.
14.12.2012	Düsseldorfer Rathaus Verleihung des Heine-Preises der Landeshauptstadt Düsseldorf an Jürgen Habermas. Laudatio: Alexander Kluge. Veranstalter: Landeshauptstadt Düsseldorf.

Ankündigung des 17. Forum Junge Heine Forschung 6. Dezember 2014 im Heine-Institut in Düsseldorf

Zum 217. Heine-Geburtstag 2014 veranstalten das Heinrich-Heine-Institut der Landeshauptstadt Düsseldorf, die Heinrich-Heine-Gesellschaft e. V. und die Heinrich-Heine-Universität Düsseldorf gemeinsam das 17. Forum Junge Heine Forschung mit neuen Arbeiten zu Heinrich Heine und zur Heine-Zeit. Es findet statt am Samstag, den 6. Dezember 2014, 10–18 Uhr im Heinrich-Heine-Institut. Für das beste vorgetragene Referat, das von einer Jury ausgewählt wird, stiftet die Heinrich-Heine-Gesellschaft einen Geldpreis.

Zur Information über Konzeption und Ausrichtung des Forum Junge Heine Forschung verweisen wir auf die Berichte in den Heine-Jahrbüchern seit 2001. Anmeldungen für Referate (30 Min.) sind mit einem kurzen Exposé (1 Seite) bis zum 8. September 2014 per Mail zu richten an:

Dr. Karin Füllner
Heinrich-Heine-Institut
Bilker Str. 12–14
D – 40213 Düsseldorf
E-Mail: karin.fuellner@duesseldorf.de

Ankündigung
des „Forum Junge Freie Berechtigung
6. Dezember 2014
im Heine-Institut in Düsseldorf

Abbildungen

S. 7 Heinrich Heine: »Die Nordsee. Erster Zyklus.« Holzschnitt von F. W. Bader (1886). Aus: Heinrich Heines Werke. Hrsg. von Heinrich Laube. Bd. 2. Wien, Leipzig, Prag o. J. [1886], S. 143

S. 31 Rudi Kargus: »Loreley« (2011). Diptychon. Öl auf Leinwand. 2 x 100 x 160 cm
© Rudi Kargus, Norderstedt

S. 48 »Franzosen und Russen gehört das Land«. Heinrich Heine: Arbeitsmanuskript zu »Deutschland. Ein Wintermährchen«, Caput VII, Vers 21–28. Heinrich-Heine-Institut, Düsseldorf
© Heinrich-Heine-Institut, Düsseldorf

S. 57 Die Pariser Deputiertenkammer. Stahlstich von Augustin François Lemaître nach einer Zeichnung von Louis Jules Arnout (1846).
© Heinrich-Heine-Institut, Düsseldorf

S. 79 Band 6 der Zwickauer Ausgabe von Lord Byrons Werken mit dem Titelkupfer zu »Manfred«, Exemplar aus der Sammlung Dickinson im Heinrich-Heine-Institut, Düsseldorf
© Heinrich-Heine-Institut, Düsseldorf

S. 105 Die Weenderstraße in Göttingen. Stahlstich von Robert Batty (1829). Heinrich-Heine-Institut, Düsseldorf
© Heinrich-Heine-Institut, Düsseldorf

S. 119 Augustin Challamel. Karikatur von Henri Demare. Aus: »Les hommes d'aujourd'hui«, 3. Jg. Nr. 214, 1882

S. 122 Philippe Ricord. Karikatur von André Gill. Aus: »La Lune«, 3. Jg., Nr. 83, 6. Oktober 1867

S. 158   Im Salon von 1857. Lithographie von Pierre Émile Destouches nach einer Karikatur
          von Honoré Daumier
          © Heinrich-Heine-Institut, Düsseldorf

S. 195   Jürgen Habermas bei seiner Dankesrede zur Verleihung des Heine-Preises im
          Düsseldorfer Rathaus am 14. Dezember 2012
          Foto: © Benedikt Jerusalem, Düsseldorf

S. 208   »O lächerlicher Wahn!« Heinrich Heine: Arbeitsmanuskript zu »Deutschland. Ein
          Wintermährchen«, Caput IV, Vers 49–64. Heinrich-Heine-Institut, Düsseldorf
          © Heinrich-Heine-Institut, Düsseldorf

S. 235   Das Heine-Denkmal von Bert Gerresheim auf dem Campus der Heinrich-Heine-
          Universität Düsseldorf
          Foto: Ivo Mayr
          © Heinrich-Heine-Universität, Düsseldorf

S. 241   Das Heine-Denkmal von Waldemar Grzimek in den Bremer Wallanlagen
          © Gerhard-Marcks-Stiftung, Bremen, 2013

Hinweise
für die Manuskriptgestaltung

Für unverlangt eingesandte Texte und Rezensionsexemplare wird keine Gewähr übernommen.

Es gelten die Regeln der neuen deutschen Rechtschreibung.

Bei der Formatierung des Textes ist zu beachten:

Schriftart Times New Roman 14 Punkt, linksbündig, einfacher Zeilenabstand, Absätze mit Einzug (erste Zeile um 0,5 cm); ansonsten bitte keine weiteren Formatierungen von Absätzen oder Zeichen vornehmen, auch keine Silbentrennung.

Zitate und Werktitel werden in doppelte Anführungszeichen gesetzt. Langzitate (mehr als drei Zeilen) und Verse stehen ohne Anführungszeichen und eingerückt in der Schriftgröße 12 Punkt. Auslassungen oder eigene Zusätze im Zitat werden durch eckige Klammern [ ] gekennzeichnet.

Außer bei Heine-Zitaten erfolgen die Quellennachweise in den fortlaufend nummerierten Anmerkungen. Die Anmerkungsziffer (Hochzahl ohne Klammer) steht vor Komma, Semikolon und Doppelpunkt, hinter Punkt und schließenden Anführungszeichen. Die Anmerkungen werden als Endnoten formatiert und stehen in der der Schriftgröße 10 Punkt am Schluss des Manuskriptes. Literaturangaben haben die folgende Form:

Monographien: Vorname Zuname des Verfassers: Titel. Ort Jahr, Band (römische Ziffer), Seite.

Editionen: Vorname Zuname (Hrsg.): Titel. Ort Jahr, Seite.

Artikel in Zeitschriften: Vorname Zuname des Verfassers: Titel. – In: Zeitschriftentitel Bandnummer (Jahr), Seite.

Artikel in Sammelwerken: Vorname Zuname des Verfassers: Titel. – In: Titel des Sammelwerks. Hrsg. von Vorname Zuname. Ort Jahr, Band, Seite.

Verlagsnamen werden nicht genannt.

Bei wiederholter Zitierung desselben Werks wird in Kurzform auf die Anmerkung mit der ersten Nennung verwiesen: Zuname des Verfassers: Kurztitel [Anm. XX], Seite.

Bei Heine-Zitaten erfolgt der Nachweis im laufenden Text im Anschluss an das Zitat in runden Klammern unter Verwendung der Abkürzungen des Siglenverzeichnisses (hinter dem Inhaltsverzeichnis) mit Angabe von Band (römische Ziffer) und Seite (arabische Ziffer), aber ohne die Zusätze »Bd.« oder »S.«: (DHA I, 850) oder (HSA XXV, 120).

Der Verlag trägt die Kosten für die von der Druckerei nicht verschuldeten Korrekturen nur in beschränktem Maße und behält sich vor, den Verfasserinnen oder Verfassern die Mehrkosten für umfangreichere Autorkorrekturen in Rechnung zu stellen. Ein Honorar wird nicht gezahlt.

Das Manuskript sollte als »Word«-Dokument oder in einer mit »Word« kompatiblen Datei per E-Mail (an: christian.liedtke@duesseldorf.de) eingereicht werden.

Mitarbeiterinnen und Mitarbeiter des Heine-Jahrbuchs 2013

Dr. Sabine Brenner-Wilczek, Heinrich-Heine-Institut, Bilker Str. 12–14, 40213 Düsseldorf
Dr. Leslie Brückner, Deutsches Seminar – Neuere Deutsche Literatur, Albert-Ludwigs-Universität Freiburg, Platz der Universität 3, 79085 Freiburg i.Br.
Elena Camaiani, Heinrich-Heine-Institut, Bilker Str. 12–14, 40213 Düsseldorf
Dr. Georges Felten, Universität Zürich, Deutsches Seminar, Rämistrasse 42, CH–8001 Zürich
Dr. Bernd Füllner, Bergische Universität Wuppertal, Fachbereich A: Germanistik, Gaußstraße 20, 42119 Wuppertal
Dr. Karin Füllner, Heinrich-Heine-Institut, Bilker Str. 12–14, 40213 Düsseldorf
Prof. Dr. Jürgen Habermas, Suhrkamp Verlag GmbH, Pappelallee 78–79, 10437 Berlin
Dr. Arie Hartog, Gerhard-Marcks-Haus, Am Wall 208, 28195 Bremen
Sandra Heppener, Heinrich-Heine-Universität Düsseldorf, Universitätsstr. 1, 40225 Düsseldorf
Jan von Holtum, Heinrich-Heine-Institut, Bilker Str. 12–14, 40213 Düsseldorf
Dr. Christoph auf der Horst, Heinrich-Heine-Universität Düsseldorf, Zentrum Studium Universale, Universitätsstr. 1, 40225 Düsseldorf
Dr. Rolf Hosfeld, Lepsiushaus Potsdam, Große Weinmeisterstr. 45, 14469 Potsdam
Norman Kasper, Martin-Luther-Universität Halle-Wittenberg, Philosophische Fakultät II, Germanistisches Institut, 06099 Halle/Saale
Prof. Dr. Alexander Kluge, dctp, Steinstr. 4, 40212 Düsseldorf
Dr. Hans Kruschwitz, RWTH Aachen, Germanistisches Institut, Templergraben 55, 52056 Aachen
Prof. Dr. Joseph A. Kruse, Heylstraße 29, 10825 Berlin
Elise Langer, Heinrich-Heine-Institut, Bilker Str. 12–14, 40213 Düsseldorf
Christian Liedtke, Heinrich-Heine-Institut, Bilker Str. 12–14, 40213 Düsseldorf
Prof. Dr. Michael Perraudin, Department of Germanic Studies, The University of Sheffield, Jessop West, Upper Hanover Street, UK-Sheffield S3 7RA
Dr. Arno Pielenz, Gaglower Str. 37d, 03051 Cottbus
PD Dr. Wolfgang Ranke, Universität Göttingen, Seminar für Deutsche Philologie, Käte-Hamburger-Weg 3, 37073 Göttingen
Dr. Andrea Schäpers, Universidad Pontificia Comillas, Facultad de Ciencias Humanas y Sociales, Departamento de Traducción e Interpretación, Universidad Comillas, 3–5, E–28049 Madrid

Dr. Anne Stähr, Fehmarner Str. 15, 13353 Berlin
Dr. Robert Steegers, Aloys-Schulte-Str. 3, 53129 Bonn
Prof. Dr. Norbert Waszek, 128, rue de la Tombe Issoire, F–75014-Paris
Prof. Dr. Manfred Windfuhr, Frankfurter Weg 6, 41564 Kaarst

MIX
Papier aus verantwortungsvollen Quellen
Paper from responsible sources
FSC® C105338

If you have any concerns about our products,
you can contact us on
ProductSafety@springernature.com

In case Publisher is established outside the EU,
the EU authorized representative is:
**Springer Nature Customer Service Center GmbH
Europaplatz 3, 69115 Heidelberg, Germany**

Printed by Libri Plureos GmbH
in Hamburg, Germany